4(을)직
일반전형 / 사회응용 / 보훈특별 선발 대비

한국
수력원자력

NCS직무역량검사

한국수력원자력

NCS직무역량검사

개정 1판 발행　　　2022년 6월 15일
개정 2판 발행　　　2023년 5월 17일

편 저 자 ｜ 취업적성연구소
발 행 처 ｜ ㈜서원각
등록번호 ｜ 1999-1A-107호
주　　소 ｜ 경기도 고양시 일산서구 덕산로 88-45(가좌동)
교재주문 ｜ 031-923-2051
팩　　스 ｜ 031-923-3815
교재문의 ｜ 카카오톡 플러스 친구[서원각]
홈페이지 ｜ www.goseowon.com

PREFACE

우리나라 기업들은 1960년대 이후 현재까지 비약적인 발전을 이루었다. 이렇게 급속한 성장을 이룰 수 있었던 배경에는 우리나라 국민들의 근면성 및 도전정신이 있었다. 그러나 빠르게 변화하는 세계 경제의 환경에 적응하기 위해서는 근면성과 도전정신 이외에 또 다른 성장 요인이 필요하다.

최근 많은 공사 · 공단에서는 인 · 적성, 지식 중심으로 치러지던 기존의 필기전형에서 탈피하여, 직업 기초능력과 직무수행능력을 측정하기 위한 직업기초능력평가, 직무수행능력평가 등을 도입하고 있다.

한국수력원자력에서도 업무에 필요한 역량 및 책임감과 적응력 등을 구비한 인재를 선발하기 위하여 고유의 직무역량검사를 치르고 있다. 본서는 한국수력원자력 채용대비를 위한 필독서로 한국수력원 자력 직무역량검사의 출제경향을 철저히 분석하여 응시자들이 보다 쉽게 시험유형을 파악하고 효율 적으로 대비할 수 있도록 구성하였다.

신념을 가지고 도전하는 사람은 반드시 그 꿈을 이룰 수 있습니다. 처음에 품은 신념과 열정이 취업 성공의 그 날까지 빛바래지 않도록 서원각이 수험생 여러분을 응원합니다.

STRUCTURE

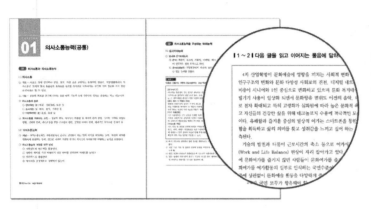

직업기초능력

NCS 직업기초능력 핵심이론을 체계적으로 정리하고 응시 분야별로 분류하여 효율적인 학습이 가능합니다. 출제가 예상되는 다양한 유형과 난도의 문제를 다수 수록하여 학습 효과를 높일 수 있습니다.

상식

다양한 유형과 분야의 한수원 관련, 한국사, 일반 상식 문제를 통해 좀 더 수월한 학습이 가능합니다. 기출문제를 복원·수록하여 최신 출제 경향을 파악할 수 있습니다.

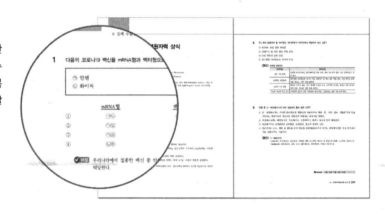

인성검사 및 면접

취업 성공을 위한 실전 인성검사와 면접의 기본, 면접기출을 수록하여 취업의 마무리까지 확실하게 준비할 수 있습니다.

CONTENTS

PART

01

기관소개
및 채용안내

CHAPTER 01

한국수력원자력 소개

01 소개

(1) 개요

한국수력원자력㈜은 '전력을 안정적으로 공급하여 국민의 삶을 풍요롭게 하고, 국가 경제 발전의 밑거름이 된다.'는 숭고한 사명감과 자부심을 회사 발전의 원동력으로 삼아 국내 전력의 약 28.24%(2021년 말 기준)를 생산하는 우리나라 최대의 발전회사이다.

(2) 발전설비현황

(2022. 12. 31.)

구분		운전기수(호기)	설비용량(MW)	계(점유율)
원자력	고리	3	2,550	24,650MW(82.09%)
	신고리	2	2,000	
	새울	2	2,800	
	한빛	6	5,900	
	한울	6	5,900	
	신한울	1	1,400	
	월성	3	2,100	
	신월성	2	2,000	
수력		21	595.78	607.48MW(2.03%)
소수력		16	11.70	
양수		16	4,700	4,700MW(15.66%)
태양광		55	71.497	72.247MW(0.24%)
풍력		1	0.75	
합계		134	30,029.727MW(100%)	

(3) 발전소 현황

① 원자력 발전소 현황

(2022. 12. 7.)

발전소명	위치	설비용량(MW)	원자로형	상업운전
고리#2	부산광역시 기장군	650	가압경수로	'83. 7. 25.
고리#3		950		'85. 9. 30.
고리#4		950		'86. 4. 29.
새울#1		1,000	가압경수로	'11. 2. 28.
새울#2		1,000		'12. 7. 20.
신고리#3	울산광역시 울주군	1,400	가압경수로	'16. 12. 20.
신고리#4		1,400		'19. 08. 29.
월성#2	경상북도 경주시	700	가압중수로	'97. 7. 1.
월성#3		700		'98. 7. 1.
월성#4		700		'99. 10. 1.
신월성#1		1,000	가압경수로	'12. 7. 31
신월성#2		1,000		'15. 7. 24
한빛#1	전라남도 영광군	950	가압경수로	'86. 8. 25.
한빛#2		950		'87. 6. 10.
한빛#3		1,000		'95. 3. 31.
한빛#4		1,000		'96. 1. 1.
한빛#5		1,000		'02. 5. 21.
한빛#6		1,000		'02. 12. 24.
한울#1	경상북도 울진군	950	가압경수로	'88. 9. 10.
한울#2		950		'89. 9. 30.
한울#3		1,000		'98. 8. 11.
한울#4		1,000		'99. 12. 31.
한울#5		1,000		'04. 7. 29.
한울#6		1,000		'05. 4. 22.
신한울#1		1,400		'22. 12. 7.

② 원자력발전소 정지 현황 (2019. 12. 24.)

발전소명	위치	설비용량(MW)	원자로형	상업운전	비고
고리#1	부산광역시 기장군 장안읍	587	가압경수로	'78. 4. 29.	영구정지 ('17. 6. 18.)
월성#1	경상북도 경주시 양남면	679	가압중수로	'83. 4. 22.	영구정지 ('19. 12. 24.)

③ 수력 · 소수력 발전소 현황

㉠ 수력 (2021. 12. 31.)

구분	화천	춘천	의암	청평	팔당	칠보	강릉
설비용량(MW)	108 (4기)	62.28 (2기)	48 (2기)	140.1 (4기)	120 (4기)	35.4 (3기)	82 (2기)
총저수량 (백만m³)	1,018	150	80	185.5	244	466	51.4
시설년도(년)	1944	1965	1967	1943 (2011)	1972	1945 (1965)	1990

※총 21기 595.78MW

㉡ 소수력 (2021. 12. 31.)

구분	강림	보성강	괴산	무주	양양	산청	예천	토평
설비용량(MW)	0.48 (3기)	4.5 (2기)	2.8 (2기)	0.4 (1기)	1.55 (3기)	0.995 (2기)	0.925 (2기)	0.045 (1기)
시설년도(년)	1978	1935	1957	2003	2004 (2020)	2010	2011 (2018)	2011
위치	강원 횡성	전남 보성	충북 괴산	전북 무주	강원 양양	경남 산청	경북 예천	경기 구리

※총 16기 11,695MW

④ 양수 발전소 현황 (2020. 12. 31.)

구분		청평양수	삼랑진양수	무주양수	산청양수	양양양수	청송양수	예천양수
설비용량(MW)		400(2기)	600(2기)	600(2기)	700(2기)	1,000(4기)	600(2기)	800(2기)
댐(상부)	높이	62	88	60.7	86.9	72	89.8	73
	길이	290	269	287	360	347	400	620
총저수량(백만톤)		2.7	6.5 / 10.1	3.7 / 6.7	6.4 / 7.4	4.9 / 9.2	7.1 / 10.2	6.9 / 8.9
시설년도		1980	1985	1995	2001	2006	2006	2011

※총 16기 4,700MW

02 가치

(1) 핵심가치

① **안전 최우선(Safety First)** ··· 우리 모두가 안전의 최종책임자라는 책임의식을 바탕으로, 기본과 원칙을 준수하며 더욱 안전한 환경을 만들기 위해 지속적으로 안전체계를 진화시킨다.
- 안전책임의식 : '안전의 최종책임자는 나'라는 인식을 바탕으로, 안전을 생활화 함
- 기본과 원칙준수 : 안전과 관련한 기본과 원칙을 철저히 준수함
- 진화하는 안전체계 : 더욱 안전한 환경을 만들기 위해 안전체계를 지속적으로 발전시킴

② **지속 성장(Sustainable Growth)** ··· 구성원 모두가 각자 맡은 업무에서 탁월함을 추구하며, 끊임없는 개선과 발전적 도전을 통해 글로벌 최고 수준의 경쟁력을 확보한다.
- 탁월함 추구 : 맡은 업무에 필요한 역량을 지속적으로 개발하여 전문성을 확보함
- 끊임없는 개선 : 현재에 만족하지 않고 더 나은 모습을 위해 업무와 프로세스를 끊임없이 혁신하고 개선함
- 발전적 도전 : 회사와 나의 지속적 발전과 경쟁력 강화를 위해 새로운 시도를 함

③ **상호 존중(Shared Respect)** ··· 공동의 목표 달성을 위해 서로의 다양성을 인정하고 열린 소통과 자발적 참여와 협업을 바탕으로 시너지를 창출한다.
- 다양성 인정 : 동료 및 타 조직에 대한 이해를 바탕으로 다름을 인정하고 존중함
- 열린 소통 : 다른 사람의 의견을 경청하고 자유롭게 서로의 의견을 나눔
- 참여와 협업 : 공동의 목표를 달성하기 위해 적극적인 참여와 협업으로 시너지를 만듦

④ **사회적 책임(Social Responsibility)** ··· 국가와 국민에 대한 높은 사명감을 갖고, 우리를 둘러싼 다양한 이해관계자들과 소통하고 협력하여 친환경 에너지 공급을 통해 국가 에너지 안보에 기여한다.
- 공익 중시 : 공기업인으로서의 사명감과 책임의식을 바탕으로 국가와 국민의 이익을 우선함
- 상생 협력 : 다양한 이해관계자들과의 소통과 협력을 통해 함께 성장함
- 에너지 안보 : 내가 하는 일이 국가 에너지 안보에 기여한다는 자긍심을 갖고, 친환경 에너지의 안정적인 공급을 위해 노력함

(2) 미션 및 비전

① **미션** ··· 친환경 에너지로 삶을 풍요롭게

② **비전** ··· 탄소중립 청정에너지 리더

③ 2036 중장기 전략체계도 … 低탄소 · 청정에너지 기반 사업성과 및 공공가치 창출

㉠ 전략목표

低탄소 · 청정e 기반 사업성과 창출	효율성 기반 공공가치 창출
• 매출액 21.8조원(해외사업 3.6조원) • WANO PI 98점(글로벌 1위) • 해외 원전 신규 수주 10기+α • 신재생에너지 설비용량 9.8GW • 청정수소 생산량 33만톤	• 중대재해 Zero • 온실가스 감축 1.1억톤 • 지역수용성 75점

㉡ 전략방향 및 전략과제(25개)

전략방향	전략과제(25개)
안전 기반 원전 경쟁력 확보	세계 최고 수준 원전 안전성 강화 등 5개 과제
차별적 해외사업 수주	원전 수출 역량 강화 등 6개 과제
그린 융복합 사업 선도	수력 · 양수 미래 성장동력 창출 등 7개 과제
지속성장 기반 강화	자원배분 최적화 등 7개 과제

CHAPTER 02 채용안내

(1) 인재상

"국민의 사랑받는 한수원인" : 새로운 가치 창조

① 기본에 충실한 인재(윤리의식/주인의식/안전의식) … 건전한 가치관과 윤리의식을 바탕으로, 본인의 역할과 책임을 다하며, 안전문화 정착에 기여하는 인재

② 배려하는 상생 인재(소통/협력/사회적 가치) … 사회에 대한 배려와 존중을 기반으로 이해관계자들과 함께 미래를 만들어 가는 가능성과 사회적 가치를 더 중시하는 인재

③ 글로벌 전문 인재(열정/전문 역량/글로벌 최고) … 자기 직무에 있어서 세계 최고가 되겠다는 열정으로 꾸준히 실력을 배양하는 전문성을 갖춘 인재

(2) 채용안내(대졸수준 신입사원 – 일반전형, 사회형평성전형, 보훈특별전형)

① 응시자격

㉠ 공통 응시자격

학력	• 사무 : 제한 없음 • 기술 : 응시분야별 관련학과 전공자 또는 관련 산업기사 이상 국가기술자격증·면허 보유자
병역	• 군필 또는 면제자(2차 전형 면접 시작일 전일까지 전역 가능한 자 포함) • 단, 최종학력이 고졸 이하인 자는 미필자도 지원 가능
연령	• 제한 없음

㉡ 일반전형 응시자격

외국어	• 인정 외국어 : TOEIC, TEPS, JPT, HSK, TOEFL(iBT) 또는 TOEIC스피킹, TEPS스피킹, 오픽(영어) 중 1개 • 일반모집 –사무 : TOEIC 기준 750점 이상 또는 TOEIC스피킹 기준 130점 이상 –기술 : TOEIC 기준 700점 이상 또는 TOEIC스피킹 기준 120점 이상 • 지역모집 : TOEIC 기준 500점 이상 또는 TOEIC스피킹 기준 90점 이상

② 전형절차

지역주민 확인(대상자에 한함) → 지원서 접수 → 1차 전형 : 필기시험 → 2차 전형 : 면접 → 신체검사 → 최종합격자 발표

③ 단계별 평가방법

㉠ 1차 전형

• 사전평가

-일반전형 : 자기소개서 적/부, 외국어 성적(100점), 자격·면허 가점(각 2~10점), 일반가점

-사회형평전형, 보훈특별전형 : 자기소개서 적/부

• 필기시험

-일반전형

구분	내용	비고
직업기초능력	• (공통) 의사소통, 수리, 문제해결, 자원관리 • (사무) 조직이해 • (ICT) 정보능력 • (그 외 기술) 기술능력	50문항, 70%
직무수행능력(전공)	각 응시분야별 해당 기초전공지식	25문항, 25%
직무수행능력(상식)	회사상식, 한국사 등 일반상식	5문항, 5%

-사회형평전형, 보훈특별전형

구분	내용	비고
직업기초능력	• (공통) 의사소통, 수리, 문제해결, 자원관리 • (사무) 조직이해 • (그 외 기술) 기술능력	50문항, 90%
상식	회사상식, 한국사 등 일반상식	10문항, 10%

ⓛ 2차 전형
- 대상 : 인재상 및 조직적합도 검사 적격자
- 인재상 및 조직적합도 검사 : 적격/부적격 판정
- 면접
- 일반전형

구분	내용
직업기초능력면접 (40점)	• 자기소개서 기반 직업기초능력 평가를 위한 질의응답 • 개인별 약 20분 • 평가요소 : 근로윤리, 공동체윤리, 자기개발능력, 의사소통능력, 대인관계능력
직무수행능력면접 (30점)	• 회사 직무상황 관련 주제에 대해 문제해결 방안 토의, 개인별 질의응답 및 결과지 작성을 통해 직무수행능력 평가 • 조별 약 100분 • 평가요소 : 의사소통능력, 문제해결능력, 직무수행능력(직무이해도, 적극성)
관찰면접 (30점)	• 조별과제 수행 관찰평가를 통해 지원자의 인재상 부합 여부 검증 • 조별 약 165분 • 평가요소 : 의사소통능력, 대인관계능력, 문제해결능력

- 사회형평전형, 보훈특별전형

구분	내용
직업기초능력면접 (40점)	• 자기소개서 기반 직업기초능력(근로윤리, 자기개발능력 등) 평가를 위한 질의응답 • 개인별 약 20분 • 평가요소 : 근로윤리, 공동체윤리, 자기개발능력, 의사소통능력, 대인관계능력
Role play 면접 (30점)	• 업무에서 발생할 수 있는 특정 상황에 대한 역할연기 수행 및 질의응답을 통한 평가 • 개인별 약 15분 • 평가요소 : 의사소통능력, 대인관계능력, 근로윤리
관찰면접 (30점)	• 조별과제 수행 관찰평가를 통해 지원자의 인재상 부합 여부 검증 • 조별 약 165분 • 평가요소 : 의사소통능력, 대인관계능력, 문제해결능력

PART

02

직업기초능력

의사소통능력(공통)

01 의사소통과 의사소통능력

(1) 의사소통

① **개념** … 사람들 간에 생각이나 감정, 정보, 의견 등을 교환하는 총체적인 행위로, 직장생활에서의 의사소통은 조직과 팀의 효율성과 효과성을 성취할 목적으로 이루어지는 구성원 간의 정보와 지식 전달 과정이라고 할 수 있다.

② **기능** … 공동의 목표를 추구해 나가는 집단 내의 기본적 존재 기반이며 성과를 결정하는 핵심 기능이다.

③ **의사소통의 종류**

　　㉠ 언어적인 것 : 대화, 전화통화, 토론 등

　　㉡ 문서적인 것 : 메모, 편지, 기획안 등

　　㉢ 비언어적인 것 : 몸짓, 표정 등

④ **의사소통을 저해하는 요인** … 정보의 과다, 메시지의 복잡성 및 메시지 간의 경쟁, 상이한 직위와 과업지향형, 신뢰의 부족, 의사소통을 위한 구조상의 권한, 잘못된 매체의 선택, 폐쇄적인 의사소통 분위기 등

(2) 의사소통능력

① **개념** … 의사소통능력은 직장생활에서 문서나 상대방이 하는 말의 의미를 파악하는 능력, 자신의 의사를 정확하게 표현하는 능력, 간단한 외국어 자료를 읽거나 외국인의 의사표시를 이해하는 능력을 포함한다.

② **의사소통능력 개발을 위한 방법**

　　㉠ 사후검토와 피드백을 활용한다.

　　㉡ 명확한 의미를 가진 이해하기 쉬운 단어를 선택하여 이해도를 높인다.

　　㉢ 적극적으로 경청한다.

　　㉣ 메시지를 감정적으로 곡해하지 않는다.

02 의사소통능력을 구성하는 하위능력

(1) 문서이해능력

① 문서와 문서이해능력

  ㉠ 문서 : 제안서, 보고서, 기획서, 이메일, 팩스 등 문자로 구성된 것으로 상대방에게 의사를 전달하여 설득하는 것을 목적으로 한다.

  ㉡ 문서이해능력 : 직업현장에서 자신의 업무와 관련된 문서를 읽고, 내용을 이해하고 요점을 파악할 수 있는 능력을 말한다.

예제 1

다음은 신용카드 약관의 주요내용이다. 규정 약관을 제대로 이해하지 못한 사람은?

> **[부가서비스]**
> 카드사는 법령에서 정한 경우를 제외하고 상품을 새로 출시한 후 1년 이내에 부가서비스를 줄이거나 없앨 수가 없다. 또한 부가서비스를 줄이거나 없앨 경우에는 그 세부내용을 변경일 6개월 이전에 회원에게 알려주어야 한다.
>
> **[중도 해지 시 연회비 반환]**
> 연회비 부과기간이 끝나기 이전에 카드를 중도해지하는 경우 남은 기간에 해당하는 연회비를 계산하여 10 영업일 이내에 돌려줘야 한다. 다만, 카드 발급 및 부가서비스 제공에 이미 지출된 비용은 제외된다.
>
> **[카드 이용한도]**
> 카드 이용한도는 카드 발급을 신청할 때에 회원이 신청한 금액과 카드사의 심사기준을 종합적으로 반영하여 회원이 신청한 금액 범위 이내에서 책정되며 회원의 신용도가 변동되었을 때에는 카드사는 회원의 이용한도를 조정할 수 있다.
>
> **[부정사용 책임]**
> 카드 위조 및 변조로 인하여 발생된 부정사용 금액에 대해서는 카드사가 책임을 진다. 다만, 회원이 비밀번호를 다른 사람에게 알려주거나 카드를 다른 사람에게 빌려주는 등의 중대한 과실로 인해 부정사용이 발생하는 경우에는 회원이 그 책임의 전부 또는 일부를 부담할 수 있다.

① 혜수 : 카드사는 법령에서 정한 경우를 제외하고는 1년 이내에 부가서비스를 줄일 수 없어.

② 진성 : 카드 위조 및 변조로 인하여 발생된 부정사용 금액은 일괄 카드사가 책임을 지게 돼.

③ 영훈 : 회원의 신용도가 변경되었을 때 카드사가 이용한도를 조정할 수 있어.

④ 영호 : 연회비 부과기간이 끝나기 이전에 카드를 중도 해지하는 경우에는 남은 기간에 해당하는 연회비를 카드사는 돌려줘야 해.

출제의도

주어진 약관의 내용을 읽고 그에 대한 상세 내용의 정보를 이해하는 능력을 측정하는 문항이다.

해 설

② 부정사용에 대해 고객의 과실이 있으면 회원이 그 책임의 진부 또는 일부를 부담할 수 있다.

답 ②

② 문서의 종류

    ㉠ **공문서** : 정부기관에서 공무를 집행하기 위해 작성하는 문서로, 단체 또는 일반회사에서 정부기관을 상대로 사업을 진행할 때 작성하는 문서도 포함된다. 엄격한 규격과 양식이 특징이다.

    ㉡ **기획서** : 아이디어를 바탕으로 기획한 프로젝트에 대해 상대방에게 전달하여 시행하도록 설득하는 문서이다.

    ㉢ **기안서** : 업무에 대한 협조를 구하거나 의견을 전달할 때 작성하는 사내 공문서이다.

    ㉣ **보고서** : 특정한 업무에 관한 현황이나 진행 상황, 연구·검토 결과 등을 보고하고자 할 때 작성하는 문서이다.

    ㉤ **설명서** : 상품의 특성이나 작동 방법 등을 소비자에게 설명하기 위해 작성하는 문서이다.

    ㉥ **보도자료** : 정부기관이나 기업체 등이 언론을 상대로 자신들의 정보를 기사화 되도록 하기 위해 보내는 자료이다.

    ㉦ **자기소개서** : 개인이 자신의 성장과정이나, 입사 동기, 포부 등에 대해 구체적으로 기술하여 자신을 소개하는 문서이다.

    ㉧ **비즈니스 레터**(E-mail) : 사업상의 이유로 고객에게 보내는 편지다.

    ㉨ **비즈니스 메모** : 업무상 확인해야 할 일을 메모형식으로 작성하여 전달하는 글이다.

③ **문서이해의 절차** … 문서의 목적 이해 → 문서 작성 배경·주제 파악 → 정보 확인 및 현안문제 파악 → 문서 작성자의 의도 파악 및 자신에게 요구되는 행동 분석 → 목적 달성을 위해 취해야 할 행동 고려 → 문서 작성자의 의도를 도표나 그림 등으로 요약·정리

(2) 문서작성능력

① 작성되는 문서에는 대상과 목적, 시기, 기대효과 등이 포함되어야 한다.

② **문서작성의 구성요소**

    ㉠ 짜임새 있는 골격, 이해하기 쉬운 구조

    ㉡ 객관적이고 논리적인 내용

    ㉢ 명료하고 설득력 있는 문장

    ㉣ 세련되고 인상적인 레이아웃

다음은 들은 내용을 구조적으로 정리하는 방법이다. 순서에 맞게 배열하면?

ⓐ 관련 있는 내용끼리 묶는다.
ⓑ 묶은 내용에 적절한 이름을 붙인다.
ⓒ 전체 내용을 이해하기 쉽게 구조화한다.
ⓓ 중복된 내용이나 덜 중요한 내용을 삭제한다.

---

① ㉠㉡㉢㉣
② ㉠㉡㉣㉢
③ ㉡㉠㉢㉣
④ ㉡㉠㉣㉢

출제의도

음성정보는 문자정보와는 달리 쉽게 잊혀 지기 때문에 음성정보를 구조화 시키는 방법을 묻는 문항이다.

해 설

내용을 구조적으로 정리하는 방법은 '㉠ 관련 있는 내용끼리 묶는다. → ㉡ 묶은 내용에 적절한 이름을 붙인다. → ㉣ 중복된 내용이나 덜 중요한 내용을 삭제한다. → ㉢ 전체 내용을 이해하기 쉽게 구조화한다.'가 적절하다.

답 ②

③ 문서의 종류에 따른 작성방법

㉠ 공문서
- 육하원칙이 드러나도록 써야 한다.
- 날짜는 반드시 연도와 월, 일을 함께 언급하며, 날짜 다음에 괄호를 사용할 때는 마침표를 찍지 않는다.
- 대외문서이며, 장기간 보관되기 때문에 정확하게 기술해야 한다.
- 내용이 복잡할 경우 '-다음-', '-아래-'와 같은 항목을 만들어 구분한다.
- 한 장에 담아내는 것을 원칙으로 하며, 마지막엔 반드시 '끝'자로 마무리 한다.

㉡ 설명서
- 정확하고 간결하게 작성한다.
- 이해하기 어려운 전문용어의 사용은 삼가고, 복잡한 내용은 도표화 한다.
- 명령문보다는 평서문을 사용하고, 동어 반복보다는 다양한 표현을 구사하는 것이 바람직하다.

㉢ 기획서
- 상대를 설득하여 기획서가 채택되는 것이 목적이므로 상대가 요구하는 것이 무엇인지 고려하여 작성하며, 기획의 핵심을 잘 전달하였는지 확인한다.
- 분량이 많을 경우 전체 내용을 한눈에 파악할 수 있도록 목차구성을 신중히 한다.
- 효과적인 내용 전달을 위한 표나 그래프를 적절히 활용하고 산뜻한 느낌을 줄 수 있도록 한다.
- 인용한 자료의 출처 및 내용이 정확해야 하며 제출 전 충분히 검토한다.

ⓒ 보고서

- 도출하고자 한 핵심내용을 구체적이고 간결하게 작성한다.
- 내용이 복잡할 경우 도표나 그림을 활용하고, 참고자료는 정확하게 제시한다.
- 제출하기 전에 최종점검을 하며 질의를 받을 것에 대비한다.

예제 3

다음 중 공문서 작성에 대한 설명으로 가장 적절하지 못한 것은?

① 공문서나 유가증권 등에 금액을 표시할 때에는 한글로 기재하고 그 옆에 괄호를 넣어 숫자로 표기한다.
② 날짜는 숫자로 표기하되 년, 월, 일의 글자는 생략하고 그 자리에 온점(.)을 찍어 표시한다.
③ 첨부물이 있는 경우에는 붙임 표시문 끝에 1자 띄우고 "끝."이라고 표시한다.
④ 공문서의 본문이 끝났을 경우에는 1자를 띄우고 "끝."이라고 표시한다.

출제의도
업무를 할 때 필요한 공문서 작성법을 잘 알고 있는지를 측정하는 문항이다.

해 설
공문서 금액 표시
아라비아 숫자로 쓰고, 숫자 다음에 괄호를 하여 한글로 기재한다.
예) 금 123,456원(금 일십이만삼천사백오십육원)

답 ①

---

④ 문서작성의 원칙

ⓐ 문장은 짧고 간결하게 작성한다(간결체 사용).
ⓑ 상대방이 이해하기 쉽게 쓴다.
ⓒ 불필요한 한자의 사용을 자제한다.
ⓓ 문장은 긍정문의 형식을 사용한다.
ⓔ 간단한 표제를 붙인다.
ⓕ 문서의 핵심내용을 먼저 쓰도록 한다(두괄식 구성).

⑤ 문서작성 시 주의사항

ⓐ 육하원칙에 의해 작성한다.
ⓑ 문서 작성시기가 중요하다.
ⓒ 한 사안은 한 장의 용지에 작성한다.
ⓓ 반드시 필요한 자료만 첨부한다.
ⓔ 금액, 수량, 일자 등은 기재에 정확성을 기한다.
ⓕ 경어나 단어사용 등 표현에 신경 쓴다.
ⓖ 문서작성 후 반드시 최종적으로 검토한다.

⑥ **효과적인 문서작성 요령**

　　㉠ **내용이해** : 전달하고자 하는 내용과 핵심을 정확하게 이해해야 한다.

　　㉡ **목표설정** : 전달하고자 하는 목표를 분명하게 설정한다.

　　㉢ **구성** : 내용 전달 및 설득에 효과적인 구성과 형식을 고려한다.

　　㉣ **자료수집** : 목표를 뒷받침할 자료를 수집한다.

　　㉤ **핵심전달** : 단락별 핵심을 하위목차로 요약한다.

　　㉥ **대상파악** : 대상에 대한 이해와 분석을 통해 철저히 파악한다.

　　㉦ **보충설명** : 예상되는 질문을 정리하여 구체적인 답변을 준비한다.

　　㉧ **문서표현의 시각화** : 그래프, 그림, 사진 등을 적절히 사용하여 이해를 돕는다.

(3) 경청능력

① **경청의 중요성** : 경청은 다른 사람의 말을 주의 깊게 들으며 공감하는 능력으로 경청을 통해 상대방을 한 개인으로 존중하고 성실한 마음으로 대하게 되며, 상대방의 입장에 공감하고 이해하게 된다.

② **경청을 방해하는 습관** … 짐작하기, 대답할 말 준비하기, 걸러내기, 판단하기, 다른 생각하기, 조언하기, 언쟁하기, 옳아야만 하기, 슬쩍 넘어가기, 비위 맞추기 등

③ **효과적인 경청방법**

　　㉠ **준비하기** : 강연이나 프레젠테이션 이전에 나누어주는 자료를 읽어 미리 주제를 파악하고 등장하는 용어를 익혀둔다.

　　㉡ **주의 집중** : 말하는 사람의 모든 것에 집중해서 적극적으로 듣는다.

　　㉢ **예측하기** : 다음에 무엇을 말할 것인가를 추측하려고 노력한다.

　　㉣ **나와 관련짓기** : 상대방이 전달하고자 하는 메시지를 나의 경험과 관련지어 생각해 본다.

　　㉤ **질문하기** : 질문은 듣는 행위를 적극적으로 하게 만들고 집중력을 높인다.

　　㉥ **요약하기** : 주기적으로 상대방이 전달하려는 내용을 요약한다.

　　㉦ **반응하기** : 피드백을 통해 의사소통을 점검한다.

다음은 면접스터디 중 일어난 대화이다. 민아의 고민을 해소하기 위한 조언으로 가장 적절한 것은?

지섭 : 민아씨, 어디 아파요? 표정이 안 좋아 보여요.

민아 : 제가 원서 넣은 공단이 내일 면접이어서요. 그동안 스터디를 통해서 면접 연습을 많이 했는데도 벌써부터 긴장이 되네요.

지섭 : 민아씨는 자기 의견도 명확히 피력할 줄 알고 조리 있게 설명을 잘 하시니 걱정 안하셔도 될 것 같아요. 아, 손에 꽉 쥐고 계신 건 뭔가요?

민아 : 아, 제가 예상 답변을 정리해서 모아둔거에요. 내용은 거의 외웠는데 이렇게 쥐고 있지 않으면 불안해서

지섭 : 그 정도로 준비를 철저히 하셨으면 걱정할 이유 없을 것 같아요.

민아 : 그래도 압박면접이거나 예상치 못한 질문이 들어오면 어떻게 하죠?

지섭 : _____

---

① 시선을 적절히 처리하면서 부드러운 어투로 말하는 연습을 해보는 건 어때요?

② 공식적인 자리인 만큼 옷차림을 신경 쓰는 게 좋을 것 같아요.

③ 당황하지 말고 질문자의 의도를 잘 파악해서 침착하게 대답하면 되지 않을까요?

④ 예상 질문에 대한 답변을 좀 더 정확하게 외워보는 건 어떨까요?

답 ③

(4) 의사표현능력

① **의사표현의 개념과 종류**

　㉠ **개념** : 화자가 자신의 생각과 감정을 청자에게 음성언어나 신체언어로 표현하는 행위이다.

　㉡ **종류**

　　• 공식적 말하기 : 사전에 준비된 내용을 대중을 대상으로 말하는 것으로 연설, 토의, 토론 등이 있다.

　　• 의례적 말하기 : 사회·문화적 행사에서와 같이 절차에 따라 하는 말하기로 식사, 주례, 회의 등이 있다.

　　• 친교적 말하기 : 친근한 사람들 사이에서 자연스럽게 주고받는 대화 등을 말한다.

② **의사표현의 방해요인**

　㉠ **연단공포증** : 연단에 섰을 때 가슴이 두근거리거나 땀이 나고 얼굴이 달아오르는 등의 현상으로 충분한 분석과 준비, 더 많은 말하기 기회 등을 통해 극복할 수 있다.

　㉡ **말** : 말의 장단, 고저, 발음, 속도, 쉼 등을 포함한다.

　㉢ **음성** : 목소리와 관련된 것으로 음색, 고저, 명료도, 완급 등을 의미한다.

　㉣ **몸짓** : 비언어적 요소로 화자의 외모, 표정, 동작 등이다.

　㉤ **유머** : 말하기 상황에 따른 적절한 유머를 구사할 수 있어야 한다.

③ 상황과 대상에 따른 의사표현법

    ㉠ **잘못을 지적할 때** : 모호한 표현을 삼가고 확실하게 지적하며, 당장 꾸짖고 있는 내용에만 한정한다.

    ㉡ **칭찬할 때** : 자칫 아부로 여겨질 수 있으므로 센스 있는 칭찬이 필요하다.

    ㉢ **부탁할 때** : 먼저 상대방의 사정을 듣고 응하기 쉽게 구체적으로 부탁하며 거절을 당해도 싫은 내색을 하지 않는다.

    ㉣ **요구를 거절할 때** : 먼저 사과하고 응해줄 수 없는 이유를 설명한다.

    ㉤ **명령할 때** : 강압적인 말투보다는 '○○을 이렇게 해주는 것이 어떻겠습니까?'와 같은 식으로 부드럽게 표현하는 것이 효과적이다.

    ㉥ **설득할 때** : 일방적으로 강요하기보다는 먼저 양보해서 이익을 공유하겠다는 의지를 보여주는 것이 좋다.

    ㉦ **충고할 때** : 충고는 가장 최후의 방법이다. 반드시 충고가 필요한 상황이라면 예화를 들어 비유적으로 깨우쳐주는 것이 바람직하다.

    ㉧ **질책할 때** : 샌드위치 화법(칭찬의 말 + 질책의 말 + 격려의 말)을 사용하여 청자의 반발을 최소화한다.

예제 5

당신은 팀장님께 업무 지시내용을 수행하고 결과물을 보고 드렸다. 하지만 팀장님께서는 "최대리 업무를 이렇게 처리하면 어떡하나? 누락된 부분이 있지 않은가."라고 말하였다. 이에 대해 당신이 행할 수 있는 가장 부적절한 대처 자세는?

① "죄송합니다. 제가 잘 모르는 부분이라 이수혁 과장님께 부탁을 했는데 과장님께서 실수를 하신 것 같습니다."

② "주의를 기울이지 못해 죄송합니다. 어느 부분을 수정보완하면 될까요?"

③ "지시하신 내용을 제가 충분히 이해하지 못하였습니다. 내용을 다시 한 번 여쭤보아도 되겠습니까?"

④ "부족한 내용을 보완하는 자료를 취합하기 위해서 하루정도가 더 소요될 것 같습니다. 언제까지 재작성하여 드리면 될까요?"

출제의도

상사가 잘못을 지적하는 상황에서 어떻게 대처해야 하는지를 묻는 문항이다.

해 설

상사가 부탁한 지시사항을 다른 사람에게 부탁하는 것은 옳지 못하며 설사 그렇다고 해도 그 일의 과오에 대해 책임을 전가하는 것은 지양해야 할 자세이다.

답 ①

④ 원활한 의사표현을 위한 지침

   ㉠ 올바른 화법을 위해 독서를 하라.

   ㉡ 좋은 청중이 되라.

   ㉢ 칭찬을 아끼지 마라.

   ㉣ 공감하고, 긍정적으로 보이게 하라.

   ㉤ 겸손은 최고의 미덕임을 잊지 마라.

   ㉥ 과감하게 공개하라.

   ㉦ 뒷말을 숨기지 마라.

   ㉧ 첫마디 말을 준비하라.

   ㉨ 이성과 감성의 조화를 꾀하라.

   ㉩ 대화의 룰을 지켜라.

   ㉪ 문장을 완전하게 말하라.

⑤ 설득력 있는 의사표현을 위한 지침

   ㉠ 'Yes'를 유도하여 미리 설득 분위기를 조성하라.

   ㉡ 대비 효과로 분발심을 불러 일으켜라.

   ㉢ 침묵을 지키는 사람의 참여도를 높여라.

   ㉣ 여운을 남기는 말로 상대방의 감정을 누그러뜨려라.

   ㉤ 하던 말을 갑자기 멈춤으로써 상대방의 주의를 끌어라.

   ㉥ 호칭을 바꿔서 심리적 간격을 좁혀라.

   ㉦ 끄집어 말하여 자존심을 건드려라.

   ㉧ 정보전달 공식을 이용하여 설득하라.

   ㉨ 상대방의 불평이 가져올 결과를 강조하라.

   ㉩ 권위 있는 사람의 말이나 작품을 인용하라.

   ㉪ 약점을 보여 주어 심리적 거리를 좁혀라.

   ㉫ 이상과 현실의 구체적 차이를 확인시켜라.

   ㉬ 자신의 잘못도 솔직하게 인정하라.

   ㉭ 집단의 요구를 거절하려면 개개인의 의견을 물어라.

   ⓐ 동조 심리를 이용하여 설득하라.

   ⓑ 지금까지의 노고를 치하한 뒤 새로운 요구를 하라.

   ⓒ 담당자가 대변자 역할을 하도록 하여 윗사람을 설득하게 하라.

   ⓓ 겉치레 양보로 기선을 제압하라.

   ⓔ 변명의 여지를 만들어 주고 설득하라.

   ⓕ 혼자 말하는 척하면서 상대의 잘못을 지적하라.

(5) 기초외국어능력

① 기초외국어능력의 개념과 필요성
- ㉠ 개념 : 기초외국어능력은 외국어로 된 간단한 자료를 이해하거나, 외국인과의 전화응대와 간단한 대화 등 외국인의 의사표현을 이해하고, 자신의 의사를 기초외국어로 표현할 수 있는 능력이다.
- ㉡ 필요성 : 국제화·세계화 시대에 다른 나라와의 무역을 위해 우리의 언어가 아닌 국제적인 통용어를 사용하거나 그들의 언어로 의사소통을 해야 하는 경우가 생길 수 있다.

② 외국인과의 의사소통에서 피해야 할 행동
- ㉠ 상대를 볼 때 흘겨보거나, 노려보거나, 아예 보지 않는 행동
- ㉡ 팔이나 다리를 꼬는 행동
- ㉢ 표정이 없는 것
- ㉣ 다리를 흔들거나 펜을 돌리는 행동
- ㉤ 맞장구를 치지 않거나 고개를 끄덕이지 않는 행동
- ㉥ 생각 없이 메모하는 행동
- ㉦ 자료만 들여다보는 행동
- ㉧ 바르지 못한 자세로 앉는 행동
- ㉨ 한숨, 하품, 신음소리를 내는 행동
- ㉩ 다른 일을 하며 듣는 행동
- ㉪ 상대방에게 이름이나 호칭을 어떻게 부를지 묻지 않고 마음대로 부르는 행동

③ 기초외국어능력 향상을 위한 공부법
- ㉠ 외국어공부의 목적부터 정하라.
- ㉡ 매일 30분씩 눈과 손과 입에 밸 정도로 반복하라.
- ㉢ 실수를 두려워하지 말고 기회가 있을 때마다 외국어로 말하라.
- ㉣ 외국어 잡지나 원서와 친해져라.
- ㉤ 소홀해지지 않도록 라이벌을 정하고 공부하라.
- ㉥ 업무와 관련된 주요 용어의 외국어는 꼭 알아두자.
- ㉦ 출퇴근 시간에 외국어 방송을 보거나, 듣는 것만으로도 귀가 트인다.
- ㉧ 어린이가 단어를 배우듯 외국어 단어를 암기할 때 그림카드를 사용해 보라.
- ㉨ 가능하면 외국인 친구를 사귀고 대화를 자주 나눠 보라.

출제예상문제

┃1 ~ 2┃ 다음 글을 읽고 이어지는 물음에 답하시오.

4차 산업혁명이 문화예술에 영향을 끼치는 사회적 변화 요인으로는 급속한 고령화 사회와 1인 가구의 증가 등 인구구조의 변화와 문화 다양성 사회로의 진전, 디지털 네트워크의 발전 등을 들 수 있다. 이로 인해 문화예술 소비층이 시니어와 1인 중심으로 변화하고 있으며 문화 복지대상도 어린이, 장애인, 시니어로 확장되고 있다. 디지털기기 사용이 일상화 되면서 문화향유 범위도 이전의 음악, 미술, 공연 중심에서 모바일 창작과 게임, 놀이 등으로 점차 확대되고 특히 고령화가 심화됨에 따라 높은 문화적 욕구를 지닌 시니어 층이 새로운 기술에 관심을 보이고 자신들의 건강한 삶을 위해 테크놀로지 수용에 적극적인 모습을 보이면서 문화예술 향유 계층도 다양해질 전망이다. 유쾌함과 즐거움 중심의 일상적 여가는 스마트폰을 통한 스낵컬처적 여가활동이 중심이 되겠지만 지식과 경험을 획득하고 삶의 의미를 찾고 성취감을 느끼고 싶어 하는 진지한 여가에 대한 열망도 점차 높아질 것으로 관측된다.

기술의 발전과 더불어 근로시간의 축소 등으로 여가시간이 늘어나면서 일과 여가의 균형을 맞추려는 워라밸(Work and Life Balance) 현상이 자리 잡아가고 있다. 문화관광연구원에서 실시한 국민인식조사에 따르면 기존에 문화여가를 즐기지 않던 사람들이 문화여가를 즐기기 시작하고 있다고 답한 비율이 약 47%로 나타난 것은 문화여가를 여가활동의 일부로 인식하는 국민수준이 높아지고 있다는 것을 보여준다. 또한, 경제적 수준이나 지식수준에 상관없이 문화예술 활동을 다양하게 즐기는 사람들이 많아지고 있다고 인식하는 비율이 38%로 나타났다. 이는 문화가 국민 모두가 향유해야 할 보편적 가치로 자리잡아가고 있다는 것을 말해 준다.

디지털·스마트 문화가 일상문화의 많은 부분을 차지하는 중요 요소로 자리 잡으면서 일상적 여가 뿐 아니라 콘텐츠 유통, 창작활동 등에 많은 변화를 가져오고 있다. 이러한 디지털 기기의 사용이 문화산업 분야에서는 소비자 및 향유자들의 적극적인 참여로 그 가능성에 주목하고 있으나, 순수문화예술 부분은 아직까지 홍보의 부차적 수단 정도로 활용되고 있어 기대감은 떨어지고 있다.

1   다음 중 윗글의 제목으로 가장 적절한 것은?

① 4차 산업혁명이 변화시킬 노인들의 삶

② 4차 산업혁명이 문화예술에 미치는 영향

③ 4차 산업혁명에 의해 나타나는 사회적 부작용

④ 순수문화예술과 디지털기기의 접목

⑤ 문화여가 활용 실태와 변화의 방향

글의 첫 문장에서 4차 산업혁명이 문화예술에 미치는 영향은 어떤 것들이 있는지를 소개하였으며, 이어 지는 내용은 모두 그러한 영향들에 대한 부연설명이라고 볼 수 있다. 후반부에서 언급된 문화여가와 디 지털기기의 일상화 등에 대한 내용 역시 4차 산업혁명이 사회에 깊숙이 관여해 있는 모습을 보여준다는 점에서 문화예술에 미치는 4차 산업혁명의 영향을 뒷받침하는 것이라고 볼 수 있다.

① 노인들의 삶에 변화가 있을 것이라는 언급을 하고 있으나, 이는 글의 일부분에 해당하는 내용이므로 제목으로 선정할 수는 없다.

③ 4차 산업혁명에 의해 나타나는 사회적 부작용에 대하여 언급하지는 않았다.

④⑤ 역시 글 전체를 포괄하는 제목으로는 부족한 내용을 언급하고 있다.

2 다음 중 윗글을 통해 알 수 있는 필자의 의견과 일치하지 않는 설명은?

① 4차 산업혁명은 문화의 다양성을 가져다 줄 것으로 기대된다.

② 디지털기기는 순수문화예술보다 문화산업 분야에 더 적극적인 변화를 일으키고 있다.

③ 4차 산업혁명으로 인해 문화를 향유하는 사회 계층이 다양해질 것이다.

④ 문화는 특별한 계층만이 향유할 수 있다는 인식이 줄어들고 있다.

⑤ 스마트폰의 보급으로 인해 내적이고 진지한 여가 시간에 대한 욕구는 줄어들 것이다.

✔해설 지식과 경험을 획득하고 삶의 의미를 찾고 성취감을 느끼고 싶어 하는 진지한 여가에 대한 열망도도 점 차 높아질 것으로 관측된다는 설명을 통해 내적이고 진지한 여가 시간에 대한 욕구가 줄어들 것이라는 것은 필자의 의견과 다른 것임을 알 수 있다.

① 필자는 4차 산업혁명의 영향으로 문화예술 활동을 다양하게 즐기는 사람들이 많아지고 있다는 언급 을 하고 있다.

② 순수문화예술 부분에서는 스마트폰 등 디지털기기가 아직 홍보 수단 정도의 기능에 머물러 있다고 설명하였다.

③ 문화 자체의 다양성뿐 아니라 문화를 누리는 대상 층 역시 어린이, 장애인, 시니어 등으로 점차 다 양화될 것을 전망하고 있다.

④ 문화는 국민 모두가 향유해야 할 보편적 가치로 자리잡아가고 있다는 설명을 통해 알 수 있다.

Answer 1.② 2.⑤

경쟁의 승리는 다른 사람의 재산권을 침탈하지 않으면서 이기는 경쟁자의 능력, 즉 경쟁력에 달려 있다. 공정경쟁에서 원하는 물건의 소유주로부터 선택을 받으려면 소유주가 원하는 대가를 치를 능력이 있어야 하고 남보다 먼저 신 자원을 개발하거나 신 발상을 창안하려면 역시 그렇게 해낼 능력을 갖추어야 한다. 다른 기업보다 더 좋은 품질의 제품을 더 값싸게 생산하는 기업은 시장경쟁에서 이긴다. 우수한 자질을 타고났고, 탐사 또는 연구개발에 더 많은 노력을 기울인 개인이나 기업은 새로운 자원이나 발상을 대체로 남보다 앞서서 찾아낸다.

개인의 능력은 천차만별인데, 그 차이는 타고나기도 하고 후천적 노력에 의해 결정되기도 한다. 능력이 후천적 노력만의 소산이라면 능력의 우수성에 따라 결정되는 경쟁 결과를 불공정하다고 불평하기는 어렵다. 그런데 능력의 많은 부분은 타고난 것이거나 부모에게서 직간접적으로 물려받은 유무형적 재산에 의한 것이다. 후천적 재능 습득에서도 그 성과는 보통 개발자가 타고난 자질에 따라 서로 다르다. 타고난 재능과 후천적 능력을 딱 부러지게 구분하기도 쉽지 않은 것이다.

어쨌든 내가 능력 개발에 소홀했던 탓에 경쟁에서 졌다면 패배를 승복해야 마땅하다. 그러나 순전히 타고난 불리함 때문에 불이익을 당했다면 억울함이 앞선다. 이 점을 내세워 타고난 재능으로 벌어들이는 소득은 그 재능 보유자의 몫으로 인정할 수 없다는 필자의 의견에 동의하는 학자도 많다. 자신의 재능을 발휘하여 경쟁에서 승리하였다 하더라도 해당 재능이 타고난 것이라면 승자의 몫이 온전히 재능 보유자의 것일 수 없고 마땅히 사회에 귀속되어야 한다는 말이다.

그런데 재능도 노동해야 발휘할 수 있으므로 재능 발휘를 유도하려면 그 노고를 적절히 보상해주어야 한다. 이론상으로는 재능 발휘로 벌어들인 수입에서 노고에 대한 보상만큼은 재능보유자의 소득으로 인정하고 나머지만 사회에 귀속시키면 된다.

3 윗글을 읽고 나눈 다음 대화의 ㉠~㉢ 중, 글의 내용에 따른 합리적인 의견 제기로 볼 수 없는 것은 어느 것인가?

> A : "타고난 재능과 후천적 노력에 대하여 어떻게 보아야 할지에 대한 필자의 의견이 담겨 있는 글입니다."
> B : "맞아요. 앞으로는 ㉠ 선천적인 재능에 대한 경쟁이 더욱 치열해질 것 같습니다."
> A : "그런데 우리가 좀 더 확인해야 할 것은, ㉡ 과연 얼마만큼의 보상이 재능 발휘 노동의 제공에 대한 몫이냐 하는 점입니다."
> B : "그와 함께, ㉢ 얻어진 결과물에서 어떻게 선천적 재능에 의한 부분을 구별해낼 수 있을까에 대한 물음 또한 과제로 남아 있다고 볼 수 있겠죠."
> A : "그뿐이 아닙니다. ㉣ 타고난 재능이 어떤 방식으로 사회에 귀속되어야 공정한 것인지, ㉤ 특별나게 열심히 재능을 발휘할 유인은 어떻게 찾을 수 있을지에 대한 고민도 함께 이루어져야 하겠죠."

① ㉠   ② ㉡

③ ㉢   ④ ㉣

⑤ ㉤

> **해설** 타고난 재능은 인정하지 않고 재능을 발휘한 노동의 부분에 대해서만 그 소득을 인정하게 된다면 특별나게 열심히 재능을 발휘할 유인을 찾기 어려워 결국 그 재능은 상당 부분 사장되고 말 것이다. 따라서 이러한 사회에서 ㉠과 같이 선천적 재능 경쟁이 치열해진다고 보는 의견은 글의 내용에 따른 논리적인 의견 제기로 볼 수 없다.

4 윗글에서 필자가 주장하는 내용과 견해가 다른 것은?

① 경쟁에서 승리하기 위해서는 능력이 필요하다.

② 능력에 의한 경쟁 결과가 불공정하다고 불평할 수 없다.

③ 선천적인 능력이 우수한 사람은 경쟁에서 이길 수 있는 확률이 높다.

④ 후천적인 능력이 모자란 결과에 대해서는 승복해야 한다.

⑤ 타고난 재능에 의해 얻은 승자의 몫은 일정 부분 사회에 환원해야 한다.

> **해설** 필자가 언급하는 '능력'은 선천적인 것과 후천적인 것이 있다고 말하고 있으며, 후천적인 능력에 따른 결과에는 승복해야 하지만 선천적인 능력에 따른 결과에 대해서는 일정 부분 사회에 환원하는 것이 마땅하다는 것이 필자의 주장이다. 따라서 능력에 의한 경쟁 결과가 반드시 불평의 여지가 없이 공정하다고만은 볼 수 없다는 것이 필자의 견해라고 할 수 있다.

Answer 3.① 4.②

5 다음은 정보공개제도에 대하여 설명하고 있는 글이다. 이 글의 내용을 제대로 이해하지 못한 것은?

☞ **정보공개란?**

「정보공개제도」란 공공기관이 직무상 작성 또는 취득하여 관리하고 있는 정보를 수요자인 국민의 청구에 의하여 열람·사본·복제 등의 형태로 청구인에게 공개하거나 공공기관이 자발적으로 또는 법령 등의 규정에 의하여 의무적으로 보유하고 있는 정보를 배포 또는 공표 등의 형태로 제공하는 제도를 말한다. 전자를 「청구공개」라 한다면, 후자는 「정보제공」이라 할 수 있다.

☞ **정보공개 청구권자**

대한민국 모든 국민, 외국인(법인, 단체 포함)
– 국내에 일정한 주소를 두고 거주하는 자, 국내에 사무소를 두고 있는 법인 또는 단체
– 학술·연구를 위하여 일시적으로 체류하는 자

☞ **공개 대상 정보**

공공기관이 직무상 또는 취득하여 관리하고 있는 문서(전자문서를 포함), 도면, 사진, 필름, 테이프, 슬라이드 및 그 밖에 이에 준하는 매체 등에 기록된 사항

☞ **공개 대상 정보에 해당되지 않는 예**(행정안전부 유권해석)
– 업무 참고자료로 활용하기 위해 비공식적으로 수집한 통계자료
– 결재 또는 공람절차 완료 등 공식적 형식 요건 결여한 정보
– 관보, 신문, 잡지 등 불특정 다수인에게 판매 및 홍보를 목적으로 발간된 정보
– 합법적으로 폐기된 정보
– 보유·관리하는 정보만이 대상이므로 공공기관은 정보를 새로 작성(생성)하거나 취득하여 공개할 의무는 없음

☞ **비공개 정보**(공공기관의 정보공개에 관한 법률 제9조)
– 법령에 의해 비밀·비공개로 규정된 정보
– 국가안보·국방·통일·외교관계 등에 관한 사항으로 공개될 경우 국가의 중대한 이익을 해할 우려가 있다고 인정되는 정보
– 공개될 경우 국민의 생명·신체 및 재산의 보호에 현저한 지장을 초래할 우려가 있다고 인정되는 정보
– 진행 중인 재판에 관련된 정보와 범죄의 예방, 수사, 공소의 제기 등에 관한 사항으로서 공개될 경우 그 직무수행을 현저히 곤란하게 하거나 피고인의 공정한 재판을 받을 권리를 침해한다고 인정되는 정보
– 감사·감독·검사·시험·규제·입찰계약·기술개발·인사관리·의사결정과정 또는 내부검토과정에 있는 사항 등으로서 공개될 경우 업무의 공정한 수행이나 연구·개발에 현저한 지장을 초래한다고 인정되는 정보
– 당해 정보에 포함되어 있는 이름·주민등록번호 등 개인에 관한 사항으로서 공개될 경우 개인의 사생활의 비밀·자유를 침해할 수 있는 정보
– 법인·단체 또는 개인(이하 "법인 등"이라 한다)의 경영·영업상 비밀에 관한 사항으로서 공개될 경우 법인 등의 정당한 이익을 현저히 해할 우려가 있다고 인정되는 정보
– 공개될 경우 부동산 투기·매점매석 등으로 특정인에게 이익 또는 불이익을 줄 우려가 있다고 인정되는 정보

① 공공기관은 국민이 원하는 정보를 요청자의 요구에 맞추어 작성, 배포해 주어야 한다.

② 공공기관의 정보는 반드시 국민의 요구가 있어야만 공개하는 것은 아니다.

③ 공공의 이익에 저해가 된다고 판단되는 정보는 공개하지 않을 수 있다.

④ 공식 요건을 갖추지 않은 미완의 정보는 공개하지 않을 수 있다.

⑤ 관광차 한국에 잠시 머물러 있는 외국인은 정보 공개 요청의 권한이 없다.

> ✔해설 '보유·관리하는 정보만이 대상이므로 공공기관은 정보를 새로 작성(생성)하거나 취득하여 공개할 의무는 없음'이라고 언급되어 있으므로 정보 요청자의 요구에 맞게 새로 작성하여 공개할 의무는 없다.
>
> ② 공공기관이 자발적, 의무적으로 공개하는 것을 '정보제공'이라고 하며 요청에 의한 공개를 '청구공개'라 한다.
>
> ③ 법에 의해 보호받는 비공개 정보가 언급되어 있다.
>
> ④ 결재 또는 공람절차 완료 등 공식적 형식 요건 결여한 정보는 공개 대상 정보가 아니다.
>
> ⑤ 학술·연구의 목적도 아니며, 국내에 일정한 거주지가 없는 외국인은 정보 공개 요청 대상이 되지 않는다.

Answer 5.①

6 다음 글에서 제시한 '자유무역이 가져다주는 이득'과 거리가 먼 것은?

> 오늘날 세계경제의 개방화가 진전되면서 국제무역이 계속해서 크게 늘어나고 있다. 국가 간의 무역 규모는 수출과 수입을 합한 금액이 국민총소득(GNI)에서 차지하는 비율로 측정할 수 있다. 우리나라의 2014년 '수출입의 대 GNI 비율'은 99.5%로 미국이나 일본 등의 선진국과 비교할 때 매우 높은 편에 속한다.
>
> 그렇다면 국가 간의 무역은 왜 발생하는 것일까? 가까운 곳에서 먼저 예를 찾아보자. 어떤 사람이 복숭아를 제외한 여러 가지 과일을 재배하고 있다. 만약 이 사람이 복숭아가 먹고 싶을 때 이를 다른 사람에게서 사야만 한다. 이와 같은 맥락에서 나라 간의 무역도 부존자원의 유무와 양적 차이에서 일차적으로 발생할 수 있다. 헌데 이러한 무역을 통해 얻을 수 있는 이득이 크다면 왜 선진국에서조차 완전한 자유무역이 실행되고 있지 않을까? 세계 각국에 자유무역을 확대할 것을 주장하는 미국도 자국의 이익에 따라 관세 부과 등의 방법으로 무역에 개입하고 있는 실정이다. 그렇다면 비교우위에 따른 자유무역이 교역 당사국 모두에게 이익을 가져다준다는 것은 이상에 불과한 것일까?
>
> 세계 각국이 보호무역을 취하는 것은 무엇보다 자국 산업을 보호하기 위한 것이다. 비교우위가 없는 산업을 외국기업과의 경쟁으로부터 어느 정도의 경쟁력을 갖출 때까지 일정 기간 보호하려는 데 그 목적이 있는 것이다.
>
> 우리나라의 경우 쌀 농업에서 특히 보호주의가 강력히 주장되고 있다. 우리의 주식인 쌀을 생산하는 농업이 비교우위가 없다고 해서 쌀을 모두 외국에서 수입한다면 식량안보 차원에서 문제가 될 수 있으므로 국내 농사를 전면적으로 포기할 수 없다는 논리이다.
>
> 교역 당사국 각자는 비교우위가 있는 재화의 생산에 특화해서 자유무역을 통해 서로 교환할 경우 기본적으로 거래의 이득을 보게 된다. 자유무역은 이러한 경제적 잉여의 증가 이외에 다음과 같은 측면에서도 이득을 가져다준다.

① 각국 소비자들에게 다양한 소비 기회를 제공한다.

② 비교우위에 있는 재화의 수출을 통한 규모의 경제를 이루어 생산비를 절감할 수 있다.

③ 비교우위에 의한 자유무역의 이득은 결국 한 나라 내의 모든 경제주체가 누리게 된다.

④ 경쟁을 활성화하여 경제 전체의 후생 수준을 높일 수 있다.

⑤ 각국의 기술 개발을 촉진해주는 긍정적인 파급 효과를 발휘하기도 한다.

✔ **해설** 비교우위에 의한 자유무역의 이득은 한 나라 내의 모든 경제주체가 혜택을 본다는 것을 뜻하지 않는다. 자유무역의 결과 어느 나라가 특정 재화를 수입하게 되면, 소비자는 보다 싼 가격으로 이 재화를 사용할 수 있게 되므로 이득을 보지만 이 재화의 국내 생산자는 손실을 입게 된다.
　① 동일한 종류의 재화라 하더라도 나라마다 독특한 특색이 있게 마련이다. 따라서 자유무역은 각국 소비자들에게 다양한 소비 기회를 제공한다.
　② 어느 나라가 비교우위가 있는 재화를 수출하게 되면 이 재화의 생산량은 세계시장을 상대로 크게 늘어난다. 이 경우 규모의 경제를 통해 생산비를 절감할 수 있게 된다.
　④ 독과점의 폐해를 방지하려면 진입장벽을 없애 경쟁을 촉진하여야 한다. 따라서 자유무역은 경쟁을 활성화하여 경제 전체의 후생 수준을 높일 수 있다.
　⑤ 자유무역은 나라간의 기술 이동이나 아이디어의 전파를 용이하게 하여 각국의 기술 개발을 촉진해주는 긍정적인 파급 효과를 발휘하기도 한다.

7 다음 글의 이후에 이어질 만한 내용으로 가장 거리가 먼 것은?

철도교통의 핵심 기능인 정거장의 위치 및 역간 거리는 노선, 열차평균속도, 수요, 운송수입 등에 가장 큰 영향을 미치는 요소로 고속화, 기존선 개량 및 신선 건설시 주요 논의의 대상이 되고 있으며, 과다한 정차역은 사업비를 증가시켜 철도투자를 저해하는 주요 요인으로 작용하고 있다.

한편, 우리나라의 평균 역간거리는 고속철도 46km, 일반철도 6.7km, 광역철도 2.1km로 이는 외국에 비해 59 ~ 84% 짧은 수준이다. 경부고속철도의 경우 천안 · 아산역 ~ 오송역이 28.7km, 신경주역 ~ 울산역이 29.6km 떨어져 있는 등 1990년 기본계획 수립 이후 오송, 김천 · 구미, 신경주, 울산역 등 다수의 역 신설로 인해 운행 속도가 저하되어 표정속도가 선진국의 78% 수준이며, 경부선을 제외한 일반철도의 경우에도 표정속도가 45 ~ 60km/h 수준으로 운행함에 따라 타 교통수단 대비 속도경쟁력이 저하된 실정이다. 또한, 추가역 신설에 따른 역간 거리 단축으로 인해 건설비 및 운영비의 대폭 증가도 불가피한 바, 경부고속철도의 경우 오송역 등 4개 역 신설로 인한 추가 건설비는 약 5,000억 원에 달한다. 운행시간도 당초 서울 ~ 부산 간 1시간 56분에서 2시간 18분으로 22분 지연되었으며, 역 추가 신설에 따른 선로분기기, 전환기, 신호기 등 시설물이 추가로 설치됨에 따라 유지보수비 증가 등 과잉 시설의 한 요인으로 작용했다. 이러한 역간 거리와 관련하여 도시철도의 경우 도시철도건설규칙에서 정거장 간 거리를 1km 이상으로 규정함으로써 표준 역간거리를 제시하고 있으나, 고속철도, 일반철도 및 광역철도의 정거장 위치와 역간 거리는 교통수요, 정거장 접근거리, 운행속도, 여객 및 화물열차 운행방법, 정거장 건설 및 운영비용, 선로용량 등 단일 차량과 단일 정차패턴이 기본인 도시철도에 비해 복잡한 변수를 내포함으로써 표준안을 제시하기가 용이하지 않았으며 관련 연구가 매우 부족한 상황이다.

① 외국인 노선별 역간 거리 비교
② 역간 거리가 철도 운행 사업자에게 미치는 영향 분석
③ 역간 거리 연장을 어렵게 하는 사회적인 요인 파악
④ 신설 노선 적정 역간 거리 유지 시 기대효과 및 사회적 비용 절감 요소 분석
⑤ 역세권 개발과 부동산 시장과의 상호 보완요인 파악

> **✔해설** 필자는 현재 우리나라의 역간 거리가 타 비교대상에 비해 짧게 형성되어 있어 운행 속도 저하에 따른 속도경쟁력 약화를 문제점으로 지적하고 있다. 따라서 역간 거리가 현행보다 길어야 한다는 주장을 뒷받침할 수 있는 선택지 ① ~ ④와 같은 내용을 언급할 것으로 예상할 수 있다. 다만, 역세권 문제나 부동산 시장과의 연계성 등은 주제와의 관련성이 있다고 볼 수 없다.

Answer 6.③ 7.⑤

8 다음 글을 읽고 화자의 견해로 미루어 짐작할 수 있는 것은?

신화를 문학의 하나로 보는 장르론적 사유(思惟)에서 벗어나 담론적 실천으로 바라보는 시각에서 신화는 그것과 연루된 인지와 행위를 다른 어떤 담론보다도 적극적으로 호명하는 장치를 갖고 있다. 다시 말해 신화가 있는 곳에 믿음이 있고 행위가 있으며, 이는 곧 신화가 갖는 강력한 지표성을 말해준다. 이러한 지표성으로 인해 우리는 신화가 우리의 삶에 미치는 직접적인 영향을 더욱 생생하게 경험할 수 있게 된다. 그러나 신화의 지표성은 신화를 개념화하는 것을 더욱 어렵게 만든다.

개념이 확정되는 것은 그것이 의미체계 어딘가에 제자리를 잡는 것을 말한다. 확고한 의미체계로 이루어진 담론이 그것과 지표적으로 연루된 현실의 간섭을 받는다면 그러한 세계는 그 확고함을 유지하기가 어려울 것이다. 신화의 개념은 그것이 갖는 지표성으로 인해 의미체계 안에서 늘 불안정한 위상을 갖는다. 그 때문에 신화는 강력한 담론이면서도 늘 해체의 위험에 노출되어 있다. 신화의 해체는 다음의 두 가지로 나타난다고 정리할 수 있을 것이다.

먼저, 신화는 탈신화적 해체에 노출된다. 이를 뮈토스(Mythos, 신화 체계)와 로고스(Logos, 이성 체계) 간에 이루어지는 상호작용으로 파악할 수 있다. 즉, 신화에 내포된 믿음은 맹목적인 것이지만, 신화는 그것을 합리적인 것으로 위장한다. 혹은 탈신화를 통해 얻어진 합리성이라 하더라도, 그것이 어느 순간 맹목적인 믿음의 모습으로 돌변하기도 한다. 그러므로 신화는 늘 명사가 아닌 동사의 모습으로 나타난다. 언제나 이러한 해체의 역동적인 움직임이 수반되기에 신화는 '신화함'이거나 '신화됨'으로 나타나는 것이다. 아울러 그러한 움직임에 대한 반작용을 필연적으로 함의한 역설적 동사인 것이다.

다음으로, 신화는 사유(思惟)의 한 형태로 문학이나 언어의 경계를 넘어서 존재한다. 기호 작용이라 규정됨으로써 그것은 존재론적이면서 인식론적인 모든 현상에 골고루 침투한다. 신화가 없는 곳은 문화가 없는 곳이고 인간이 없는 곳이다. 한마디로 신화는 필연적인 것이다.

신화의 이러한 특성 때문에 신화는 더욱 위험하고, 잠재적이며 때로는 무의식적인 것처럼 보인다. 그러나 바로 이 때문에 우리는 신화를 더욱 노출시키고, 실재화시키며, 의식화시킬 필요가 있다. 이것이 앞서 말한 탈신화일 터인데, 그러한 사유는 우리의 문화를 맹목으로 얼룩진 부패한 모습이 아닌 활발한 모습으로 숙성된 발효한 모습으로 거듭나게 할 것이다.

① 신화는 기존의 차원을 넘어선 보다 깊이 있는 사색을 통해 거듭나야 한다.
② 신화는 문학 외의 다양한 예술적 차원에서 사유되어야 한다.
③ 문학은 신화를 담론적 시각으로 바라보는 하나의 수단이다.
④ 신화를 노출함으로써 저마다의 문화를 더욱 수용할 수 있게 된다.
⑤ 신화를 해체의 위험에서 구출할 수 있는 것은 다양한 형태의 구전이다.

✔ 해설 제시문에서 신화는 문학적 장르에 한정되어 있음을 지적하고 보다 다양한 사유를 통해 문화를 활발한 모습으로 거듭나게 할 수 있다.

9 다음 글의 문맥을 참고할 때, 빈 칸에 들어갈 단어로 가장 적절한 것은?

최근 과학기술 평준화 시대에 접어들며 의약품과 의료기술 성장은 인구 구조의 고령화를 촉진하여 노인인구의 급증은 치매를 포함한 신경계 질환 (   ) 증가에 영향을 주고 있다. 따라서 질병 치료 이후의 재활, 입원 기간 동안의 삶의 질 등 노년층의 건강한 생활에 대한 사회적 관심이 증가되고 있다. 사회적 통합 기능이 특징인 음악은 사람의 감정과 기분에 강한 영향을 주는 매체로 단순한 생활 소음과는 차별되어 아동기, 청소년기의 음악교과 활동뿐만 아니라 다양한 임상 분야와 심리 치료 현장에서 활용되고 있다. 일반적으로 부정적 심리상태를 안정시키는 역할로 사용되던 음악은 최근 들어 구체적인 인체 부위의 생리적 기전(Physiological Mechanisms)에 미치는 효과에 관심을 갖게 되었다.

① 유병률
② 전염률
③ 발병률
④ 점유율
⑤ 질병률

✔ **해설** 문맥으로 보아 전염률, 점유율, 질병률은 전혀 관계가 없다. 유병률과 발병률은 다른 의미이며, 이 차이를 구분하는 것이 문제 해결의 관건이 될 수 있다. 유병률은 전체 인구 중 특정한 장애나 질병 또는 심리신체적 상태를 지니고 있는 사람들의 분율로서, 어느 시점 또는 어느 기간에 해당 장애나 질병, 심리신체적 상태를 지니고 있는 사람의 수를 전체 인구 수로 나누어 계산한다. 유병률은 이전부터 해당 장애가 있었든 아니면 해당 장애가 새로 생겼든 간에 현재 그 장애를 앓고 있는 모든 사람을 뜻하는 반면, 발병률 또는 발생률(incidence rate 또는 incidence)은 일정 기간 동안에 모집단 내에서 특정 질병을 새롭게 지니게 된 사람의 분율을 뜻한다. 유병은 집단 내의 개체 간 차이를 반영하는 현상이라는 점에서 발생과 구별된다. 발생은 한 개체 내에서 일어난 특정 상태의 변화를 말한다.

Answer 8.① 9.①

10 다음 글의 문맥으로 보아 밑줄 친 단어의 쓰임이 올바른 것은?

우리나라의 저임금근로자가 소규모사업체 또는 자영업자에게 많이 고용되어 있기 때문에 최저임금의 급하고 과도한 인상은 많은 자영업자의 추가적인 인건비 인상을 ㉠표출할 것이다. 이것은 최저임금위원회의 심의 과정에서 지속적으로 논의된 사안이며 ㉡급박한 최저임금 인상에 대한 가장 강력한 반대 논리이기도 하다. 아마도 정부가 최저임금 결정 직후에 매우 포괄적인 자영업 지원 대책을 발표한 이유도 이것 때문으로 보인다. 정부의 대책에는 기존의 자영업 지원대책을 비롯하여 1차 분배를 개선하기 위한 장·단기적인 대책과 단기적 충격 완화를 위한 현금지원까지 포함되어 있다. 현금지원의 1차적인 목적은 자영업자 보호이지만 최저임금제도가 근로자 보호를 위한 제도이기 때문에 궁극적인 목적은 근로자의 고용 안정 도모이다. 현금지원에 고용안정자금이라는 꼬리표가 달린 이유도 이 때문일 것이다.

정부의 현금지원 발표 이후 이에 대한 비판이 쏟아졌다. 비판의 요지는 자영업자에게 최저임금 인상으로 인한 추가적인 인건비 부담을 현금으로 지원할거면 최저임금을 덜 올리고 현금지원 예산으로 근로 장려세제를 ㉢축소하면 되지 않느냐는 것이다. 그러나 이는 두 정책의 대상을 ㉣혼동하기 때문에 제기되는 주장이라고 판단된다. 최저임금은 1차 분배 단계에서 임금근로자를 보호하기 위한 제도적 틀이고 근로 장려세제는 취업의 의지가 낮은 노동자의 노동시장 참여를 ㉤유보하기 위해 고안된 사회부조(2차 분배)라는 점을 기억해야 할 것이다. 물론 현실적으로 두 정책의 적절한 조합이 필요할 것이다.

① ㉠
② ㉡
③ ㉢
④ ㉣
⑤ ㉤

해설 '구별하지 못하고 뒤섞어서 생각함'을 이르는 '혼동'은 올바르게 사용된 단어이며, '혼돈'으로 잘못 쓰지 않도록 주의한다.
① 최저임금 인상이 자영업자의 추가적인 인건비 인상을 발생시키는 원인이 된다는 내용이므로 '표출'이 아닌 '초래'하는 것이라고 표현해야 한다.
② 앞의 내용으로 보아 급하고 과도한 최저임금인상에 대한 수식어가 될 것이므로 '급격한'이 올바른 표현이다.
③ 최저임금인상 대신 그만큼에 해당하는 근로 장려세제를 '확대'하는 것의 의미를 갖는 문장이다.
⑤ 취업 의지가 낮은 노동자들을 노동시장으로 참여시킨다는 의미가 포함된 문장이므로 그대로 둔다는 의미의 '유보'가 아닌, '유인'이 적절한 표현이 된다.

11 다음 글의 중심 화제로 적절한 것은?

> 전통은 물론 과거로부터 이어 온 것을 말한다. 이 전통은 대체로 그 사회 및 그 사회의 구성원인 개인의 몸에 배어 있는 것이다. 그러므로 스스로 깨닫지 못하는 사이에 전통은 우리의 현실에 작용하는 경우가 있다. 그러나 과거에서 이어 온 것을 무턱대고 모두 전통이라고 한다면, 인습이라는 것과의 구별이 서지 않을 것이다. 우리는 인습을 버려야 할 것이라고는 생각하지만, 계승해야 할 것이라고는 생각하지 않는다. 여기서 우리는, 과거에서 이어 온 것을 객관화하고, 이를 비판하는 입장에 서야 할 필요를 느끼게 된다. 그 비판을 통해서 현재의 문화 창조에 이바지할 수 있다고 생각되는 것만을 우리는 전통이라고 불러야 할 것이다. 이같이, 전통은 인습과 구별될뿐더러, 또 단순한 유물과도 구별되어야 한다. 현재의 문화를 창조하는 일과 관계가 없는 것을 우리는 문화적 전통이라고 부를 수가 없기 때문이다.

① 전통의 본질
② 인습의 종류
③ 문화 창조의 본질
④ 외래 문화 수용 자세
⑤ 과거에 대한 비판

✔해설 전통은 과거로부터 이어온 것 중 현재의 문화 창조에 이바지할 수 있는 것만을 말한다. 인습이나 유물은 현재 문화 창조에 이바지할 수 없으므로 전통과는 구별되어야 한다는 것이 글의 중심 내용이다.

12 다음 글에 대한 내용으로 가장 적절하지 않은 것은?

> 지속되는 불황 속에서도 남 몰래 웃음 짓는 주식들이 있다. 판매단가는 저렴하지만 시장점유율을 늘려 돈을 버는 이른바 '박리다매', '저가 실속형' 전략을 구사하는 종목들이다. 대표적인 종목은 중저가 스마트폰 제조업체에 부품을 납품하는 업체이다. A증권에 따르면 전 세계적으로 200달러 이하 중저가 스마트폰이 전체 스마트폰 시장에서 차지하는 비중은 2015년 11월 35%에서 지난 달 46%로 급증했다. 세계 스마트폰 시장 1등인 B전자도 최근 스마트폰 판매량 가운데 40% 가량이 중저가 폰으로 분류된다. 중저가용에 집중한 중국 C사와 D사의 2분기 세계 스마트폰 시장점유율은 전 분기 대비 각각 43%, 23%나 증가해 B전자나 E전자 10%대 초반 증가율보다 월등히 앞섰다. 이에 따라 국내외 스마트폰 업체에 중저가용 부품을 많이 납품하는 F사, G사, H사, I사 등이 조명 받고 있다.
>
> 주가가 바닥을 모르고 내려간 대형 항공주와는 대조적으로 저가항공주 주가는 최근 가파른 상승세를 보였다. J항공을 보유한 K사는 최근 두 달 새 56% 상승세를 보였다. 같은 기간 L항공을 소유한 M사 주가도 25% 가량 올랐다. 저가항공사 점유율 상승이 주가 상승으로 이어지는 것으로 보인다. 국내선에서 저가항공사 점유율은 2012년 23.5%에서 지난 달 31.4%까지 계속 상승해왔다. 홍길동 ○○증권 리서치센터 장은 "글로벌 복합위기로 주요국에서 저성장 · 저투자 기조가 계속되는 데다 개인들은 부채 축소와 고령화에 대비해야 하기 때문에 소비를 늘릴 여력이 줄었다."며 "값싸면서도 멋지고 질도 좋은 제품이 계속 주목받을 것"이라고 말했다.

① '박리다매' 주식은 F사, G사, H사, I사의 주식이다.
② 저가항공사 점유율은 계속 상승세를 보이고 있는 반면 대형 항공주는 주가 하락세를 보였다.
③ 글로벌 복합위기와 개인들의 부채 축소, 고령화 대비에 따라 값싸고 질 좋은 제품이 주목받을 것이다.
④ B전자가 주력으로 판매하는 스마트폰이 중저가 폰에 해당한다.
⑤ 저가항공사의 주가 상승은 국내선에서 저가항공사의 점유율 증가와 관련이 있다.

> **✓해설** B전자는 세계 스마트폰 시장 1등이며, 최근 중저가 폰의 판매량이 40% 나타났지만 B전자가 주력으로 판매하는 폰이 중저가 폰인지는 알 수 없다.

13

> ㉠ 왜냐하면 현대예술이 주목하는 것들 또한 인간과 세계의 또 다른 본질적인 부분이기 때문이다. 실제로 이런 가능성은 다양한 분야에서 실현되고 있다.
>
> ㉡ 오늘날에는 다양한 미감(美感)들이 공존하고 있다. 일상 세계에서는 '가벼운 미감'이 향유되는가 하면, 다른 한편에서는 전통예술과는 매우 다른 현대예술의 반미학적 미감 또한 넓게 표출되고 있다. 그러면 이들 사이의 관계를 어떻게 받아들일 것인가
>
> ㉢ 오늘날 현대무용은 성립 시기에 배제했던 고전발레의 동작을 자기 속에 녹여 넣고 있으며, 현대 음악도 전통적 리듬과 박자를 받아들여 풍성한 표현 형식을 얻고 있다.
>
> ㉣ 먼저 순수예술의 미감에 대해서 생각해 보자. 현대예술은 의식보다는 무의식을, 필연보다는 우연을, 균제보다는 파격을, 인위성보다는 자연성을 내세운다. 따라서 얼핏 보면 전통예술과 현대예술은 서로 대립하는 것처럼 보이지만, 이 둘은 겉보기와는 달리 상호 보완의 가능성을 품고 있다.

① ㉠-㉡-㉢-㉣
② ㉡-㉢-㉠-㉣
③ ㉡-㉣-㉠-㉢
④ ㉢-㉠-㉡-㉣
⑤ ㉣-㉢-㉠-㉡

✔해설 제시문을 가장 자연스럽게 배열하면 다음과 같다. ㉡ 다양한 미감들의 공존(화제 제시) → ㉣ 순수예술에서 현대예술과 전통예술의 상호보완 가능성 → ㉠ 현대예술과 전통예술이 상호보완 가능성을 품는 이유 → ㉢ 현대예술과 전통예술의 상호보완이 실현된 예

Answer 12.④ 13.③

14

⊙ 오늘날까지 인류가 알아낸 지식은 한 개인이 한 평생 체험을 거듭할지라도 그 몇 만분의 일도 배우기 어려운 것이다.

⊙ 가령, 무서운 독성을 가진 콜레라균을 어떠한 개인이 먹어 보아서 그 성능을 증명하려 하면, 그 사람은 그 지식을 얻기 전에 벌써 죽어 버리고 말게 될 것이다.

ⓒ 지식은 그 종류와 양이 무한하다.

ⓔ 또 지식 중에는 체험으로써 배우기에는 너무 위험한 것도 많다.

ⓜ 그러므로 체험만으로써 모든 지식을 얻으려는 것은 매우 졸렬한 방법일 뿐 아니라, 거의 불가능한 일이라 하겠다.

① ㄷ - ㄱ - ㄹ - ㄴ - ㅁ
② ㄷ - ㄹ - ㄱ - ㄴ - ㅁ
③ ㄱ - ㄷ - ㄴ - ㅁ - ㄹ
④ ㄱ - ㄴ - ㄹ - ㅁ - ㄷ
⑤ ㄱ - ㄷ - ㅁ - ㄴ - ㄹ

✔ 해설 제시문을 가장 자연스럽게 배열하면 다음과 같다. ㄷ 무한한 지식의 종류와 양→ㄱ 인간이 얻을 수 있는 지식의 한계→ㄹ 체험으로써 배우기 어려운 지식→ㄴ 체험으로 배우기 위험한 지식의 예→ㅁ 체험으로써 모든 지식을 얻기란 불가능함

15 다음 글에서 추론할 수 있는 내용만을 모두 고른 것은?

'도박사의 오류'라고 불리는 것은 특정 사건과 관련 없는 사건을 관련 있는 것으로 간주했을 때 발생하는 오류이다. 예를 들어, 주사위 세 개를 동시에 던지는 게임을 생각해 보자. 첫 번째 던지기 결과는 두 번째 던지기 결과에 어떤 영향도 미치지 않으며, 이런 의미에서 두 사건은 서로 상관이 없다. 마찬가지로 10번의 던지기에서 한 번도 6의 눈이 나오지 않았다는 것은 11번째 던지기에서 6의 눈이 나온다는 것과 아무런 상관이 없다. 그럼에도 불구하고, 우리는 "10번 던질 동안 한 번도 6의 눈이 나오지 않았으니, 이번 11번째 던지기에는 6의 눈이 나올 확률이 무척 높다."라고 말하는 경우를 종종 본다. 이런 오류를 '도박사의 오류 A'라고 하자. 이 오류는 지금까지 일어난 사건을 통해 미래에 일어날 특정 사건을 예측할 때 일어난다.

하지만 반대 방향도 가능하다. 즉, 지금 일어난 특정 사건을 바탕으로 과거를 추측하는 경우에도 오류가 발생한다. 다음 사례를 생각해보자. 당신은 친구의 집을 방문했다. 친구의 방에 들어가는 순간, 친구는 주사위 세 개를 던지고 있었으며 그 결과 세 개의 주사위에서 모두 6의 눈이 나왔다. 이를 본 당신은 "방금 6의 눈이 세 개가 나온 놀라운 사건이 일어났다는 것에 비춰볼 때, 내가 오기 전에 너는 주사위 던지기를 무척 많이 했음에 틀림없다."라고 말한다. 당신은 방금 놀라운 사건이 일어났다는 것을 바탕으로 당신 친구가 과거에 주사위 던지기를 많이 했다는 것을 추론한 것이다. 하지만 이것도 오류이다. 당신이 방문을 여는 순간 친구가 던진 주사위들에서 모두 6의 눈이 나올 확률은 매우 낮다. 하지만 이 사건은 당신 친구가 과거에 주사위 던지기를 많이 했다는 것에 영향을 받은 것이 아니다. 왜냐하면 문을 열었을 때 처음으로 주사위 던지기를 했을 경우에 문제의 사건이 일어날 확률과, 문을 열기 전 오랫동안 주사위 던지기를 했을 경우에 해당 사건이 일어날 확률은 동일하기 때문이다. 이 오류는 현재에 일어난 특정 사건을 통해 과거를 추측할 때 일어난다. 이를 '도박사의 오류 B'라고 하자.

㉠ 甲이 당첨 확률이 매우 낮은 복권을 구입했다는 사실로부터 그가 구입한 그 복권은 당첨되지 않을 것이라고 추론하는 것은 도박사의 오류 A이다.

㉡ 乙이 오늘 구입한 복권에 당첨되었다는 사실로부터 그가 오랫동안 꽤 많은 복권을 구입했을 것이라고 추론하는 것은 도박사의 오류 B이다.

㉢ 丙이 어제 구입한 복권에 당첨되었다는 사실로부터 그가 구입했던 그 복권의 당첨 확률이 매우 높았을 것이라고 추론하는 것은 도박사의 오류 A도 아니며 도박사의 오류 B도 아니다.

① ㉠

② ㉡

③ ㉠㉢

④ ㉡㉢

⑤ ㉠㉡㉢

✔**해설** ㉠ 사건의 확률로 미래를 예측 → 도박사의 오류가 아니다.
㉡ 도박사의 오류 B(확률이 낮은 사건이 일어난 것은 시행을 많이 해봤을 것이다)가 맞다.
㉢ 도박사의 오류는 특정사건을 예측하거나 과거를 추측하는 문제이지 확률이 높고 낮음을 추론하는 것이 아니다. 도박사의 오류 A, B 둘 다 아니다.

Answer 14.① 15.④

16 다음은 「개인정보 보호법」과 관련한 사법 행위의 내용을 설명하는 글이다. 다음 글을 참고할 때, '공표' 조치에 대한 올바른 설명이 아닌 것은?

「개인정보 보호법」 위반과 관련한 행정처분의 종류에는 처분 강도에 따라 과태료, 과징금, 시정조치, 개선권고, 징계권고, 공표 등이 있다. 이 중, 공표는 행정질서 위반이 심하여 공공에 경종을 울릴 필요가 있는 경우 명단을 공표하여 사회적 낙인을 찍히게 함으로써 경각심을 주는 제재 수단이다.

「개인정보 보호법」 위반 행위가 은폐·조작, 과태료 1천만 원 이상, 유출 등 다음 7가지 공표기준에 해당하는 경우, 위반행위자, 위반 행위 내용, 행정처분 내용 및 결과를 포함하여 개인정보 보호위원회의 심의·의결을 거쳐 공표한다.

> ※ 공표기준
> 1. 1회 과태료 부과 총 금액이 1천만 원 이상이거나 과징금 부과를 받은 경우
> 2. 유출·침해사고의 피해자 수가 10만 명 이상인 경우
> 3. 다른 위반 행위를 은폐·조작하기 위하여 위반한 경우
> 4. 유출·침해로 재산상 손실 등 2차 피해가 발생하였거나 불법적인 매매 또는 건강 정보 등 민감 정보의 침해로 사회적 비난이 높은 경우
> 5. 위반 행위 시점을 기준으로 위반 상태가 6개월 이상 지속된 경우
> 6. 행정처분 시점을 기준으로 최근 3년 내 과징금, 과태료 부과 또는 시정조치 명령을 2회 이상 받은 경우
> 7. 위반 행위 관련 검사 및 자료제출 요구 등을 거부·방해하거나 시정조치 명령을 이행하지 않음으로써 이에 대하여 과태료 부과를 받은 경우

공표절차는 과태료 및 과징금을 최종 처분할 때 ▲ 대상자에게 공표 사실을 사전 통보, ▲ 소명자료 또는 의견 수렴 후 개인정보보호위원회 송부, ▲ 개인정보보호위원회 심의·결, ▲ 홈페이지 공표 순으로 진행된다.

공표는 행정안전부장관의 처분 권한이지만 개인정보보호위원회의 심의·의결을 거치게 함으로써「개인정보 보호법」위반자에 대한 행정청의 제재가 자의적이지 않고 공정하게 행사되도록 조절해 주는 장치를 마련하였다.

① 공표는 「개인정보 보호법」 위반에 대한 가장 무거운 행정 조치이다.
② 행정안전부장관이 공표를 결정한다고 해서 반드시 최종 공표 조치가 취해져야 하는 것은 아니다.
③ 공표 조치가 내려진 대상자는 공표와 더불어 반드시 1천만 원 이상의 과태료를 납부하여야 한다.
④ 공표 조치를 받는 대상자는 사전에 이를 통보받게 된다.
⑤ 반복적이거나 지속적인 위반 행위에 대한 제재는 공표 조치의 취지에 포함된다.

1천만 원 이상의 과태료가 내려지게 되면 공표 조치의 대상이 되나, 모든 공표 조치 대상자들이 과태료를 1천만 원 이상 납부해야 하는 것은 아니다. 과태료 금액에 의한 공표 대상자 이외에도 공표 대상에 포함될 경우가 있으므로 반드시 1천만 원 이상의 과태료가 공표 대상자에게 부과된다고 볼 수는 없다.

① 행정처분의 종류를 처분 강도에 따라 구분하였으며, 이에 따라 가장 무거운 조치가 공표인 것으로 판단할 수 있다.

② 제시글의 마지막 부분에서 언급하였듯이 개인정보보호위원회 심의 · 의결을 거쳐야 하므로 행정안전부장관의 결정이 최종적인 것이라고 단언할 수는 없다.

④ 과태료 또는 과징금 처분 시에 공표 사실을 대상자에게 사전 통보하게 된다.

⑤ 공표기준의 5번째와 6번째 내용은 반복적이거나 지속적인 위반 행위에 대한 제재를 의미한다고 볼 수 있다.

17 다음 글을 순서대로 바르게 배열한 것은?

㉠ 적응의 과정은 북쪽의 문헌이나 신문을 본다든지 텔레비전, 라디오를 시청함으로써 이루어질 수 있는 극복의 원초적 단계이다.

㉡ 이질성의 극복을 위해서는 이질화의 원인을 밝히고 이를 바탕으로 해서 그것을 극복하는 단계로 나아가야 한다. 극복의 문제도 단계를 밟아야 한다. 일차적으로는 적응의 과정이 필요하다.

㉢ 남북의 언어가 이질화되었다고 하지만 사실은 그 분화의 연대가 아직 반세기에도 미치지 않았고 맞춤법과 같은 표기법은 원래 하나의 뿌리에서 갈라진 만큼 우리의 노력 여하에 따라서는 동질성의 회복이 생각 밖으로 쉬워질 수 있다.

㉣ 문제는 어휘의 이질화를 어떻게 극복할 것인가에 귀착된다. 우리가 먼저 밟아야 할 절차는 이질성과 동질성을 확인하는 일이다.

---

① ㉡ - ㉠ - ㉢ - ㉣

② ㉡ - ㉢ - ㉣ - ㉠

③ ㉢ - ㉣ - ㉡ - ㉠

④ ㉣ - ㉡ - ㉢ - ㉠

⑤ ㉣ - ㉢ - ㉡ - ㉠

㉠은 적응의 과정을 ㉡은 이질성의 극복 방안, ㉢은 동질성 회복이 쉽다는 이야기로 ㉣은 이질화의 극복에 대한 문제 제기를 하고 있다. 그러므로 ㉢→㉣→㉡→㉠이 가장 자연스럽다.

18 다음은 T전자회사가 기획하고 있는 '전자제품 브랜드 인지도에 관한 설문조사'를 위하여 작성한 설문지의 표지 글이다. 다음 표지 글을 참고할 때, 설문조사의 항목에 포함되기에 가장 적절하지 않은 것은?

[전자제품 브랜드 인지도에 관한 설문조사]

안녕하세요? T전자회사 홍보팀입니다.

저희 T전자에서는 고객들에게 보다 나은 제품을 제공하기 위하여 전자제품 브랜드 인지도에 대한 고객 분들의 의견을 청취하고자 합니다. 전자제품 브랜드에 대한 여러분의 의견을 수렴하여 더 좋은 제품과 서비스를 공급하고자 하는 것이 이 설문조사의 목적입니다. 바쁘시더라도 잠시 시간을 내어 본 설문조사에 응해주시면 감사하겠습니다. 응답해 주신 사항에 대한 철저한 비밀 보장을 약속드립니다. 감사합니다.

T전자회사 홍보팀 담당자 홍길동
전화번호 : 1588-0000

---

① 귀하는 T전자회사의 브랜드인 'Think-U'를 알고 계십니까?

㉠ 예   ㉡ 아니오

② 귀하가 주로 이용하는 전자제품은 어느 회사 제품입니까?

㉠ T전자회사   ㉡ R전자회사   ㉢ M전자회사

③ 귀하에게 전자제품 브랜드 선택에 가장 큰 영향을 미치는 요인은 무엇입니까?

㉠ 광고   ㉡ 지인 추천   ㉢ 기존 사용 제품   ㉣ 기타 (　)

④ 귀하가 일상생활에 가장 필수적이라고 생각하시는 전자제품은 무엇입니까?

㉠ TV   ㉡ 통신기기   ㉢ 청소용품   ㉣ 주방용품

⑤ 귀하는 전자제품의 품목별 브랜드를 달리 선택하는 편입니까?

㉠ 예   ㉡ 아니오

해설 설문조사지는 조사의 목적에 적합한 결과를 얻을 수 있는 문항으로 작성되어야 한다. 제시된 설문조사는 보다 나은 제품과 서비스 공급을 위하여 브랜드 인지도를 조사하는 것이 목적이므로, 자사 자사의 제품이 고객들에게 얼마나 인지되어 있는지, 어떻게 인지되었는지, 전자제품의 품목별 선호 브랜드가 동일한지 여부 등 인지도 관련 문항이 포함되어야 한다.

④ 특정 제품의 필요성을 묻고 있으므로 자사의 브랜드 인지도 제고와의 연관성이 낮아 설문조사 항목으로 가장 적절하지 않다.

19 다음 제시된 글의 내용과 일치하는 것을 모두 고른 것은?

유물(遺物)을 등록하기 위해서는 명칭을 붙인다. 이때 유물의 전반적인 내용을 알 수 있도록 하는 것이 바람직하다. 따라서 명칭에는 그 유물의 재료나 물질, 제작기법, 문양, 형태가 나타난다. 예를 들어 도자기에 청자상감운학문매병(靑瓷象嵌雲鶴文梅瓶)이라는 명칭이 붙여졌다면, '청자'는 재료를, '상감'은 제작기법을, '운학문'은 문양을, '매병'은 그 형태를 각각 나타낸 것이다. 이러한 방식으로 다른 유물에 대해서도 명칭을 붙이게 된다.

유물의 수량은 점(點)으로 계산한다. 작은 화살촉도 한 점이고 커다란 철불(鐵佛)도 한 점으로 처리한다. 유물의 파편이 여럿인 경우에는 일괄(一括)이라 이름 붙여 한 점으로 계산하면 된다. 귀걸이와 같이 쌍(雙)으로 된 것은 한 쌍으로, 하나인 경우에는 한 짝으로 하여 한 점으로 계산한다. 귀걸이 한 쌍은, 먼저 그 유물번호를 적고 그 뒤에 각각 (2-1), (2-2)로 적는다. 뚜껑이 있는 도자기나 토기도 한 점으로 계산하되, 번호를 매길 때는 귀걸이의 예와 같이 하면 된다.

유물을 등록할 때는 그 상태를 잘 기록해 둔다. 보존상태가 완전한 경우도 많지만, 일부가 손상된 유물도 많다. 예를 들어 유물의 어느 부분이 부서지거나 깨졌지만 그 파편이 남아 있는 상태를 파손(破損)이라고 하고, 파편이 없는 경우를 결손(缺損)이라고 표기한다. 그리고 파손된 것을 붙이거나 해서 손질했을 때 이를 수리(修理)라 하고, 결손된 부분을 모조해 원상태로 재현했을 때는 복원(復原)이라는 용어를 사용한다.

㉠ 도자기 뚜껑의 일부가 손상되어 파편이 떨어진 유물의 경우, 뚜껑은 파편과 일괄하여 한 점이지만 도자기 몸체와는 별개이므로 전체가 두 점으로 계산된다.
㉡ 조선시대 방패의 한 귀퉁이가 부서져나가 그 파편을 찾을 수 없다면, 수리가 아닌 복원의 대상이 된다.
㉢ 위 자료에 근거해 볼 때, 청자화훼당초문접시(靑瓷花卉唐草文皿)는 그 명칭에 비추어 청자상감운학문매병과 동일한 재료 및 문양을 사용하였으나, 그 제작기법과 형태에 있어서 서로 다른 것으로 추정된다.
㉣ 박물관이 소장하고 있는 한 쌍의 귀걸이 중 한 짝이 소실되는 경우에도 그 박물관 전체 유물의 수량이 줄어들지는 않을 것이다.
㉤ 일부가 결손된 철불의 파편이 어느 지방에서 발견되어 그 철불을 소장하던 박물관에서 함께 소장하게 된 경우, 그 박물관이 소장하는 전체 유물의 수량은 늘어난다.

① ㉠
② ㉡㉢
③ ㉡㉣
④ ㉠㉢㉤
⑤ ㉡㉣㉤

✔ **해설** ㉠ 뚜껑과 도자기 몸체는 한 점으로 분류된다.
㉡ 파편을 찾을 수 없으면 결손이고 결손은 복원의 대상이 된다.
㉢ 재료만 동일하고 제작기법, 문양, 형태는 모두 다르다.
㉣ 한 쌍일 때도 한 점, 한 짝만 있을 때도 한 점으로 계산된다.
㉤ 파편이 발견되면 기존의 철불과 일괄로 한 점 처리된다.

20 다음 글에서 추론할 수 있는 내용으로 옳은 것만을 고른 것은?

> 예술과 도덕의 관계, 더 구체적으로는 예술작품의 미적 가치와 도덕적 가치의 관계는 동서양을 막론하고 사상사의 중요한 주제들 중 하나이다. 그 관계에 대한 입장들로는 '극단적 도덕주의', '온건적 도덕주의', '자율성주의'가 있다. 이 입장들은 예술작품이 도덕적 가치판단의 대상이 될 수 있느냐는 물음에 각기 다른 대답을 한다.
>
> 극단적 도덕주의 입장은 모든 예술작품을 도덕적 가치판단의 대상으로 본다. 이 입장은 도덕적 가치를 가장 우선적인 가치이자 가장 포괄적인 가치로 본다. 따라서 모든 예술 작품은 도덕적 가치에 의해서 긍정적으로 또는 부정적으로 평가된다. 또한 도덕적 가치는 미적 가치를 비롯한 다른 가치들보다 우선한다. 이러한 입장을 대표하는 사람이 바로 톨스토이이다. 그는 인간의 형제애에 관한 정서를 전달함으로써 인류의 심정적 통합을 이루는 것이 예술의 핵심적 가치라고 보았다.
>
> 온건적 도덕주의는 오직 일부 예술작품만이 도덕적 판단의 대상이 된다고 보는 입장이다. 따라서 일부의 예술작품들에 대해서만 긍정적인 또는 부정적인 도덕적 가치판단이 가능하다고 본다. 이 입장에 따르면, 도덕적 판단의 대상이 되는 예술작품의 도덕적 가치와 미적 가치는 서로 독립적으로 성립하는 것이 아니다. 그것들은 서로 내적으로 연결되어 있기 때문에 어떤 예술작품이 가지는 도덕적 장점이 그 예술작품의 미적 장점이 된다. 또한 어떤 예술작품의 도덕적 결함은 그 예술작품의 미적 결함이 된다.
>
> 자율성주의는 어떠한 예술작품도 도덕적 가치판단의 대상이 될 수 없다고 보는 입장이다. 이 입장에 따르면, 도덕적 가치와 미적 가치는 서로 자율성을 유지한다. 즉, 도덕적 가치와 미적 가치는 각각 독립적인 영역에서 구현되고 서로 다른 기준에 의해 평가된다는 것이다. 결국 자율성주의는 예술작품에 대한 도덕적 가치판단을 범주착오에 해당하는 것으로 본다.

> ㉠ 자율성주의는 극단적 도덕주의와 온건한 도덕주의가 모두 범주착오를 범하고 있다고 볼 것이다.
> ㉡ 극단적 도덕주의는 모든 도덕적 가치가 예술작품을 통해 구현된다고 보지만 자율성주의는 그렇지 않을 것이다.
> ㉢ 온건한 도덕주의에서 도덕적 판단의 대상이 되는 예술작품들은 모두 극단적 도덕주의에서도 도덕적 판단의 대상이 될 것이다.

① ㉠   ② ㉡

③ ㉠㉢   ④ ㉡㉢

⑤ ㉠㉡㉢

✔해설 ㉠ 자율성주의는 예술작품에 대한 도덕적 가치판단을 범주착오에 해당하는 것으로 보기 때문에 극단적 도덕주의와 온건적 도덕주의 모두를 범주착오로 본다.
㉡ 모든 도덕적 가치가 예술작품을 통해 구현된다는 말은 언급한 적이 없다.
㉢ 극단적 도덕주의는 모든 예술작품을, 온건적 도덕주의는 일부 예술작품을 도덕적 판단의 대상으로 본다.

21 다음에 설명된 '자연적'의 의미를 바르게 적용한 것은?

> 미덕은 자연적인 것이고 악덕은 자연적이지 않은 것이라는 주장보다 더 비철학적인 것은 없다. 자연이라는 단어가 다의적이기 때문이다. '자연적'이라는 말의 첫 번째 의미는 '기적적'인 것의 반대로서, 이런 의미에서는 미덕과 악덕 둘 다 자연적이다. 자연법칙에 위배되는 현상인 기적을 제외한 세상의 모든 사건이 자연적이다. 둘째로, '자연적'인 것은 '흔하고 일상적'인 것을 의미하기도 한다. 이런 의미에서 미덕은 아마도 가장 '비자연적'일 것이다. 적어도 흔하지 않다는 의미에서의 영웅적인 덕행은 짐승 같은 야만성만큼이나 자연적이지 못할 것이다. 세 번째 의미로서, '자연적'은 '인위적'에 반대된다. 행위라는 것 자체가 특정 계획과 의도를 지니고 수행되는 것이라는 점에서, 미덕과 악덕은 둘 다 인위적인 것이라 할 수 있다. 그러므로 '자연적이다', '비자연적이다'라는 잣대로 미덕과 악덕의 경계를 그을 수 없다.

① 수재민을 돕는 것은 첫 번째와 세 번째 의미에서 자연적이다.

② 논개의 살신성인 행위는 두 번째와 세 번째 의미에서 자연적이지 않다.

③ 내가 산 로또 복권이 당첨되는 일은 첫 번째와 두 번째 의미에서 자연적이지 않다.

④ 벼락을 두 번이나 맞고도 살아남은 사건은 첫 번째와 두 번째 의미에서 자연적이다.

⑤ 개가 낯선 사람을 보고 짖는 것은 두 번째 의미에서는 자연적이지 않지만, 세 번째 의미에서는 자연적이다.

 해설 첫 번째 의미 – 기적적인 것의 반대
두 번째 의미 – 흔하고 일상적인 것
세 번째 의미 – 인위적의 반대
① 기적적인 것의 반대는 맞으나 인위적인 것의 반대는 아니다.
② 흔하고 일상적인 것이 아니고, 인위적인 행위에 해당한다.
③ 기적적인 것의 반대이므로 맞으나 흔하고 일상적인 것은 아니다.
④ 기적적인 것의 반대이므로 맞으나 흔하고 일상적인 것은 아니다.
⑤ 흔하고 일상적인 것이며, 인위적인 것의 반대가 맞다.

22 다음 글의 문맥상 빈칸에 들어갈 말로 가장 적절한 것은?

여름이 빨리 오고 오래 가다보니 의류업계에서 '쿨링'을 컨셉으로 하는 옷들을 앞다퉈 내놓고 있다. 그물망 형태의 옷감에서 냉감(冷感)을 주는 멘톨(박하의 주성분)을 포함한 섬유까지 접근방식도 제각각이다. 그런데 가까운 미래에는 미생물을 포함한 옷이 이 대열에 합류할지도 모르겠다. 박테리아 같은 미생물은 여름철 땀냄새의 원인이라는데 어떻게 옷에 쓰일 수 있을까.

생물계에서 흡습형태변형은 널리 관찰되는 현상이다. 솔방울이 대표적인 예로 습도가 높을 때는 비늘이 닫혀있어 표면이 매끈한 덩어리로 보이지만 습도가 떨어지면 비늘이 삐죽삐죽 튀어나온 형태로 바뀐다. 밀이나 보리의 열매(낟알) 끝에 달려 있는 까끄라기도 습도가 높을 때는 한 쌍이 거의 나란히 있지만 습도가 낮아지면 서로 벌어진다. 이런 현상은 한쪽 면에 있는 세포의 길이(크기)가 반대쪽 면에 있는 세포에 비해 습도에 더 민감하게 변하기 때문이다. 즉 습도가 낮아져 세포 길이가 짧아지면 그쪽 면을 향해 휘어지는 것이다.

MIT의 연구자들은 미생물을 이용해서도 이런 흡습형태변형을 구현할 수 있는지 알아보기로 했다. 즉 습도에 영향을 받지 않는 재질인 천연라텍스 천에 농축된 대장균 배양액을 도포해 막을 형성했다. 대장균은 별도의 접착제 없이도 소수성 상호작용으로 라텍스에 잘 달라붙는다. 라텍스 천의 두께는 150 ~ 500㎛(마이크로미터. 1㎛는 100만분의 1m)이고 대장균 막의 두께는 1 ~ 5㎛다. 이 천을 상대습도 15%인 건조한 곳에 두자 대장균 세포에서 수분이 빠져나가며 대장균 막이 도포된 쪽으로 휘어졌다. 이 상태에서 상대습도 95%인 곳으로 옮기자 천이 서서히 퍼지며 다시 평평해졌다. 이 과정을 여러 차례 반복해도 같은 현상이 재현됐다.

연구자들은 원자힘현미경(AFM)으로 대장균 막을 들여다봤고 상대습도에 따라 크기(부피)가 변한다는 사실을 확인했다. 즉 건조한 곳에서는 대장균 세포부피가 30% 정도 줄어드는데, 이 효과가 천에서 세포들이 나란히 배열된 쪽을 수축시키는 현상으로 나타나 그 방향으로 휘어지는 것이다. 연구자들은 이런 흡습형태변형이 대장균만의 특성인지 미생물의 일반 특성인지 알아보기 위해 몇 가지 박테리아와 단세포 진핵생물인 효모에 대해서도 같은 실험을 해봤다. 그 결과 정도의 차이는 있었지만 패턴은 동일했다.

다음으로 연구자들은 양쪽 면에 미생물이 코팅된 천이 쿨링 소재로 얼마나 효과적인지 알아보기로 했다. 연구팀은 흡습형태변형이 효과를 낼 수 있도록 독특한 형태로 옷을 디자인했다. 즉, _____

그 결과 공간이 생기면서 땀의 배출을 돕는다. 측정 결과 미생물이 코팅된 천으로 만든 옷을 입을 경우 같은 형태의 일반 천으로 만든 옷에 비해 피부 표면 공기의 온도가 2도 정도 낮아 쿨링 효과가 있는 것으로 나타났다.

① 체온이 높은 등 쪽으로 천이 휘어지게 되는 성질을 이용해 평상시에는 옷이 바깥쪽으로 더 튀어나오도록 디자인했다.

② 미생물이 코팅된 천이 땀으로 인한 습도의 영향을 잘 받을 수 있도록 옷의 안쪽 면에 부착하여 옷의 바깥쪽과는 완전히 다른 환경을 유지할 수 있도록 디자인했다.

③ 땀이 많이 나는 등 쪽에 칼집을 낸 형태로 만들어 땀이 안 날 때는 평평하다가 땀이 나면 피부 쪽 면의 습도가 높아져 미생물이 팽창해 천이 바깥쪽으로 휘어지도록 디자인했다.

④ 땀이 나서 습도가 올라가면 등 쪽의 세포 길이가 짧아질 것을 고려해 천이 안쪽으로 휘어져 공간이 생길 수 있도록 디자인했다.

⑤ 땀이 흐르는 등과 천 사이에 일정한 공간이 유지될 수 있도록 천에 미생물 코팅 면을 부착해 공간 사이로 땀이 흘러내리며 쿨링 효과를 일으킬 수 있도록 디자인했다.

✔해설 흡습형태변형은 한쪽 면에 있는 세포의 길이(크기)가 반대 쪽 면에 있는 세포에 비해 습도에 더 민감하게 변하여, 습도가 낮아져 세포 길이가 짧아지면 그쪽 면을 향해 휘어지는 것을 의미한다고 언급되어 있다. 따라서 등에 땀이 나면 세포 길이가 더 짧은 바깥쪽으로 옷이 휘어지게 되므로 등 쪽 면에 공간이 생기게 되는 원리를 이용한 것임을 알 수 있다.

Answer 22.③

23 다음 글을 통해 추론할 수 있는 내용으로 가장 적절한 것은?

카발리는 윌슨이 모계 유전자인 mtDNA 연구를 통해 발표한 인류 진화 가설을 설득력 있게 확인시켜 줄 수 있는 실험을 제안했다. 만약 mtDNA와는 서로 다른 독립적인 유전자 가계도를 통해서도 같은 결론에 도달할 수 있다면 윌슨의 인류 진화에 대한 가설을 강화할 수 있다는 것이다.

이에 언더힐은 Y염색체를 인류 진화 연구에 이용하였다. 그가 Y염색체를 연구에 이용한 이유가 있다. 그것은 Y염색체가 하나씩 존재하는 특성이 있어 재조합을 일으키지 않고, 그 점은 연구 진행을 수월하게 하기 때문이다. 그는 Y염색체를 사용한 부계 연구를 통해 윌슨이 밝힌 연구결과와 매우 유사한 결과를 도출했다. 언더힐의 가계도도 윌슨의 가계도와 마찬가지로 아프리카 지역의 인류 원조 조상에 뿌리를 두고 갈라져 나오는 수형도였다. 또 그 수형도는 인류학자들이 상상한 장엄한 떡갈나무가 아니라 윌슨이 분석해 놓은 약 15만 년밖에 안 된 키 작은 나무와 매우 유사하였다.

별개의 독립적인 연구로 얻은 두 자료가 인류의 과거를 똑같은 모습으로 그려낸다면 그것은 대단한 설득력을 지닌다. mtDNA와 같은 하나의 영역만이 연구된 상태에서는 그 결과가 시사적이기는 해도 결정적이지는 않다. 그 결과의 양상은 단지 DNA의 특정 영역에 일어난 특수한 역사만을 반영하는 것일 수도 있기 때문이다. 하지만 언더힐을 Y염색체에서 유사한 양상을 발견함으로써 그 불완전성은 크게 줄어들었다. 15만 년 전에 아마도 전염병이나 기후 변화로 인해 유전자 다양성이 급격하게 줄어드는 현상이 일어났을 것이다.

① 윌슨의 mtDNA 연구결과는 인류 진화 가설에 대한 결정적인 증거였다.
② 부계 유전자 연구와 모계 유전자 연구를 통해 얻은 각각의 인류 진화 수형도는 매우 비슷하다.
③ 윌슨과 언더힐의 연구결과는 현대 인류 조상의 기원에 대한 인류학자들의 견해를 뒷받침한다.
④ 언더힐은 우리가 갖고 있는 Y염색체 연구를 통해 인류가 아프리카에서 유래했다는 것을 부정했다.
⑤ 언더힐이 Y염색체를 인류 진화 연구에 이용한 것은 염색체 재조합으로 인해 연구가 쉬워졌기 때문이다.

> **✔해설**
> ① mtDNA와 같은 하나의 영역만이 연구된 상태에서는 그 결과가 시사적이기는 해도 결정적이지는 않다.
> ③ 그 수형도는 인류학자들이 상상한 장엄한 떡갈나무가 아니라 윌슨이 분석해 놓은 약 15만 년밖에 안 된 키 작은 나무와 매우 유사하였다.
> ④ 언더힐의 가계도도 윌슨의 가계도와 마찬가지로 아프리카 지역의 인류 원조 조상에 뿌리를 두고 갈라져 나오는 수형도였다.
> ⑤ Y염색체가 하나씩 존재하는 특성이 있어 재조합을 일으키지 않고, 그 점은 연구 진행을 수월하게 하기 때문이다.

24 다음 글의 내용과 부합하는 것은?

'청렴(淸廉)'은 현대 사회에서 좁게는 반부패와 동의어로 사용되며 넓게는 투명성과 책임성 등을 포괄하는 통합적 개념으로 사용되고 있다. 유학자들은 청렴을 효제와 같은 인륜의 덕목보다는 하위에 두었지만 군자라면 마땅히 지켜야 할 일상의 덕목으로 중시하였다. 조선의 대표적 유학자였던 이황과 이이는 청렴을 사회 규율이자 개인 처세의 지침으로 강조하였다. 특히 공적 업무에 종사하는 사람이라면 사회 규율로서의 청렴이 개인의 처세와 직결된다는 점에 유념해야 한다고 보았다.

청렴에 대한 논의는 정약용의 「목민심서」에서 본격적으로 나타난다. 정약용은 청렴이야말로 목민관이 지켜야 할 근본적인 덕목이며 목민관의 직무는 청렴이 없이는 불가능하다고 강조하였다. 정약용은 청렴을 당위의 차원에서 주장하는 기존의 학자들과 달리 행위자 자신에게 실질적 이익이 된다는 점을 들어 설득하고자 한다. 그는 청렴은 큰 이득이 남는 장사라고 말하면서, 지혜롭고 욕심이 큰 사람은 청렴을 택하지만 지혜가 짧고 욕심이 작은 사람은 탐욕을 택한다고 설명한다. 정약용은 "지자(知者)는 인(仁)을 이롭게 여긴다."라는 공자의 말을 빌려 "지혜로운 자는 청렴함을 이롭게 여긴다." 라고 하였다. 비록 재물을 얻는 데 뜻이 있더라도 청렴함을 택하는 것이 결과적으로는 지혜로운 선택이라고 정약용은 말한다. 목민관의 작은 탐욕은 단기적으로 보면 눈앞의 재물을 취하여 이익을 얻을 수 있겠지만 궁극에는 개인의 몰락과 가문의 불명예를 가져올 수 있기 때문이다.

정약용은 청렴을 지키는 것은 두 가지 효과가 있다고 보았다. 첫째, 청렴은 다른 사람에게 긍정적 효과를 미친다. 목민관이 청렴할 경우 백성을 비롯한 공동체 구성원에게 좋은 혜택이 돌아갈 것이다. 둘째, 청렴한 행위를 하는 것은 목민관 자신에게도 좋은 결과를 가져다준다. 청렴은 그 자신의 덕을 높이는 것일 뿐 아니라 자신의 가문에 빛나는 명성과 영광을 가져다줄 것이다.

① 정약용은 청렴이 목민관이 반드시 지켜야 할 덕목임을 당위론 차원에서 정당화하였다.
② 정약용은 탐욕을 택하는 것보다 청렴을 택하는 것이 이롭다는 공자의 뜻을 계승하였다.
③ 정약용은 청렴한 사람은 욕심이 작기 때문에 재물에 대한 탐욕에 빠지지 않는다고 보았다.
④ 정약용은 청렴이 백성에게 이로움을 줄 뿐 아니라 목민관 자신에게도 이로운 행위라고 보았다.
⑤ 이황과 이이는 청렴을 개인의 처세에 있어 주요 지침으로 여겼으나 사회 규율로는 보지 않았다.

✔해설 ① 정약용은 청렴을 당위의 차원에서 주장하는 기존의 학자들과 달리 행위자 자신에게 실질적 이익이 된다는 점을 들어 설득하고자 하였다.
② 정약용은 "지자(知者)는 인(仁)을 이롭게 여긴다."라는 공자의 말을 빌려 "지혜로운 자는 청렴함을 이롭게 여긴다."라고 하였다.
③ 청렴은 큰 이득이 남는 장사라고 말하면서, 지혜롭고 욕심이 큰 사람은 청렴을 택하지만 지혜가 짧고 욕심이 작은 사람은 탐욕을 택한다고 설명한다.
⑤ 이황과 이이는 청렴을 사회 규율이자 개인 처세의 지침으로 강조하였다.

25 다음 글을 통해 추론할 수 있는 것은?

> '핸드오버'란 이동단말기가 이동함에 따라 기존 기지국에서 이탈하여 새로운 기지국으로 넘어갈 때 통화가 끊기지 않도록 통화 신호를 새로운 기지국으로 넘겨주는 것을 말한다. 이런 핸드오버는 이동단말기, 기지국, 이동전화교환국 사이의 유무선 연결을 바탕으로 실행된다. 이동단말기가 기지국에 가까워지면 그 둘 사이의 신호가 점점 강해지는 데 반해, 이동단말기와 기지국이 멀어지면 그 둘 사이의 신호는 점점 약해진다. 이 신호의 세기가 특정값 이하로 떨어지게 되면 핸드오버가 명령되어 이동단말기와 새로운 기지국 간의 통화 채널이 형성된다. 이 과정에서 이동전화교환국과 기지국 간 연결에 문제가 발생하면 핸드오버가 실패하게 된다.
>
> 핸드오버는 이동단말기와 기지국 간 통화 채널 형성 순서에 따라 '형성 전 단절 방식'과 '단절 전 형성 방식'으로 구분될 수 있다. FDMA와 TDMA에서는 형성 전 단절 방식을, CDMA에서는 단절 전 형성 방식을 사용한다. 형성 전 단절 방식은 이동단말기와 새로운 기지국 간의 통화 채널이 형성되기 전에 기존 기지국과의 통화 채널을 단절하는 것을 말한다. 이와 반대로 단절 전 형성 방식은 이동단말기와 기존 기지국 간의 통화 채널이 단절되기 전에 새로운 기지국과의 통화 채널을 형성하는 방식이다. 이런 핸드오버 방식의 차이는 각 기지국이 사용하는 주파수 간 차이에서 비롯된다. 만약 각 기지국이 다른 주파수를 사용하고 있다면, 이동단말기는 기존 기지국과의 통화 채널을 미리 단절한 뒤 새로운 기지국에 맞는 주파수를 할당 받은 후 통화 채널을 형성해야 한다. 그러나 각 기지국이 같은 주파수를 사용하고 있다면, 그런 주파수 조정이 필요 없으며 새로운 통화 채널을 형성하고 나서 기존 통화 채널을 단절할 수 있다.

① 단절 전 형성 방식의 각 기지국은 서로 다른 주파수를 사용한다.

② 형성 전 단절 방식은 단절 전 형성 방식보다 더 빨리 핸드오버를 명령할 수 있다.

③ 이동단말기와 기존 기지국 간의 통화 채널이 단절되면 핸드오버가 성공한다.

④ CDMA에서는 하나의 이동단말기가 두 기지국과 동시에 통화 채널을 형성할 수 있지만 FDMA에서는 그렇지 않다.

⑤ 이동단말기 A와 기지국 간 신호 세기가 이동단말기 B와 기지국 간 신호 세기보다 더 작다면 이동단말기 A에서는 핸드오버가 명령되지만 이동단말기 B에서는 핸드오버가 명령되지 않는다.

✔ 해설 ① 단절 전 형성 방식은 이동단말기와 기존 기지국 간의 통화 채널이 단절되기 전에 새로운 기지국과의 통화 채널을 형성하는 방식이다.
　　　 각 기지국이 같은 주파수를 사용하고 있다면, 그런 주파수 조정이 필요 없으며 새로운 통화 채널을 형성하고 나서 기존 통화 채널을 단절할 수 있다.
　　② 신호의 세기가 특정값 이하로 떨어지게 되면 핸드오버가 명령되어 이동단말기와 새로운 기지국 간의 통화 채널이 형성된다. 형성 전 단절 방식과 단절 전 형성 방식의 차이와는 상관 없다.
　　③ 새로운 기지국 간의 통화 채널이 형성되어야 함도 포함되어야 한다.
　　⑤ 핸드오버는 신호 세기가 특정값 이하로 떨어질 때 발생하는 것이지 이동단말기와 기지국 간 상대적 신호 세기와는 관계가 없다.

26 다음 글을 통해 알 수 있는 것은?

> 고전주의적 관점에서는 보편적 규칙에 따라 고전적 이상에 일치시켜 대상을 재현한 작품에 높은 가치를 부여한다. 반면 낭만주의적 관점에서는 예술가 자신의 감정이나 가치관, 문제의식 등을 자유로운 방식으로 표현한 것에 가치를 부여한다.
>
> 그렇다면 예술작품을 감상할 때에는 어떠한 관점을 취해야 할까? 예술작품을 감상한다는 것은 예술가를 화자로 보고, 감상자를 청자로 설정하는 의사소통 형식으로 가정할 수 있다. 고전주의적 관점에서는 재현 내용과 형식이 정해지기 때문에 화자인 예술가 중심이 된 의사소통 행위가 아니라 청자가 중심이 된 의사소통 행위라 할 수 있다. 즉, 예술작품 감상에 있어서 청자인 감상자는 보편적 규칙과 경험적 재현 방식을 통해 쉽게 예술작품을 수용하고 이해할 수 있게 된다. 그런데 의사소통 상황에서 청자가 중요시되지 않는 경우도 흔히 발견된다. 가령 스포츠 경기를 볼 때 주변 사람과 관련 없이 자기 혼자서 탄식하고 환호하기도 한다. 또한 독백과 같이 특정한 청자를 설정하지 않는 발화 행위도 존재한다. 낭만주의적 관점에서 예술작품을 이해하고 감상하는 것도 이와 유사하다. 낭만주의적 관점에서는, 예술작품을 예술가가 감상자를 고려하지 않은 채 자신의 생각이나 느낌을 자유롭게 표현한 것으로 보아야만 작품의 본질을 오히려 잘 포착할 수 있다고 본다.
>
> 낭만주의적 관점에서 올바른 작품 감상을 위해서는 예술가의 창작의도나 창작관에 대한 이해가 필요하다. 비록 관람과 감상을 전제하고 만들어진 작품이라 하더라도 그 가치는 작품이 보여주는 색채나 구도 등에 대한 감상자의 경험을 통해서만 파악되는 것이 아니다. 현대 추상회화 창시자의 한 명으로 손꼽히는 몬드리안의 예술작품을 보자. 구상적 형상 없이 선과 색으로 구성된 몬드리안의 작품들은, 그가 자신의 예술을 발전시켜 나가는 데 있어서 관심을 쏟았던 것이 무엇인지를 알지 못하면 이해하기 어렵다.

① 고전주의적 관점과 낭만주의적 관점의 공통점은 예술작품의 재현 방식이다.

② 고전주의적 관점에서 볼 때, 예술작품을 감상하는 것은 독백을 듣는 것과 유사하다.

③ 낭만주의적 관점에서 볼 때, 예술작품 창작의 목적은 감상자 위주의 의사소통에 있다.

④ 낭만주의적 관점에서 볼 때, 예술작품의 창작의도에 대한 충분한 소통은 작품 이해를 위해 중요하다.

⑤ 고전주의적 관점에 따르면 예술작품의 본질은 예술가가 자신의 생각이나 느낌을 창의적으로 표현하는 데 있다.

> ✔**해설** ① 고전주의적 관점에서는 보편적 규칙에 따라 고전적 이상에 일치시켜 대상을 재현한 작품에 높은 가치를 부여한다. 반면 낭만주의적 관점에서는 예술가 자신의 감정이나 가치관, 문제의식 등을 자유로운 방식으로 표현한 것에 가치를 부여한다.
> ② 독백과 같이 특정한 청자를 설정하지 않는 발화 행위도 존재한다. 낭만주의적 관점에서 예술작품을 이해하고 감상하는 것도 이와 유사하다.
> ③ 고전주의적 관점에서는 재현 내용과 형식이 정해지기 때문에 화자인 예술가 중심이 된 의사소통 행위가 아니라 청자가 중심이 된 의사소통 행위라 할 수 있다.
> ⑤ 낭만주의적 관점에서는, 예술작품을 예술가가 감상자를 고려하지 않은 채 자신의 생각이나 느낌을 자유롭게 표현한 것으로 보아야만 작품의 본질을 오히려 잘 포착할 수 있다고 본다.

Answer 25.④ 26.④

27 다음 글의 내용과 부합하지 않는 것은?

1776년 애덤 스미스가 '국부론(The Wealth of Nations)'을 펴낼 때는 산업혁명이 진행되는 때여서, 그는 공장과 새로운 과학기술에 매료되었다. 공장에서 각 부품을 잘 연결해 만든 기계에 연료를 투입하면 동륜(動輪)이 저절로 돌아가는 것이 신기했던 애덤 스미스는 시장경제도 커다란 동륜처럼 생각해서 그것을 구동하는 원리를 찾은 끝에 '자기 이득(self-interest)'이라는 에너지로 작동하는 시장경제의 작동원리를 발견했다. 이는 개인이 자기 자신의 이득을 추구하기만 하면 '보이지 않는 손'에 의해 공동체 이익을 달성할 수 있다는 원리다. 이것은 모두가 잘살기 위해서는 자신의 이득을 추구하기에 앞서 공동체 이익을 먼저 생각해야 한다는 당시 교회의 가르침에 견주어볼 때 가히 혁명적 발상이었다. 경제를 기계로 파악한 애덤 스미스의 후학들인 고전학파 경제학자들은 우주의 운행원리를 '중력의 법칙'과 같은 뉴턴의 물리학 법칙으로 설명하듯, 시장경제의 작동원리를 설명해주는 '수요 공급의 법칙'을 비롯한 수많은 경제법칙을 찾아냈다.

경제를 기계로 보았던 18세기 고전학파 경제학자들의 전통은 200년이나 지난 지금까지도 내려오고 있다. 경제예측을 전문으로 하는 이코노미스트들은 한 나라 거시경제를 여러 개 부문으로 구성된 것으로 상정하고, 각 부문 사이의 인과관계를 수식으로 설정하고, 에너지인 독립변수를 입력하면 국내총생산량이 얼마일지 계산할 수 있을 것으로 본다. 그래서 매년 연말이 되면 다음 해 국내총생산이 몇 % 증가할 것인지 소수점 첫째 자리까지 계산해서 발표하고, 매스컴에서는 이를 충실하게 게재하고 있다.

경제를 기계처럼 보는 인식은 기업의 생산량을 자본과 노동의 함수로 상정하고 있는 경제원론 교과서에 나오는 생산함수에서도 볼 수 있는데 기업이 얼마의 자본(기계)과 얼마의 노동을 투입하면 얼마의 제품을 생산할 수 있다고 설명한다. 하지만 이러한 인식에서 기업의 생산 과정 중 인간인 기업가의 위험부담 의지나 위기를 기회로 만드는 창의적 역할이 작용할 여지는 없다. 기계는 인간의 의지와 관계없이 만들어진 원리에 따라서 자동으로 작동하는 것이기 때문이다.

우리나라가 60년대 말에 세계은행(IBRD)에 제철소 건립에 필요한 차관을 요청했을 때 당시 후진국 개발 차관 담당자였던 영국인 이코노미스트가 후진국에서 일관제철소 건설은 불가능하다면서 차관 제공을 거절한 것은 기계론적 기업관으로 보면 이해할 수 있는데, 우리나라 기술 수준으로 보아 아무리 포항제철에 자본(기계)과 노동을 투입해도 철강이 생산되지 않을 것은 분명해 보였을 것이기 때문이다. 박태준 포철 회장이 생존해 있을 때 박 회장은 그 영국인을 만나서 "아직도 후진국에서 일관제철소 건설은 불가능하다고 생각하느냐?"라고 질문하였고 그는 여전히 "그렇다"고 대답했다고 한다. 박 회장이 세계적 종합제철소로 부상한 포항제철을 예로 들면서 한국은 가능했지 않았느냐고 반론을 제기하자, 그 사람은 "박태준이라는 인적 요인을 참작하지 못했다"고 실토했다는 이야기는 기업가와 기업가 정신의 중요성을 웅변적으로 보여주고 있다.

① 애덤 스미스는 시장 경제를 움직이는 작동 원리를 발견하였다.
② 고전학파 경제학자들은 경제를 기계처럼 보았다.
③ 일정량의 제품 생산을 투입되는 자본과 노동의 함수로 설명하는 것이 기업가 정신의 핵심이다.
④ 기업가와 기업가 정신 측면에서의 생산량 예측은 자본 및 노동 투입량만으로 계산하기 어렵다.
⑤ 포철의 종합제철소 건설은 고전학파 경제학자들의 관점을 뛰어넘은 결과였다.

> ✔해설 일정량의 제품 생산을 투입되는 자본과 노동의 함수로 설명하는 것은 경제를 기계로 인식하는 고전학파 경제학자들의 주장이며, 이것은 주어진 글에서 제시한 포철의 종합제철소 건설의 예처럼 기업가의 위험 부담 의지나 위기를 기회로 만드는 창의적 역할 등 기업 활동 결과의 변수로 작용하는 기업가 정신을 고려하지 않은 것이었다.
> ① 애덤 스미스는 '자기 이득'을 그 원리로 찾아내었다고 설명하고 있다.
> ② 고전학파 경제학자들은 애덤 스미스의 이론을 따랐으며, '경제를 기계로 파악한 애덤 스미스의 후학'이라는 언급을 통해 알 수 있는 내용이다.
> ④ 자본 및 노동 투입량 외에 '인적 요인'이 있어야 한다.
> ⑤ 포철의 종합제철소 건설은 경제를 기계로 보았던 고전학파 경제학자들의 관점을 뛰어넘은 결과였다.

28 다음은 주간회의를 끝마친 영업팀이 작성한 회의록이다. 다음 회의록을 통해 유추해 볼 수 있는 내용으로 적절하지 않은 것은?

[영업팀 10월 회의록]

회의일시	2021. 10. 11. 10:00 ~ 11:30	회의장소	5층 대회의실
참석자	팀장 이하 전 팀원		
회의안건	• 3/4분기 실적 분석 및 4/4사분기 실적 예상 • 본부장/팀장 해외 출장 관련 일정 수정 • 10월 바이어 내방 관련 계약 준비상황 점검 및 체류 일정 점검 • 월 말 부서 등반대회 관련 행사 담당자 지정 및 준비사항 확인		

안건별
F/up
사항
	• 3/4분기 매출 및 이익 부진 원인 분석 보고서 작성(오 과장)
	• 항공 일정 예약 변경 확인(최 대리)
	• 법무팀 계약서 검토 상황 재확인(박 대리)
	• 바이어 일행 체류 일정(최 대리, 윤 사원)
	  – 호텔 예약 및 차량 이동 스케줄 수립
	  – 업무 후 식사, 관광 등 일정 수립
	• 등반대회 진행 담당자 지정(민 과장, 서 사원)
	  – 참가 인원 파악
	  – 배정 예산 및 회사 지원 물품 수령 등 유관부서 협조 의뢰
	  – 이동 계획 수립 및 회식 장소 예약		

협조부서	총무팀, 법무팀, 회계팀		

① 오 과장은 회계팀에 의뢰하여 3/4분기 팀 집행 비용에 대한 자료를 확인해 볼 것이다.

② 최 대리와 윤 사원은 바이어 일행의 체류 기간 동안 업무 후 식사 등 모든 일정을 함께 보내게 될 것이다.

③ 윤 사원은 바이어 이동을 위하여 차량 배차 지원을 총무팀에 의뢰할 것이다.

④ 민 과장과 서 사원은 담당한 업무를 수행하기 위하여 회계팀과 총무팀의 협조를 의뢰하게 될 것이다.

⑤ 총무팀은 본부장과 팀장의 변경된 항공 일정에 따른 예약 상황을 영업팀 최 대리에게 통보해 줄 것이다.

✔해설 최 대리와 윤 사원은 바이어 일행 체류 일정을 수립하는 업무를 담당하게 되었으며, 이것은 적절한 계획 수립을 통하여 일정이나 상황에 맞는 인원을 배치하는 일이 될 것이므로, 모든 일정에 담당자가 동반하여야 한다고 판단할 수는 없다.

① 3/4분기 매출 부진 원인 분석 보고서 작성은 오 과장이 담당한다. 따라서 오 과장은 매출과 비용 집행 관련 자료를 회계팀으로부터 입수하여 분석할 것으로 판단할 수 있다.

③ 최 대리와 윤 사원은 바이어 일행의 체류 일정에 대한 업무를 담당하여야 하므로 총무팀에 차량 배차를 의뢰하게 된다.

④ 민 과장과 서 사원은 등반대회 진행을 담당하게 되었으므로 배정된 예산을 수령하기 위하여 회계팀, 회사에서 지원하는 물품을 수령하기 위하여 총무팀의 업무 협조를 의뢰하게 될 것으로 판단할 수 있다.

⑤ 본부장과 팀장의 변경된 항공 일정 예약은 최 대리 담당이므로 항공편 예약을 주관하는 총무팀과 업무 협조가 이루어질 것으로 판단할 수 있다. (참고) 일반적으로 출장 관련 항공편 예약 업무는 대부분 기업체의 총무팀, 총무부 등의 조직 소관 업무이다.

29 다음 글을 읽고 이 글을 뒷받침할 수 있는 주장으로 가장 적합한 것은?

> X선 사진을 통해 폐질환 진단법을 배우고 있는 의과대학 학생을 생각해 보자. 그는 암실에서 환자의 가슴을 찍은 X선 사진을 보면서, 이 사진의 특징을 설명하는 방사선 전문의의 강의를 듣고 있다. 그 학생은 가슴을 찍은 X선 사진에서 늑골뿐만 아니라 그 밑에 있는 폐, 늑골의 음영, 그리고 그것들 사이에 있는 아주 작은 반점들을 볼 수 있다. 하지만 처음부터 그럴 수 있었던 것은 아니다. 첫 강의에서는 X선 사진에 대한 전문의의 설명을 전혀 이해하지 못했다. 그가 가리키는 부분이 무엇인지, 희미한 반점이 과연 특정질환의 흔적인지 전혀 알 수가 없었다. 전문의가 상상력을 동원해 어떤 가상적 이야기를 꾸며내는 것처럼 느껴졌을 뿐이다. 그러나 몇 주 동안 이론을 배우고 실습을 하면서 지금은 생각이 달라졌다. 그는 문제의 X선 사진에서 이제는 늑골뿐 아니라 폐와 관련된 생리적인 변화, 흉터나 만성 질환의 병리학적 변화, 급성질환의 증세와 같은 다양한 현상들까지도 자세하게 경험하고 알 수 있게 될 것이다. 그는 전문가로서 새로운 세계에 들어선 것이고, 그 사진의 명확한 의미를 지금은 대부분 해석할 수 있게 되었다. 이론과 실습을 통해 새로운 세계를 볼 수 있게 된 것이다.

① 관찰은 배경지식에 의존한다.
② 과학에서의 관찰은 오류가 있을 수 있다.
③ 과학 장비의 도움으로 관찰 가능한 영역은 확대된다.
④ 관찰정보는 기본적으로 시각에 맺혀지는 상에 의해 결정된다.
⑤ X선 사진의 판독은 과학 데이터 해석의 일반적인 원리를 따른다.

> ✔ **해설** 배경지식이 전혀 없던 상태에서는 X선 사진을 관찰하여도 아무 것도 찾을 수 없었으나 이론과 실습 등을 통하여 배경지식을 갖추고 난 후에는 X선 사진을 관찰하여 생리적 변화, 만성 질환의 병리적 변화, 급성질환의 증세 등의 현상을 알게 되었다는 것을 보면 관찰은 배경지식에 의존한다고 할 수 있다.

30 다음 글의 내용과 부합하는 것을 〈보기〉에서 모두 고른 것은?

㈎ "회원이 카드를 분실하거나 도난당한 경우에는 즉시 서면으로 신고하여야 하고 분실 또는 도난당한 카드가 타인에 의하여 부정 사용되었을 경우에는 신고접수일 이후의 부정사용액에 대하여는 전액을 보상하나, 신고접수한 날의 전날부터 15일 전까지의 부정사용액에 대하여는 금 2백만 원의 범위 내에서만 보상하고, 16일 이전의 부정사용액에 대하여는 전액 지급할 책임이 회원에게 있다."고 신용카드 발행회사 회원규약에 규정하고 있는 경우, 위와 같은 회원규약을 신의성실의 원칙에 반하는 무효의 규약이라고 볼 수 없다.

㈏ 카드의 월간 사용한도액이 회원 본인의 책임한도액이 되는 것은 아니므로 부정사용액 중 월간 사용한도액의 범위 내에서만 회원의 책임이 있는 것은 아니다.

㈐ 신용카드업법에 의하면 "신용카드 가맹점은 신용카드에 의한 거래를 할 때마다 신용카드 상의 서명과 매출전표 상의 서명이 일치하는지를 확인하는 등 당해 신용카드가 본인에 의하여 정당하게 사용되고 있는지 여부를 확인하여야 한다."라고 규정하고 있다. 따라서 가맹점이 위와 같은 주의의무를 게을리하여 손해를 자초하거나 확대하였다면, 그 과실의 정도에 따라 회원의 책임을 감면해 주는 것이 거래의 안전을 위한 신의성실의 원칙상 정당하다.

〈보기〉

㉠ 신용카드사는 회원에 대하여 카드의 분실 및 도난 시 서면신고 의무를 부과하고, 부정사용액에 대한 보상액을 그 분실 또는 도난당한 카드의 사용 시기에 따라 상이하게 정할 수 있다.

㉡ 카드의 분실 또는 도난 사실을 서면으로 신고접수한 날의 전날까지의 부정사용액에 대해서는 자신의 월간 카드 사용한도액의 범위를 초과하여 회원이 책임을 질 수 있다.

㉢ 월간 사용한도액이 회원의 책임한도액이 되므로 부정사용액 중 원간사용한도액의 범위 내에는 회원의 책임이 있다.

㉣ 신용카드 가맹점이 신용카드의 부정사용 여부를 확인하지 않은 경우에는 가맹점 과실의 경중을 묻지 않고 회원의 모든 책임이 면제된다.

① ㉠㉡
② ㉠㉢
③ ㉡㉢
④ ㉡㉣
⑤ ㉢㉣

✔️**해설** ㉢ 카드의 월간 사용한도액이 회원 본인의 책임한도액이 되는 것은 아니므로 부정사용액 중 월간 사용한도액의 범위 내에서만 회원의 책임이 있는 것은 아니다.
㉣ 신용카드가맹점이 신용카드의 부정사용 여부를 확인하지 않은 경우에는 그 과실의 정도에 따라 회원의 책임을 감면해 주는 것이지, 회원의 모든 책임이 면제되는 것은 아니다.

Answer 29.① 30.①

수리능력(공통)

01 직장생활과 수리능력

(1) 기초직업능력으로서의 수리능력

① 개념 … 직장생활에서 요구되는 사칙연산과 기초적인 통계를 이해하고 도표의 의미를 파악하거나 도표를 이용해서 결과를 효과적으로 제시하는 능력을 말한다.

② 수리능력은 크게 기초연산능력, 기초통계능력, 도표분석능력, 도표작성능력으로 구성된다.
  ㉠ **기초연산능력** : 직장생활에서 필요한 기초적인 사칙연산과 계산방법을 이해하고 활용할 수 있는 능력
  ㉡ **기초통계능력** : 평균, 합계, 빈도 등 직장생활에서 자주 사용되는 기초적인 통계기법을 활용하여 자료의 특성과 경향성을 파악하는 능력
  ㉢ **도표분석능력** : 그래프, 그림 등 도표의 의미를 파악하고 필요한 정보를 해석하는 능력
  ㉣ **도표작성능력** : 도표를 이용하여 결과를 효과적으로 제시하는 능력

(2) 업무수행에서 수리능력이 활용되는 경우

① 업무상 계산을 수행하고 결과를 정리하는 경우

② 업무비용을 측정하는 경우

③ 고객과 소비자의 정보를 조사하고 결과를 종합하는 경우

④ 조직의 예산안을 작성하는 경우

⑤ 업무수행 경비를 제시해야 하는 경우

⑥ 다른 상품과 가격비교를 하는 경우

⑦ 연간 상품 판매실적을 제시하는 경우

⑧ 업무비용을 다른 조직과 비교해야 하는 경우

⑨ 상품판매를 위한 지역조사를 실시해야 하는 경우

⑩ 업무수행과정에서 도표로 주어진 자료를 해석하는 경우

⑪ 도표로 제시된 업무비용을 측정하는 경우

다음 자료를 보고 주어진 상황에 대한 물음에 답하시오.

〈근로소득에 대한 간이 세액표〉

월 급여액(천 원) [비과세 및 학자금 제외]		공제대상 가족 수				
이상	미만	1	2	3	4	5
2,500	2,520	38,960	29,280	16,940	13,570	10,190
2,520	2,540	40,670	29,960	17,360	13,990	10,610
2,540	2,560	42,380	30,640	17,790	14,410	11,040
2,560	2,580	44,090	31,330	18,210	14,840	11,460
2,580	2,600	45,800	32,680	18,640	15,260	11,890
2,600	2,620	47,520	34,390	19,240	15,680	12,310
2,620	2,640	49,230	36,100	19,900	16,110	12,730
2,640	2,660	50,940	37,810	20,560	16,530	13,160
2,660	2,680	52,650	39,530	21,220	16,960	13,580
2,680	2,700	54,360	41,240	21,880	17,380	14,010
2,700	2,720	56,070	42,950	22,540	17,800	14,430
2,720	2,740	57,780	44,660	23,200	18,230	14,850
2,740	2,760	59,500	46,370	23,860	18,650	15,280

※ 갑근세는 제시되어 있는 간이 세액표에 따름
※ 주민세＝갑근세의 10%
※ 국민연금＝급여액의 4.50%
※ 고용보험＝국민연금의 10%
※ 건강보험＝급여액의 2.90%
※ 교육지원금＝분기별 100,000원(매 분기별 첫 달에 지급)

박○○ 사원의 5월 급여내역이 다음과 같고 전월과 동일하게 근무하였으나 특별수당은 없고 차량지원금으로 100,000원을 받게 된다면, 6월에 받게 되는 급여는 얼마인가? (단, 원 단위 절삭)

(주) 서원플랜테크 5월 급여내역			
성명	박○○	지급일	5월 12일
기본급여	2,240,000	갑근세	39,530
직무수당	400,000	주민세	3,950
명절 상여금		고용보험	11,970
특별수당	20,000	국민연금	119,700
차량지원금		건강보험	77,140
교육지원		기타	
급여계	2,660,000	공제합계	252,290
		지급총액	2,407,710

① 2,443,910   ② 2,453,910
③ 2,463,910   ④ 2,473,910

업무상 계산을 수행하거나 결과를 정리하고 업무비용을 측정하는 능력을 평가하기 위한 문제로서, 주어진 자료에서 문제를 해결하는 데에 필요한 부분을 빠르고 정확하게 찾아내는 것이 중요하다.

기본급여	2,240,000	갑근세	46,370
직무수당	400,000	주민세	4,630
명절상여금		고용보험	12,330
특별수당		국민연금	123,300
차량지원금	100,000	건강보험	79,460
교육지원		기타	
급여계	2,740,000	공제합계	266,090
		지급총액	2,473,910

답 ④

(3) 수리능력의 중요성

① 수학적 사고를 통한 문제해결

② 직업세계의 변화에의 적응

③ 실용적 가치의 구현

(4) 단위환산표

구분	단위환산
길이	$1cm = 10mm$, $1m = 100cm$, $1km = 1,000m$
넓이	$1cm^2 = 100mm^2$, $1m^2 = 10,000cm^2$, $1km^2 = 1,000,000m^2$
부피	$1cm^3 = 1,000mm^3$, $1m^3 = 1,000,000cm^3$, $1km^3 = 1,000,000,000m^3$
들이	$1m\ell = 1cm^3$, $1d\ell = 100cm^3$, $1L = 1,000cm^3 = 10d\ell$
무게	$1kg = 1,000g$, $1t = 1,000kg = 1,000,000g$
시간	$1분 = 60초$, $1시간 = 60분 = 3,600초$
할푼리	$1푼 = 0.1할$, $1리 = 0.01할$, $1모 = 0.001할$

예제 2

둘레의 길이가 4.4km인 정사각형 모양의 공원이 있다. 이 공원의 넓이는 몇 a인가?

① 12,100a　　　　② 1,210a
③ 121a　　　　　④ 12.1a

출제의도

길이, 넓이, 부피, 들이, 무게, 시간, 속도 등 단위에 대한 기본적인 환산 능력을 평가하는 문제로서, 소수점 계산이 필요하며, 자릿수를 읽고 구분할 줄 알아야 한다.

해 설

공원의 한 변의 길이는
$4.4 \div 4 = 1.1(km)$이고
$1km^2 = 10000a$이므로
공원의 넓이는
$1.1km \times 1.1km = 1.21km^2$
$\qquad\qquad\qquad = 12100a$

답 ①

02 수리능력을 구성하는 하위능력

(1) 기초연산능력

① **사칙연산**…수에 관한 덧셈, 뺄셈, 곱셈, 나눗셈의 네 종류의 계산법으로 업무를 원활하게 수행하기 위해서는 기본적인 사칙연산뿐만 아니라 다단계의 복잡한 사칙연산까지도 수행할 수 있어야 한다.

② **검산**…연산의 결과를 확인하는 과정으로 대표적인 검산방법으로 역연산과 구거법이 있다.

  ⊙ **역연산** : 덧셈은 뺄셈으로, 뺄셈은 덧셈으로, 곱셈은 나눗셈으로, 나눗셈은 곱셈으로 확인하는 방법이다.

  ⓒ **구거법** : 원래의 수와 각 자리 수의 합이 9로 나눈 나머지가 같다는 원리를 이용한 것으로 9를 버리고 남은 수로 계산하는 것이다.

예제 3

다음 식을 바르게 계산한 것은?

$$1 + \frac{2}{3} + \frac{1}{2} - \frac{3}{4}$$

① $\frac{13}{12}$ ② $\frac{15}{12}$

③ $\frac{17}{12}$ ④ $\frac{19}{12}$

출제의도

직장생활에서 필요한 기초적인 사칙연산과 계산방법을 이해하고 활용할 수 있는 능력을 평가하는 문제로서, 분수의 계산과 통분에 대한 기본적인 이해가 필요하다.

해 설

$$\frac{12}{12} + \frac{8}{12} + \frac{6}{12} - \frac{9}{12} = \frac{17}{12}$$

답 ③

---

(2) 기초통계능력

① **업무수행과 통계**

  ⊙ **통계의 의미** : 통계란 집단현상에 대한 구체적인 양적 기술을 반영하는 숫자이다.

  ⓒ **업무수행에 통계를 활용함으로써 얻을 수 있는 이점**

    • 많은 수량적 자료를 처리가능하고 쉽게 이해할 수 있는 형태로 축소

    • 표본을 통해 연구대상 집단의 특성을 유추

    • 의사결정의 보조수단

    • 관찰 가능한 자료를 통해 논리적으로 결론을 추줄·검증

ⓒ 기본적인 통계치
- 빈도와 빈도분포 : 빈도란 어떤 사건이 일어나거나 증상이 나타나는 정도를 의미하며, 빈도분포란 빈도를 표나 그래프로 종합적으로 표시하는 것이다.
- 평균 : 모든 사례의 수치를 합한 후 총 사례 수로 나눈 값이다.
- 백분율 : 전체의 수량을 100으로 하여 생각하는 수량이 그 중 몇이 되는가를 퍼센트로 나타낸 것이다.

② 통계기법
ⓐ 범위와 평균
- 범위 : 분포의 흩어진 정도를 가장 간단히 알아보는 방법으로 최곳값에서 최젓값을 뺀 값을 의미한다.
- 평균 : 집단의 특성을 요약하기 위해 가장 자주 활용하는 값으로 모든 사례의 수치를 합한 후 총 사례 수로 나눈 값이다.
- 관찰값이 1, 3, 5, 7, 9일 경우 범위는 $9 - 1 = 8$이 되고, 평균은 $\frac{1+3+5+7+9}{5} = 5$가 된다.

ⓑ 분산과 표준편차
- 분산 : 관찰값의 흩어진 정도로, 각 관찰값과 평균값의 차의 제곱의 평균이다.
- 표준편차 : 평균으로부터 얼마나 떨어져 있는가를 나타내는 개념으로 분산값의 제곱근 값이다.
- 관찰값이 1, 2, 3이고 평균이 2인 집단의 분산은 $\frac{(1-2)^2+(2-2)^2+(3-2)^2}{3} = \frac{2}{3}$이고 표준편차는 분산값의 제곱근 값인 $\sqrt{\frac{2}{3}}$이다.

③ 통계자료의 해석
ⓐ 다섯숫자요약
- 최솟값 : 원자료 중 값의 크기가 가장 작은 값
- 최댓값 : 원자료 중 값의 크기가 가장 큰 값
- 중앙값 : 최솟값부터 최댓값까지 크기에 의하여 배열했을 때 중앙에 위치하는 사례의 값
- 하위 25%값 · 상위 25%값 : 원자료를 크기 순으로 배열하여 4등분한 값
ⓑ 평균값과 중앙값 : 평균값과 중앙값은 그 개념이 다르기 때문에 명확하게 제시해야 한다.

인터넷 쇼핑몰에서 회원가입을 하고 무선 이어폰을 구매하려고 한다. 다음은 구입하고자 하는 모델에 대하여 인터넷 쇼핑몰 세 곳의 가격과 조건을 제시한 표이다. 표에 있는 모든 혜택을 적용하였을 때 배송비를 포함한 실제 구매가격을 바르게 비교한 것은?

구분	A 쇼핑몰	B 쇼핑몰	C 쇼핑몰
정상가격	129,000원	131,000원	130,000원
회원혜택	7,000원 할인	3,500원 할인	7% 할인
할인쿠폰	5% 쿠폰	3% 쿠폰	5,000원
중복할인여부	불가	가능	불가
배송비	2,000원	무료	2,500원

① A<B<C

② B<C<A

③ C<A<B

④ C<B<A

직장생활에서 자주 사용되는 기초적인 통계기법을 활용하여 자료의 특성과 경향성을 파악하는 능력이 요구되는 문제이다.

㉠ A 쇼핑몰
- 회원혜택을 선택한 경우 :
$129,000 - 7,000 + 2,000 = 124,000$(원)
- 5% 할인쿠폰을 선택한 경우 :
$129,000 \times 0.95 + 2,000 = 124,550$(원)

㉡ B 쇼핑몰 :
$131,000 \times 0.97 - 3,500 = 123,570$(원)

㉢ C 쇼핑몰
- 회원혜택을 선택한 경우 :
$130,000 \times 0.93 + 2,500 = 123,400$(원)
- 5,000원 할인쿠폰을 선택한 경우 :
$130,000 - 5,000 + 2,500 = 127,500$(원)

∴ C<B<A

답 ④

(3) 도표분석능력

① 도표의 종류

㉠ 목적별 : 관리(계획 및 통제), 해설(분석), 보고

㉡ 용도별 : 경과 그래프, 내역 그래프, 비교 그래프, 분포 그래프, 상관 그래프, 계산 그래프

㉢ 형상별 : 선 그래프, 막대 그래프, 원 그래프, 점 그래프, 층별 그래프, 레이더 차트

② 도표의 활용

　㉠ 선 그래프

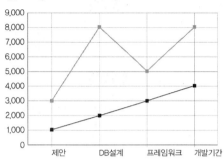

- 주로 시간의 경과에 따라 수량에 의한 변화 상황 (시계열 변화)을 절선의 기울기로 나타내는 그래프이다.
- 경과, 비교, 분포를 비롯하여 상관관계 등을 나타낼 때 쓰인다.

　㉡ 막대 그래프

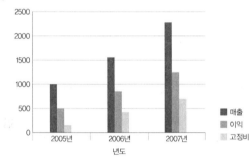

- 비교하고자 하는 수량을 막대 길이로 표시하고 그 길이를 통해 수량 간의 대소관계를 나타내는 그래프이다.
- 내역, 비교, 경과, 도수 등을 표시하는 용도로 쓰인다.

　㉢ 원 그래프

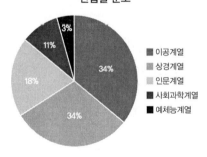

- 내역이나 내용의 구성비를 원을 분할하여 나타낸 그래프이다.
- 전체에 대해 부분이 차지하는 비율을 표시하는 용도로 쓰인다.

ⓔ 점 그래프

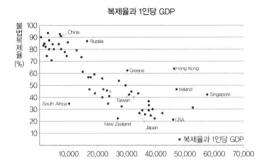

복제율과 1인당 GDP

- 종축과 횡축에 2요소를 두고 보고자 하는 것이 어떤 위치에 있는가를 나타내는 그래프이다.
- 지역분포를 비롯하여 도시, 지방, 기업, 상품 등의 평가나 위치·성격을 표시하는데 쓰인다.

ⓜ 층별 그래프

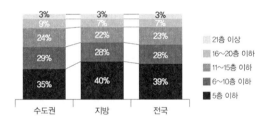

전국 아파트 층수별 거래 비중

- 선 그래프의 변형으로 연속내역 봉 그래프라고 할 수 있다. 선과 선 사이의 크기로 데이터 변화를 나타낸다.
- 합계와 부분의 크기를 백분율로 나타내고 시간적 변화를 보고자 할 때나 합계와 각 부분의 크기를 실수로 나타내고 시간적 변화를 보고자 할 때 쓰인다.

ⓗ 레이더 차트(거미줄 그래프)

- 원 그래프의 일종으로 비교하는 수량을 직경, 또는 반경으로 나누어 원의 중심에서의 거리에 따라 각 수량의 관계를 나타내는 그래프이다.
- 비교하거나 경과를 나타내는 용도로 쓰인다.

③ 도표 해석상의 유의사항

　　㉠ 요구되는 지식의 수준을 넓힌다.

　　㉡ 도표에 제시된 자료의 의미를 정확히 숙지한다.

　　㉢ 도표로부터 알 수 있는 것과 없는 것을 구별한다.

　　㉣ 총량의 증가와 비율의 증가를 구분한다.

　　㉤ 백분위수와 사분위수를 정확히 이해하고 있어야 한다.

예제 5

다음 표는 2020 ~ 2021년 지역별 직장인들의 자기개발에 관해 조사한 내용을 정리한 것이다. 이에 대한 분석으로 옳은 것은?

(단위 : %)

연도 구분 지역	2020				2021			
	자기 개발 하고 있음	자기개발 비용 부담 주체			자기 개발 하고 있음	자기개발 비용 부담 주체		
		직장 100%	본인 100%	직장50%+ 본인50%		직장 100%	본인 100%	직장50%+ 본인50%
충청도	36.8	8.5	88.5	3.1	45.9	9.0	65.5	24.5
제주도	57.4	8.3	89.1	2.9	68.5	7.9	68.3	23.8
경기도	58.2	12	86.3	2.6	71.0	7.5	74.0	18.5
서울시	60.6	13.4	84.2	2.4	72.7	11.0	73.7	15.3
경상도	40.5	10.7	86.1	3.2	51.0	13.6	74.9	11.6

① 2020년과 2021년 모두 자기개발 비용을 본인이 100% 부담하는 사람의 수는 응답자의 절반 이상이다.

② 자기개발을 하고 있다고 응답한 사람의 수는 2020년과 2021년 모두 서울시가 가장 많다.

③ 자기개발 비용을 직장과 본인이 각각 절반씩 부담하는 사람의 비율은 2020년과 2021년 모두 서울시가 가장 높다.

④ 2020년과 2021년 모두 자기개발을 하고 있다고 응답한 비율이 가장 높은 지역에서 자기개발비용을 직장이 100% 부담한다고 응답한 사람의 비율이 가장 높다.

출제의도

그래프, 그림, 도표 등 주어진 자료를 이해하고 의미를 파악하여 필요한 정보를 해석하는 능력을 평가하는 문제이다.

해　설

② 지역별 인원수가 제시되어 있지 않으므로, 각 지역별 응답자 수는 알 수 없다.

③ 2020년에는 경상도에서, 2021년에는 충청도에서 가장 높은 비율을 보인다.

④ 2020년과 2021년 모두 '자기 개발을 하고 있다'고 응답한 비율이 가장 높은 지역은 서울시이며, 2021년의 경우 자기개발 비용을 직장이 100% 부담한다고 응답한 사람의 비율이 가장 높은 지역은 경상도이다.

답 ①

(4) 도표작성능력

① 도표작성 절차
  ㉠ 어떠한 도표로 작성할 것인지를 결정
  ㉡ 가로축과 세로축에 나타낼 것을 결정
  ㉢ 한 눈금의 크기를 결정
  ㉣ 자료의 내용을 가로축과 세로축이 만나는 곳에 표현
  ㉤ 표현한 점들을 선분으로 연결
  ㉥ 도표의 제목을 표기

② 도표작성 시 유의사항
  ㉠ 선 그래프 작성 시 유의점
  • 세로축에 수량, 가로축에 명칭구분을 제시한다.
  • 선의 높이에 따라 수치를 파악하는 경우가 많으므로 세로축의 눈금을 가로축보다 크게 하는 것이 효과적이다.
  • 선이 두 종류 이상일 경우 반드시 그 명칭을 기입한다.
  ㉡ 막대 그래프 작성 시 유의점
  • 막대 수가 많을 경우에는 눈금선을 기입하는 것이 알아보기 쉽다.
  • 막대의 폭은 모두 같게 하여야 한다.
  ㉢ 원 그래프 작성 시 유의점
  • 정각 12시의 선을 기점으로 오른쪽으로 그리는 것이 보통이다.
  • 분할선은 구성비율이 큰 순서로 그린다.
  ㉣ 층별 그래프 작성 시 유의점
  • 눈금은 선 그래프나 막대 그래프보다 적게 하고 눈금선은 넣지 않는다.
  • 층별로 색이나 모양이 완전히 다른 것이어야 한다.
  • 같은 항목은 옆에 있는 층과 선으로 연결하여 보기 쉽도록 한다.

출제예상문제

▮1~5▮ 다음 주어진 값의 단위변환이 올바르지 않은 것을 고르시오.

1

90mm

① 0.09m

② 0.0009km

③ 0.000056mile

④ 3.543307in

⑤ 0.000229리

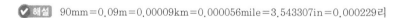 90mm＝0.09m＝0.00009km＝0.000056mile＝3.543307in＝0.000229리

2

62atm＝(   )

① 6282150Pa

② 62.8215bar

③ 6282.15mb

④ 62821.5hPa

⑤ 6.28215MPa

✔ 해설 62atm＝6282150Pa＝62.8215bar＝62821.5mb＝62821.5hPa＝6.28215MPa

3

43200m/h =(　　)

① 0.012km/s

② 43.2km/h

③ 1700787.4in/h

④ 472.440945in/s

⑤ 120m/s

✔해설 43200m/h=0.012km/s=43.2km/h=1700787.4in/h=472.440945in/s=12m/s

4

43MB =(　　)

① 0.00041TB

② 44032KB

③ 45088768B

④ 0.041992GB

⑤ 360710144bit

✔해설 43MB=0.000041TB=44032KB=45088768B=0.041992GB=360710144bit

5

$34m^2$ =(　　)

① $0.000034km^2$

② 0.0034ha

③ $365.972954ft^2$

④ 0.034a

⑤ 10.285평

✔해설 $34m^2$=$0.000034km^2$=0.0034ha=$365.972954ft^2$=0.34a=10.285평

Answer 1.② 2.③ 3.⑤ 4.① 5.④

❚6~10❚ 다음 식을 계산하여 알맞은 답을 고르시오.

6

$$374-186+215$$

① 387   ② 394

③ 397   ④ 403

⑤ 517

✔ 해설 $374-186+215=403$

7

$$28+23\times4+63\div7$$

① 127   ② 129

③ 132   ④ 133

⑤ 135

✔ 해설 $28+23\times4+63\div7=127$

8

$$(-3)^2\times\sqrt{4}\div\frac{1}{\sqrt{9}}+31$$

① 81   ② 85

③ 87   ④ 93

⑤ 95

✔ 해설 $(-3)^2\times\sqrt{4}\div\dfrac{1}{\sqrt{9}}+31=85$

9

$$_5C_3\left(\frac{1}{3}\right)^3\left(\frac{2}{3}\right)^2+\left(\frac{2}{3}\right)^5$$

① $\dfrac{5}{27}$

② $\dfrac{4}{27}$

③ $\dfrac{7}{27}$

④ $\dfrac{8}{27}$

⑤ $\dfrac{6}{27}$

✔해설 $_5C_3\left(\dfrac{1}{3}\right)^3\left(\dfrac{2}{3}\right)^2+\left(\dfrac{2}{3}\right)^5=\dfrac{5\times4\times3}{3\times2\times1}\times\dfrac{4}{3^5}+\dfrac{2^5}{3^5}=\dfrac{8}{27}$

10

$$2^2\times6^2\times3^{-2}\times4$$

① 78

② 192

③ 32

④ 96

⑤ 64

✔해설 $2^2\times6^2\times3^{-2}\times4=2^2\times2^2\times4=64$

|11~15| 다음 숫자들의 배열 규칙을 찾아 괄호 안에 들어갈 알맞은 숫자를 고르시오.

11

| 549 | 567 | 585 | 603 | 612 | 621 | ( ) |

① 638   ② 636

③ 634   ④ 632

⑤ 630

✔해설 주어진 수열은 주어진 수에 각 자리의 수를 더하면 다음 수가 되는 규칙을 가지고 있다. 따라서 빈칸에 들어갈 수는 621+6+2+1=630이다.

12

| 2 | 4 | 7 | 12 | 19 | 30 | 43 | ( ) |

① 45   ② 50

③ 55   ④ 60

⑤ 65

✔해설 각 수의 차를 나열해보면 2, 3, 5, 7, 11, 13으로 소수(1과 자기 자신으로만 나누어떨어지는 1보다 큰 정수)이다. 13 다음의 소수는 17이므로 빈칸에 들어갈 수는 43+17=60이다.

13

| 20 | −50 | 10 | −40 | ( ) | −30 | −10 |

① −20   ② −10

③ 0   ④ 10

⑤ 20

✔해설 제시된 수열은 첫 번째, 세 번째, 다섯 번째 등의 홀수 항과 두 번째, 네 번째, 여섯 번째 등의 짝수 항 두 개로 이루어진 건너뛰기형 수열이다. 홀수 항은 10씩 감소, 짝수 항은 10씩 증가하므로 빈칸에 들어갈 수는 0이다.

14

| 1 1 3 5 9 15 ( ) |

① 21

② 23

③ 25

④ 27

⑤ 29

✔해설 앞의 두 수를 더한 수에 1을 더하면 그 다음 수가 된다.

15

| 1 3 5 15 17 51 ( ) |

① 50

② 53

③ 55

④ 58

⑤ 60

✔해설 처음의 숫자에서 ×3, +2가 반복되고 있다.

16 한수원 홍보지원단 직원의 평균 연령은 32살이다. 올해 24살의 신입직원이 들어와서 홍보지원단의 평균 연령이 30살이 되었다면 홍보지원단 직원의 수는 모두 몇 명인가?

① 2명

② 3명

③ 4명

④ 5명

⑤ 6명

✔해설 홍보지원단의 직원 수를 구해야 하므로 직원 수를 x라 놓고,
평균 나이가 32살이고 24살의 신입직원의 입사로 30살이 되었으므로
평균 구하는 식으로 하면 $\dfrac{32x+24}{x+1}=30$

$\therefore x=3$

신입직원도 포함해야 하므로 $3+1=4$명이다.

17 수정이가 네 걸음을 걷는 동안 미연이는 다섯 걸음을 걷는다. 그러나 수정이가 세 걸음을 걷는 거리는 미연이는 네 걸음을 걸어야 한다. 두 사람이 동시에 같은 장소에서 같은 방향으로 걷기 시작하여 미연이가 150m를 나아갔을 때, 수정이와 미연이와의 거리는 몇 m 떨어져 있는가?

① 5m

② 10m

③ 15m

④ 20m

⑤ 25m

✔ 해설 두 사람의 속력은 걸음의 수와 보폭에 비례한다.

같은 거리를 수정이는 세 걸음, 미연이는 네 걸음을 걸어야 하므로

보폭의 비는 수정 : 미연 $= \frac{1}{3} : \frac{1}{4} = 4 : 3$

수정이, 미연이가 걷는 속도의 비는 수정 : 미연 $= 4 \times 4 : 5 \times 3 = 16 : 15$

미연이가 150m를 걸었을 때 수정이는 160m를 걸어 나가므로 두 사람의 거리 차는 10m이다.

18 다음은 어느 해 7월의 달력이다. 색칠된 날짜의 합이 135일 때, 7월 31일은 무슨 요일인가?

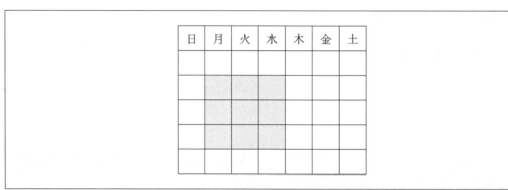

日	月	火	水	木	金	土

① 월요일

② 화요일

③ 수요일

④ 목요일

⑤ 금요일

✔ 해설 색이 칠해진 9개의 날짜 중 정중앙의 화요일을 x라 하고, 색이 칠해진 9개의 날짜의 합을 구하면

$(x-8)+(x-7)+\cdots+(x-1)+x+(x+1)+\cdots+(x+8)=9x$

이 값이 135라고 했으므로 정중앙의 화요일은

$9x=135, \ x=15$

15일이 화요일이므로 2주 후 29일이 화요일이 되므로 31일은 목요일이 된다.

19 오후 1시 36분에 사무실을 나와 분속 70m의 일정한 속도로 서울역까지 걸어가서 20분간 내일 부산 출장을 위한 승차권 예매를 한 뒤, 다시 분속 50m의 일정한 속도로 걸어서 사무실에 돌아와 시계를 보니 2시 32분 이었다. 이때 걸은 거리는 모두 얼마인가?

① 1,050m
② 1,500m
③ 1,900m
④ 2,100m
⑤ 2,400m

✔해설 서울역에서 승차권 예매를 한 20분의 시간을 제외하면 걸은 시간은 총 36분이 된다.
갈 때 걸린 시간을 x분이라고 하면 올 때 걸린 시간은 $36-x$분
갈 때와 올 때의 거리는 같으므로
$70 \times x = 50 \times (36 - x)$
$120x = 1,800 \rightarrow x = 15$분
사무실에서 서울역까지의 거리는 $70 \times 15 = 1,050$m
왕복거리를 구해야 하므로 $1,050 \times 2 = 2,100$m가 된다.

20 두 기업 A, B의 작년 상반기 매출액의 합계는 91억 원이었다. 올해 상반기 두 기업 A, B의 매출액은 작년 상 반기에 비해 각각 10%, 20% 증가하였고, 두 기업 A, B의 매출액 증가량의 비가 2 : 3이라고 할 때, 올해 상 반기 두 기업 서원각, 소정의 매출액의 합계는?

① 96억 원
② 100억 원
③ 104억 원
④ 108억 원
⑤ 112억 원

✔해설 A의 매출액의 합계를 x, B의 매출액의 합계를 y로 놓으면
$x + y = 91$
$0.1x : 0.2y = 2 : 3 \rightarrow 0.3x = 0.4y$
$x + y = 91 \rightarrow y = 91 - x$
$0.3x = 0.4 \times (91 - x)$
$0.3x = 36.4 - 0.4x$
$0.7x = 36.4$
$\therefore x = 52$
$0.3 \times 52 = 0.4y \rightarrow y = 39$
x는 10% 증가하였으므로 $52 \times 1.1 = 57.2$
y는 20% 증가하였으므로 $39 \times 1.2 = 46.8$
두 기업의 매출액의 합은 $57.2 + 46.8 = 104$

21 5%의 소금물과 15%의 소금물로 12%의 소금물 200g을 만들고 싶다. 각각 몇 g씩 섞으면 되는가?

	5% 소금물	15% 소금물
①	40g	160g
②	50g	150g
③	60g	140g
④	70g	130g
⑤	80g	120g

✔해설 200g에 들어 있는 소금의 양은 섞기 전 5%의 소금의 양과 12% 소금이 양을 합친 양과 같아야 한다.

5% 소금물의 필요한 양을 x라 하면 녹아 있는 소금의 양은 $0.05x$

15% 소금물의 소금의 양은 $0.15(200-x)$

$0.05x + 0.15(200-x) = 0.12 \times 200$

$5x + 3,000 - 15x = 2,400$

$10x = 600$

$x = 60(\text{g})$

∴ 5%의 소금물 60g, 15%의 소금물 140g

22 반대 방향으로 A, B 두 사람이 3.6km/h로 달리는데 기차가 지나갔다. A를 지나치는데 24초, B를 지나치는데 20초가 걸렸을 때 기차의 길이는?

① 120m ② 180m

③ 240m ④ 300m

⑤ 360m

✔해설 두 사람이 달리는 속도를 초속으로 바꾸어 계산하면 $\frac{3.6 \times 1,000}{60 \times 60} = 1\text{m/s}$

기차와 같은 방향으로 달릴 때는 기차가 달리는 사람을 지나치는데 오랜 시간이 걸리므로 A가 기차와 같은 방향, B가 기차와 반대방향으로 달리고 있다.

A는 24초, B는 20초이므로 두 사람의 거리 차는 $1 \times (24+20) = 44\text{m/s}$

기차는 이 거리를 4초 만에 통과하였으므로 기차의 속력은 $\frac{44}{4} = 11$

기차와 같은 방향으로 달리는 A를 지나칠 때의 속력은 $11-1 = 10\text{m/s}$, 반대 방향으로 달리는 B를 지나칠 때의 속력은 $11+1 = 12\text{m/s}$

기차의 길이는 $10 \times 24 = 12 \times 20 = 240\text{m}$

23 응시자가 모두 30명인 시험에서 20명이 합격하였다. 이 시험의 커트라인은 전체 응시자의 평균보다 5점이 낮고, 합격자의 평균보다는 30점이 낮았으며, 또한 불합격자의 평균 점수의 2배보다는 2점이 낮았다. 이 시험의 커트라인을 구하면?

① 90점

② 92점

③ 94점

④ 96점

⑤ 98점

✔해설 전체 응시자의 평균을 x라 하면 합격자의 평균은 $x+25$

불합격자의 평균은 전체 인원 30명의 총점 $30x$에서 합격자 20명의 총점 $\{20 \times (x+25)\}$를 빼준 값을 10으로 나눈 값이다.

즉, $\dfrac{30x - 20 \times (x+25)}{10} = x - 50$

커트라인은 전체 응시자의 평균보다 5점이 낮고, 불합격자 평균 점수의 2배보다 2점이 낮으므로

$x - 5 = 2(x - 50) - 2$

$x = 97$

응시자의 평균이 97이므로 커트라인은 $97 - 5 = 92$점

24 다음은 한 통신사의 요금제별 요금 및 할인 혜택에 관한 표이다. 이번 달에 전화통화와 함께 100건 이상의 문자메시지를 사용하였는데, A요금제를 이용했을 경우 청구되는 요금은 14,000원, B요금제를 이용했을 경우 청구되는 요금은 16,250원이다. 이번 달에 사용한 문자메시지는 모두 몇 건인가?

요금제	기본료	통화요금	문자메시지요금	할인 혜택
A	없음	5원/초	10원/건	전체 요금의 20% 할인
B	5,000원/월	3원/초	15원/건	문자메시지 월 100건 무료

① 125건

② 150건

③ 200건

④ 250건

⑤ 300건

✔해설 통화량을 x, 문자메시지를 y라고 하면

A요금제 → $(5x + 10y) \times \left(1 - \dfrac{1}{5}\right) = 4x + 8y = 14,000$원

B요금제 → $5,000 + 3x + 15 \times (y - 100) = 16,250$원

두 식을 정리해서 풀면

$x = 3,000, \ y = 250$

25 4명의 동업자 A, B, C, D가 하루 매출액을 나누었다. 가장 먼저 A는 10만 원과 나머지의 $\frac{1}{5}$을 먼저 받고, 다음에 B가 20만 원과 그 나머지의 $\frac{1}{5}$, 그 이후에 C가 30만 원과 그 나머지의 $\frac{1}{5}$, D는 마지막으로 남은 돈을 모두 받았다. A, B, C D 네 사람이 받은 액수가 모두 같았다면, 하루 매출액의 총액은 얼마인가?

① 100만 원
② 120만 원
③ 140만 원
④ 160만 원
⑤ 180만 원

> ✔해설 4명이 각자 받은 금액을 x라 하면, 4명이 받은 금액은 모두 같으므로, 하루 매출액의 총액은 $4x$
> A가 받은 금액 → $x = 10 + (4x - 10) \times \dfrac{1}{5}$
> $\therefore$ $x = 40$
> 하루 매출총액은 $4x = 4 \times 40 = 160$만 원

26 다음은 갑국의 최종에너지 소비량에 대한 자료이다. 〈보기〉에서 옳은 것들로만 바르게 짝지어진 것은?

〈표 1〉 2018 ~ 2020년 유형별 최종에너지 소비량 비중

(단위 : %)

연도 \ 유형	석탄 무연탄	석탄 유연탄	석유제품	도시가스	전력	기타
2018	2.7	11.6	53.3	10.8	18.2	3.4
2019	2.8	10.3	54.0	10.7	18.6	3.6
2020	2.9	11.5	51.9	10.9	19.1	3.7

〈표 2〉 2020년 부문별 유형별 최종에너지 소비량

(단위 : 천TOE)

부문 \ 유형	석탄 무연탄	석탄 유연탄	석유제품	도시가스	전력	기타	합
산업	4,750	15,317	57,451	9,129	23,093	5,415	115,155
가정 · 상업	901	4,636	6,450	11,105	12,489	1,675	37,256
수송	0	0	35,438	188	1,312	0	36,938
기타	0	2,321	1,299	669	152	42	4,483
계	5,651	22,274	100,638	21,091	37,046	7,132	193,832

※ TOE는 석유 환산 톤수를 의미

<보기>

㉠ 2018 ~ 2020년 동안 전력 소비량은 매년 증가한다.

㉡ 2020년에는 산업부문의 최종에너지 소비량이 전체 최종에너지 소비량의 50% 이상을 차지한다.

㉢ 2018 ~ 2020년 동안 석유제품 소비량 대비 전력 소비량의 비율이 매년 증가한다.

㉣ 2020년에는 산업부문과 가정·상업부문에서 유연탄 소비량 대비 무연탄 소비량의 비율이 각각 25% 이하이다.

① ㉠㉡

② ㉠㉣

③ ㉡㉢

④ ㉡㉣

⑤ ㉢㉣

해설 ㉠ 2018 ~ 2020년 동안의 유형별 최종에너지 소비량 비중이므로 전력 소비량의 수치는 알 수 없다.

㉡ 2020년의 산업부문의 최종에너지 소비량은 115,155 천TOE이므로 전체 최종 에너지 소비량인 193,832 천TOE의 50%인 96,916 천TOE보다 많으므로 50% 이상을 차지한다고 볼 수 있다.

㉢ 2018 ~ 2020년 동안 석유제품 소비량 대비 전력 소비량의 비율은 $\frac{전력}{석유제품}$으로 계산하면 2018년 $\frac{18.2}{53.3} \times 100 = 34.1\%$, 2019년 $\frac{18.6}{54} \times 100 = 34.4\%$, 2020년 $\frac{19.1}{51.9} \times 100 = 36.8\%$이므로 매년 증가함을 알 수 있다.

㉣ 2020년 산업부문과 가정·상업부문에서 $\frac{무연탄}{유연탄}$을 구하면 산업부문의 경우 $\frac{4,750}{15,317} \times 100 = 31\%$, 가정·상업부문의 경우 $\frac{901}{4,636} \times 100 = 19.4\%$이므로 모두 25% 이하인 것은 아니다.

27 다음은 소정연구소에서 제습기 A ~ E의 습도별 연간소비전력량을 측정한 자료이다. 이에 대한 설명 중 옳은 것끼리 바르게 짝지어진 것은?

〈제습기 A ~ E 습도별 연간소비전력량〉

(단위 : kWh)

습도 제습기	40%	50%	60%	70%	80%
A	550	620	680	790	840
B	560	640	740	810	890
C	580	650	730	800	880
D	600	700	810	880	950
E	660	730	800	920	970

㉠ 습도가 70%일 때 연간소비전력량이 가장 적은 제습기는 A이다.

㉡ 각 습도에서 연간소비전력량이 많은 제습기부터 순서대로 나열하면, 습도 60%일 때와 습도 70% 일 때의 순서를 동일하다.

㉢ 습도가 40%일 때 제습기 E의 연산소비전력량은 습도가 50%일 때 제습기 B의 연간소비전력량보다 많다.

㉣ 제습기 각각에서 연간소비전력량은 습도가 80%일 때가 40%일 때의 1.5배 이상이다.

① ㉠㉡ 　　　　　　　　　　　② ㉠㉢

③ ㉡㉣ 　　　　　　　　　　　④ ㉠㉢㉣

⑤ ㉡㉢㉣

 해설 ㉠ 습도가 70%일 때 연간소비전력량은 790으로 A가 가장 적다.

㉡ 60%와 70%를 많은 순서대로 나열하면 60%일 때 D − E − B − C − A, 70%일 때 E − D − B − C − A이다.

㉢ 40%일 때 E = 660, 50%일 때 B = 640이다.

㉣ 40%일 때의 값에 1.5배를 구하여 80%와 비교해 보면 E는 1.5배 이하가 된다.
  - A = 550 × 1.5 = 825
  - B = 560 × 1.5 = 840
  - C = 580 × 1.5 = 870
  - D = 600 × 1.5 = 900
  - E = 660 × 1.5 = 990

28 다음은 2017 ~ 2020년 알코올 관련 질환 사망자 수에 대한 자료이다. 이에 대한 설명으로 옳은 것은?

구분 연도	여성		남성		전체	
	사망자 수	인구 10만 명당 사망자 수	사망자 수	인구 10만 명당 사망자 수	사망자 수	인구 10만 명당 사망자 수
2020년	383	1.6	4,107	16.8	4,490	9.3
2019년	387	1.6	4,289	17.6	4,676	9.6
2018년	374	1.5	4,674	19.2	5,048	10.2
2017년	340	1.4	4,400	18.2	4,740	9.8

※ 인구 10만 명당 사망자 수는 소수점 아래 둘째 자리에서 반올림한 값이다.

① 여성 사망자 수는 매년 증가하였다.

② 전체 사망자 수는 매년 감소하였다.

③ 2019년 남성 사망자 수는 같은 해 여성 사망자 수의 약 13배이다.

④ 2017년 대비 2020년 여성 인구 10만 명당 사망자 수 증가율은 약 11% 미만이다.

⑤ 남성 인구 10만 명당 사망자 수가 가장 많은 해의 전년 대비 남성 사망자 수 증가율은 5% 이상이다.

✔해설 남성 인구 10만 명당 사망자 수가 가장 많은 해는 2018년이고, 전년 대비 남성 사망자 수 증가율은

$\dfrac{4,674 - 4,400}{4,400} \times 100 \fallingdotseq 6.2\%$이다.

① 2020년에는 전년 대비 감소하였다.

② 2018년 전체 사망자 수는 전년 대비 증가하였다.

③ 2019년의 남성 사망자 수는 같은 해 여성 사망자 수의 약 11배이다.

④ 2017년 대비 2020년 여성 인구 10만 명당 사망자 수 증가율은 약 14%이다.

29 다음 표는 통신사 A, B, C의 스마트폰 소매가격 및 평가점수 자료이다. 이에 대한 〈보기〉의 설명 중 옳은 것만을 모두 고른 것은?

〈통신사별 스마트폰의 소매가격 및 평가점수〉

(단위 : 달러, 점)

통신사	스마트폰	소매가격	평가항목					종합품질 점수
			화질	내비게이션	멀티미디어	배터리 수명	통화성능	
A	a	150	3	3	3	3	1	13
	b	200	2	2	3	1	2	10
	c	200	3	3	3	1	1	11
B	d	180	3	3	3	2	1	12
	e	100	2	3	3	2	1	11
	f	70	2	1	3	2	1	9
C	g	200	3	3	3	2	2	13
	h	50	3	2	3	2	1	11
	i	150	3	2	2	3	2	12

〈보기〉

㉠ 소매가격이 200달러인 스마트폰 중 '종합품질점수'가 가장 높은 스마트폰은 c이다.

㉡ 소매가격이 가장 낮은 스마트폰은 '종합품질점수'도 가장 낮다.

㉢ 통신사 각각에 대해서 해당 통신사 스마트폰의 '통화성능' 평가점수의 평균을 계산하여 통신사별로 비교하면 C가 가장 높다.

㉣ 평가항목 각각에 대해서 스마트폰 a ~ i 평가점수의 합을 계산하여 평가항목별로 비교하면 '멀티미디어'가 가장 높다.

① ㉠

② ㉢

③ ㉠㉡

④ ㉡㉣

⑤ ㉢㉣

✔해설 ㉠ 200달러인 스마트폰 중 종합품질점수가 가장 높은 스마트폰은 g이다.
㉡ 소매가격이 가장 낮은 스마트폰은 h이며, 종합품질점수가 가장 낮은 스마트폰은 f이다.
㉢ A : $\frac{1+2+1}{3}=\frac{4}{3}$, B : $\frac{1+1+1}{3}=1$, C : $\frac{2+1+2}{3}=\frac{5}{3}$
㉣ 화질 : $3+2+3+3+2+2+3+3+3=24$
내비게이션 : $3+2+3+3+3+1+3+2+2=22$
멀티미디어 : $3+3+3+3+3+3+3+3+2=26$
배터리 수명 : $3+1+1+2+2+2+2+2+3=18$
통화성능 : $1+2+1+1+1+1+2+1+2=12$

30 다음은 면접관 A ~ E가 한수원 응시자 갑 ~ 정에게 부여한 면접 점수이다. 이에 대한 설명으로 옳은 내용만 모두 고른 것은?

(단위 : 점)

면접관 \ 응시자	갑	을	병	정	범위
A	7	8	8	6	2
B	4	6	8	10	( )
C	5	9	8	8	( )
D	6	10	9	7	4
E	9	7	6	5	4
중앙값	( )	( )	8	( )	–
교정점수	( )	8	( )	7	–

※ 1) 범위는 해당 면접관이 각 응시자에게 부여한 면접 점수 중 최댓값에서 최솟값을 뺀 값이다.
2) 중앙값은 해당 응시자가 면접관에게서 받은 모든 면접 점수를 크기순으로 나열할 때 한가운데 값이다.
3) 교정점수는 해당 응시자가 면접관에게 받은 모든 면접 점수 중 최댓값과 최솟값을 제외한 면접 점수의 산술 평균값이다.

> ㉠ 면접관 중 범위가 가장 큰 면접관은 B이다.
> ㉡ 응시자 중 중앙값이 가장 작은 응시자는 정이다.
> ㉢ 교정점수는 병이 갑보다 크다.

① ㉠
② ㉡
③ ㉠㉢
④ ㉡㉢
⑤ ㉠㉡㉢

✔해설 먼저 표를 완성하여 보면

면접관 \ 응시자	갑	을	병	정	범위
A	7	8	8	6	2
B	4	6	8	10	(6)
C	5	9	8	8	(4)
D	6	10	9	7	4
E	9	7	6	5	4
중앙값	(6)	(8)	8	(7)	–
교정점수	(6)	8	(8)	7	–

㉠ 면접관 중 범위가 가장 큰 면접관은 범위가 6인 B가 맞다.
㉡ 응시자 중 중앙값이 가장 작은 응시자는 6인 갑이다.
㉢ 교정점수는 병이 8, 갑이 6이므로 병이 크다.

Answer 29.⑤ 30.③

CHAPTER 03 문제해결능력(공통)

01 문제와 문제해결

(1) 문제의 정의와 분류

① **정의** … 문제란 업무를 수행함에 있어서 답을 요구하는 질문이나 의논하여 해결해야 되는 사항이다.

② **문제의 분류**

구분	창의적 문제	분석적 문제
문제제시 방법	현재 문제가 없더라도 보다 나은 방법을 찾기 위한 문제 탐구→문제 자체가 명확하지 않음	현재의 문제점이나 미래의 문제로 예견될 것에 대한 문제 탐구→문제 자체가 명확함
해결방법	창의력에 의한 많은 아이디어의 작성을 통해 해결	분석, 논리, 귀납과 같은 논리적 방법을 통해 해결
해답 수	해답의 수가 많으며, 많은 답 가운데 보다 나은 것을 선택	답의 수가 적으며 한정되어 있음
주요특징	주관적, 직관적, 감각적, 정성적, 개별적, 특수성	객관적, 논리적, 정량적, 이성적, 일반적, 공통성

(2) 업무수행과정에서 발생하는 문제 유형

① **발생형 문제(보이는 문제)** … 현재 직면하여 해결하기 위해 고민하는 문제이다. 원인이 내재되어 있기 때문에 원인지향적인 문제라고도 한다.
 ㉠ **일탈문제** : 어떤 기준을 일탈함으로써 생기는 문제
 ㉡ **미달문제** : 어떤 기준에 미달하여 생기는 문제

② **탐색형 문제(찾는 문제)** … 현재의 상황을 개선하거나 효율을 높이기 위한 문제이다. 방치할 경우 큰 손실이 따르거나 해결할 수 없는 문제로 나타나게 된다.
 ㉠ **잠재문제** : 문제가 잠재되어 있어 인식하지 못하다가 확대되어 해결이 어려운 문제
 ㉡ **예측문제** : 현재로는 문제가 없으나 현 상태의 진행 상황을 예측하여 찾아야 앞으로 일어날 수 있는 문제가 보이는 문제

ⓒ **발견문제**: 현재로서는 담당 업무에 문제가 없으나 선진기업의 업무 방법 등 보다 좋은 제도나 기법을 발견하여 개선시킬 수 있는 문제

③ **설정형 문제**(미래 문제) … 장래의 경영전략을 생각하는 것으로 앞으로 어떻게 할 것인가 하는 문제이다. 문제해결에 창조적인 노력이 요구되어 창조적 문제라고도 한다.

---

(3) 문제해결

① **정의** … 목표와 현상을 분석하고 이 결과를 토대로 과제를 도출하여 최적의 해결책을 찾아 실행·평가해 가는 활동이다.

② **문제해결에 필요한 기본적 사고**
   ㉠ **전략적 사고**: 문제와 해결방안이 상위 시스템과 어떻게 연결되어 있는지를 생각한다.
   ㉡ **분석적 사고**: 전체를 각각의 요소로 나누어 그 의미를 도출하고 우선순위를 부여하여 구체적인 문제해결방법을 실행한다.
   ㉢ **발상의 전환**: 인식의 틀을 전환하여 새로운 관점으로 바라보는 사고를 지향한다.
   ㉣ **내·외부자원의 활용**: 기술, 재료, 사람 등 필요한 자원을 효과적으로 활용한다.

③ **문제해결의 장애요소**
   ㉠ 문제를 철저하게 분석하지 않는 경우
   ㉡ 고정관념에 얽매이는 경우
   ㉢ 쉽게 떠오르는 단순한 정보에 의지하는 경우
   ㉣ 너무 많은 자료를 수집하려고 노력하는 경우

④ 문제해결방법

    ㉠ **소프트 어프로치**: 문제해결을 위해서 직접적인 표현보다는 무언가를 시사하거나 암시를 통하여 의사를 전달하여 문제해결을 도모하고자 한다.

    ㉡ **하드 어프로치**: 상이한 문화적 토양을 가지고 있는 구성원을 가정하고, 서로의 생각을 직설적으로 주장하고 논쟁이나 협상을 통해 서로의 의견을 조정해 가는 방법이다.

    ㉢ **퍼실리테이션(facilitation)**: 촉진을 의미하며 어떤 그룹이나 집단이 의사결정을 잘 하도록 도와주는 일을 의미한다.

02 문제해결능력을 구성하는 하위능력

(1) 사고력

① **창의적 사고** … 개인이 가지고 있는 경험과 지식을 통해 새로운 가치 있는 아이디어를 산출하는 사고능력이다.

    ㉠ 창의적 사고의 특징

      • 정보와 정보의 조합

      • 사회나 개인에게 새로운 가치 창출

      • 창조적인 가능성

예제 2

M사 홍보팀에서 근무하고 있는 귀하는 입사 5년차로 창의적인 기획안을 제출하기로 유명하나. S부장은 이번 신입사원 교육 때 귀하에게 창의적인 사고란 무엇인지 교육을 맡아달라고 부탁하였다. 창의적인 사고에 대한 귀하의 설명으로 옳지 않은 것은?

① 창의적인 사고는 새롭고 유용한 아이디어를 생산해 내는 정신적인 과정이다.
② 창의적인 사고는 특별한 사람들만이 할 수 있는 대단한 능력이다.
③ 창의적인 사고는 기존의 정보들을 특정한 요구조건에 맞거나 유용하도록 새롭게 조합시킨 것이다.
④ 창의적인 사고는 통상적인 것이 아니라 기발하거나, 신기하며 독창적인 것이다.

출제의도

창의적 사고에 대한 개념을 정확히 파악하고 있는지를 묻는 문항이다.

해 설

흔히 사람들은 창의적인 사고에 대해 특별한 사람들만이 할 수 있는 대단한 능력이라고 생각하지만 그리 대단한 능력이 아니며 이미 알고 있는 경험과 지식을 해체하여 다시 새로운 정보로 결합하여 가치 있는 아이디어를 산출하는 사고라고 할 수 있다.

답 ②

ⓒ 발산적 사고 : 창의적 사고를 위해 필요한 것으로 자유연상법, 강제연상법, 비교발상법 등을 통해 개발할 수 있다.

구분	내용
자유연상법	생각나는 대로 자유롭게 발상 ex) 브레인스토밍
강제연상법	각종 힌트에 강제적으로 연결 지어 발상 ex) 체크리스트
비교발상법	주제의 본질과 닮은 것을 힌트로 발상 ex) NM법, Synectics

Point 》 브레인스토밍
　ⓐ 진행방법
　　• 주제를 구체적이고 명확하게 정한다.
　　• 구성원의 얼굴을 볼 수 있는 좌석 배치와 큰 용지를 준비한다.
　　• 구성원들의 다양한 의견을 도출할 수 있는 사람을 리더로 선출한다.
　　• 구성원은 다양한 분야의 사람들로 5~8명 정도로 구성한다.
　　• 발언은 누구나 자유롭게 할 수 있도록 하며, 모든 발언 내용을 기록한다.
　　• 아이디어에 대한 평가는 비판해서는 안 된다.
　ⓑ 4대 원칙
　　• 비판엄금(Support) : 평가 단계 이전에 결코 비판이나 판단을 해서는 안 되며 평가는 나중까지 유보한다.
　　• 자유분방(Silly) : 무엇이든 자유롭게 말하고 이런 바보 같은 소리를 해서는 안 된다는 등의 생각은 하지 않아야 한다.
　　• 질보다 양(Speed) : 질에는 관계없이 가능한 많은 아이디어들을 생성해내도록 격려한다.
　　• 결합과 개선(Synergy) : 다른 사람의 아이디어에 자극되어 보다 좋은 생각이 떠오르고, 서로 조합하면 재미있는 아이디어가 될 것 같은 생각이 들면 즉시 조합시킨다.

② 논리적 사고 … 사고의 전개에 있어 전후의 관계가 일치하고 있는가를 살피고 아이디어를 평가하는 사고능력이다.

　ⓐ 논리적 사고를 위한 5가지 요소 : 생각하는 습관, 상대 논리의 구조화, 구체적인 생각, 타인에 대한 이해, 설득

　ⓑ 논리적 사고 개발 방법

　　• 피라미드 구조 : 하위의 사실이나 현상부터 사고하여 상위의 주장을 만들어가는 방법

　　• so what기법 : '그래서 무엇이지?'하고 자문자답하여 주어진 정보로부터 가치 있는 정보를 이끌어내는 사고 기법

③ 비판적 사고 … 어떤 주제나 주장에 대해서 적극적으로 분석하고 종합하며 평가하는 능동적인 사고이다.

　ⓐ 비판적 사고 개발 태도 : 비판적 사고를 개발하기 위해서는 지적 호기심, 객관성, 개방성, 융통성, 지적 회의성, 지적 정직성, 체계성, 지속성, 결단성, 다른 관점에 대한 존중과 같은 태도가 요구된다.

ⓛ 비판적 사고를 위한 태도
- 문제의식 : 비판적인 사고를 위해서 가장 먼저 필요한 것은 바로 문제의식이다. 자신이 지니고 있는 문제와 목적을 확실하고 정확하게 파악하는 것이 비판적인 사고의 시작이다.
- 고정관념 타파 : 지각의 폭을 넓히는 일은 정보에 대한 개방성을 가지고 편견을 갖지 않는 것으로 고정관념을 타파하는 일이 중요하다.

(2) 문제처리능력과 문제해결절차

① 문제처리능력 … 목표와 현상을 분석하고 이를 토대로 문제를 도출하여 최적의 해결책을 찾아 실행·평가하는 능력이다.

② 문제해결절차 … 문제 인식 → 문제 도출 → 원인 분석 → 해결안 개발 → 실행 및 평가
  ㉠ 문제 인식 : 문제해결과정 중 'waht'을 결정하는 단계로 환경 분석 → 주요 과제 도출 → 과제 선정의 절차를 통해 수행된다.
  - 3C 분석 : 환경 분석 방법의 하나로 사업환경을 구성하고 있는 요소인 자사(Company), 경쟁사 (Competitor), 고객(Customer)을 분석하는 것이다.

예제 3

L사에서 주력 상품으로 밀고 있는 TV의 판매 이익이 감소하고 있는 상황에서 귀하는 B부장으로부터 3C분석을 통해 해결방안을 강구해 오라는 지시를 받았다. 다음 중 3C에 해당하지 않는 것은?

① Customer
② Company
③ Competitor
④ Content

출제의도

3C의 개념과 구성요소를 정확히 숙지하고 있는지를 측정하는 문항이다.

해 설

3C 분석에서 사업 환경을 구성하고 있는 요소인 자사(Company), 경쟁사(Competitor), 고객을 3C(Customer)라고 한다. 3C 분석에서 고객 분석에서는 '고객은 자사의 상품·서비스에 만족하고 있는지'를, 자사 분석에서는 '자사가 세운 달성목표와 현상 간에 차이가 없는지'를 경쟁사 분석에서는 '경쟁 기업의 우수한 점과 자사의 현상과 차이가 없는지'에 대한 질문을 통해서 환경을 분석하게 된다.

답 ④

- SWOT 분석 : 기업내부의 강점과 약점, 외부환경의 기회와 위협요인을 분석·평가하여 문제해결 방안을 개발하는 방법이다.

		내부환경요인	
		강점(Strengths)	약점(Weaknesses)
외부환경요인	기회 (Opportunities)	SO 내부강점과 외부기회 요인을 극대화	WO 외부기회를 이용하여 내부약점을 강점으로 전환
	위협 (Threat)	ST 외부위협을 최소화하기 위해 내부강점을 극대화	WT 내부약점과 외부위협을 최소화

ⓛ **문제 도출** : 선정된 문제를 분석하여 해결해야 할 것이 무엇인지를 명확히 하는 단계로, 문제 구조 파악→핵심 문제 선정 단계를 거쳐 수행된다.
- Logic Tree : 문제의 원인을 파고들거나 해결책을 구체화할 때 제한된 시간 안에서 넓이와 깊이를 추구하는데 도움이 되는 기술로 주요 과제를 나무모양으로 분해·정리하는 기술이다.

ⓒ **원인 분석** : 문제 도출 후 파악된 핵심 문제에 대한 분석을 통해 근본 원인을 찾는 단계로 Issue 분석→Data 분석→원인 파악의 절차로 진행된다.

ⓔ **해결안 개발** : 원인이 밝혀지면 이를 효과적으로 해결할 수 있는 다양한 해결안을 개발하고 최선의 해결안을 선택하는 것이 필요하다.

ⓜ **실행 및 평가** : 해결안 개발을 통해 만들어진 실행계획을 실제 상황에 적용하는 활동으로 실행계획 수립→실행→Follow-up의 절차로 진행된다.

예제 4

C사는 최근 국내 매출이 지속적으로 하락하고 있어 사내 분위기가 심상치 않다. 이에 대해 Y부장은 이 문제를 극복하고자 문제처리 팀을 구성하여 해결방안을 모색하도록 지시하였다. 문제처리 팀의 문제해결 절차를 올바른 순서로 나열한 것은?

① 문제 인식→원인 분석→해결안 개발→문제 도출→실행 및 평가
② 문제 도출→문제 인식→해결안 개발→원인 분석→실행 및 평가
③ 문제 인식→원인 분석→문제 도출→해결안 개발→실행 및 평가
④ 문제 인식→문제 도출→원인 분석→해결안 개발→실행 및 평가

출제의도

실제 업무 상황에서 문제가 일어났을 때 해결 절차를 알고 있는지를 측정하는 문항이다.

해 설

일반적인 문제해결절차는 '문제 인식→문제 도출→원인 분석→해결안 개발→실행 및 평가로 이루어진다.

답 ④

출제예상문제

1 갑, 을, 병, 정, 무 5명이 해외연수를 받는 순서로 가능한 경우에 해당하는 것은?

> • 병과 무가 해외연수를 받는 사이에 적어도 두 사람이 해외연수를 받는다.
> • 해외연수는 다섯 달 동안 매달 진행되며, 한 달에 한 사람만 받는다.
> • 무가 5명 중에서 가장 먼저 해외연수를 받는 것은 아니다.
> • 정이 해외연수를 받은 달은 갑이 해외연수를 받은 달과 인접하지 않는다.

① 을 – 갑 – 병 – 정 – 무
② 을 – 무 – 갑 – 정 – 병
③ 정 – 병 – 을 – 갑 – 무
④ 정 – 을 – 갑 – 병 – 무
⑤ 갑 – 정 – 을 – 무 – 병

✔해설 보기에 조건을 대입하여 하나씩 제거하면 답을 금방 찾을 수 있다.
• 병과 무가 해외연수를 받는 사이에 적어도 두 사람이 해외연수를 받는다고 하였으므로 병과 무 사이에 두 명이 존재한다.
• 한 달에 한 사람이 받으므로 겹치지는 않는다.
• 정과 갑은 인접해 있을 수 없으므로 최소 사이에 1명은 있어야 한다.

2 A, B, C, D 네 명의 수강생이 외국어 학원에서 영어, 일본어, 중국어, 러시아어를 수강하고 있다. 다음에 제시된 내용을 모두 고려하였을 경우 항상 거짓인 것은?

> • C는 한 과목만 수강하며, 한 명도 수강하지 않는 과목은 없다.
> • 남자는 세 명, 여자는 한 명이다.
> • 러시아어는 세 사람이 함께 수강해야 하며, 남자만 수강할 수 있다.
> • 중국어는 여자만 수강할 수 있다.
> • A는 남자이며, 일본어는 반드시 수강해야 한다.
> • 남자는 모두 두 과목을 수강한다.

① 한 과목은 남자 두 명이 수강하게 된다.

② D는 반드시 두 과목을 수강하게 된다.

③ B는 일본어와 러시아어를 함께 수강하고 있지 않다.

④ B와 D는 영어를 수강하지 않는다.

⑤ 러시아어를 수강하고 있는 여자는 없다.

> ✔ 해설 제시된 내용에 따라 정리를 하면
>
> | | 영어 | 일본어 | 중국어 | 러시아어 |
> |---|---|---|---|---|
> | A | × | ○ | × | ○ |
> | B | | | × | ○ |
> | C | × | × | ○ | × |
> | D | | | × | ○ |
>
> ① 영어, 일본어 둘 중 하나는 남자 두 명이 수강하게 된다.
> ② D는 남자이므로 반드시 두 과목을 수강하게 된다.
> ③ B는 영어와 러시아어를 수강하게 되면 옳은 내용이 된다.
> ④ B와 D는 영어 또는 일본어를 수강하게 되므로 틀린 내용이다.
> ⑤ 러시아어를 수강하고 있는 사람은 모두 남자다.

3 A, B, C, D, E가 서로 거주하고 있는 집에 한 번씩 방문하려고 할 때, 세 번째로 방문하는 집은 누구의 집인가?

> • A ~ E는 각각의 집에 함께 방문하며, 동시에 여러 집을 방문할 수 없다.
> • A의 집을 방문한 후에 B의 집을 방문하나, 바로 이어서 방문하는 것은 아니다.
> • D의 집을 방문한 후에 바로 C의 집을 방문한다.
> • E의 집을 A의 집보다 먼저 방문한다.

① A   ② B
③ C   ④ D
⑤ E

> ✅ **해설** 주어진 내용에 따라 정리해 보면 다음과 같음을 알 수 있다.
> A집 다음에 B집을 방문하나 이어서 방문하지 않고, D집 다음에는 바로 C집을 방문한다.
> 그리고 E집을 A집 보다 먼저 방문하므로
> E→A→D→C→B

4 다음 주어진 내용을 모두 고려하였을 때 A, B, C, D, E를 몸무게가 무거운 사람부터 나열하였을 때 C는 몇 번째에 해당하는가?

> A, B, C, D, E가 신체검사를 한 결과는 다음과 같다.
> • D는 E보다 키도 크고 몸무게도 많이 나간다.
> • A는 E보다 키는 크지만 몸무게는 적게 나간다.
> • C의 키는 E보다 작으며, A의 몸무게가 가장 적게 나가는 것은 아니다.
> • B는 A보다 몸무게가 많이 나간다.

① 첫 번째   ② 두 번째
③ 세 번째   ④ 네 번째
⑤ 다섯 번째

> ✅ **해설** 제시된 내용에 따라 정리해 보면
> 첫 번째와 두 번째 내용에 따라 D > E > A
> 세 번째 내용을 보면 A가 가장 적게 나가는 것이 아니므로 A 뒤에 C가 온다.
> 그러므로 D > E > B > A > C가 된다.

5 오 부장, 최 차장, 박 과장, 남 대리, 조 사원, 양 사원 6명은 주간회의를 진행하고 있다. 둥근 테이블에 둘러 앉아 회의를 하는 사람들의 위치가 다음과 같을 때, 조 사원의 양 옆에 위치한 사람으로 짝지어진 것은?

> • 최 차장과 남 대리는 마주보고 앉았다.
> • 박 과장은 오 부장의 옆에 앉았다.
> • 오 부장은 회의의 진행을 맡기로 하였다.
> • 남 대리는 양 사원이 앉은 기준으로 오른쪽에 앉았다.

① 양 사원, 최 차장
② 양 사원, 남 대리
③ 박 과장, 최 차장
④ 오 부장, 양 사원
⑤ 남 대리, 오 부장

✔해설 둥글게 앉은 자리를 일렬로 펼쳐 생각해 볼 수 있다.
최 차장과 남 대리가 마주보고 앉았다는 것은 이 두 사람을 기준으로 양쪽으로 두 개의 자리씩 있다는 것이 된다. 또한 오 부장과 박 과장이 나란히 앉아 있으므로 오 부장과 박 과장은 최 차장과 남 대리가 둘로 가른 양쪽 중 어느 한쪽을 차지하고 앉아 있게 된다.
남 대리가 양 사원의 오른쪽에 앉았다고 했으므로 양 사원의 왼쪽은 남은 조 사원이 앉게 되는 경우만 있게 됨을 알 수 있다. 따라서 오 부장과 박 과장의 정확한 자리만 결정되지 않았으며, 이를 오 부장을 중심으로 시계 방향으로 순서대로 정리하면, 오 부장-박 과장-남 대리-양 사원-조 사원-최 차장의 순서 또는 오 부장-남 대리-양 사원-조 사원-최 차장-박 과장의 순서가 됨을 알 수 있다. 결국 조 사원의 양 옆에는 두 가지 경우에 모두 양 사원과 최 차장이 앉아 있게 된다.

Answer 3.④ 4.⑤ 5.①

6 홍보팀에서는 신입사원 6명(A, B, C, D, E, F)을 선배 직원 3명(갑, 을, 병)이 각각 2명씩 맡아 문서작성 및 결재 요령에 대하여 1주일 간 교육을 실시하고 있다. 다음 조건을 만족할 때, 신입사원과 교육을 담당한 선배 직원의 연결에 대한 설명이 올바른 것은?

> • B와 F는 같은 조이다.
> • 갑은 A에게 문서작성 요령을 가르쳐 주었다.
> • 을은 C와 F에게 문서작성 및 결재 요령에 대하여 가르쳐 주지 않았다.

① 병은 A를 교육한다.

② D는 을에게 교육을 받지 않는다.

③ C는 갑에게 교육을 받는다.

④ 을은 C를 교육한다.

⑤ 갑과 병 중에 E를 교육하는 사람이 있다.

✔ **해설** 주어진 조건에서 확정 조건은 다음과 같다.

B, F	A, ( )	C, D, E 중 2명
( )	갑	( )

그런데 세 번째 조건에서 을은 C와 F에게 교육을 하지 않았다고 하였으므로 F가 있는 조와 이미 갑이 교육을 하는 조를 맡지 않은 것이 된다. 따라서 맨 오른쪽은 을이 되어야 하고 남는 한 조인 B, F조는 병이 될 수밖에 없다. 또한 이 경우, 을이 C를 교육하지 않았다고 하였으므로 을의 조는 D와 E가 남게 되며, C는 A와 한 조가 되어 결국 다음과 같이 정리될 수 있다.

B, F	A, C	D, E
병	갑	을

따라서 선택지 ③에서 설명된 'C는 갑에게 교육을 받는다.'가 정답이 된다.

7 다음 내용을 근거로 판단할 때 참말을 한 사람은 누구인가?

A 동아리 학생 5명은 각각 B 동아리 학생들과 30회씩 가위바위보 게임을 하였다. 각 게임에서 이길 경우 5점, 비길 경우 1점, 질 경우 −1점을 받는다. 게임이 모두 끝나자 A 동아리 학생 5명은 자신들이 얻은 합산 점수를 다음과 같이 말하였다.

• 갑 : 내 점수는 148점이다.
• 을 : 내 점수는 145점이다.
• 병 : 내 점수는 143점이다.
• 정 : 내 점수는 140점이다.
• 무 : 내 점수는 139점이다.

이들 중 한 명만 참말을 하고 있다.

① 갑   ② 을
③ 병   ④ 정
⑤ 무

✔해설 가위바위보를 해서 모두 이기면 $30 \times 5 = 150$점이 된다.
여기서 한 번 비기면 총점에서 4점이 줄고, 한 번 지면 총점에서 6점이 줄어든다.
만약 29번 이기고 1번 지게 되면 $(29 \times 5) + (-1) = 144$점이 된다.
즉, 150점에서 −6, 또는 −4를 통해서 나올 수 있는 점수를 가진 사람만이 참말을 하는 것이다. 정의 점수 140점은 1번 지고, 1번 비길 경우 나올 수 있다. $(28 \times 5) + 1 - 1 = 140$

8 다음은 H기업의 채용 시험에 응시한 최종 6명의 평가 결과를 나타낸 자료이다. 다음 중 응시자 A와 D의 면접 점수가 동일하며, 6명의 면접 평균 점수가 17.5점일 경우, 최종 채용자 2명 중 어느 한 명이라도 변경될 수 있는 조건으로 올바른 설명은 어느 것인가?

〈평가 결과표〉

분야 \ 응시자	어학	컴퓨터	실무	NCS	면접	평균
A	( )	14	13	15	( )	( )
B	12	14	( )	10	14	12.0
C	10	12	9	( )	18	11.8
D	14	14	( )	17	( )	( )
E	( )	20	19	17	19	18.6
F	10	( )	16	( )	16	( )
계	80	( )	( )	84	( )	( )
평균	( )	14.5	14.5	( )	( )	( )

※ 평균 점수가 높은 두 명을 최종 채용자로 결정함

① E의 '컴퓨터' 점수가 5점 낮아질 경우
② A의 '실무' 점수가 최고점, D의 '실무' 점수가 13점일 경우
③ F의 '어학' 점수가 최고점일 경우
④ B의 '실무'와 'NCS' 점수가 모두 최고점일 경우
⑤ C의 '실무' 점수가 최고점일 경우

✔해설 A와 D의 면접 점수(x로 치환)가 동일하므로 $14 + 18 + 19 + 16 + 2x = 17.5 \times 6 = 105$가 된다. 따라서 A와 D의 면접 점수는 19점이 된다. 이를 통해 문제의 표를 정리하면 다음과 같다.

분야 \ 응시자	어학	컴퓨터	실무	NCS	면접	평균
A	16	14	13	15	19	15.4
B	12	14	10	10	14	12.0
C	10	12	9	10	18	11.8
D	14	14	20	17	19	16.8
E	18	20	19	17	19	18.6
F	10	13	16	15	16	14
계	80	87	87	84	105	88.6
평균	13.3	14.5	14.5	14	17.5	14.8

따라서 2명의 최종 채용자는 D와 E가 된다. 그러므로 ②와 같은 조건의 경우에는 A와 D의 평균 점수가 각각 16.8점과 15.4점이 되어 최종 채용자가 A와 E로 바뀌게 된다.

① E의 평균 점수가 17.6점이 되어 여전히 1위의 성적이므로 채용자는 변경되지 않는다.
③ F의 평균 점수가 16점이 되므로 채용자는 변경되지 않는다.
④ B의 평균 점수가 16점이 되므로 채용자는 변경되지 않는다.
⑤ C의 평균 점수가 14점이 되므로 채용자는 변경되지 않는다.

9 갑사, 을사, 병사는 A, B, C 3개 운동 종목에 대한 3사 간의 경기를 실시하였으며, 결과는 다음 표와 같다. 이에 대한 설명으로 올바르지 않은 것은? (단, 무승부인 경기는 없다고 가정한다)

구분	갑	을	병
A 종목	4승 6패	7승 3패	4승 6패
B 종목	7승 3패	2승 8패	6승 4패
C 종목	5승 5패	3승 7패	7승 3패

① 갑사가 병사로부터 거둔 A 종목 경기 승수가 1승뿐이었다면 을사는 병사에 압도적인 우세를 보였다.
② 을사의 B 종목 경기 8패가 나머지 두 회사와의 경기에서 절반씩 거둔 결과라면 갑사와 병사의 상대 전적은 갑사가 더 우세하다.
③ 갑사가 세 종목에서 거둔 승수 중 을사와 병사로부터 각각 적어도 2승 이상씩을 거두었다면, 적어도 을사는 병사보다 A 종목의, 병사는 을사보다 C 종목의 상대 전적이 더 우세하다.
④ 갑사는 C 종목에서 을사, 병사와의 상대 전적이 동일하여 우열을 가릴 수 없다.
⑤ 승과 패에 부여된 승점이 세 종목 모두 동일하다면 세 종목 전체의 성적은 병사, 갑사, 을사 순으로 높다.

✔해설 3개 회사는 각 종목 당 다른 회사와 5번씩 경기를 가졌으며 이에 따른 승수와 패수의 합은 항상 10이 된다. 갑사가 C 종목에서 거둔 5승과 5패는 어느 팀으로부터 거둔 것인지 알 수 있는 근거가 없어 을사, 병사와 상대 전적이 동일하다고 말할 수 없다. 또한, 특정 팀과 5회 경기를 하여 무승부인 결과는 없는 것이므로 상대 전적이 동일한 두 팀이 생길 수는 없다.
① 병사의 6패 중 나머지 5패를 을사로부터 당한 것이 된다. 따라서 을사와의 전적은 0승 5패의 압도적 인 결과가 된다.
② 갑사와 병사의 승수 중 각각 4승씩을 제외한 나머지 승수가 상대방으로부터 거둔 승수가 된다. 따라 서 갑사는 병사로부터 3승을, 병사는 갑사로부터 2승을 거둔 것이 되어 갑사의 상대 전적이 병사보 다 더 우세하게 된다.
③ 을사의 A 종목 3패 중 적어도 2패 이상이 갑사에게 당한 것이 되고 나머지 패수가 병사에게 당한 것이 되므로 을사는 병사보다 A 종목의 상대 전적이 더 우세하다. 이와 같은 논리로 살펴보면 병사 의 C 종목 3패 중 1패 또는 0패가 을사와의 경기 결과가 되어 병사는 을사보다 C 종목 상대 전적이 더 우세하게 된다.
⑤ 승과 패에 대하여 부여되는 승점이 세 종목 모두 동일하므로 승수와 패수의 합을 단순 비교하여 순위 를 결정할 수 있다. 따라서 17승 13패를 거둔 병사가 가장 높은 성적을 거두었으며 2위는 16승 14패 를 거둔 갑사, 가장 낮은 성적을 거둔 을사는 12승 18패가 된다.

Answer 8.② 9.④

▌10 ~ 11▐ 다음 SWOT 분석에 대한 설명과 사례를 보고 이어지는 물음에 답하시오.

〈SWOT 분석방법〉

구분		내부환경요인	
		강점 (Strengths)	약점 (Weaknesses)
외부 환경요인	기회 (Opportunities)	SO 내부강점과 외부기회 요인을 극대화	WO 외부기회를 이용하여 내부약점을 강점으로 전환
	위협 (Threats)	ST 강점을 이용한 외부환경 위협의 대응 및 전략	WT 내부약점과 외부위협을 최소화

〈사례〉

S	편의점 운영 노하우 및 경험 보유, 핵심 제품 유통채널 차별화로 인해 가격 경쟁력 있는 제품 판매 가능
W	아르바이트 직원 확보 어려움, 야간 및 휴일 등 시간에 타 지역 대비 지역주민 이동이 적어 매출 증가 어려움
O	주변에 편의점 개수가 적어 기본 고객 확보 가능, 매장 앞 휴게 공간 확보로 소비 유발 효과 기대
T	지역주민의 생활패턴에 따른 편의점 이용률 저조, 근거리에 대형 마트 입점 예정으로 매출 급감 우려 존재

10 다음 중 위의 SWOT 분석방법을 올바르게 설명하지 못한 것은?

① 외부환경요인 분석 시에는 자신을 제외한 모든 것에 대한 요인을 기술하여야 한다.

② 구체적인 요인부터 시작하여 점차 객관적이고 상식적인 내용으로 기술한다.

③ 같은 데이터도 자신에게 미치는 영향에 따라 기회요인과 위협요인으로 나뉠 수 있다.

④ 외부환경요인 분석에는 SCEPTIC 체크리스트가, 내부환경요인 분석에는 MMMITI 체크리스트가 활용될 수 있다.

⑤ 내부환경 요인은 경쟁자와 비교한 나의 강점과 약점을 분석하는 것이다.

> ✔해설 외부환경요인 분석은 언론매체, 개인 정보망 등을 통하여 입수한 상식적인 세상의 변화 내용을 시작으로 당사자에게 미치는 영향을 순서대로, 점차 구체화하는 것이다. 내부환경과 외부환경을 구분하는 기준은 '나', '나의 사업', '나의 회사' 등 환경 분석 주체에 직접적인 관련성이 있는지 여부가 된다. 대내외적인 환경을 분석하기 위하여 이를 적절하게 구분하는 것이 매우 중요한 요소가 된다.

11 다음 중 위의 SWOT 분석 사례에 따른 전략으로 적절하지 않은 것은?

① 가족들이 남는 시간을 투자하여 인력 수급 및 인건비 절감을 도모하는 것은 WT 전략으로 볼 수 있다.

② 저렴한 제품을 공급하여 대형 마트 등과의 경쟁을 극복하고자 하는 것은 SW 전략으로 볼 수 있다.

③ 다년간의 경험을 활용하여 지역 내 편의점 이용 환경을 더욱 극대화시킬 수 있는 방안을 연구하는 것은 SO 전략으로 볼 수 있다.

④ 매장 앞 공간을 쉼터로 활용해 지역 주민 이동 시 소비를 유발하도록 하는 것은 WO 전략으로 볼 수 있다.

⑤ 고객 유치 노하우를 바탕으로 사은품 등 적극적인 홍보활동을 통해 편의점 이용에 대한 필요성을 부각시키는 것은 ST 전략으로 볼 수 있다.

> ✔해설 저렴한 제품을 공급하는 것은 자사의 강점(S)이며, 이를 통해 외부의 위협요인인 대형 마트와의 경쟁(T)에 대응하는 것은 ST 전략이 된다.
> ① 직원 확보 문제 해결과 매출 감소에 대응하는 인건비 절감 등의 효과를 거둘 수 있어 약점과 위협요인을 최소화하는 WT 전략이 된다.
> ③ 자사의 강점과 외부환경의 기회 요인을 이용한 SO 전략이 된다.
> ④ 자사의 기회요인인 매장 앞 공간을 이용해 지역 주민 이동 시 쉼터를 이용할 수 있도록 활용하는 것은 매출 증대에 기여할 수 있으므로 WO 전략이 된다.
> ⑤ 고객 유치 노하우는 자사의 강점을 이용한 것이며, 이를 통해 편의점 이용률을 제고하는 것은 위협요인을 제거하는 것이 되므로 ST 전략이 된다.

12 영업부서에서는 주말을 이용해 1박 2일의 워크숍을 다녀올 계획이며, 워크숍 장소로 선정된 N연수원에서는 다음과 같은 시설 이용료와 식사에 대한 견적서를 보내왔다. 다음 내용을 참고할 때, 250만 원의 예산으로 주문할 수 있는 저녁 메뉴가 될 수 없는 것은?

〈N연수원 워크숍 견적서〉

- 참석 인원 : 총 35명(회의실과 운동장 추가 사용 예정)
- 숙박요금 : 2인실 기준 50,000원/룸(모두 2인실 사용)
- 회의실 : 250,000원/40인 수용
- 운동장 : 130,000원
- 1층 식당 석식 메뉴

식사류	설렁탕	7,000원	1인분
	낙지볶음	8,000원	
	비빔밥	6,500원	
안주류	삼겹살	10,000원	1인분
	골뱅이 무침	9,000원	2인분
	마른안주	11,000원	3인 기준
	과일안주	12,000원	3인 기준
주류	맥주	4,500원	1병
	소주	3,500원	1병

① 낙지볶음 30인분과 설렁탕 5인분, 삼겹살 55인분과 마른안주 10개, 맥주와 소주 각각 40병
② 식사류 1인분씩과 삼겹살 60인분, 맥주와 소주 각각 30병
③ 삼겹살 60인분과 마른안주, 과일안주 각각 12개, 맥주와 소주 각각 30병
④ 식사류 1인분씩과 삼겹살 60인분, 골뱅이 무침 10개와 맥주 50병
⑤ 식사류 25인분과 삼겹살 50인분, 과일안주 15개와 맥주 30병

✔ **해설** 35명이므로 2인실을 이용할 경우 총 18개의 방이 필요하게 된다. 또한 회의실과 운동장을 사용하게 되므로 식사를 제외한 총 소요비용은 900,000 + 250,000 + 130,000 = 1,280,000원이 되어 식사비용으로 총 1,220,000원을 사용할 수 있다.
따라서 낙지볶음 30인분과 설렁탕 5인분, 삼겹살 55인분과 마른안주 10개, 맥주와 소주 각각 40병은 240,000 + 35,000 + 500,000 + 110,000 + 180,000 + 140,000 = 1,255,000원이 되어 예산을 초과하게 된다.
② 삼겹살 60인분과 맥주, 소주 각각 30병은 740,000원이 되므로 식사류 어느 메뉴를 주문해도 예산을 초과하지 않게 된다.
③ 600,000 + 132,000 + 144,000 + 135,000 + 105,000 = 1,116,000원이 되어 주문이 가능하다.
④ 삼겹살 60인분, 골뱅이 무침 10개와 맥주 50병은 915,000원이므로 역시 식사류 어느 것을 주문해도 예산을 초과하지 않게 된다.
⑤ 삼겹살 50인분, 과일안주 15개와 맥주 30병은 총 815,000원으로, 25인분의 식사 메뉴와 관계없이 주문이 가능하다.

13 김 과장은 다음 달로 예정되어 있는 해외 출장 일정을 확정하려 한다. 다음 상황의 조건을 만족할 경우 김 과장의 출장 일정에 대한 설명으로 올바른 것은 어느 것인가?

> 김 과장은 다음 달 3박 4일 간의 해외 출장이 계획되어 있다. 회사에서는 출발일과 복귀일에 업무 손실을 최소화할 수 있도록 가급적 평일에 복귀하도록 권장하고 있고, 출장 기간에 토요일과 일요일이 모두 포함되는 일정은 지양하도록 요구한다. 이번 출장에서는 매우 중요한 계약 건이 이루어져야 하기 때문에 김 과장은 출장 복귀 바로 다음 날 출장 결과 보고를 하고자 한다. 다음 달의 첫째 날은 금요일이며 마지막 주 수요일과 13일은 김 과장이 빠질 수 없는 회사 업무 일정이 잡혀 있다.

① 금요일에 출장을 떠나는 일정도 가능하다.
② 김 과장은 월요일이나 화요일에 출장 결과 보고를 할 수 있다.
③ 김 과장이 출발일로 잡을 수 있는 날짜는 모두 4개이다.
④ 김 과장은 마지막 주에 출장을 가게 될 수도 있다.
⑤ 다음 달 15일 이후가 이전보다 출발 가능한 일수가 더 많다.

✔ 해설 다음 달의 첫째 날이 금요일이므로 아래와 같은 달력을 그려 볼 수 있다.

일	월	화	수	목	금	토
					1	2
3	4	5	6	7	8	9
10	11	12	13	14	15	16
17	18	19	20	21	22	23
24	25	26	27	28	29	30

3박 4일 일정이므로 평일에 복귀해야 하며 주말이 모두 포함되는 일정을 피하기 위해서는 출발일이 일, 월, 화요일이어야 한다. 또한 출장 결과 보고를 위해서는 금요일에 복귀하게 되는 화요일 출발 일정도 불가능하다. 따라서 일요일과 월요일에만 출발이 가능하다. 그런데 27일과 13일이 출장 일정에 포함될 수 없으므로 10, 11, 24, 25일은 제외된다. 따라서 3, 4, 17, 18일에 출발하는 4가지 일정이 가능하다.
⑤ 출발 가능한 일수는 15일 기준으로 이전과 이후에 동일하게 이틀씩이다.

14 다음 글의 내용과 날씨를 근거로 판단할 경우 甲이 여행을 다녀온 시기로 가능한 것은?

〈내용〉

• 甲은 선박으로 '포항 → 울릉도 → 독도 → 울릉도 → 포항' 순으로 3박 4일의 여행을 다녀왔다.
• '포항 → 울릉도' 선박은 매일 오전 10시, '울릉도 → 포항' 선박은 매일 오후 3시에 출발하며, 편도 운항에 3시간이 소요된다.
• 울릉도에서 출발해 독도를 돌아보는 선박은 매주 화요일과 목요일 오전 8시에 출발하여 당일 오전 11시에 돌아온다.
• 최대 파고가 3m 이상인 날은 모든 노선의 선박이 운항되지 않는다.
• 甲은 매주 금요일에 술을 마시는데, 술을 마신 다음날은 멀미가 심해 선박을 탈 수 없다.
• 이번 여행 중 甲은 울릉도에서 호박엿 만들기 체험을 했는데, 호박엿 만들기 체험은 매주 월·금요일 오후 6시에만 할 수 있다.

〈날씨〉

(⟨파⟩ : 최대 파고)

日	月	火	水	木	金	土
16	17	18	19	20	21	22
⟨파⟩ 1.0m	⟨파⟩ 1.4m	⟨파⟩ 3.2m	⟨파⟩ 2.7m	⟨파⟩ 2.8m	⟨파⟩ 3.7m	⟨파⟩ 2.0m
23	24	25	26	27	28	29
⟨파⟩ 0.7m	⟨파⟩ 3.3m	⟨파⟩ 2.8m	⟨파⟩ 2.7m	⟨파⟩ 0.5m	⟨파⟩ 3.7m	⟨파⟩ 3.3m

① 19일(水) ~ 22일(土)

② 20일(木) ~ 23일(日)

③ 23일(日) ~ 26일(水)

④ 25일(火) ~ 28일(金)

⑤ 26일(水) ~ 29일(土)

✔해설 ① 19일 수요일 오후 1시 울릉도 도착, 20일 목요일 독도 방문, 22일 토요일은 복귀하는 날인데 甲은 매주 금요일에 술을 마시므로 멀미로 인해 선박을 이용하지 못한다. 또한 금요일 오후 6시 호박엿 만들기 체험도 해야 한다.
② 20일 목요일 오후 1시 울릉도 도착, 독도는 화요일과 목요일만 출발하므로 불가능
③ 23일 일요일 오후 1시 울릉도 도착, 24일 월요일 호박엿 만들기 체험, 25일 화요일 독도 방문, 26일 수요일 포항 도착
④ 25일 화요일 오후 1시 울릉도 도착, 27일 목요일 독도 방문, 28일 금요일 호박엿 만들기 체험은 오후 6시인데, 복귀하는 선박은 오후 3시 출발이라 불가능
⑤ 26일 수요일 오후 1시 울릉도 도착, 27일 목요일 독도 방문, 28일 금요일 호박엿 만들기 체험, 매주 금요일은 술을 마시므로 다음날 선박을 이용하지 못하며, 29일은 파고가 3m를 넘어 선박이 운항하지 않아 불가능

15 영식이는 자신의 업무에 필요하다고 생각하여 국제인재개발원에서 수강할 과목을 선택하려고 한다. 영식이가 선택할 과목에 대해 주변의 지인 A ~ E가 다음과 같이 진술하였는데 이 중 한 사람의 진술을 거짓이고 나머지 사람들의 진술은 모두 참인 것으로 밝혀졌다. 영식이가 반드시 수강할 과목만으로 바르게 짝지어진 것은?

> • A : 영어를 수강할 경우 중국어도 수강한다.
> • B : 영어를 수강하지 않을 경우, 일본어도 수강하지 않는다.
> • C : 영어와 중국어 중 적어도 하나를 수강한다.
> • D : 일본어를 수강할 경우에만 중국어를 수강한다.
> • E : 일본어를 수강하지만 영어는 수강하지 않는다.

① 일본어

② 영어

③ 일본어, 중국어

④ 일본어, 영어

⑤ 일본어, 영어, 중국어

 • A : 영어 → 중국어
- B : ~영어 → ~일본어, 일본어 → 영어
- C : 영어 또는 중국어
- D : 일본어 ↔ 중국어
- E : 일본어
- ㉠ B는 참이고 E는 거짓인 경우
  - 영어와 중국어 중 하나는 반드시 수강한다(C).
  - 영어를 수강할 경우 중국어를 수강(A), 일본어를 수강(D)
  - 중국어를 수강할 경우 일본어를 수강(D), 영어를 수강(E는 거짓이므로) → 중국어도 수강(A)
  - 그러므로 B가 참인 경우 일본어, 중국어, 영어 수강
- ㉡ B가 거짓이고 E가 참인 경우
  - 일본어를 수강하고 영어를 수강하지 않으므로(E) 반드시 중국어를 수강한다(C)
  - 중국어를 수강하므로 일본어를 수강한다(D)
  - 그러므로 E가 참인 경우 일본어, 중국어 수강
  - 영식이가 반드시 수강할 과목은 일본어, 중국어이다.

16 다음 글을 근거로 유추할 경우 옳은 내용만을 바르게 짝지은 것은?

- 9명의 참가자는 1번부터 9번까지의 번호 중 하나를 부여 받고, 동시에 제비를 뽑아 3명은 범인, 6명은 시민이 된다.
- '1번의 오른쪽은 2번, 2번의 오른쪽은 3번, …, 8번의 오른쪽은 9번, 9번의 오른쪽은 1번'과 같이 번호 순서대로 동그랗게 앉는다.
- 참가자는 본인과 바로 양 옆에 앉은 사람이 범인인지 시민인지 알 수 있다.
- "옆에 범인이 있다."라는 말은 바로 양 옆에 앉은 2명 중 1명 혹은 2명이 범인이라는 뜻이다.
- "옆에 범인이 없다."라는 말은 바로 양 옆에 앉은 2명 모두 범인이 아니라는 뜻이다.
- 범인은 거짓말만 하고, 시민은 참말만 한다.

ⓐ 1, 4, 6, 7, 8번의 진술이 "옆에 범인이 있다."이고, 2, 3, 5, 9번의 진술이 "옆에 범인이 없다." 일 때, 8번이 시민임을 알면 범인들을 모두 찾아낼 수 있다.
ⓑ 만약 모두가 "옆에 범인이 있다."라고 진술한 경우, 범인이 부여받은 번호의 조합은 (1, 4, 7) / (2, 5, 8) / (3, 6, 9) 3가지이다.
ⓒ 한 명만이 "옆에 범인이 없다."라고 진술한 경우는 없다.

① ⓑ
② ⓒ
③ ⓐⓑ
④ ⓐⓒ
⑤ ⓐⓑⓒ

✔ **해설** ⓐ "옆에 범인이 있다."고 진술한 경우를 ○, "옆에 범인이 없다."고 진술한 경우를 ×라고 하면

1	2	3	4	5	6	7	8	9
○	×	×	○	×	○	○	○	×
							시민	

- 9번이 범인이라고 가정
9번은 "옆에 범인이 없다.'고 진술하였으므로 8번과 1번 중에 범인이 있어야 한다. 그러나 8번이 시민이므로 1번이 범인이 된다. 1번은 "옆에 범인이 있다."라고 진술하였으므로 2번과 9번에 범인이 없어야 한다. 그러나 9번이 범인이므로 모순이 되어 9번은 범인일 수 없다.
- 9번이 시민이라고 가정
9번은 "옆에 범인이 없다."라고 진술하였으므로 1번도 시민이 된다. 1번은 "옆에 범인이 있다."라고 진술하였으므로 2번은 범인이 된다. 2번은 "옆에 범인이 없다."라고 진술하였으므로 3번도 범인이 된다. 8번은 시민인데 "옆에 범인이 있다."라고 진술하였으므로 9번은 시민이므로 7번은 범인이 된다. 그러므로 범인은 2, 3, 7번이고 나머지는 모두 시민이 된다.
ⓑ 모두가 "옆에 범인이 있다."라고 진술하면 시민 2명, 범인 1명의 순으로 반복해서 배치되므로 옳은 설명이다.

© 다음과 같은 경우가 있음으로 틀린 설명이다.

1	2	3	4	5	6	7	8	9
○	○	○	○	○	○	○	×	○
범인	시민	시민	범인	시민	범인	시민	시민	시민

17 다음 주어진 조건을 모두 고려했을 때 옳은 것은?

〈조건〉
- A, B, C, D, E의 월급은 각각 10만 원, 20만 원, 30만 원, 40만 원, 50만 원 중 하나이다.
- A의 월급은 C의 월급보다 많고, E의 월급보다는 적다.
- D의 월급은 B의 월급보다 많고, A의 월급도 B의 월급보다 많다.
- C의 월급은 B의 월급보다 많고, D의 월급보다는 적다.
- D는 가장 많은 월급을 받지는 않는다.

① 월급이 세 번째로 많은 사람은 A이다.
② E와 C의 월급은 20만 원 차이가 난다.
③ B와 E의 월급의 합은 A와 C의 월급의 합보다 많다.
④ 월급이 제일 많은 사람은 E이다.
⑤ 월급이 가장 적은 사람은 C이다.

✔해설 두 번째 조건을 부등호로 나타내면, C < A < E
세 번째 조건을 부등호로 나타내면, B < D, B < A
네 번째 조건을 부등호로 나타내면, B < C < D
다섯 번째 조건에 의해 다음과 같이 정리할 수 있다.
∴ B < C < D, A < E
① 주어진 조건만으로는 세 번째로 월급이 많은 사람이 A인지, D인지 알 수 없다.
② B < C < D, A < E이므로 월급이 가장 많은 E는 월급을 50만 원을 받고, A와 D는 각각 40만 원 또는 30만 원을 받으며, C는 20만 원을, B는 10만 원을 받는다. E와 C의 월급은 30만 원 차이가 난다.
③ B의 월급은 10만 원, E의 월급은 50만 원이므로 합하면 60만 원이다.
C의 월급은 20만 원을 받지만, A는 40만 원을 받는지 30만 원을 받는지 알 수 없으므로 B와 E의 월급의 합은 A와 C의 월급의 합보다 많을 수도 있고, 같을 수도 있다.
⑤ 월급이 가장 적은 사람은 B이다.

18 다음은 '갑'지역의 친환경농산물 인증심사에 대한 자료이다. 2022년부터 인증심사원 1인당 연간 심사할 수 있는 농가수가 상근직은 400호, 비상근직은 250호를 넘지 못하도록 규정이 바뀐다고 할 때, 〈조건〉을 근거로 예측한 내용 중 옳지 않은 것은?

〈2021년 '갑' 지역의 인증기관별 인증현황〉

(단위 : 호, 명)

인증기관	심사 농가수	승인 농가수	인증심사원		
			상근	비상근	합
A	2,540	542	4	2	6
B	2,120	704	2	3	5
C	1,570	370	4	3	7
D	1,878	840	1	2	3
계	8,108	2,456	11	10	21

※ 1) 인증심사원은 인증기관 간 이동이 불가능하고 추가고용을 제외한 인원변동은 없음
 2) 각 인증기관은 추가 고용 시 최소인원만 고용함

〈조건〉
• 인증기관의 수입은 인증수수료가 전부이고, 비용은 인증심사원의 인건비가 전부라고 가정한다.
• 인증수수료 : 승인농가 1호당 10만 원
• 인증심사원의 인건비는 상근직 연 1,800만 원, 비상근직 연 1,200만 원이다.
• 인증기관별 심사 농가수, 승인 농가수, 인증심사원 인건비, 인증수수료는 2021년과 2022년에 동일하다.

① 2021년에 인증기관 B의 수수료 수입은 인증심사원 인건비보다 적다.
② 2022년 인증기관 A가 추가로 고용해야 하는 인증심사원은 최소 2명이다.
③ 인증기관 D가 2022년에 추가로 고용해야 하는 인증심사원을 모두 상근으로 충당한다면 적자이다.
④ 만약 정부가 '갑'지역에 2021년 추가로 필요한 인증심사원을 모두 상근으로 고용하게 하고 추가로 고용되는 상근 심사원 1인당 보조금을 연 600만 원씩 지급한다면 보조금 액수는 연간 5,000만 원 이상이다.
⑤ 인증기관 C는 인증심사원을 추가로 고용할 필요가 없다.

✔ 해설 A지역에는 (4 × 400호)+(2 × 250호) = 2,100이므로 440개의 심사 농가 수에 추가의 인증심사원이 필요하다. 그런데 모두 상근으로 고용할 것이고 400호 이상을 심사할 수 없으므로 추가로 2명의 인증심사원이 필요하다. 그리고 같은 원리로 B지역도 2명, D지역에서는 3명의 추가의 상근 인증심사원이 필요하다. 따라서 총 7명을 고용해야 하며 1인당 지급되는 보조금이 연간 600만 원이라고 했으므로 보조금 액수는 4,200만 원이 된다.

19 갑, 을, 병, 정, 무 다섯 사람은 일요일부터 목요일까지 5일 동안 각각 이틀 이상 아르바이트를 한다. 다음 조건을 모두 충족시켜야 할 때, 다음 중 항상 옳지 않은 것은?

> ㉠ 가장 적은 수가 아르바이트를 하는 요일은 수요일뿐이다.
> ㉡ 갑은 3일 이상 아르바이트를 하는데 병이 아르바이트를 하는 날에는 쉰다.
> ㉢ 을과 정 두 사람만이 아르바이트 일수가 같다.
> ㉣ 병은 평일에만 아르바이트를 하며, 연속으로 이틀 동안만 한다.
> ㉤ 무는 항상 갑이나 병과 같은 요일에 함께 아르바이트를 한다.

① 어느 요일이든 아르바이트 인원수는 확정된다.

② 갑과 을, 병과 정의 아르바이트 일수를 합한 값은 같다.

③ 두 사람만이 아르바이트를 하는 요일이 확정된다.

④ 어떤 요일이든 아르바이트를 하는 인원수는 짝수이다.

⑤ 일요일에 아르바이트를 하는 사람은 항상 같다.

✔해설 아르바이트 일수가 갑은 3일, 병은 2일임을 알 수 있다. 무는 갑이나 병이 아르바이트를 하는 날 항상 함께 한다고 했으므로 5일 내내 아르바이트를 하게 된다. 을과 정은 일, 월, 화, 목 4일간 아르바이트를 하게 된다. 병에 따라 갑이 아르바이트를 하는 요일이 달라지므로 아르바이트 하는 요일이 확정되는 사람은 세 명이다.

① 수요일에는 2명, 나머지 요일에는 4명으로 인원수는 확정된다.

② 갑은 3일, 을은 4일, 병은 2일, 무는 5일 이므로 갑과 을, 병과 정의 아르바이트 일수를 합한 값은 7로 같다.

④ 일별 인원수는 4명 또는 2명으로 모두 짝수이다.

⑤ 일요일에는 갑, 을, 정, 무 네 명으로 어느 경우에도 같다.

20 다음은 영업사원인 윤석 씨가 오늘 미팅해야 할 거래처 직원들과 방문해야 할 업체에 관한 정보이다. 다음의 정보를 모두 반영하여 하루의 일정을 짠다고 할 때 순서가 올바르게 배열된 것은? (단, 장소 간 이동 시간은 없는 것으로 가정한다)

〈거래처 직원들의 요구 사항〉

• A거래처 과장 : 회사 내부 일정으로 인해 미팅은 10시 ~ 12시 또는 16 ~ 18시까지 2시간 정도 가능합니다.

• B거래처 대리 : 12시부터 점심식사를 하거나, 18시부터 저녁식사를 하시죠. 시간은 2시간이면 될 것 같습니다.

• C거래처 사원 : 외근이 잡혀서 오전 9시부터 10시까지 1시간만 가능합니다.

• D거래처 부장 : 외부 일정으로 18시부터 저녁식사만 가능합니다.

〈방문해야 할 장소와 가능 시간〉

• E서점 : 14 ~ 18시, 소요 시간은 2시간

• F은행 : 12 ~ 16시, 소요 시간은 1시간

• G미술관 관람 : 하루 3회(10시, 13시, 15시), 소요 시간은 1시간

---

① C거래처 사원 – A거래처 과장 – B거래처 대리 – E서점 – G미술관 – F은행 – D거래처 부장

② C거래처 사원 – A거래처 과장 – F은행 – B거래처 대리 – G미술관 – E서점 – D거래처 부장

③ C거래처 사원 – G미술관 – F은행 – B거래처 대리 – E서점 – A거래처 과장 – D거래처 부장

④ C거래처 사원 – A거래처 과장 – B거래처 대리 – F은행 – G미술관 – E서점 – D거래처 부장

⑤ C거래처 사원 – A거래처 과장 – G미술관 – B거래처 대리 – F은행 – E서점 – D거래처 부장

✔ 해설 C거래처 사원(9시 ~ 10시) – A거래처 과장(10시 ~ 12시) – B거래처 대리(12시 ~ 14시) – F은행(14시 ~ 15시) – G미술관(15시 ~ 16시) – E서점(16 ~ 18시) – D거래처 부장(18시 ~)

① E서점까지 들리면 16시가 되는데, 그 이후에 G미술관을 관람할 수 없다.

② F은행까지 들리면 13시가 되는데, B거래처 대리 약속은 18시에 가능하다.

③ G미술관 관람을 마치고 나면 11시가 되는데 F은행은 12시에 가야 한다. 1시간 기다려서 F은행 일이 끝나면 13시가 되는데, B거래처 대리 약속은 18시에 가능하다.

⑤ A거래처 과장을 만나고 나면 1시간 기다려서 G미술관 관람을 하여야 하며, 관람을 마치면 14시가 되어 B거래처 대리를 18시에 만나게 될 수밖에 없는데 그렇게 되면 D거래처 부장은 만날 수 없다.

21 다음의 내용에 따라 두 번의 재배정을 한 결과, 병이 홍보팀에서 수습 중이다. 다른 신입사원과 최종 수습부서를 바르게 연결한 것은?

> 신입사원을 뽑아서 1년 동안의 수습 기간을 거치게 한 후, 정식사원으로 임명을 하는 한 회사가 있다. 그 회사는 올해 신입사원으로 2명의 여자 직원 갑과 을, 그리고 2명의 남자 직원 병과 정을 뽑았다. 처음 4개월의 수습기간 동안 갑은 기획팀에서, 을은 영업팀에서, 병은 총무팀에서, 정은 홍보팀에서 각각 근무하였다. 그 후 8개월 동안 두 번의 재배정을 통해서 신입사원들은 다른 부서에서도 수습 중이다. 재배정할 때마다 다음의 세 원칙 중 한 가지 원칙만 적용되었고, 같은 원칙은 다시 적용되지 않았다.

> 〈원칙〉
> 1. 기획팀에서 수습을 거친 사람과 총무팀에서 수습을 거친 사람은 서로 교체해야 하고, 영업팀에서 수습을 거친 사람과 홍보팀에서 수습을 거치 사람은 서로 교체한다.
> 2. 총무팀에서 수습을 거친 사람과 홍보팀에서 수습을 거친 사람만 서로 교체한다.
> 3. 여성 수습사원만 서로 교체한다.

① 갑 – 총무팀　　　　　　　② 을 – 영업팀
③ 을 – 총무팀　　　　　　　④ 정 – 영업팀
⑤ 정 – 총무팀

✔ **해설** 사원과 근무부서를 표로 나타내면

배정부서	기획팀	영업팀	총무팀	홍보팀
처음 배정 부서	갑	을	병	정
2번째 배정 부서				
3번째 배정 부서				병

㉠ 규칙 1을 2번째 배정에 적용하고 규칙 2를 3번째 배정에 적용하면 기획팀↔총무팀 / 영업팀↔홍보팀이므로 갑↔병 / 을↔정, 규칙 2까지 적용하면 다음과 같다.

배정부서	기획팀	영업팀	총무팀	홍보팀
처음 배정 부서	갑	을	병	정
2번째 배정 부서	병	정	갑	을
3번째 배정 부서			을	갑

㉡ 규칙 3을 먼저 적용하고 규칙 2를 적용하면

배정부서	기획팀	영업팀	총무팀	홍보팀
처음 배정 부서	갑	을	병	정
2번째 배정 부서	을	갑	병	정
3번째 배정 부서	을	갑	정	병

22 다음 글의 내용이 참이라고 할 때 〈보기〉의 문장 중 반드시 참인 것만을 바르게 나열한 것은?

우리는 사람의 인상에 대해서 "선하게 생겼다." 또는 "독하게 생겼다."라는 판단을 할 뿐만 아니라 사람의 인상을 중요시한다. 오래 전부터 사람의 얼굴을 보고 그 사람의 길흉을 판단하는 관상의 원리가 있었다. 관상의 원리를 어떻게 받아들여야 할까?

관상의 원리가 받아들일 만하다면, 얼굴이 검붉은 사람은 육체적 고생을 하기 마련이다. 그런데 우리는 주위에서 얼굴이 검붉지만 육체적 고생을 하지 않고 편하게 살아가는 사람을 얼마든지 볼 수 있다. 관상의 원리가 받아들일 만하다면, 우리가 사람의 얼굴에 대해서 갖는 인상이란 한갓 선입견에 불과한 것이 아니다. 사람의 인상이 평생에 걸쳐 고정되어 있다고 할 수 있는 경우에만 관상의 원리는 받아들일 만하다. 또한 관상의 원리가 받아들일 만하지 않다면, 관상의 원리에 대한 과학적 근거를 찾으려는 노력은 헛된 것이다. 실제로 많은 사람들이 관상의 원리가 과학적 근거를 가질 것이라고 기대한다. 그런데 우리는 자주 관상가의 판단이 받아들일 만하다고 느끼고, 그런 느낌 때문에 관상의 원리가 과학적 근거를 가질 것이라고 기대하는 것이다. 관상의 원리가 실제로 과학적 근거를 갖는지의 여부는 논외로 하더라도, 관상의 원리에 대하여 과학적 근거가 있을 것이라고 기대하는 사람은 관상의 원리에 의존하는 것이 우리의 삶에 위안을 주는 필요조건 중의 하나라고 믿는다.

〈보기〉
㉠ 관상의 원리는 받아들일 만한 것이 아니다.
㉡ 우리가 사람의 얼굴에 대해서 갖는 인상이란 선입견에 불과하다.
㉢ 사람의 인상은 평생에 걸쳐 고정되어 있다고 할 수 있다.
㉣ 관상의 원리에 대한 과학적 근거를 찾으려는 노력은 헛된 것이다.
㉤ 관상의 원리가 과학적 근거를 갖는다고 기대하는 사람들은 우리가 관상의 원리에 의존하면 삶의 위안을 얻을 것이라고 믿는다.

① ㉠㉣
② ㉡㉤
③ ㉣㉤
④ ㉠㉡㉣
⑤ ㉡㉢㉤

✔해설 얼굴이 검붉은 사람은 육체적 고생을 한다고 하나 얼굴이 검붉은 사람이 편하게 사는 것을 보았다.
→ ㉠ 관상의 원리는 받아들일 만한 것이 아니다. (참)
• 선입견이 있으면 관상의 원리를 받아들일 만하다.
• 사람의 인상이 평생에 걸쳐 고정되어 있다고 할 수 있는 경우에만 관상의 원리를 받아들일 만하다.
• 관상의 원리가 받아들일 만하지 않다면 관상의 원리에 대한 과학적 근거를 찾으려는 노력은 헛된 것이다.
→ ㉣ 관상의 원리에 대한 과학적 근거를 찾으려는 노력은 헛된 것이다. (참)
㉤ 관상의 원리가 과학적 근거를 갖는다고 기대하는 사람들은 우리가 관상의 원리에 의존하면 삶의 위안을 얻을 것이라고 믿는다. → 관상의 원리에 대하여 과학적 근거가 있을 것이라고 기대하는 사람은 우리의 삶에 위안을 얻기 위해 관상의 원리에 의존한다고 믿는다.

23 다음 글에서 추론할 수 있는 내용만을 바르게 나열한 것은?

> 빌케와 블랙은 얼음이 녹는점에 있다 해도 이를 완전히 물로 녹이려면 상당히 많은 열이 필요함을 발견하였다. 당시 널리 퍼진 속설은 얼음이 녹는점에 이르면 즉시 녹는다는 것이었다. 빌케는 쌓여있는 눈에 뜨거운 물을 끼얹어 녹이는 과정에서 이 속설에 오류가 있음을 알게 되었다. 눈이 녹는점에 있음에도 불구하고 많은 양의 뜨거운 물은 눈을 조금밖에 녹이지 못했기 때문이다.
>
> 블랙은 1757년에 이 속설의 오류를 설명할 수 있는 실험을 수행하였다. 블랙은 따뜻한 방에 두 개의 플라스크 A와 B를 두었는데, A에는 얼음이, B에는 물이 담겨 있었다. 얼음과 물은 양이 같고 모두 같은 온도, 즉 얼음의 녹는점에 있었다. 시간이 지남에 따라 B에 있는 물의 온도는 계속해서 올라갔다. 하지만 A에서는 얼음이 녹으면서 생긴 물과 녹고 있는 얼음의 온도가 녹는점에서 일정하게 유지되었는데 이 상태는 얼음이 완전히 녹을 때까지 지속되었다. 얼음을 녹이는 데 필요한 열량은 같은 양의 물의 온도를 녹는점에서 화씨 140도까지 올릴 수 있는 정도의 열량과 같았다. 블랙은 이 열이 실제로 온도계에 변화를 주지 않기 때문에 이를 '잠열(潛熱)'이라 불렀다.

> ㉠ A의 온도계로는 잠열을 직접 측정할 수 없었다.
> ㉡ 얼음이 녹는점에 이르러도 완전히 녹지 않는 것은 잠열 때문이다.
> ㉢ A의 얼음이 완전히 물로 바뀔 때까지, A의 얼음물 온도는 일정하게 유지된다.

① ㉠   ② ㉡

③ ㉠㉢   ④ ㉡㉢

⑤ ㉠㉡㉢

✔해설 블랙은 이 열이 실제로 온도계에 변화를 주지 않기 때문에 이를 '잠열(潛熱)'이라 불렀다.
→ ㉠ A의 온도계로는 잠열을 직접 측정할 수 없었다. (참)
   눈이 녹는점에 있음에도 불구하고 많은 양의 뜨거운 물은 눈을 조금밖에 녹이지 못했다. 이는 잠열 때문이다.
→ ㉡ 얼음이 녹는점에 이르러도 완전히 녹지 않는 것은 잠열 때문이다. (참)
   A에서는 얼음이 녹으면서 생긴 물과 녹고 있는 얼음의 온도가 녹는점에서 일정하게 유지되었는데 이 상태는 얼음이 완전히 녹을 때까지 지속되었다.
→ ㉢ A의 얼음이 완전히 물로 바뀔 때까지, A의 얼음물 온도는 일정하게 유지된다. (참)

24 쓰레기를 무단 투기하는 사람을 찾기 위해 고심하던 아파트 관리인 세상 씨는 다섯 명의 입주자 A, B, C, D, E를 면담했다. 이들은 각자 다음과 같이 이야기를 했다. 이 가운데 두 사람의 이야기는 모두 거짓인 반면, 세 명의 이야기는 모두 참이라고 한다. 다섯 명 가운데 한 명이 범인이라고 할 때 쓰레기를 무단 투기한 사람은 누구인가?

- A : 쓰레기를 무단 투기하는 것을 나와 E만 보았다. B의 말은 모두 참이다.
- B : 쓰레기를 무단 투기한 것은 D이다. D가 쓰레기를 무단 투기하는 것을 E가 보았다.
- C : D는 쓰레기를 무단 투기하지 않았다. E의 말은 참이다.
- D : 쓰레기를 무단 투기하는 것을 세 명의 주민이 보았다. B는 쓰레기를 무단 투기하지 않았다.
- E : 나와 A는 쓰레기를 무단 투기하지 않았다. 나는 쓰레기를 무단 투기하는 사람을 아무도 보지 못했다.

---

① A   ② B

③ C   ④ D

⑤ E

✔ **해설** ㉠ A가 참인 경우
- E는 무단 투기하는 사람을 못 봤다고 했으므로 E의 말은 거짓이 된다.
- A는 B가 참이라고 했으므로 B에 의해 D가 범인이 된다.
- 그러나 C는 D가 무단 투기하지 않았다고 했으므로 C도 거짓이 된다.
- 거짓말을 한 주민이 C, E 두 명이 되었으므로 D의 말은 참이 된다.
- 그러나 D는 쓰레기를 무단 투기하는 사람을 세 명이 주민이 보았다고 했는데 A는 본인과 E만 보았다고 했으므로 D는 범인이 될 수 없다.

㉡ A가 거짓인 경우
- A의 말이 거짓이면 B의 말도 모두 거짓이 된다.
- 거짓말을 한 사람이 A, B이므로 C, D, E는 참말을 한 것이 된다.
- C에 의하면 D는 범인이 아니다.
- D에 의하면 B는 범인이 아니다.
- E에 의하면 A는 범인이 아니다.

따라서 C가 범인이다.

25 다음 조건을 참고할 때, 5명이 입고 있는 옷의 색깔을 올바르게 설명하고 있는 것은?

- 갑, 을, 병, 정, 무 5명은 각기 빨간색, 파란색, 검은색, 흰색 옷을 입고 있으며 같은 색 옷을 입은 사람은 2명이다.
- 병과 정은 파란색과 검은색 옷을 입지 않았다.
- 을과 무는 흰색과 빨간색 옷을 입지 않았다.
- 갑, 을, 병, 정은 모두 다른 색 옷을 입고 있다.
- 을, 병, 정, 무는 모두 다른 색 옷을 입고 있다.

① 병과 정은 같은 색 옷을 입고 있다.
② 정이 흰색 옷을 입고 있다면 병은 무와 같은 색 옷을 입고 있다.
③ 무가 파란색 옷을 입고 있다면 갑은 검은색 옷을 입고 있다.
④ 병이 빨간색 옷을 입고 있다면 갑은 흰색 옷을 입고 있다.
⑤ 을이 검은색 옷을 입고 있다면 파란색 옷을 입은 사람은 2명이다.

✔해설 주어진 조건을 표로 정리하면 다음과 같다.

경우	갑	을	병	정	무
㉠	검은색	파란색	빨간색	흰색	검은색
㉡	파란색	검은색	흰색	빨간색	파란색

따라서 보기 ⑤에서 언급한 바와 같이 을이 검은색 옷을 입고 있다면 갑과 무는 파란색 옷을 입고 있는 것이 되므로 파란색 옷을 입고 있는 사람은 2명이 된다.

26 다음 조건이 참이라고 할 때 항상 참인 것을 고르면?

> • 민수는 A기업에 다닌다.
> • 영어를 잘하면 업무 능력이 뛰어난 것이다.
> • 영어를 잘하지 못하면 A기업에 다닐 수 없다.
> • A기업은 우리나라 대표 기업이다.

① 민수는 업무 능력이 뛰어나다.
② A기업에 다니는 사람들은 업무 능력이 뛰어나지 못하다.
③ 민수는 영어를 잘하지 못한다.
④ 민수는 수학을 매우 잘한다.
⑤ 업무 능력이 뛰어난 사람은 A기업에 다니는 사람이 아니다.

> ✔해설 주어진 조건을 잘 풀어보면 민수는 A기업에 다닌다, 영어를 잘하면 업무 능력이 뛰어나다, 업무 능력이 뛰어나지 못하면 영어를 못한다, 영어를 못하는 사람은 A기업에 다니지 않는다, A기업 사람은 영어를 잘한다. 전체적으로 연결시켜 보면 '민수 → A기업에 다닌다. → 영어를 잘한다. → 업무 능력이 뛰어나다.' 이므로 '민수는 업무 능력이 뛰어나다.'는 결론을 도출할 수 있다.

27 A, B, C, D, E, F가 달리기 경주를 하여 보기와 같은 결과를 얻었다. 1등부터 6등까지 순서대로 나열한 것은?

> ㉠ A는 D보다 먼저 결승점에 도착하였다.
> ㉡ E는 B보다 더 늦게 도착하였다.
> ㉢ D는 C보다 먼저 결승점에 도착하였다.
> ㉣ B는 A보다 더 늦게 도착하였다.
> ㉤ E가 F보다 더 앞서 도착하였다.
> ㉥ C보다 먼저 결승점에 들어온 사람은 두 명이다.

① A - D - C - B - E - F
② A - D - C - E - B - F
③ F - E - B - C - D - A
④ B - F - C - E - D - A
⑤ C - D - B - E - F - A

> ✔해설 ㉠과 ㉢에 의해 A - D - C 순서이다.
> ㉥에 의해 나머지는 모두 C 뒤에 들어왔다는 것을 알 수 있다.
> ㉡과 ㉤에 의해 B - E - F 순서이다.
> 따라서 A - D - C - B - E - F 순서가 된다.

28 다음 조건을 만족할 때, 영호의 비밀번호에 쓰일 수 없는 숫자는 어느 것인가?

- 영호는 회사 컴퓨터에 비밀번호를 설정해 두었으며, 비밀번호는 1 ~ 9까지의 숫자 중 중복되지 않는 네 개의 숫자이다.
- 네 자리의 비밀번호는 오름차순으로 정리되어 있으며, 네 자릿수의 합은 20이다.
- 가장 큰 숫자는 8이며, 짝수가 2개, 홀수가 2개이다.
- 짝수 2개는 연이은 자릿수에 쓰이지 않았다.

---

① 2
② 3
③ 4
④ 5
⑤ 6

✔해설 오름차순으로 정리되어 있으므로 마지막 숫자가 8이다. 따라서 앞의 세 개의 숫자는 1 ~ 7까지의 숫자들이며, 이를 더해 12가 나와야 한다. 8을 제외한 세 개의 숫자가 4이하의 숫자만으로 구성되어 있다면 12가 나올 수 없으므로 5, 6, 7 중 하나 이상의 숫자는 반드시 사용되어야 한다. 또한 짝수와 홀수가 각각 2개씩이어야 한다.
- 세 번째 숫자가 7일 경우
  앞 두 개의 숫자의 합은 5가 되어야 하므로 1, 4 또는 2, 3이 가능하여 1478, 2378의 비밀번호가 가능하다.
- 세 번째 숫자가 6일 경우
  앞 두 개의 숫자는 모두 홀수이면서 합이 6이 되어야 하므로 1, 5가 가능하나, 이 경우 1568의 네 자리는 짝수가 연이은 자릿수에 쓰였으므로 비밀번호 생성이 불가능하다.
- 세 번째 숫자가 5일 경우
  앞 두 개의 숫자의 합은 7이어야 하며 홀수와 짝수가 한 개씩 이어야 한다. 따라서 3458이 가능하다.
결국 가능한 비밀번호는 1478, 2378, 3458의 세 가지가 되어 이 비밀번호에 쓰일 수 없는 숫자는 6이 되는 것을 알 수 있다.

29 다음 글의 내용이 참일 때 최종 선정되는 단체는 어디인가?

> 문화체육관광부는 우수 문화예술 단체 A, B, C, D, E 중 한 곳을 선정하여 지원하려 한다. 문화체육관광부의 금번 선정 방침은 다음 두 가지이다. 첫째, 어떤 형태로든 지원을 받고 있는 단체는 최종 후보가 될 수 없다. 둘째, 최종 선정 시 올림픽 관련 단체를 엔터테인먼트 사업(드라마, 영화, 가요) 단체보다 우선한다.
>
> A 단체는 자유무역협정을 체결한 필리핀에 드라마 콘텐츠를 수출하고 있지만 올림픽과 관련한 사업은 하지 않는다. B 단체는 올림픽의 개막식 행사를, C 단체는 올림픽의 폐막식 행사를 각각 주관하는 단체이다. E 단체는 오랫동안 한국 음식문화를 세계에 보급해 온 단체이다. A와 C 단체 중 적어도 한 단체가 최종 후보가 되지 못한다면, 대신 B와 E 중 적어도 한 단체는 최종 후보가 된다. 반면 게임 개발로 각광을 받는 단체인 D가 최종 후보가 된다면, 한국과 자유무역협정을 체결한 국가와 교역을 하는 단체는 모두 최종 후보가 될 수 없다.
>
> 후보 단체들 중 가장 적은 부가가치를 창출한 단체는 최종 후보가 될 수 없고, 최종 선정은 최종 후보가 된 단체 중에서만 이루어진다.
>
> 문화체육관광부의 조사 결과, 올림픽의 개막식 행사를 주관하는 모든 단체는 이미 보건복지부로부터 지원을 받고 있다. 그리고 위 문화예술 단체 가운데 한국 음식문화 보급과 관련된 단체의 부가가치 창출이 가장 저조하였다.

① A ② B
③ C ④ D
⑤ E

✔해설 ① A 단체는 자유무역협정을 체결한 필리핀에 드라마 콘텐츠를 수출하고 있지만 올림픽과 관련된 사업은 하지 않는다. 최종 선정 시 올림픽 관련 단체를 엔터테인먼트 사업 단체보다 우선하므로 B, C와 같이 최종 후보가 된다면 A는 선정될 수 없다.
② 올림픽의 개막식 행사를 주관하는 모든 단체는 이미 보건복지부로부터 지원을 받고 있다. B 단체는 올림픽의 개막식 행사를 주관하는 단체이다. → B 단체는 선정될 수 없다.
③ A와 C 단체 중 적어도 한 단체가 최종 후보가 되지 못한다면, 대신 B와 E 중 적어도 한 단체는 최종 후보가 된다. ②⑤를 통해 B, E 단체를 후보가 될 수 없다. 후보는 A와 C가 된다.
④ D가 최종 후보가 된다면, 한국과 자유무역협정을 체결한 국가와 교역을 하는 단체는 모두 최종 후보가 될 수 없다. D가 최종 후보가 되면 A가 될 수 없고 A가 된다면 D는 될 수 없다.
⑤ 후보 단체들 중 가장 적은 부가가치를 창출한 단체는 최종 후보가 될 수 없고, 한국 음식문화 보급과 관련된 단체의 부가가치 창출이 가장 저조하였다. E 단체는 오랫동안 한국 음식문화를 세계에 보급해 온 단체이다. → E 단체는 선정될 수 없다.

30 김 대리는 모스크바 현지 영업소로 출장을 갈 계획이다. 4일 오후 2시 모스크바에서 회의가 예정되어 있어 모스크바 공항에 적어도 오전 11시 이전에는 도착하고자 한다. 인천에서 모스크바까지 8시간이 걸리며, 시차는 인천이 모스크바보다 6시간이 더 빠르다. 김 대리는 인천에서 늦어도 몇 시에 출발하는 비행기를 예약하여야 하는가?

① 3일 09 : 00

② 3일 19 : 00

③ 4일 09 : 00

④ 4일 11 : 00

⑤ 5일 02 : 00

> ✔해설 인천에서 모스크바까지 8시간이 걸리고, 6시간이 인천이 더 빠르므로
> 09 : 00시 출발 비행기를 타면 $9+(8-6)=11$시 도착
> 19 : 00시 출발 비행기를 타면 $19+(8-6)=21$시 도착
> 02 : 00시 출발 비행기를 타면 $2+(8-6)=4$시 도착.

CHAPTER

04 자원관리능력(공통)

01 자원과 자원관리

(1) 자원

① **자원의 종류** ⋯ 시간, 돈, 물적자원, 인적자원

② **자원의 낭비요인** ⋯ 비계획적 행동, 편리성 추구, 자원에 대한 인식 부재, 노하우 부족

(2) 자원관리 기본 과정

① 필요한 자원의 종류와 양 확인

② 이용 가능한 자원 수집하기

③ 자원 활용 계획 세우기

④ 계획대로 수행하기

예제 1

당신은 A출판사 교육훈련 담당자이다. 조직의 효율성을 높이기 위해 전사저인 시간관리에 대한 교육을 실시하기로 하였지만 바쁜 일정 상 직원들을 집합교육에 동원할 수 있는 시간은 제한적이다. 다음 중 귀하가 최우선의 교육 대상으로 삼아야 하는 것은 어느 부분인가?

구분	긴급한 일	긴급하지 않은 일
중요한 일	제1사분면	제2사분면
중요하지 않은 일	제3사분면	제4사분면

출제의도

주어진 일들을 중요도와 긴급도에 따른 시간관리 매트릭스에서 우선순위를 구분할 수 있는가를 측정하는 문항이다.

해 설

교육훈련에서 최우선 교육대상으로 삼아야 하는 것은 긴급하지 않지만 중요한 일이다. 이를 긴급하지 않다고 해서 뒤로 미루다보면 급박하게 처리해야하는 업무가 증가하여 효율적인 시간관리가 어려워진다.

① 중요하고 긴급한 일로 위기사항이나 급박한 문제, 기간이 정해진 프로젝트 등이 해당되는 제1사분면
② 긴급하지는 않지만 중요한 일로 인간관계구축이나 새로운 기회의 발굴, 중장기 계획 등이 포함되는 제2사분면
③ 긴급하지만 중요하지 않은 일로 잠깐의 급한 질문, 일부 보고서, 눈 앞의 급박한 사항이 해당되는 제3사분면
④ 중요하지 않고 긴급하지 않은 일로 하찮은 일이나 시간낭비거리, 즐거운 활동 등이 포함되는 제4사분면

구분	긴급한 일	긴급하지 않은 일
중요한 일	위기사항, 급박한 문제, 기간이 정해진 프로젝트	인간관계구축, 새로운 기회의 발굴, 중장기계획
중요하지 않은 일	잠깐의 급한 질문, 일부 보고서, 눈앞의 급박한 사항	하찮은 일, 우편물, 전화, 시간낭비거리, 즐거운 활동

답 ②

---

2 자원관리능력을 구성하는 하위능력

(1) 시간관리능력

① 시간의 특성
  ㉠ 시간은 매일 주어지는 기적이다.
  ㉡ 시간은 똑같은 속도로 흐른다.
  ㉢ 시간의 흐름은 멈추게 할 수 없다.
  ㉣ 시간은 꾸거나 저축할 수 없다.
  ㉤ 시간은 사용하기에 따라 가치가 달라진다.

② 시간관리의 효과
  ㉠ 생산성 향상
  ㉡ 가격 인상
  ㉢ 위험 감소
  ㉣ 시장 점유율 증가

③ 시간계획

　　㉠ 개념 : 시간 자원을 최대한 활용하기 위하여 가장 많이 반복되는 일에 가장 많은 시간을 분배하고, 최단시간에 최선의 목표를 달성하는 것을 의미한다.

　　㉡ 60 : 40의 Rule

계획된 행동 (60%)	계획 외의 행동 (20%)	자발적 행동 (20%)
총 시간		

예제 2

유아용품 홍보팀의 사원 은이씨는 일산 킨텍스에서 열리는 유아용품박람회에 참여하고자 한다. 당일 회의 후 출발해야 하며 회의 종료 시간은 오후 3시이다.

장소	일시
일산 킨텍스 제2전시장	2022. 5. 20(금) PM 15:00~19:00 * 입장가능시간은 종료 2시간 전까지

오시는 길
지하철 : 4호선 대화역(도보 30분 거리)
버스 : 8109번, 8407번(도보 5분 거리)

• 회사에서 버스정류장 및 지하철역까지 소요시간

출발지	도착지	소요시간	
회사	×× 정류장	도보	15분
		택시	5분
	지하철역	도보	30분
		택시	10분

• 일산 킨텍스 가는 길

교통편	출발지	도착지	소요시간
지하철	강남역	대화역	1시간 25분
버스	×× 정류장	일산 킨텍스 정류장	1시간 45분

위의 제시 상황을 보고 은이씨가 선택할 교통편으로 가장 적절한 것은?

① 도보 – 지하철　　　　② 도보 – 버스
③ 택시 – 지하철　　　　④ 택시 – 버스

답 ④

(2) 예산관리능력

① 예산과 예산관리

    ㉠ 예산 : 필요한 비용을 미리 헤아려 계산하는 것이나 그 비용

    ㉡ 예산관리 : 활동이나 사업에 소요되는 비용을 산정하고, 예산을 편성하는 것뿐만 아니라 예산을 통제하는 것 모두를 포함한다.

② 예산의 구성요소

비용	직접비용	재료비, 원료와 장비, 시설비, 여행(출장) 및 잡비, 인건비 등
	간접비용	보험료, 건물관리비, 광고비, 통신비, 사무비품비, 각종 공과금 등

③ 예산수립 과정 … 필요한 과업 및 활동 구명 → 우선순위 결정 → 예산 배정

예제 3

당신은 가을 체육대회에서 총무를 맡으라는 지시를 받았다. 다음과 같은 계획에 따라 예산을 진행하였으나 확보된 예산이 생각보다 적게 되어 불가피하게 비용 항목을 줄여야 한다. 다음 중 귀하가 비용 항목을 없애기에 가장 적절한 것은 무엇인가?

〈○○산업공단 춘계 1차 워크숍〉

1. 해당부서 : 인사관리팀, 영업팀, 재무팀
2. 일　　정 : 2022년 4월 21일~23일(2박 3일)
3. 장　　소 : 강원도 속초 ○○연수원
4. 행사내용 : 바다열차탑승, 체육대회, 친교의 밤 행사, 기타

① 숙박비   ② 식비
③ 교통비   ④ 기념품비

출제의도

업무에 소요되는 예산 중 꼭 필요한 것과 예산을 감축해야할 때 삭제 또는 감축이 가능한 것을 구분해내는 능력을 묻는 문항이다.

해 설

한정된 예산을 가지고 과업을 수행할 때에는 중요도를 기준으로 예산을 사용한다. 위와 같이 불가피하게 비용 항목을 줄여야 한다면 기본적인 항목인 숙박비, 식비, 교통비는 유지되어야 하기에 항목을 없애기 가장 적절한 정답은 ④번이 된다.

답 ④

(3) 물적관리능력

① 물적자원의 종류
　　㉠ **자연자원** : 자연상태 그대로의 자원(**예** 석탄, 석유 등)
　　㉡ **인공자원** : 인위적으로 가공한 자원(**예** 시설, 장비 등)

② **물적자원관리** … 물적자원을 효과적으로 관리할 경우 경쟁력 향상이 향상되어 과제 및 사업의 성공으로 이어지며, 관리가 부족할 경우 경제적 손실로 인해 과제 및 사업의 실패 가능성이 커진다.

③ 물적자원 활용의 방해요인
　　㉠ 보관 장소의 파악 문제
　　㉡ 훼손
　　㉢ 분실

④ 물적자원관리 과정

과정	내용
사용 물품과 보관 물품의 구분	• 반복 작업 방지 • 물품활용의 편리성
동일 및 유사 물품으로의 분류	• 동일성의 원칙 • 유사성의 원칙
물품 특성에 맞는 보관 장소 선정	• 물품의 형상 • 물품의 소재

S호텔의 외식사업부 소속인 K씨는 예약일정 관리를 담당하고 있다. 아래의 예약 일정과 정보를 보고 K씨의 판단으로 옳지 않은 것은?

〈S호텔 일식 뷔페 1월 ROOM 예약 일정〉

* 예약 : ROOM 이름(시작시간)

SUN	MON	TUE	WED	THU	FRI	SAT
					1	2
					백합(16)	장미(11) 백합(15)
3	4	5	6	7	8	9
라일락(15)		백향목(10) 백합(15)	장미(10) 백향목(17)	백합(11) 라일락(18)	백향목(15)	장미(10) 라일락(15)

ROOM 구분	수용가능인원	최소투입인력	연회장 이용시간
백합	20	3	2시간
장미	30	5	3시간
라일락	25	4	2시간
백향목	40	8	3시간

- 오후 9시에 모든 업무를 종료함
- 한 타임 끝난 후 1시간씩 세팅 및 정리
- 동 시간 대 서빙 투입인력은 총 10명을 넘을 수 없음

안녕하세요, 1월 첫째 주 또는 둘째 주에 신년회 행사를 위해 ROOM을 예약하려고 하는데요, 저희 동호회의 총 인원은 27명이고 오후 8시쯤 마무리하려고 합니다. 신정과 주말, 월요일은 피하고 싶습니다. 예약이 가능할까요?

① 인원을 고려했을 때 장미ROOM과 백향목ROOM이 적합하겠군.
② 만약 2명이 안 온다면 예약 가능한 ROOM이 늘어나겠구나.
③ 조건을 고려했을 때 예약 가능한 ROOM은 5일 장미ROOM뿐이겠구나.
④ 오후 5시부터 8시까지 가능한 ROOM을 찾아야해.

(4) 인적자원관리능력

① **인맥** … 가족, 친구, 직장동료 등 자신과 직접적인 관계에 있는 사람들인 핵심인맥과 핵심인맥들로부터 알게 된 파생인맥이 존재한다.

② **인적자원의 특성** … 능동성, 개발가능성, 전략적 자원

③ **인력배치의 원칙**

    ㉠ **적재적소주의** : 팀의 효율성을 높이기 위해 팀원의 능력이나 성격 등과 가장 적합한 위치에 배치하여 팀원 개개인의 능력을 최대로 발휘해 줄 것을 기대하는 것

    ㉡ **능력주의** : 개인에게 능력을 발휘할 수 있는 기회와 장소를 부여하고 그 성과를 바르게 평가하며 평가된 능력과 실적에 대해 그에 상응하는 보상을 주는 원칙

    ㉢ **균형주의** : 모든 팀원에 대한 적재적소를 고려

④ **인력배치의 유형**

    ㉠ **양적 배치** : 부문의 작업량과 조업도, 여유 또는 부족 인원을 감안하여 소요인원을 결정하여 배치하는 것

    ㉡ **질적 배치** : 적재적소의 배치

    ㉢ **적성 배치** : 팀원의 적성 및 흥미에 따라 배치하는 것

예제 5

최근 조직개편 및 연봉협상 과정에서 직원들의 불만이 높아지고 있다. 온갖 루머가 난무한 가운데 인사팀원인 당신에게 사내 게시판의 직원 불만사항에 대한 진위여부를 파악하고 대안을 세우라는 팀장의 지시를 받았다. 다음 중 당신이 조치를 취해야 하는 직원은 누구인가?

① 사원 A는 팀장으로부터 업무 성과가 탁월하다는 평가를 받았는데도 조직개편으로 인한 부서 통합으로 인해 승진을 못한 것이 불만이다.

② 사원 B는 회사가 예년에 비해 높은 영업 이익을 얻었는데도 불구하고 연봉 인상에 인색한 것이 불만이다.

③ 사원 C는 회사가 급여 정책을 변경해서 고정급 비율을 낮추고 기본급과 인센티브를 지급하는 제도로 바꾼 것이 불만이다.

④ 사원 D는 입사 동기인 동료가 자신보다 업무 실적이 좋지 않고 불성실한 근무태도를 가지고 있는데, 팀장과의 친분으로 인해 자신보다 높은 평가를 받은 것이 불만이다.

출제의도

주어진 직원들의 정보를 통해 시급하게 진위여부를 가리고 조치하여 인력배치를 해야 하는 사항을 확인하는 문제이다.

해 설

사원 A, B, C는 각각 조직 정책에 대한 불만이기에 논의를 통해 조직적으로 대처하는 것이 옳지만, 사원 D는 팀장의 독단적인 전횡에 대한 불만이기 때문에 조사하여 시급히 조치할 필요가 있다. 따라서 가장 적절한 답은 ④번이 된다.

답 ④

출제예상문제

1 다음 중 신입사원 인성씨가 해야 할 일을 시간관리 매트릭스 4단계로 구분한 것으로 잘못 된 것은?

〈인성씨가 해야 할 일〉

㉠ 어제 못 본 드라마보기
㉡ 마감이 정해진 프로젝트
㉢ 인간관계 구축하기
㉣ 업무 보고서 작성하기
㉤ 회의하기
㉥ 자기개발하기
㉦ 상사에게 급한 질문하기

〈시간관리 매트릭스〉

	긴급함	긴급하지 않음
중요함	제1사분면	제2사분면
중요하지 않음	제3사분면	제4사분면

① 제1사분면 : ㉢ ② 제2사분면 : ㉥
③ 제3사분면 : ㉣ ④ 제3사분면 : ㉤
⑤ 제4사분면 : ㉠

✔해설

〈시간관리 매트릭스〉

	긴급함	긴급하지 않음
중요함	㉡	㉢㉥
중요하지 않음	㉣㉤㉦	㉠

Answer 1.①

2 다음 중, 조직에서 인적자원이 예산이나 물적자원보다 중요한 이유로 적절하지 않은 것은 어느 것인가?

① 예산이나 물적자원을 활용하는 것이 바로 사람이기 때문이다.

② 인적자원은 수동적인 예산이나 물적자원에 비해 능동적이다.

③ 인적자원은 개발될 수 있는 많은 잠재능력과 자질을 보유하고 있다.

④ 조직의 영리 추구에 부합하는 이득은 인적자원에서 나온다.

⑤ 인적자원의 행동동기와 만족감은 경영관리에 의해 조건화되어 있다.

> ✔ **해설** 조직의 영리 추구에 부합하는 이득은 인적자원뿐 아니라 시간, 돈, 물적자원과의 적절한 조화를 통해서 창출된다. 그러나 인적자원은 능동성, 개발가능성, 전략적 차원이라는 특성에서 예산이나 물적자원보다 중요성이 크다고 할 수 있다.

3 S사의 재고 물품 보관 창고에는 효율적인 물품 관리에 대한 기준이 마련되어 있다. 다음 중 이 기준에 포함될 내용으로 가장 적절하지 않은 것은 어느 것인가?

① 물품의 입고일을 기준으로 오래된 것은 안쪽에, 새로 입고된 물품은 출입구 쪽에 보관해야 한다.

② 동일한 물품은 한 곳에, 유사한 물품은 인접한 장소에 보관하고 동일성이 떨어지는 물품일수록 보관 장소도 멀리 배치한다.

③ 당장 사용해야 할 물품과 한동안 사용하지 않을 것으로 예상되는 물품을 구분하여 각기 다른 장소에 보관한다.

④ 물품의 재질을 파악하여 동일 재질의 물품을 한 곳에, 다른 재질의 물품을 다른 곳에 각각 보관한다.

⑤ 물품의 크기 및 형태를 감안하여 최적화된 공간 활용이 될 수 있도록 배치한다.

> ✔ **해설** 물품 보관 시에는 사용 물품과 보관 물품의 구분, 동일 및 유사 물품으로의 분류, 물품 특성에 맞는 보관 장소 선정 등의 원칙을 따라야 한다. 보관의 가장 중요한 포인트는 '물품의 손쉽고 효과적인 사용'이 되어야 하므로, 단순히 입고일을 기준으로 물품을 보관하는 것은 특별히 필요한 경우가 아니라면 바람직한 물품 관리 기준이 될 수 없다.

4 한국산업은 네트워크상의 여러 서버에 분산되어 있는 모든 문서 자원을 발생부터 소멸까지 통합관리해주는 문서관리시스템을 도입하였다. 이 문서관리시스템의 장점으로 가장 거리가 먼 것은?

① 결재과정의 불필요한 시간, 인력, 비용의 낭비를 줄인다.

② 문서의 검색이 신속하고 정확해진다.

③ 결재문서를 불러서 재가공할 수 있어 기안작성의 효율을 도모한다.

④ 지역적으로 떨어져 있는 경우 컴퓨터를 이용해서 원격 전자 회의를 가능하게 한다.

⑤ 문서들의 정보를 찾기에 용이하다.

✔해설 그룹웨어(groupware) … 기업 등의 구성원들이 컴퓨터로 연결된 작업장에서, 서로 협력하여 업무를 수행하는 그룹 작업을 지원하기 위한 소프트웨어나 소프트웨어를 포함하는 구조를 말한다.

5 다음 ㉠~㉧ 중, 시간계획을 함에 있어 명심하여야 할 사항으로 적절하지 않은 설명을 모두 고른 것은 어느 것인가?

> ㉠ 자신에게 주어진 시간 중 적어도 60%는 계획된 행동을 해야 한다.
> ㉡ 계획은 다소 어렵더라도 의지를 담은 목표치를 반영한다.
> ㉢ 예정 행동만을 계획하는 것이 아니라 기대되는 성과나 행동의 목표도 기록한다.
> ㉣ 여러 일 중에서 어느 일이 가장 우선적으로 처리해야 할 것인가를 결정한다.
> ㉤ 유연하고 융통성 있는 시간계획을 정하기보다 가급적 변경 없이 계획대로 밀고 나갈 수 있어야 한다.
> ㉥ 예상 못한 방문객 접대, 전화 등의 사건으로 예정된 시간이 부족할 경우를 대비하여 여유시간을 확보한다.
> ㉦ 반드시 해야 할 일을 끝내지 못했을 경우, 다음 계획에 영향이 없도록 가급적 빨리 잊는다.
> ㉧ 자기 외의 다른 사람(비서, 부하, 상사)의 시간 계획을 감안하여 계획을 수립한다.

① ㉠, ㉡, ㉦　　　　　　　　　　② ㉢, ㉤, ㉥

③ ㉡, ㉤, ㉦　　　　　　　　　　④ ㉡, ㉢, ㉤

⑤ ㉣, ㉥, ㉧

✔해설　시간 관리를 효율적으로 하기 위하여 ㉡, ㉤, ㉦은 다음과 같이 수정되어야 한다.
　㉡ 시간 배정을 계획하는 일이므로 무리한 계획을 세우지 말고, 실현 가능한 것만을 계획하여야 한다.
　㉤ 시간계획은 유연하게 해야 한다. 시간계획은 그 자체가 중요한 것이 아니고, 목표달성을 위해 필요한 것이다.
　㉦ 꼭 해야만 할 일을 끝내지 못했을 경우에는 차기 계획에 반영하여 끝내도록 하는 계획을 세우는 것이 바람직하다.

6 외국계 은행 서울지사에 근무하는 甲은 런던지사 乙, 시애틀지사 丙과 같은 프로젝트를 진행하면서 다음과 같이 영상업무회의를 진행하였다. 회의 시각은 런던을 기준으로 11월 1일 오전 9시라고 할 때, ㉠에 들어갈 일시는? (단 런던은 GMT+0, 서울은 GMT+9, 시애틀은 GMT−7을 표준시로 사용한다.)

> 甲 : 제가 프로젝트에서 맡은 업무는 오늘 오후 10시면 마칠 수 있습니다. 런던에서 받아서 1차 수정을 부탁드립니다.
>
> 乙 : 네, 저는 甲님께서 제시간에 끝내 주시면 다음날 오후 3시면 마칠 수 있습니다. 시애틀에서 받아서 마지막 수정을 부탁드립니다.
>
> 丙 : 알겠습니다. 저는 앞선 두 분이 제시간에 끝내 주신다면 서울을 기준으로 모레 오전 10시면 마칠 수 있습니다. 제가 업무를 마치면 프로젝트가 최종 마무리 되겠군요.
>
> 甲 : 잠깐, 다들 말씀하신 시각의 기준이 다른 것 같은데요? 저는 처음부터 런던을 기준으로 이해하고 말씀드렸습니다.
>
> 乙 : 저는 처음부터 시애틀을 기준으로 이해하고 말씀드렸는데요?
>
> 丙 : 저는 처음부터 서울을 기준으로 이해하고 말씀드렸습니다. 그렇다면 계획대로 진행될 때 서울을 기준으로 (㉠)에 프로젝트를 최종 마무리할 수 있겠네요.
>
> 甲, 乙 : 네, 맞습니다.

① 11월 2일 오후 3시 ② 11월 2일 오후 11시
③ 11월 3일 오전 10시 ④ 11월 3일 오후 3시
⑤ 11월 3일 오후 7시

✔해설 회의 시간이 런던을 기준으로 11월 1일 9시이므로, 이때 서울은 11월 1일 18시, 시애틀은 11월 1일 2시이다.

- 甲은 런던을 기준으로 말했으므로 甲이 프로젝트에서 맡은 업무를 마치는 시간은 런던 기준 11월 1일 22시로, 甲이 맡은 업무를 마치는 데 필요한 시간은 22 − 9 = 13시간이다.
- 乙은 시애틀을 기준으로 이해하고 말했으므로 乙은 甲이 말한 乙이 말한 다음날 오후 3시는 시애틀 기준 11월 2일 15시이다. 乙은 甲이 시애틀을 기준으로 11월 1일 22시에 맡은 일을 끝내 줄 것이라고 생각하였으므로, 乙이 맡은 업무를 마치는 데 필요한 시간은 2 + 15 = 17시간이다.
- 丙은 서울을 기준으로 말했으므로 丙이 말한 모레 오전 10시는 11월 3일 10시이다. 丙은 乙이 서울을 기준으로 11월 2일 15시에 맡은 일을 끝내 줄 것이라고 생각하였으므로, 丙이 맡은 업무를 마치는 데 필요한 시간은 9 + 10 = 19시간이다.

따라서 계획대로 진행될 경우 甲, 乙, 丙이 맡은 업무를 끝내는 데 필요한 총 시간은 13 + 17 + 19 = 49시간으로, 2일하고 1시간이라고 할 수 있다. 이를 서울 기준으로 보면 11월 1일 18시에서 2일하고 1시간이 지난 후이므로, 11월 3일 19시이다.

Answer 5.③ 6.⑤

7 인적자원 관리의 특징에 관한 다음 ⊙~◎의 설명 중 그 성격이 같은 것끼리 알맞게 구분한 것은 어느 것인가?

> ⊙ 개인에게 능력을 발휘할 수 있는 기회와 장소를 부여하고, 그 성과를 바르게 평가하고, 평가된 능력과 실적에 대해 그에 상응하는 보상을 주어야 한다.
> ⓒ 팀 전체의 능력향상, 의식개혁, 사기양양 등을 도모하는 의미에서 전체와 개체가 균형을 이루어야 한다.
> ⓒ 많은 사람들이 번거롭다는 이유로 자신의 인맥관리에 소홀히 하는 경우가 많지만 인맥관리는 자신의 성공을 위한 첫걸음이라는 생각을 가져야 한다.
> ② 효율성을 높이기 위해 팀원의 능력이나 성격 등과 가장 적합한 위치에 배치하여 팀원 개개인의 능력을 최대로 발휘해 줄 것을 기대한다.

① [⊙, ⓒ] — [ⓒ, ②]
② [⊙] — [ⓒ, ⓒ, ②]
③ [⊙, ②] — [ⓒ, ⓒ]
④ [⊙, ⓒ, ②] — [ⓒ]
⑤ [⊙, ⓒ, ⓒ] — [②]

✔해설 ⊙, ⓒ, ②은 조직 차원에서의 인적자원관리의 특징이고, ⓒ은 개인 차원에서의 인적자원관리능력의 특징으로 구분할 수 있다. 한편, 조직의 인력배치의 3대 원칙에는 적재적소주의(②), 능력주의(⊙), 균형주의(ⓒ)가 있다.

8 다음 ⊙~@에 제시된 자원관리의 기본 과정들을 순서에 맞게 재배열한 것은 어느 것인가?

⊙ 확보된 자원을 활용하여 계획에 맞는 업무를 수행해 나가야 한다. 물론 계획에 얽매일 필요는 없지만 최대한 계획대로 수행하는 것이 바람직하다. 불가피하게 수정해야 하는 경우는 전체 계획에 미칠 수 있는 영향을 고려하여야 할 것이다.

ⓒ 자원을 실제 필요한 업무에 할당하여 계획을 세워야 한다. 여기에서 중요한 것은 업무나 활동의 우선순위를 고려하는 것이다. 최종적인 목적을 이루는 데 가장 핵심이 되는 것에 우선순위를 두고 계획을 세울 필요가 있다. 만약, 확보한 자원이 실제 활동 추진에 비해 부족할 경우 우선순위가 높은 것에 중심을 두고 계획하는 것이 바람직하다.

ⓒ 실제 상황에서 그 자원을 확보하여야 한다. 수집 시 가능하다면 필요한 양보다 좀 더 여유 있게 확보할 필요가 있다. 실제 준비나 활동을 하는 데 있어서 계획과 차이를 보이는 경우가 빈번하기 때문에 여유 있게 확보하는 것이 안전할 것이다.

@ 업무를 추진하는 데 있어서 어떤 자원이 필요하며, 또 얼마만큼 필요한지를 파악하는 단계이다. 자원의 종류는 크게 시간, 예산, 물적자원, 인적자원으로 나눌 수 있지만 실제 업무 수행에서는 이보다 더 구체적으로 나눌 필요가 있다. 구체적으로 어떤 활동을 할 것이며, 이 활동에 어느 정도의 시간, 돈, 물적·인적자원이 필요한지를 파악한다.

① ⓒ - @ - ⓒ - ⊙
② @ - ⓒ - ⊙ - ⓒ
③ ⊙ - ⓒ - ⓒ - @
④ @ - ⓒ - ⓒ - ⊙
⑤ @ - ⓒ - ⓒ - ⊙

✔해설 자원을 활용하기 위해서는 가장 먼저 나에게 필요한 자원은 무엇이고 얼마나 필요한지를 명확히 설정하는 일이다. 무턱대고 많은 자원을 수집하는 것은 효율적인 자원 활용을 위해 바람직하지 않다. 나에게 필요한 자원을 파악했으면 다음으로 그러한 자원을 수집하고 확보해야 할 것이다. 확보된 자원을 유용하게 사용할 수 있는 활용 계획을 세우고 수립된 계획에 따라 자원을 활용하는 것이 적절한 자원관리 과정이 된다. 따라서 이를 정리하면, 다음 순서와 같다.
1) 어떤 자원이 얼마나 필요한지를 확인하기
2) 이용 가능한 자원을 수집(확보)하기
3) 자원 활용 계획 세우기
4) 계획에 따라 수행하기

9 회계팀에서 업무를 시작하게 된 A씨는 각종 내역의 비용이 어느 항목으로 분류되어야 하는지 정리 작업을 하고 있다. 다음 중 A씨가 나머지와 다른 비용으로 분류해야 하는 것은 어느 것인가?

① 구매부 자재 대금으로 지불한 U$7,000

② 상반기 건물 임대료 및 관리비

③ 임직원 급여

④ 계약 체결을 위한 영업부 직원 출장비

⑤ 컴프레서 구매 대금 1,200만 원

> **✔해설** ②는 간접비용, 나머지(①③④⑤)는 직접비용의 지출 항목으로 분류해야 한다.
> 직접비용과 간접비용으로 분류되는 지출 항목은 다음과 같은 것들이 있다.
> • 직접비용: 재료비, 원료와 장비, 시설비, 출장 및 잡비, 인건비
> • 간접비용: 보험료, 건물관리비, 광고비, 통신비, 사무비품비, 각종 공과금

10 다음 중 직무상 필요한 가장 핵심적인 네 가지 자원에 해당하지 않는 설명은 어느 것인가?

① 민간 기업이나 공공단체 및 기타 조직체는 물론이고 개인의 수입·지출에 관한 것도 포함하는 가치

② 인간이 약한 신체적 특성을 보완하기 위하여 활용하는, 정상적인 인간의 활동에 수반되는 많은 자원들

③ 기업이 나아가야 할 방향과 목적 등 기업 전체가 공유하는 비전, 가치관, 사훈, 기본 방침 등으로 표현되는 것

④ 매일 주어지며 똑같은 속도로 흐르지만 멈추거나 빌리거나 저축할 수 없는 것

⑤ 산업이 발달함에 따라 생산 현장이 첨단화, 자동화되었지만 여전히 기본적인 생산요소를 효율적으로 결합시켜 가치를 창조하는 자원

> **✔해설** ③은 기업 경영의 목적이다. 기업 경영에 필수적인 네 가지 자원으로는 시간(④), 예산(①), 인적자원(⑤), 물적자원(②)이 있으며 물적자원은 다시 인공자원과 천연자원으로 나눌 수 있다.

11 '갑'시에 위치한 B공사 권 대리는 다음과 같은 일정으로 출장을 계획하고 있다. 출장비 지급 내역에 따라 권 대리가 받을 수 있는 출장비의 총액은 얼마인가?

〈지역별 출장비 지급 내역〉

출장 지역	일비	식비
'갑'시	15,000원	15,000원
'갑'시 외 지역	23,000원	17,000원

* 거래처 차량으로 이동할 경우, 일비 5,000원 차감
* 오후 일정 시작일 경우, 식비 7,000원 차감

〈출장 일정〉

출장 일자	지역	출장 시간	이동계획
화요일	'갑'시	09:00~18:00	거래처 배차
수요일	'갑'시 외 지역	10:30~16:00	대중교통
금요일	'갑'시	14:00~19:00	거래처 배차

① 75,000원
② 78,000원
③ 83,000원
④ 85,000원
⑤ 88,000원

 일자별 출장비 지급액을 살펴보면 다음과 같다. 화요일 일정에는 거래처 차량이 지원되므로 5,000원이 차감되며, 금요일 일정에는 거래처 차량 지원과 오후 일정으로 인해 5,000+7,000=12,000원이 차감된다.

출장 일자	지역	출장 시간	이동계획	출장비
화요일	'갑'시	09:00~18:00	거래처 배차	30,000−5,000 = 25,000원
수요일	'갑'시 외 지역	10:30~16:00	대중교통	40,000원
금요일	'갑'시	14:00~19:00	거래처 배차	30,000−5,000−7,000 = 18,000원

따라서 출장비 총액은 25,000+40,000+18,000=83,000원이 된다.

12 다음은 N사 판매관리비의 2분기 집행 내역과 3분기 배정 내역이다. 자료를 참고하여 판매관리비 집행과 배정 내역을 올바르게 파악하지 못한 것은 어느 것인가?

〈판매관리비 집행 및 배정 내역〉

(단위 : 원)

항목	2분기	3분기
판매비와 관리비	236,820,000	226,370,000
직원급여	200,850,000	195,000,000
상여금	6,700,000	5,700,000
보험료	1,850,000	1,850,000
세금과 공과금	1,500,000	1,350,000
수도광열비	750,000	800,000
잡비	1,000,000	1,250,000
사무용품비	230,000	180,000
여비교통비	7,650,000	5,350,000
퇴직급여충당금	15,300,000	13,500,000
통신비	460,000	620,000
광고선전비	530,000	770,000

① 직접비와 간접비를 합산한 3분기의 예산 배정액은 전 분기보다 10% 이내의 범위에서 로 감소하였다.

② 간접비는 전 분기의 5%에 조금 못 미치는 금액만큼 증가하였다.

③ 2분기와 3분기 모두 간접비에서 가장 큰 비중을 차지하는 항목은 보험료이다.

④ 3분기에는 직접비와 간접비가 모두 2분기 집행 내역보다 더 많이 배정되었다.

⑤ 3분기에는 인건비 감소로 인하여 직접비 배정액이 감소하였다.

> ✔️ **해설** 직접비에는 인건비, 재료비, 원료와 장비비, 여행 및 잡비, 시설비 등이 포함되며, 간접비에는 보험료, 건물관리비, 광고비, 통신비, 사무비품비, 각종 공과금 등이 포함된다. 따라서 제시된 예산 집행 및 배정 현황을 직접비와 간접비를 구분하여 다음과 같이 나누어 볼 수 있다.

항목	2분기		3분기	
	직접비	간접비	직접비	간접비
직원급여	200,850,000		195,000,000	
상여금	6,700,000		5,700,000	
보험료		1,850,000		1,850,000
세금과 공과금		1,500,000		1,350,000
수도광열비		750,000		800,000
잡비	1,000,000		1,250,000	
사무용품비		230,000		180,000
여비교통비	7,650,000		5,350,000	
퇴직급여충당금	15,300,000		13,500,000	
통신비		460,000		620,000
광고선전비		530,000		770,000
합계	231,500,000	5,320,000	220,800,000	5,570,000

따라서 2분기보다 3분기에 간접비 배정 금액은 증가한 반면, 직접비의 배정 금액은 감소했음을 알 수 있다.

⑤ 인건비를 구성하는 항목인 직원급여, 상여금, 퇴직급여충당금이 모두 감소하였으므로 이것이 직접비 감소의 가장 큰 요인이 되므로 인건비의 감소에 따라 직접비 배정액이 감소하였다고 볼 수 있다.

Answer 12.④

13 H사 기획팀에서는 해외 거래처와의 중요한 계약을 성사시키기 위해 이를 담당할 사내 TF팀 인원을 보강하고자 한다. 다음 상황을 참고할 때, 반드시 선발해야 할 2명의 직원은 누구인가?

> 기획팀은 TF팀에 추가로 필요한 직원 2명을 보강해야 한다. 계약실무, 협상, 시장조사, 현장교육 등 4가지 업무는 새롭게 선발될 2명의 직원이 분담하여 모두 수행해야 한다.
> 4가지 업무를 수행하기 위해 필수적으로 갖추어야 할 자질은 다음과 같다.
>
> | 업무 | 필요 자질 |
> |------|-----------|
> | 계약실무 | 스페인어, 국제 감각 |
> | 협상 | 스페인어, 설득력 |
> | 시장조사 | 설득력, 비판적 사고 |
> | 현장교육 | 국제 감각, 의사 전달력 |
>
> * 기획팀에서 1차로 선발한 직원은 오 대리, 최 사원, 남 대리, 조 사원 4명이며, 이들은 모두 3가지씩의 '필요 자질'을 갖추고 있다.
> * 의사 전달력은 남 대리를 제외한 나머지 3명이 모두 갖추고 있다.
> * 조 사원이 시장조사 업무를 제외한 모든 업무를 수행하려면, 스페인어 자질만 추가로 갖추면 된다.
> * 오 대리는 계약실무 업무를 수행할 수 있고, 최 사원과 남 대리는 시장조사 업무를 수행할 수 있다.
> * 국제 감각을 갖춘 직원은 2명이다.

① 오 대리, 최 사원　　　　　　　② 오 대리, 남 대리
③ 최 사원, 조 사원　　　　　　　④ 최 사원, 조 사원
⑤ 남 대리, 조 사원

✅ **해설** 주어진 설명에 의해 4명의 자질과 가능 업무를 표로 정리하면 다음과 같다.

	오 대리	최 사원	남 대리	조 사원
스페인어	○	×	○	×
국제 감각	○	×	×	○
설득력	×	○	○	○
비판적 사고	×	○	○	×
의사 전달력	○	○	×	○

위 표를 바탕으로 4명의 직원이 수행할 수 있는 업무를 정리하면 다음과 같다.
• 오 대리 : 계약실무, 현장교육
• 최 사원 : 시장조사
• 남 대리 : 협상, 시장조사
• 조 사원 : 현장교육
따라서 필요한 4가지 업무를 모두 수행하기 위해서는 오 대리와 남 대리 2명이 최종 선발되어야만 함을 알 수 있다.

▌14~15 ▌ 공장 주변지역의 농경수 오염에 책임이 있는 기업이 총 70억 원의 예산을 가지고 피해 현황 심사와 보상을 진행한다고 한다. 다음 글을 읽고 물음에 답하시오.

총 500건의 피해가 발생했고, 기업측에서는 실제 피해 현황을 심사하여 보상하기로 하였다. 심사에 소요되는 비용은 보상 예산에서 사용한다. 심사를 통해 좀 더 정확한 피해 규모를 파악할 수 있지만, 그에 따라 소요되는 비용 또한 증가하게 된다.

	1일째	2일째	3일째	4일째
일별 심사 비용 (억 원)	0.5	0.7	0.9	1.1
일별 보상대상 제외건수	50	45	40	35

• 보상금 총액=예산-심사 비용
• 표는 누적수치가 아닌, 하루에 소요되는 비용을 말함
• 일별 심사 비용은 매일 0.2억씩 증가하고 제외건수는 매일 5건씩 감소함
• 제외건수가 0이 되는 날, 심사를 중지하고 보상금을 지급함

14 기업측이 심사를 중지하는 날까지 소요되는 일별 심사 비용은 총 얼마인가?

① 15억 원
② 15.5억 원
③ 16억 원
④ 16.5억 원
⑤ 17억 원

✔해설 제외건수가 매일 5건씩 감소한다고 했으므로 11일째 되는 날 제외건수가 0이 되고 일별 심사 비용은 총 16.5억 원이 된다.

15 심사를 중지하고 총 500건에 대해서 보상을 한다고 할 때, 보상대상자가 받는 건당 평균 보상금은 대략 얼마인가?

① 약 1천만 원
② 약 2천만 원
③ 약 3천만 원
④ 약 4천만 원
⑤ 약 5천만 원

✔해설 (70억-16.5억)/500건=1,070만 원

16 다음 재고 현황을 통해 파악할 수 있는 완성품의 최대 수량과 완성품 1개당 소요 비용은 얼마인가? (단, 완성품은 A, B, C, D의 부품이 모두 조립되어야 하고 다른 조건은 고려하지 않는다)

부품명	완성품 1개당 소요량(개)	단가(원)	재고 수량(개)
A	2	50	100
B	3	100	300
C	20	10	2,000
D	1	400	150

	완성품의 최대 수량(개)	완성품 1개당 소요 비용(원)
①	50	100
②	50	500
③	50	1,000
④	100	500
⑤	100	1,000

✔ 해설 재고 수량에 따라 완성품을 A 부품으로는 $100 \div 2 = 50$개, B 부품으로는 $300 \div 3 = 100$개, C 부품으로는 $2,000 \div 20 = 100$개, D 부품으로는 $150 \div 1 = 150$개까지 만들 수 있다. 완성품은 A, B, C, D가 모두 조립되어야 하므로 50개만 만들 수 있다.
완성품 1개당 소요 비용은 완성품 1개당 소요량과 단가의 곱으로 구하면 되므로 A 부품 $2 \times 50 = 100$원, B 부품 $3 \times 100 = 300$원, C 부품 $20 \times 10 = 200$원, D 부품 $1 \times 400 = 400$원이다.
이를 모두 합하면 $100 + 300 + 200 + 400 = 1,000$원이 된다.

17 다음은 (주)서원기업의 재고 관리 사례이다. 금요일까지 부품 재고 수량이 남지 않게 완성품을 만들 수 있도록 월요일에 주문할 A ~ C 부품 개수로 옳은 것은? (단, 주어진 조건 이외에는 고려하지 않는다)

〈부품 재고 수량과 완성품 1개 당 소요량〉

부품명	부품 재고 수량	완성품 1개당 소요량
A	500	10
B	120	3
C	250	5

〈완성품 납품 수량〉

항목 \ 요일	월	화	수	목	금
완성품 납품 개수	없음	30	20	30	20

〈조건〉

1. 부품 주문은 월요일에 한 번 신청하며 화요일 작업시작 전 입고된다.
2. 완성품은 부품 A, B, C를 모두 조립해야 한다.

	A	B	C
①	100	100	100
②	100	180	200
③	500	100	100
④	500	180	250
⑤	500	150	250

✔해설 완성품 납품 개수는 30＋20＋30＋20으로 총 100개이다. 완성품 1개당 부품 A는 10개가 필요하므로 총 1,000개가 필요하고, B는 300개, C는 500개가 필요하다. 이때 각 부품의 재고 수량에서 부품 A는 500개를 가지고 있으므로 필요한 1,000개에서 가지고 있는 500개를 빼면 500개의 부품을 주문해야 한다. 부품 B는 120개를 가지고 있으므로 필요한 300개에서 가지고 있는 120개를 빼면 180개를 주문해야 하며, 부품 C는 250개를 가지고 있으므로 필요한 500개에서 가지고 있는 250개를 빼면 250개를 주문해야 한다.

Answer 16.③ 17.④

18 입사 2년차인 P씨와 같은 팀원들은 하루에도 수십 개씩의 서류를 받는다. 각자 감당할 수 없을 만큼의 서류가 쌓이다보니 빨리 처리해야할 업무가 무엇인지, 나중에 해도 되는 업무가 무엇인지 확인이 되지 않았다. 이런 상황에서 P씨가 가장 먼저 취해야 할 행동으로 가장 적절한 것은?

① 같은 팀원이자 후배인 K씨에게 서류정리를 시킨다.

② 가장 높은 상사의 일부터 처리한다.

③ 보고서와 주문서 등을 종류별로 정리하고 중요내용을 간추려 메모한다.

④ 눈앞의 급박한 상황들을 먼저 처리한다.

⑤ 눈에 보이는 보고서 먼저 해결한다.

> ✔해설 업무 시에는 일의 우선순위를 정하는 것이 중요하다. 많은 서류들을 정리하고 중요 내용을 간추려 메모하면 이후의 서류들도 기존보다 빠르게 정리할 수 있으며 시간을 효율적으로 사용할 수 있다.

19 다음 중 SMART법칙에 따라 목표를 설정하지 못한 사람을 모두 고른 것은?

- 민수 : 나는 올해 꼭 취업할꺼야.
- 나라 : 나는 8월까지 볼링 점수 200점에 도달하겠어.
- 정수 : 나는 오늘 10시까지 단어 100개를 외울거야.
- 주찬 : 나는 이번 달 안에 NCS강의 20강을 모두 들을거야.
- 명기 : 나는 이번 여름 방학에 영어 회화를 도전할거야.

---

① 정수, 주찬 　　　　　　　　② 나라, 정수

③ 민수, 명기 　　　　　　　　④ 주찬, 민수

⑤ 명기, 나라

> ✔해설 SMART법칙 … 목표를 어떻게 설정하고 그 목표를 성공적으로 달성하기 위해 꼭 필요한 필수 요건들을 S.M.A.R.T. 5개 철자에 따라 제시한 것이다.
> ㉠ Specific(구체적으로) : 목표를 구체적으로 작성한다.
> ㉡ Measurable(측정 가능하도록) : 수치화, 객관화시켜서 측정 가능한 척도를 세운다.
> ㉢ Action-oriented(행동 지향적으로) : 사고 및 생각에 그치는 것이 아니라 행동을 중심으로 목표를 세운다.
> ㉣ Realistic(현실성 있게) : 실현 가능한 목표를 세운다.
> ㉤ Time limited(시간적 제약이 있게) : 목표를 설정함에 있어 제한 시간을 둔다.

20 다음은 영업사원인 甲씨가 오늘 미팅해야 할 거래처 직원들과 방문해야 할 업체에 관한 정보이다. 다음의 정보를 모두 반영하여 하루의 일정을 짠다고 할 때 순서가 올바르게 배열된 것은? (단, 장소 간 이동 시간은 없는 것으로 가정한다)

〈거래처 직원들의 요구 사항〉

• A거래처 과장 : 회사 내부 일정으로 인해 미팅은 10시~12시 또는 16~18시까지 2시간 정도 가능합니다.
• B거래처 대리 : 12시부터 점심식사를 하거나, 18시부터 저녁식사를 하시죠. 시간은 2시간이면 될 것 같습니다.
• C거래처 사원 : 외근이 잡혀서 오전 9시부터 10시까지 1시간만 가능합니다.
• D거래처 부장 : 외부일정으로 18시부터 저녁식사만 가능합니다.

〈방문해야 할 업체와 가능시간〉

• E서점 : 14~18시, 소요시간은 2시간
• F은행 : 12~16시, 소요시간은 1시간
• G미술관 관람 : 하루 3회(10시, 13시, 15시), 소요시간은 1시간

---

① C거래처 사원 – A거래처 과장 – B거래처 대리 – E서점 – G미술관 – F은행 – D거래처 부장
② C거래처 사원 – A거래처 과장 – F은행 – B거래처 대리 – G미술관 – E서점 – D거래처 부장
③ C거래처 사원 – G미술관 – F은행 – B거래처 대리 – E서점 – A거래처 과장 – D거래처 부장
④ C거래처 사원 – A거래처 과장 – B거래처 대리 – F은행 – G미술관 – E서점 – D거래처 부장
⑤ C거래처 사원 – A거래처 과장 – F은행 – G미술관 – E서점 – B거래처 대리 – D거래처 부장

✔해설 C거래처 사원(9시~10시) – A거래처 과장(10시~12시) – B거래처 대리(12시~14시) – F은행(14시~15시) – G미술관(15시~16시) – E서점(16시~18시) – D거래처 부장(18시~)
① E서점까지 들리면 16시가 되는데, 그 이후에 G미술관을 관람할 수 없다.
② F은행까지 들리면 13시가 되는데, B거래처 대리 약속은 18시에 가능하다.
③ G미술관 관람을 마치고 나면 11시가 되는데 F은행은 12시에 가야한다. 1시간 기다려서 F은행 일이 끝나면 13시가 되는데, B거래처 대리 약속은 18시에 가능하다.
⑤ E서점까지 들리면 16시가 되는데, B거래처 대리 약속과 D거래처 부장 약속이 동시에 18시가 된다.

┃ 21~22 ┃ 다음은 '대한 국제 회의장'의 예약 관련 자료이다. 이를 보고 이어지는 물음에 답하시오.

〈대한 국제 회의장 예약 현황〉

행사구분	행사주체	행사일	시작시간	진행시간	예약인원	행사장
학술대회	A대학	3/10	10:00	2H	250명	전시홀
공연	B동아리	2/5	17:00	3H	330명	그랜드볼룸
학술대회	C연구소	4/10	10:30	6H	180명	전시홀
국제회의	D국 무역관	2/13	15:00	4H	100명	컨퍼런스홀
국제회의	E제품 바이어	3/7	14:00	3H	150명	그랜드볼룸
공연	F사 동호회	2/20	15:00	4H	280명	전시홀
학술대회	G학회	4/3	10:00	5H	160명	컨퍼런스홀
국제회의	H기업	2/19	11:00	3H	120명	그랜드볼룸

〈행사장별 행사 비용〉

	행사 비용
전시홀	350,000원(기본 2H), 1시간 당 5만 원 추가, 200명 이상일 경우 기본요금의 15% 추가
그랜드볼룸	450,000원(기본 2H), 1시간 당 5만 원 추가, 250명 이상일 경우 기본요금의 20% 추가
컨퍼런스홀	300,000원(기본 2H), 1시간 당 3만 원 추가, 150명 이상일 경우 기본요금의 10% 추가

21 다음 중 대한 국제 회의장이 2월 중 얻게 되는 기본요금과 시간 추가 비용의 수익금은 모두 얼마인가? (인원 추가 비용 제외)

① 172만 원

② 175만 원

③ 177만 원

④ 180만 원

⑤ 181만 원

✔해설 2월 행사는 4번이 예약되어 있으며, 행사주제별로 기본 사용료를 계산해 보면 다음과 같다.
- B동아리 : 450,000원 + 50,000원 = 500,000원
- D국 무역관 : 300,000원 + 60,000원 = 360,000원
- F사 동호회 : 350,000원 + 100,000원 = 450,000원
- H기업 : 450,000원 + 50,000원 = 500,000원

따라서 이를 모두 더하면 1,810,000원이 되는 것을 알 수 있다.

22 다음 중 인원 추가 비용이 가장 큰 시기부터 순서대로 올바르게 나열된 것은 어느 것인가?

① 4월, 2월, 3월

② 3월, 4월, 2월

③ 3월, 2월, 4월

④ 2월, 3월, 4월

⑤ 2월, 4월, 3월

✔해설 월별 인원 추가 비용은 다음과 같이 구분하여 계산할 수 있다.

2월	3월	4월
• B동아리 : 450,000원×0.2 = 90,000원 • D국 무역관 : 인원 미초과 • F사 동호회 : 350,000원× 0.15 =52,500원 • H기업 : 인원 미초과	• A대학 : 350,000원×0.15 = 52,500원 • E제품 바이어 : 인원 미초과	• C연구소 : 인원 미초과 • G학회 : 300,000원×0.1 =30,000원

따라서 각 시기별 인원 추가 비용은 2월 142,500원, 3월 52,500원, 4월 30,000원이 되어 2월, 3월, 4월 순으로 많게 된다.

23 다음 상황에서 총 순이익 200억 원 중에 Y사가 150억 원을 분배 받았다면 Y사의 연구개발비는 얼마인가?

X사와 Y사는 신제품을 공동개발하여 판매한 총 순이익을 다음과 같은 기준에 의해 분배하기로 약정하였다.
- 1번째 기준 : X사와 Y사는 총 순이익에서 각 회사 제조원가의 10%에 해당하는 금액을 우선 각자 분배받는다.
- 2번째 기준 : 총 순수익에서 위의 1번째 기준에 의해 분배 받은 금액을 제외한 나머지 금액에 대한 분배는 각 회사가 연구개발에 지출한 비용에 비례하여 분배액을 정한다.

〈신제품 개발과 판례에 따른 연구개발비용과 총 순이익〉

(단위 : 억 원)

구분	X사	Y사
제조원가	200	600
연구개발비	100	( )
총 순이익	200	

① 200억 원
② 250억 원
③ 300억 원
④ 350억 원
⑤ 360억 원

✔ **해설** 1번째 기준에 의해 X사는 200억의 10%인 20억을 분배받고, Y사는 600억의 10%인 60억을 분배받는다. Y가 분배받은 금액이 총 150억이라고 했으므로 X사가 분배받은 금액은 50억이다. X사가 두 번째 기준에 의해 분배받은 금액은 30억이고, Y사가 두 번째 기준에 의해 분배받은 금액은 90억이다. 두 번째 기준은 연구개발비용에 비례하여 분배받은 것이므로 X사의 연구개발비의 3배로 계산하면 300억이다.

24 O회사에 근무하고 있는 채과장은 거래 업체를 선정하고자 한다. 업체별 현황과 평가기준이 다음과 같을 때, 선정되는 업체는?

<업체별 현황>

업체명	시장매력도	정보화수준	접근가능성
	시장규모(억 원)	정보화순위	수출액(백만 원)
A업체	550	106	9,103
B업체	333	62	2,459
C업체	315	91	2,597
D업체	1,706	95	2,777
E업체	480	73	3,888

<평가기준>

• 업체별 종합점수는 시장매력도(30점 만점), 정보화수준(30점 만점), 접근가능성(40점 만점)의 합계 (100점 만점)로 구하며, 종합점수가 가장 높은 업체가 선정된다.
• 시장매력도 점수는 시장매력도가 가장 높은 업체에 30점, 가장 낮은 업체에 0점, 그 밖의 모든 업체에 15점을 부여한다. 시장규모가 클수록 시장매력도가 높다.
• 정보화수준 점수는 정보화순위가 가장 높은 업체에 30점, 가장 낮은 업체에 0점, 그 밖의 모든 업체에 15점을 부여한다.
• 접근가능성 점수는 접근가능성이 가장 높은 업체에 40점, 가장 낮은 업체에 0점, 그 밖의 모든 업체에 20점을 부여한다. 수출액이 클수록 접근가능성이 높다.

① A
② B
③ C
④ D
⑤ E

✔해설 업체별 평가기준에 따른 점수는 다음과 같으며, D업체가 65점으로 선정된다.

	시장매력도	정보화수준	접근가능성	합계
A	15	0	40	55
B	15	30	0	45
C	0	15	20	35
D	30	15	20	65
E	15	15	20	50

25 J회사 관리부에서 근무하는 L씨는 소모품 구매를 담당하고 있다. 2022년 5월 중에 다음 조건 하에서 A4용지와 토너를 살 때, 총 비용이 가장 적게 드는 경우는? (단, 2022년 5월 1일에는 A4용지와 토너는 남아 있다고 가정하며, 다 썼다는 말이 없으면 그 소모품들은 남아있다고 가정한다)

- A4용지 100장 한 묶음의 정가는 1만 원, 토너는 2만 원이다(A4용지는 100장 단위로 구매함).
- J회사와 거래하는 ◇◇오피스는 매달 15일에 전 품목 20% 할인 행사를 한다.
- ◇◇오피스에서는 5월 5일에 A사 카드를 사용하면 정가의 10%를 할인해 준다.
- 총 비용이란 소모품 구매가격과 체감비용(소모품을 다 써서 느끼는 불편)을 합한 것이다.
- 체감비용은 A4용지와 토너 모두 하루에 500원이다.
- 체감비용을 계산할 때, 소모품을 다 쓴 당일은 포함하고 구매한 날은 포함하지 않는다.
- 소모품을 다 쓴 당일에 구매하면 체감비용은 없으며, 소모품이 남은 상태에서 새 제품을 구입할 때도 체감비용은 없다.

---

① 3일에 A4용지만 다 써서 5일에 A사 카드로 A4용지와 토너를 살 경우

② 13일에 토너만 다 써서 당일 토너를 사고, 15일에 A4용지를 살 경우

③ 10일에 A4용지와 토너를 다 써서 15일에 A4용지와 토너를 같이 살 경우

④ 3일에 A4용지만 다 써서 당일 A4용지를 사고, 13일에 토너를 다 써서 15일에 토너만 살 경우

⑤ 4일에 A4용지와 토너를 다 써서 5일에 A사 카드로 A4용지와 토너를 살 경우

> ✔해설 ① 1,000원(체감비용)+27,000원=28,000원
> ② 20,000원(토너)+8,000원(A4용지)=28,000원
> ③ 5,000원(체감비용)+24,000원=29,000원
> ④ 10,000원(A4용지)+1,000원(체감비용)+16,000원(토너)=27,000원
> ⑤ 1,000원(체감비용)+27,000원=28,000원

26 이번에 탄생한 TF팀에서 팀장과 부팀장을 선정하려고 한다. 선정기준은 이전에 있던 팀에서의 근무성적과 성과점수, 봉사점수 등을 기준으로 한다. 구체적인 선정기준이 다음과 같을 때 선정되는 팀장과 부팀장을 바르게 연결한 것은?

〈선정기준〉
* 최종점수가 가장 높은 직원이 팀장이 되고, 팀장과 다른 성별의 직원 중에서 가장 높은 점수를 받은 직원이 부팀장이 된다(예를 들어 팀장이 남자가 되면, 여자 중 최고점을 받은 직원이 부팀장이 된다).
* 근무성적 40%, 성과점수 40%, 봉사점수 20%로 기본점수를 산출하고, 기본점수에 투표점수를 더하여 최종점수를 산정한다.
* 투표점수는 한 명당 5점이 부여된다(예를 들어 2명에게서 한 표씩 받으면 10점이다).

〈직원별 근무성적과 점수〉

직원	성별	근무성적	성과점수	봉사점수	투표한 사람수
고경원	남자	88	92	80	2
박하나	여자	74	86	90	1
도경수	남자	96	94	100	0
하지민	여자	100	100	75	0
유해영	여자	80	90	80	2
문정진	남자	75	75	95	1

① 고경원 – 하지민
② 고경원 – 유해영
③ 하지민 – 도경수
④ 하지민 – 문정진
⑤ 고경원 – 박하나

✔해설 점수를 계산하면 다음과 같다.

직원	성별	근무점수	성과점수	봉사점수	투표점수	합계
고경원	남자	35.2	36.8	16	10	98
박하나	여자	29.6	34.4	18	5	87
도경수	남자	38.4	37.6	20	0	96
하지민	여자	40	40	15	0	95
유해영	여자	32	36	16	10	94
문정진	남자	30	30	19	5	84

|27~28| 다음은 G사 영업본부 직원들의 담당 업무와 다음 달 주요 업무 일정표이다. 다음을 참고로 이어지는 물음에 답하시오.

〈다음 달 주요 업무 일정〉

일	월	화	수	목	금	토
		1 사업계획 초안 작성(2)	2	3	4 사옥 이동 계획 수립(2)	5
6	7	8 인트라넷 요청사항 정리(2)	9 전 직원 월간회의	10	11 TF팀 회의(1)	12
13	14 법무실무 담당자 회의(3)	15	16	17 신제품 진행과정 보고(1)	18	19
20	21 매출부진 원인분석(2)	22	23 홍보자료 작성(3)	24 인사고과(2)	25	26
27	28 매출 집계(2)	29 부서경비 정리(2)	30	31		

* ( )안의 숫자는 해당 업무 소요 일수

〈담당자별 업무〉

담당자	담당업무
갑	부서 인사고과, 사옥 이동 관련 이사 계획 수립, 내년도 사업계획 초안 작성
을	매출부진 원인 분석, 신제품 개발 진행과정 보고
병	자원개발 프로젝트 TF팀 회의 참석, 부서 법무실무 교육 담당자 회의
정	사내 인트라넷 구축 관련 요청사항 정리, 대외 홍보자료 작성
무	월말 부서 경비집행 내역 정리 및 보고, 매출 집계 및 전산 입력

27 위의 일정과 담당 업무를 참고할 때, 다음 달 월차 휴가를 사용하기에 적절한 날짜를 선택한 직원이 아닌 것은 어느 것인가?

① 갑 – 23일

② 을 – 8일

③ 병 – 4일

④ 정 – 25일

⑤ 무 – 24일

> ✔ **해설** 정은 홍보자료 작성 업무가 23일에 예정되어 있으며 3일 간의 시간이 걸리는 업무이므로 25일에 월차 휴가를 사용하는 것은 바람직하지 않다.

28 갑작스런 해외 거래처의 일정 변경으로 인해 다음 달 넷째 주에 영업본부에서 2명이 일주일 간 해외 출장을 가야 한다. 위에 제시된 5명의 직원 중 담당 업무에 지장이 없는 2명을 뽑아 출장을 보내야 할 경우, 출장자로 적절한 직원은 누구인가?

① 갑, 병

② 을, 정

③ 정, 무

④ 을, 병

⑤ 병, 무

> ✔ **해설** 넷째 주에는 을의 매출부진 원인 분석 업무, 정의 홍보자료 작성 업무, 갑의 부서 인사고과 업무가 예정되어 있다. 따라서 출장자로 가장 적합한 두 명의 직원은 병과 무가 된다.

▌29~30▌ D회사에서는 1년에 1명을 선발하여 해외연수를 보내주는 제도가 있다. 김부장, 최과장, 오과장, 홍대리, 박사원 5명이 지원한 가운데 〈선발 기준〉과 〈지원자 현황〉은 다음과 같다. 다음을 보고 물음에 답하시오.

〈선발 기준〉

구분	점수	비고
외국어 성적	50점	
근무 경력	20점	15년 이상이 만점 대비 100%, 10년 이상 15년 미만이 70%, 10년 미만이 50%이다. 단, 근무경력이 최소 5년 이상인 자만 선발 자격이 있다.
근무 성적	10점	
포상	20점	3회 이상이 만점 대비 100%, 1~2회가 50%, 0회가 0%이다.
계	100점	

〈지원자 현황〉

구분	김부장	최과장	오과장	홍대리	박사원
근무경력	30년	20년	10년	3년	2년
포상	2회	4회	0회	5회	1회

※ 외국어 성적은 김부장과 최과장이 만점 대비 50%이고, 오과장이 80%, 홍대리와 박사원이 100%이다.
※ 근무 성적은 최과장과 박사원이 만점이고, 김부장, 오과장, 홍대리는 만점 대비 90%이다.

29 위의 선발 기준과 지원자 현황에 따를 때 가장 높은 점수를 받은 사람이 선발된다면 선발되는 사람은?

① 김부장
② 최과장
③ 오과장
④ 홍대리
⑤ 박사원

	김부장	최과장	오과장	홍대리, 박사원
외국어 성적	25점	25점	40점	근무경력이 5년 미만이므로 선발 자격이 없다.
근무 경력	20점	20점	14점	
근무 성적	9점	10점	9점	
포상	10점	20점	0점	
계	64점	75점	63점	

30 회사 규정의 변경으로 인해 선발 기준이 다음과 같이 변경되었다면, 새로운 선발 기준 하에서 선발되는 사람은? (단, 가장 높은 점수를 받은 사람이 선발된다)

구분	점수	비고
외국어 성적	40점	
근무 경력	40점	30년 이상이 만점 대비 100%, 20년 이상 30년 미만이 70%, 20년 미만이 50%이다. 단, 근무경력이 최소 5년 이상인 자만 선발 자격이 있다.
근무 성적	10점	
포상	10점	3회 이상이 만점 대비 100%, 1~2회가 50%, 0회가 0%이다.
계	100점	

① 김부장   ② 최과장
③ 오과장   ④ 홍대리
⑤ 박사원

 해설

	김부장	최과장	오과장	홍대리, 박사원
외국어 성적	20점	20점	32점	
근무 경력	40점	28점	20점	근무경력이 5년
근무 성적	9점	10점	9점	미만이므로 선발
포상	5점	10점	0점	자격이 없다.
계	74점	68점	61점	

CHAPTER 05

조직이해능력(사무)

01 조직과 개인

(1) 조직

① 조직과 기업

　㉠ 조직 : 두 사람 이상이 공동의 목표를 달성하기 위해 의식적으로 구성된 상호작용과 조정을 행하는 행동의 집합체

　㉡ 기업 : 노동, 자본, 물자, 기술 등을 투입하여 제품이나 서비스를 산출하는 기관

② 조직의 유형

기준	구분	예
공식성	공식조직	조직의 규모, 기능, 규정이 조직화된 조직
	비공식조직	인간관계에 따라 형성된 자발적 조직
영리성	영리조직	사기업
	비영리조직	정부조직, 병원, 대학, 시민단체
조직규모	소규모 조직	가족 소유의 상점
	대규모 조직	대기업

(2) 경영

① 경영의 의미 … 경영은 조직의 목적을 달성하기 위한 전략, 관리, 운영활동이다.

② 경영의 구성요소

　㉠ 경영목적 : 조직의 목적을 달성하기 위한 방법이나 과정

　㉡ 인적자원 : 조직의 구성원·인적자원의 배치와 활용

　㉢ 자금 : 경영활동에 요구되는 돈·경영의 방향과 범위 한정

　㉣ 경영전략 : 변화하는 환경에 적응하기 위한 경영활동 체계화

③ 경영자의 역할

대인적 역할	정보적 역할	의사결정적 역할
• 조직의 대표자 • 조직의 리더 • 상징자, 지도자	• 외부환경 모니터 • 변화전달 • 정보전달자	• 문제 조정 • 대외적 협상 주도 • 분쟁조정자, 자원배분자, 협상가

(3) 조직체제 구성요소

① **조직목표** … 전체 조직의 성과, 자원, 시장, 인력개발, 혁신과 변화, 생산성에 대한 목표

② **조직구조** … 조직 내의 부문 사이에 형성된 관계

③ **조직문화** … 조직구성원들 간에 공유하는 생활양식이나 가치

④ **규칙 및 규정** … 조직의 목표나 전략에 따라 수립되어 조직구성원들이 활동범위를 제약하고 일관성을 부여하는 기능

예제 1

주어진 글의 빈칸에 들어갈 말로 가장 적절한 것은?

> 조직이 지속되게 되면 조직구성원들 간 생활양식이나 가치를 공유하게 되는데 이를 조직의 (㉠)라고 한다. 이는 조직구성원들의 사고와 행동에 영향을 미치며 일체감과 정체성을 부여하고 조직이 (㉡)으로 유지되게 한다. 최근 이에 대한 중요성이 부각되면서 긍정적인 방향으로 조성하기 위한 경영층의 노력이 이루어지고 있다.

① ㉠ : 목표, ㉡ : 혁신적　　　　　② ㉠ : 구조, ㉡ : 단계적
③ ㉠ : 문화, ㉡ : 안정적　　　　　④ ㉠ : 규칙, ㉡ : 체계적

출제의도

본 문항은 조직체계의 구성요소들의 개념을 묻는 문제이다.

해 설

조직문화란 조직구성원들 간에 공유하게 되는 생활양식이나 가치를 말한다. 이는 조직구성원들의 사고와 행동에 영향을 미치며 일체감과 정체성을 부여하고 조직이 안정적으로 유지되게 한다.

답 ③

---

(4) 조직변화의 과정

환경변화 인지 → 조직변화 방향 수립 → 조직변화 실행 → 변화결과 평가

(5) 조직과 개인

개인	지식, 기술, 경험 →	조직
	← 연봉, 성과급, 인정, 칭찬, 만족감	

02 조직이해능력을 구성하는 하위능력

(1) 경영이해능력

① 경영 ··· 경영은 조직의 목적을 달성하기 위한 전략, 관리, 운영활동이다.
  ㉠ 경영의 구성요소 : 경영목적, 인적자원, 자금, 전략
  ㉡ 경영의 과정

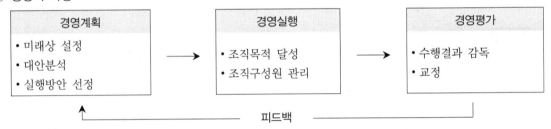

  ㉢ 경영활동 유형
    • 외부경영활동 : 조직외부에서 조직의 효과성을 높이기 위해 이루어지는 활동이다.
    • 내부경영활동 : 조직내부에서 인적, 물적 자원 및 생산기술을 관리하는 것이다.

② 의사결정과정
  ㉠ 의사결정의 과정
    • 확인 단계 : 의사결정이 필요한 문제를 인식한다.
    • 개발 단계 : 확인된 문제에 대하여 해결방안을 모색하는 단계이다.
    • 선택 단계 : 해결방안을 마련하며 실행가능한 해결안을 선택한다.
  ㉡ 집단의사결정의 특징
    • 지식과 정보가 더 많아 효과적인 결정을 할 수 있다.
    • 다양한 견해를 가지고 접근할 수 있다.
    • 결정된 사항에 대하여 의사결정에 참여한 사람들이 해결책을 수월하게 수용하고, 의사소통의 기회도 향상된다.

- 의견이 불일치하는 경우 의사결정을 내리는데 시간이 많이 소요된다.
- 특정 구성원에 의해 의사결정이 독점될 가능성이 있다.

③ 경영전략

㉠ 경영전략 추진과정

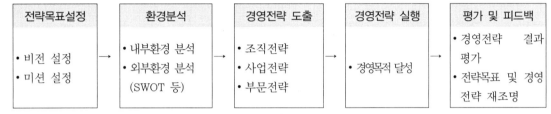

전략목표설정	환경분석	경영전략 도출	경영전략 실행	평가 및 피드백
• 비전 설정 • 미션 설정	• 내부환경 분석 • 외부환경 분석 (SWOT 등)	• 조직전략 • 사업전략 • 부문전략	• 경영목적 달성	• 경영전략 결과 평가 • 전략목표 및 경영 전략 재조명

㉡ 마이클 포터의 본원적 경쟁전략

		전략적 우위 요소	
		고객들이 인식하는 제품의 특성	원가우위
전략적 목표	산업전체	차별화	원가우위
	산업의 특정부문	집중화	
		(차별화 + 집중화)	(원가우위 + 집중화)

예제 2

다음은 경영전략을 세우는 방법 중 하나인 SWOT에 따른 어느 기업의 분석결과이다. 다음 중 주어진 기업 분석 결과에 대응하는 전략은?

강점(Strength)	• 차별화된 맛과 메뉴 • 폭넓은 네트워크
약점(Weakness)	• 매출의 계절적 변동폭이 큼 • 딱딱한 기업 이미지
기회(Opportunity)	• 소비자의 수요 트랜드 변화 • 가계의 외식 횟수 증가 • 경기회복 가능성
위협(Threat)	• 새로운 경쟁자의 진입 가능성 • 과도한 가계부채

내부환경 외부환경	강점(Strength)	약점(Weakness)
기회 (Opportunity)	① 계절 메뉴 개발을 통한 분기 매출 확보	② 고객의 소비패턴을 반영한 광고를 통한 이미지 쇄신
위협 (Threat)	③ 소비 트렌드 변화를 반영한 시장 세분화 정책	④ 고급화 전략을 통한 매출 확대

답 ②

④ 경영참가제도

　　㉠ 목적

　　　• 경영의 민주성을 제고할 수 있다.

　　　• 공동으로 문제를 해결하고 노사 간의 세력 균형을 이룰 수 있다.

　　　• 경영의 효율성을 제고할 수 있다.

　　　• 노사 간 상호 신뢰를 증진시킬 수 있다.

　　㉡ 유형

　　　• 경영참가 : 경영자의 권한인 의사결정과정에 근로자 또는 노동조합이 참여하는 것

　　　• 이윤참가 : 조직의 경영성과에 대하여 근로자에게 배분하는 것

　　　• 자본참가 : 근로자가 조직 재산의 소유에 참여하는 것

예제 2

다음은 중국의 H사에서 시행하는 경영참가제도에 대한 기사이다. 밑줄 친 이 제도는 무엇인가?

> H사는 '사람' 중심의 수평적 기업문화가 발달했다. H사는 <u>이 제도</u>의 시행을 통해 직원들이 경영에 간접적으로 참여할 수 있게 하였는데 이에 따라 자연스레 기업에 대한 직원들의 책임 의식도 강화됐다. 참여주주는 8만2471명이다. 모두 H사의 임직원이며, 이 중 창립자인 CEO R은 개인 주주로 총 주식의 1.18%의 지분과 퇴직연금으로 주식총액의 0.21%만을 보유하고 있다.

① 노사협의회제도 　　　　② 이윤분배제도

③ 종업원지주제도 　　　　④ 노동주제도

---

(2) 체제이해능력

① 조직목표 : 조직이 달성하려는 장래의 상태

　　㉠ 조직목표의 기능

　　　• 조직이 존재하는 정당성과 합법성 제공

　　　• 조직이 나아갈 방향 제시

　　　• 조직구성원 의사결정의 기준

　　　• 조직구성원 행동수행의 동기유발

　　　• 수행평가 기준

　　　• 조직설계의 기준

ⓒ 조직목표의 특징
- 공식적 목표와 실제적 목표가 다를 수 있음
- 다수의 조직목표 추구 가능
- 조직목표 간 위계적 상호관계가 있음
- 가변적 속성
- 조직의 구성요소와 상호관계를 가짐

② 조직구조

ⓐ 조직구조의 결정요인 : 전략, 규모, 기술, 환경

ⓑ 조직구조의 유형과 특징

유형	특징
기계적 조직	• 구성원들의 업무가 분명하게 규정 • 엄격한 상하 간 위계질서 • 다수의 규칙과 규정 존재
유기적 조직	• 비공식적인 상호의사소통 • 급변하는 환경에 적합한 조직

③ 조직문화

ⓐ 조직문화 기능
- 조직구성원들에게 일체감, 정체성 부여
- 조직몰입 향상
- 조직구성원들의 행동지침 : 사회화 및 일탈행동 통제
- 조직의 안정성 유지

ⓑ 조직문화 구성요소(7S) : 공유가치(Shared Value), 리더십 스타일(Style), 구성원(Staff), 제도·절차 (System), 구조(Structure), 전략(Strategy), 스킬(Skill)

④ 조직 내 집단

ⓐ 공식적 집단 : 조직에서 의식적으로 만든 집단으로 집단의 목표, 임무가 명확하게 규정되어 있다.
예 임시위원회, 작업팀 등

ⓑ 비공식적 집단 : 조직구성원들의 요구에 따라 자발적으로 형성된 집단이다.
예 스터디모임, 봉사활동 동아리, 각종 친목회 등

(3) 업무이해능력

① 업무 : 업무는 상품이나 서비스를 창출하기 위한 생산적인 활동이다.

⑦ 업무의 종류

부서	업무(예)
총무부	주주총회 및 이사회개최 관련 업무, 의전 및 비서업무, 집기비품 및 소모품의 구입과 관리, 사무실 임차 및 관리, 차량 및 통신시설의 운영, 국내외 출장 업무 협조, 복리후생 업무, 법률자문과 소송관리, 사내외 홍보 광고업무
인사부	조직기구의 개편 및 조정, 업무분장 및 조정, 인력수급계획 및 관리, 직무 및 정원의 조정 종합, 노사관리, 평가관리, 상벌관리, 인사발령, 교육체계 수립 및 관리, 임금제도, 복리후생제도 및 지원업무, 복무관리, 퇴직관리
기획부	경영계획 및 전략 수립, 전사기획업무 종합 및 조정, 중장기 사업계획의 종합 및 조정, 경영정보 조사 및 기획보고, 경영진단업무, 종합예산수립 및 실적관리, 단기사업계획 종합 및 조정, 사업계획, 손익추정, 실적관리 및 분석
회계부	회계제도의 유지 및 관리, 재무상태 및 경영실적 보고, 결산 관련 업무, 재무제표분석 및 보고, 법인세, 부가가치세, 국세 지방세 업무자문 및 지원, 보험가입 및 보상업무, 고정자산 관련 업무
영업부	판매 계획, 판매예산의 편성, 시장조사, 광고 선전, 견적 및 계약, 제조지시서의 발행, 외상매출금의 청구 및 회수, 제품의 재고 조절, 거래처로부터의 불만처리, 제품의 애프터서비스, 판매원가 및 판매가격의 조사 검토

예제 2

다음은 I기업의 조직도와 팀장님의 지시사항이다. H씨가 팀장님의 심부름을 수행하기 위해 연락해야 할 부서로 옳은 것은?

H씨! 내가 지금 너무 바빠서 그러는데 부탁 좀 들어줄래요? 다음 주 중에 사장님 모시고 클라이언트와 만나야 할 일이 있으니까 사장님 일정을 확인해주시구요. 이번 달에 신입사원 교육·훈련계획이 있었던 것 같은데 정확한 시간이랑 날짜를 확인해주세요.

① 총무부, 인사부

② 총무부, 홍보실

③ 기획부, 총무부

④ 영업부, 기획부

출제의도

조직도와 부서의 명칭을 보고 개략적인 부서의 소관 업무를 분별할 수 있는지를 묻는 문항이다.

해 설

사장의 일정에 관한 사항은 비서실에서 관리하나 비서실이 없는 회사의 경우 총무부(또는 팀)에서 비서업무를 담당하기도 한다. 또한 신입사원 관리 및 교육은 인사부에서 관리한다.

답 ①

ⓛ 업무의 특성
- 공통된 조직의 목적 지향
- 요구되는 지식, 기술, 도구의 다양성
- 다른 업무와의 관계, 독립성
- 업무수행의 자율성, 재량권

② 업무수행 계획
  ㉠ 업무지침 확인 : 조직의 업무지침과 나의 업무지침을 확인한다.
  ㉡ 활용 자원 확인 : 시간, 예산, 기술, 인간관계
  ㉢ 업무수행 시트 작성
  - 간트 차트 : 단계별로 업무의 시작과 끝 시간을 바 형식으로 표현
  - 워크 플로 시트 : 일의 흐름을 동적으로 보여줌
  - 체크리스트 : 수행수준 달성을 자가점검

    Point 》 간트 차트와 플로 차트

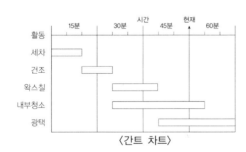

〈간트 차트〉

〈플로 차트〉

다음 중 업무수행 시 단계별로 업무를 시작해서 끝나는 데까지 걸리는 시간을
바 형식으로 표시하여 전체 일정 및 단계별로 소요되는 시간과 각 업무활동 사
이의 관계를 볼 수 있는 업무수행 시트는?

① 간트 차트
② 워크 플로 차트
③ 체크리스트
④ 퍼트 차트

출제의도

업무수행 계획을 수립할 때 간트 차트, 워크 플로 시트, 체크리스트 등의 수단을 이용하면 효과적으로 계획하고 마지막에 급하게 일을 처리하지 않고 주어진 시간 내에 끝마칠 수 있다. 본 문항은 그러한 수단이 되는 차트들의 이해도를 묻는 문항이다.

해 설

② 일의 절차 처리의 흐름을 표현하기 위해 기호를 써서 도식화한 것
③ 업무를 세부적으로 나누고 각 활동별로 수행수준을 달성했는지를 확인하는 데 효과적
④ 하나의 사업을 수행하는 데 필요한 다수의 세부사업을 단계와 활동으로 세분하여 관련된 계획 공정으로 묶고, 각 활동의 소요시간을 낙관시간, 최가능시간, 비관시간 등 세 가지로 추정하고 이를 평균하여 기대시간을 추정

답 ①

③ 업무 방해요소

㉠ 다른 사람의 방문, 인터넷, 전화, 메신저 등

㉡ 갈등관리

㉢ 스트레스

(4) 국제감각

① 세계화와 국제경영

㉠ 세계화 : 3Bs(국경 ; Border, 경계 ; Boundary, 장벽 ; Barrier)가 완화되면서 활동범위가 세계로 확대되는 현상이다.

㉡ 국제경영 : 다국적 내지 초국적 기업이 등장하여 범지구적 시스템과 네트워크 안에서 기업 활동이 이루어지는 것이다.

② 이문화 커뮤니케이션 … 서로 상이한 문화 간 커뮤니케이션으로 직업인이 자신의 일을 수행하는 가운데 문화배경을 달리하는 사람과 커뮤니케이션을 하는 것이 이에 해당한다. 이문화 커뮤니케이션은 언어적 커뮤니케이션과 비언어적 커뮤니케이션으로 구분된다.

③ 국제 동향 파악 방법

　㉠ 관련 분야 해외사이트를 방문해 최신 이슈를 확인한다.

　㉡ 매일 신문의 국제면을 읽는다.

　㉢ 업무와 관련된 국제잡지를 정기구독 한다.

　㉣ 고용노동부, 한국산업인력공단, 산업통상자원부, 중소벤처기업부, 대한상공회의소, 산업별인적자원
　　개발협의체 등의 사이트를 방문해 국제동향을 확인한다.

　㉤ 국제학술대회에 참석한다.

　㉥ 업무와 관련된 주요 용어의 외국어를 알아둔다.

　㉦ 해외서점 사이트를 방문해 최신 서적 목록과 주요 내용을 파악한다.

　㉧ 외국인 친구를 사귀고 대화를 자주 나눈다.

④ 대표적인 국제매너

　㉠ 미국인과 인사할 때에는 눈이나 얼굴을 보는 것이 좋으며 오른손으로 상대방의 오른손을 힘주어
　　잡았다가 놓아야 한다.

　㉡ 러시아와 라틴아메리카 사람들은 인사할 때에 포옹을 하는 경우가 있는데 이는 친밀함의 표현이므
　　로 자연스럽게 받아주는 것이 좋다.

　㉢ 명함은 받으면 꾸기거나 계속 만지지 않고 한 번 보고나서 탁자 위에 보이는 채로 대화하거나 명
　　함집에 넣는다.

　㉣ 미국인들은 시간 엄수를 중요하게 생각하므로 약속시간에 늦지 않도록 주의한다.

　㉤ 스프를 먹을 때에는 몸쪽에서 바깥쪽으로 숟가락을 사용한다.

　㉥ 생선요리는 뒤집어 먹지 않는다.

　㉦ 빵은 스프를 먹고 난 후부터 디저트를 먹을 때까지 먹는다.

출제예상문제

1 조직의 개념을 다음과 같이 구분할 때, 비공식 조직(A)과 비영리 조직(B)을 알맞게 짝지은 것은 어느 것인가?

> 조직은 공식화 정도에 따라 공식조직과 비공식조직으로 구분할 수 있다. 공식조직은 조직의 구조, 기능, 규정 등이 조직화되어 있는 조직을 의미하며, 비공식조직은 개인들의 협동과 상호작용에 따라 형성된 자발적인 집단 조직이다. 즉, 비공식조직은 인간관계에 따라 형성된 것으로, 조직이 발달해 온 역사를 보면 비공식조직으로부터 공식화가 진행되어 공식조직으로 발전해 왔다.
>
> 또한 조직은 영리성을 기준으로 영리조직과 비영리조직으로 구분할 수 있다. 영리조직은 기업과 같이 이윤을 목적으로 하는 조직이며, 비영리조직은 공익을 추구하는 기관이나 단체 등이 해당한다.
>
> 조직을 규모로 구분하여 보았을 때, 가족 소유의 상점과 같이 소규모 조직도 있지만, 대기업과 같이 대규모 조직도 있으며, 최근에는 다국적 기업도 증가하고 있다. 다국적 기업이란 동시에 둘 이상의 국가에서 법인을 등록하고 경영활동을 벌이는 기업을 의미한다.

	(A)	(B)
①	사기업	시민 단체
②	병원	대학
③	계모임	종교 단체
④	대기업	소규모 빵집
⑤	정부조직	노동조합

✔ **해설** 비공식조직은 자발적으로 형성된 조직으로 구조나 규정 등이 조직화되어 있지 않아야 한다. 또한 비영리조직은 이윤 추구가 아닌 공익을 추구하는 기관이나 단체가 해당되므로 주어진 보기에서는 계모임과 종교 단체가 각각 비공식조직과 비영리조직에 해당된다고 볼 수 있다.

2 다음 중 밑줄 친 (개)와 (내)에 대한 설명으로 적절하지 않은 것은 어느 것인가?

> 조직 내에서는 (개)개인이 단독으로 의사결정을 내리는 경우도 있지만 집단이 의사결정을 하기도 한다. 조직에서 여러 문제가 발생하면 직업인은 의사결정과정에 참여하게 된다. 이때 조직의 의사결정은 (내)집단적으로 이루어지는 경우가 많으며, 여러 가지 제약요건이 존재하기 때문에 조직의 의사결정에 적합한 과정을 거쳐야 한다. 조직의 의사결정은 개인의 의사결정에 비해 복잡하고 불확실하다. 따라서 대부분 기존의 결정을 조금씩 수정해나가는 방향으로 이루어진다.

① (내)가 보다 효과적인 결정을 내릴 확률이 높다.
② (개)는 결정된 사항에 대하여 의사결정에 참여한 사람들이 해결책을 수월하게 수용하지 않을 수도 있다.
③ (개)는 의사결정을 신속히 내릴 수 있다.
④ (내)는 다양한 시각과 견해를 가지고 의사결정에 접근할 수 있다.
⑤ (개)는 특정 구성원에 의해 의사결정이 독점될 가능성이 있다.

✓ 해설 집단의사결정은 한 사람이 가진 지식보다 집단이 가지고 있는 지식과 정보가 더 많아 효과적인 결정을 할 수 있다. 또한 다양한 집단구성원이 갖고 있는 능력은 각기 다르므로 각자 다른 시각으로 문제를 바라봄에 따라 다양한 견해를 가지고 접근할 수 있다. 집단의사결정을 할 경우 결정된 사항에 대하여 의사결정에 참여한 사람들이 해결책을 수월하게 수용하고, 의사소통의 기회도 향상되는 장점이 있다. 반면에 의견이 불일치하는 경우 의사결정을 내리는 데 시간이 많이 소요되며, 특정 구성원에 의해 의사결정이 독점될 가능성이 있다.

3 다음 중 A사가 새롭게 도입하게 된 경영참가제도를 운영함에 있어 나타날 현상으로 보기에 적절하지 않은 것은 어느 것인가?

① 노사 양측의 공동 참여로 인해 신속하지만 부실한 의사결정 우려

② 근로자의 경영능력 부족에 따른 부작용

③ 노조의 고유 기능인 단체 교섭력 약화 우려

④ 제도에 참여하는 근로자가 모든 근로자의 권익을 효과적으로 대변할 수 있는 지 여부

⑤ 경영자 고유 권한인 경영권 약화 우려

> ✔해설 경영참가제도의 문제점
> • 경영능력이 부족한 근로자가 경영에 참여할 경우 의사결정이 늦어지고 합리적으로 일어날 수 없다.
> • 대표로 참여하는 근로자가 조합원들의 권익을 지속적으로 보장할 수 있는가의 문제.
> • 경영자의 고유한 권리인 경영권 약화
> • 경영참가제도를 통해 분배문제를 해결함으로써 노동조합의 단체교섭 기능이 약화
> 따라서 신속한 의사 결정을 기대하는 것은 경영참가제도에 대한 적절한 판단으로 보기 어렵다.

4 다음 글의 빈 칸에 들어갈 적절한 말은 어느 것인가?

> 하나의 조직이 조직의 목적을 달성하기 위해서는 이를 관리, 운영하는 활동이 요구된다. 이러한 활동은 조직이 수립한 목적을 달성하기 위하여 계획을 세우고 실행하고 그 결과를 평가하는 과정이다. 직업인은 조직의 한 구성원으로서 자신이 속한 조직이 어떻게 운영되고 있으며, 어떤 방향으로 흘러가고 있는지, 현재 운영체제의 문제는 무엇이고 생산성을 높이기 위해 어떻게 개선되어야 하는지 등을 이해하고 자신의 업무 영역에 맞게 적용하는 (   )이 요구된다.

① 체제이해능력   ② 경영이해능력

③ 업무이해능력   ④ 자기개발능력

⑤ 업무활용능력

> ✔해설 경영은 한마디로 조직의 목적을 달성하기 위한 전략, 관리, 운영활동이다. 즉, 경영은 경영의 대상인 조직과 조직의 목적, 경영의 내용인 전략, 관리, 운영으로 이루어진다. 과거에는 경영(administration)을 단순히 관리(management)라고 생각하였다. 관리는 투입되는 자원을 최소화하거나 주어진 자원을 이용하여 추구하는 목표를 최대한 달성하기 위한 활동이다.

5 '조직몰입'에 대한 다음 설명을 참고할 때, 조직몰입의 유형에 대한 설명으로 적절하지 않은 것은 어느 것인가?

> 몰입이라는 용어는 사회학에서 주로 다루어져 왔는데 사전적 의미에서 몰입이란 "감성적 또는 지성적으로 특정의 행위과정에서 빠지는 것"이므로 몰입은 타인, 집단, 조직과의 관계를 포함하며, 조직몰입은 종업원이 자신이 속한 조직에 대해 얼마만큼의 열정을 가지고 몰두하느냐 하는 정도를 가리키는 개념이다. 즉, 조직에 대한 충성 동일화 및 참여의 견지에서 조직구성원이 가지는 조직에 대한 성향을 의미한다. 또한 조직몰입은 조직의 목표와 가치에 대한 강한 신념과 조직을 위해 상당한 노력을 하고자 하는 의지 및 조직의 구성원으로 남기를 바라는 강한 욕구를 의미하기도 한다. 최근에는 직무만족보다 성과나 이직 등의 조직현상에 대한 설명력이 높다는 관점에서 조직에 대한 조직구성원의 태도를 나타내는 조직몰입은 많은 연구의 관심사가 되고 있다.

① '도덕적 몰입'은 비영리적 조직에서 찾아볼 수 있는 조직몰입 형태이다.

② 조직과 구성원 간의 관계가 타산적이고 합리적일 때의 유형은 '계산적 몰입'에 해당된다.

③ 조직과 구성원 간의 관계가 부정적, 착취적 상태인 몰입의 유형은 '소외적 몰입'에 해당된다.

④ '도덕적 몰입'은 몰입의 정도가 가장 낮다고 할 수 있다.

⑤ '계산적 몰입'은 공인적 조직에서 찾아볼 수 있으며 단순한 참여와 근속만을 의미한다.

✔ 해설 • 도덕적 몰입 : 비영리적 조직에서 찾아볼 수 있는 조직몰입 형태로 도덕적이며 규범적 동기에서 조직에 참가하는 것으로 조직몰입의 강도가 제일 높으며 가장 긍정적 조직으로의 지향을 나타낸다.
• 계산적 몰입 : 조직과 구성원 간의 관계가 타산적이고 합리적일 때의 유형으로 몰입의 정도는 중간 정도를 보이게 되며, 몰입 방향은 긍정적 혹은 부정적 방향으로 나타날 수 있다. 이러한 몰입은 공인적 조직에서 찾아볼 수 있으며 단순한 참여와 근속만을 의미한다.
• 소외적 몰입 : 주로 교도소, 포로수용소 등 착취적인 관계에서 볼 수 있는 것으로 조직과 구성원 간의 관계가 부정적 상태인 몰입이다.

6 다음과 같은 팀장의 지시 사항을 수행하기 위하여 업무협조를 구해야 할 조직의 명칭이 순서대로 올바르게 나열된 것은 어느 것인가?

> 다들 사장님 보고 자료 때문에 정신이 없는 모양인데 이건 자네가 좀 처리해줘야겠군. 다음 주에 있을 기자단 간담회 자료가 필요한데 옆 부서 박 부장한테 말해 두었으니 오전 중에 좀 가져다주게나. 그리고 내일 사장님께서 보고 직전에 외부에서 오신다던데 어디서 오시는 건지 일정 좀 확인해서 알려주고, 이틀 전 퇴사한 엄 차장 퇴직금 처리가 언제 마무리 될지도 알아봐 주게나. 아, 그리고 말이야, 자네는 아직 사원증이 발급되지 않았나? 확인해 보고 얼른 요청해서 걸고 다니게.

① 기획실, 경영관리실, 총무부, 비서실
② 영업2팀, 홍보실, 회계팀, 물류팀
③ 총무부, 구매부, 비서실, 인사부
④ 경영관리실, 회계팀, 기획실, 총무부
⑤ 홍보실, 비서실, 인사부, 총무부

> ✔해설 일반적으로 기자들을 상대하는 업무는 홍보실, 사장의 동선 및 일정 관리는 비서실, 퇴직 및 퇴직금 관련 업무는 인사부, 사원증 제작은 총무부에서 관장하는 업무로 분류된다.

7 다음 글을 참고할 때, 조직문화의 기능을 적절하게 설명하지 못한 것은 어느 것인가?

> 서로의 조직문화가 확연히 다른 두 기업 간의 합병은 기업문화에 어떤 영향을 미칠까.
> 1998년 독일의 다임러벤츠는 미국의 크라이슬러 자동차를 인수 합병했다. 그러나 꿈의 결합이 추락하는 건 시간 문제였다. 왜냐하면 서로의 조직문화가 너무 달라서 그들은 늘 충돌했기 때문이다.
> 자유분방한 분위기의 크라이슬러 직원들은 독일 특유의 수직적 기업문화를 이해하지 못했고, 두 조직의 결합은 시너지 효과는 고사하고 심각한 문화적 충돌만 일으켰다. 결국 이들의 합병은 엄청난 손해를 발생시키며, 매각을 통해 다시 결별하게 되었다. 기업이 가진 조직문화와 눈에 띄지 않는 공유 가치, 신념 등은 모두가 중요한 요소임을 깨달을 수 있는 국제적 사건이었던 것이다.

① 조직 구성원들에게 일체감과 정체성을 부여해 준다.
② 조직의 업무에 몰입할 수 있도록 해 준다.
③ 조직 구성원들의 행동지침으로 작용하여 일탈행동을 통제해 주는 역할을 한다.
④ 중장기적으로 조직의 안정성을 유지해 줄 수 있다.
⑤ 뿌리 깊은 굳건한 조직 문화는 조직원의 의견수렴과 조직의 유연한 변신에 긍정적인 역할을 한다.

✔해설 조직 문화의 기능으로는 조직구성원들에게 일체감, 정체성을 부여하고, 조직몰입을 향상시켜 주며, 조직 구성원들의 행동지침으로서 사회화 및 일탈행동을 통제하는 기능을 하고, 조직의 안정성을 유지시켜 준다고 볼 수 있다. 그러나 강한 조직문화는 다양한 조직구성원들의 의견을 받아들일 수 없거나, 조직이 변화해야 할 시기에 장애요인으로 작용하기도 한다.

8 다음 '갑' 기업과 '을' 기업에 대한 설명 중 적절하지 않은 것은 어느 것인가?

> '갑' 기업은 다양한 사외 기관, 단체들과의 상호 교류 등 업무가 잦아 관련 업무를 전담하는 조직이 갖춰져 있다. 전담 조직의 인원이 바뀌는 일은 가끔 있지만, 상설 조직이 있어 매번 발생하는 유사 업무를 효율적으로 수행한다.
>
> '을' 기업은 사내 당구 동호회가 구성되어 있어 동호회에 가입한 직원들은 정기적으로 당구장을 찾아 쌓인 스트레스를 풀곤 한다. 가입과 탈퇴가 자유로우며 당구를 좋아하는 직원은 누구든 참여가 가능하다. 당구 동호회에 가입한 직원은 직급이 아닌 당구 실력으로만 평가 받으며, 언제 어디서 당구를 즐기든 상사의 지시를 받지 않아도 된다.

① '갑' 기업의 상설 조직은 의도적으로 만들어진 집단이다.
② '갑' 기업 상설 조직의 임무는 보통 명확하지 않고 즉흥적인 성격을 띤다.
③ '을 '기업 당구 동호회는 공식적인 임무 이외에도 다양한 요구들에 의해 구성되는 경우가 많다.
④ '갑' 기업 상설 조직의 구성원은 인위적으로 참여한다.
⑤ '을' 기업 당구 동호회의 활동은 자발적이며 행위에 대한 보상은 '보람'이다.

✔해설 '갑' 기업의 상설 조직은 공식적, '을' 기업의 당구 동호회는 비공식적 집단이다. 공식적인 집단은 조직의 공식적인 목표를 추구하기 위해 조직에서 의도적으로 만든 집단이다. 따라서 공식적인 집단의 목표나 임무는 비교적 명확하게 규정되어 있으며, 여기에 참여하는 구성원들도 인위적으로 결정되는 경우가 많다.

9 다음 그림과 같은 형태의 조직체계를 유지하고 있는 기업에 대한 설명으로 적절한 것은 어느 것인가?

① 다양한 프로젝트를 수행해야 할 필요성이 커짐에 따라 조직 간의 유기적인 협조체제를 구축하였다.

② 의사결정 권한이 분산되어 더욱 전문적인 업무 처리가 가능하다.

③ 각 부서 간 내부 경쟁을 유발할 수 있다.

④ 조직 내 내부 효율성을 확보할 수 있는 조직 구조이다.

⑤ 의사결정까지 시간이 오래 걸리기 때문에 각 부서장의 역할이 매우 중요한 조직 구조이다.

> **✔해설** 그림과 같은 조직 구조는 하나의 의사결정권자의 지시와 부서별 업무 분화가 명확해, 전문성은 높아지고 유연성 및 유기성은 떨어지는 조직 구조라고 볼 수 있다. 또한 의사결정권자가 한 명으로 집중되면서 내부 효율성이 확보된다.
> ① 조직의 유기적인 협조체제가 구축된 구조는 아니다.
> ② 의사결정 권한이 집중된 조직 구조이다.
> ③ 유사한 업무를 통한 내부 경쟁을 유발할 수 있는 구조는 사업별 조직구조이다.
> ⑤ 의사결정권자가 한 명이기 때문에 시간이 오래 걸리지 않는 구조에 해당한다.

10 다음 〈보기〉에 제시되고 있는 활동들은 기업 경영에 필요한 전략을 설명하고 있다. 설명된 전략들에 해당하는 것은 어느 것인가?

〈보기〉

• 모든 고객을 만족시킬 수는 없다는 것과 회사가 모든 역량을 가질 수는 없다는 것을 전제로 선택할 수 있는 전략이다.

• 기업이 고유의 독특한 내부 역량을 보유하고 있는 경우에 더욱 효과적인 전략이다.

• 사업 목표와 타당한 틈새시장을 찾아야 한다.

• 다양한 분류의 방법을 동원하여 고객을 세분화한다.

---

① 차별화 전략 ② 집중화 전략

③ 비교우위 전략 ④ 원가우위 전략

⑤ 고객본위 전략

해설 차별화 전략과 원가우위 전략이 전체 시장을 상대로 하는 전략인 반면, 집중화 전략은 특정 시장을 대상으로 한다. 따라서 고객층을 세분화하여 타깃 고객층에 맞는 맞춤형 전략을 세울 필요가 있다. 타깃 고객층에 자사가 가진 특정 역량이 발휘되어 판매를 늘릴 수 있는 전략이라고 할 수 있다.

11 직무만족에 대한 다음 글을 참고할 때, 직무만족의 중요성과 영향 요인에 대한 적절한 설명이 아닌 것은 어느 것인가?

> 기업성과의 한 지표로서 직무만족은 기업 운영의 관점에서 특히 중요하다. 직무만족이 기업의 원활한 운영에 주요기준이 될 수 있었던 것은 직무만족은 조직종업원의 측면에서 보면 사람의 가치관에 중요한 부분이고, 기업의 입장에서 본다면 직무만족이 기업성과를 유발하기 때문에 주요한 의미를 갖기 때문이다.
>
> 직무만족에 대한 정의는 매우 다양하다. 일반적으로 직무란 조직의 종업원에게 각각 구분된 직무의 기술적 단위 또는 직무의 총체이고, 만족이란 선택된 대체안에 대해서 선택자의 신념과 어느 정도 맞는가에 대한 평가이다. 직무만족(job satisfaction)은 직무의 다양한 측면에 대한 정서적 또는 감정적 반응이다. 이러한 정의는 직무만족이 동일한 개념이 아님을 말한다. 사람들은 업무의 한 측면에 대해서는 만족하면서도 다른 측면에 대해서는 불만족할 수 있다.

① 가치 판단적인 면에서 중요성을 갖는다.
② 정신 건강적인 측면에서 파급효과를 갖는다.
③ 신체적 건강에도 밀접한 관계를 갖게 된다.
④ 개인의 경력을 개발하는 데에 효과적이다.
⑤ 업무 생산성 향상에 많은 도움이 된다.

해설 직장인의 대부분은 대부분의 시간을 일터에서 보내므로 일터에서의 삶이 보다 쾌적하고 충족된 것이기를 바랄 것이다. 또한, 생활의 한 부분이 불만족스러우면 그것이 전이 효과를 가져와 그와 관련 없는 다른 생활도 불만족스럽게 보는 경향을 보이게 된다. 일에 만족을 느끼는 직장인은 불만과 스트레스로부터 해방될 수 있어 신체적 건강 유지에 도움을 받을 수 있으며, 직무만족감이야말로 업무 생산성을 향상시킬 수 있는 가장 중요한 요소일 것이다.
직무만족은 개인과 직장의 발전에 기여할 수 있는 중요한 요소이나, 개인의 경력을 개발하는 일은 직무만족과 다른 문제이다.

12 다음 조직의 경영자에 대한 정의를 참고할 때, 경영자의 역할로 적절하지 않은 것은 어느 것인가?

> 조직의 경영자는 조직의 전략, 관리 및 운영활동을 주관하며, 조직구성원들과 의사결정을 통해 조직이 나아갈 방향을 제시하고 조직의 유지와 발전에 대해 책임을 지는 사람이며, 조직의 변화방향을 설정하는 리더이며, 조직구성원들이 조직의 목표에 부합된 활동을 할 수 있도록 이를 결합시키고 관리하는 관리자이다.

① 대외 협상을 주도하기 위한 자문위원을 선발한다.
② 외부환경 변화를 주시하며 조직의 변화 방향을 설정한다.
③ 우수한 인재를 뽑기 위한 구체적이고 개선된 채용 기준을 마련한다.
④ 미래전략을 연구하기 위해 기획조정실과의 회의를 주도한다.
⑤ 외국의 유사 기관 기관장 일행의 방문을 맞이하여 업무협약서 체결을 지시한다.

✔ 해설 우수한 인재를 채용하고자 하는 등의 기본 방침을 설정하는 일은 조직 경영자로서의 역할이라 할 수 있으나, 그에 따른 구체적인 채용 기준을 마련하는 일은 해당 산하 조직의 역할이라고 보아야 한다.

13 다음 〈보기〉와 같은 조직문화의 형태와 그 특징에 대한 설명 중 적절한 것만을 모두 고른 것은 어느 것인가?

> 〈보기〉
> ㉠ 위계를 지향하는 조직문화는 조직원 개개인의 능력과 개성을 존중한다.
> ㉡ 과업을 지향하는 조직문화는 업무 수행의 효율성을 강조한다.
> ㉢ 혁신을 지향하는 조직문화는 조직의 유연성과 외부 환경에의 적응에 초점을 둔다.
> ㉣ 관계를 지향하는 조직문화는 구성원들의 상호 신뢰와 인화 단결을 중요시한다.

① ㉡, ㉢, ㉣   ② ㉠, ㉢, ㉣
③ ㉠, ㉡, ㉣   ④ ㉠, ㉡, ㉢
⑤ ㉠, ㉡, ㉢, ㉣

✔ 해설 위계를 강조하는 조직문화 하에서는 조직 내부의 안정적이고 지속적인 통합, 조정을 바탕으로 일사불란한 조직 운영의 효율성을 추구하게 되는 특징이 있다. 조직원 개개인의 능력과 개성을 존중하는 모습은 혁신과 관계를 지향하는 조직문화에서 찾아볼 수 있는 특징이다.

14 다음은 조직문화의 구성 요소를 나타낸 7S 모형이다. ㉠과 ㉡에 들어갈 요소를 올바르게 짝지은 것은 어느 것인가?

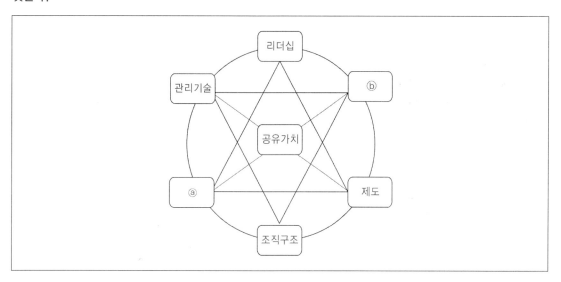

	㉠	㉡
①	구성원	전략
②	구성원	만족도
③	용이성	단절성
④	전략	응답성
⑤	전략	유용성

✔해설 7S모형은 조직을 이루는 7개의 각 구성요소들이 연결되는 강도에 따라 조직문화가 달라짐을 설명하는 데 유용한 도구이다. 조직의 전체적인 관점에서 조직문화를 이해하고, 바람직한 방향으로 조직을 개선해 나가는 데 중요한 기준을 제공한다.
조직진단 7S 모형은 조직의 핵심적 역량요소를 공유가치(shared value), 전략(strategy), 조직구조(structure), 제도(system), 구성원(staff), 관리기술(skill), 리더십 스타일(style) 등 영문자 'S'로 시작하는 단어 7개로 구성되어 있다.

Answer 12.③ 13.① 14.①

┃15~16┃ 다음 위임전결규정을 보고 이어지는 물음에 답하시오.

위임전결규정

- 결재를 받으려는 업무에 대해서는 최고결재권자(대표이사)를 포함한 이하 직책자의 결재를 받아야 한다.
- '전결'이라 함은 회사의 경영활동이나 관리활동을 수행함에 있어 의사 결정이나 판단을 요하는 일에 대하여 최고 결재권자의 결재를 생략하고, 자신의 책임 하에 최종적으로 의사 결정이나 판단을 하는 행위를 말한다.
- 전결사항에 대해서도 위임 받은 자를 포함한 이하 직책자의 결재를 받아야 한다.
- 표시내용: 결재를 올리는 자는 최고결재권자로부터 전결 사항을 위임받은 자가 있는 경우 결재란에 전결이라고 표시하고 최종 결재권자란에 위임 받은 자를 표시한다. 다만, 결재가 불필요한 직책자의 결재란은 상향대각선으로 표시한다.
- 최고결재권자의 결재사항 및 최고결재권자로부터 위임된 전결사항은 아래의 표에 따른다.
- 본 규정에서 정한 전결권자가 유고 또는 공석 시 그 직급의 직무 권한은 직상급직책자가 수행함을 원칙으로 하며, 각 직급은 긴급을 요하는 업무처리에 있어서 상위 전결권자의 결재를 득할 수 없을 경우 차상위자의 전결로 처리하며, 사후 결재권자의 결재를 득해야 한다.

업무내용		결재권자			
		사장	부사장	본부장	팀장
주간업무보고					○
팀장급 인수인계			○		
일반예산 집행	잔업수당	○			
	회식비			○	
	업무활동비			○	
	교육비		○		
	해외연수비	○			
	시내교통비			○	
	출장비	○			
	도서인쇄비				○
	법인카드사용		○		
	소모품비				○
	접대비(식대)			○	
	접대비(기타)				○
이사회 위원 위촉		○			
임직원 해외 출장		○(임원)		○(직원)	
임직원 휴가		○(임원)		○(직원)	
노조관련 협의사항			○		

* 100만 원 이상의 일반예산 집행과 관련한 내역은 사전 사장 품의를 득해야 하며, 품의서에 경비 집행 내역을 포함하여 준비한다. 출장계획서는 품의서를 대체한다.

* 위의 업무내용에 필요한 결재서류는 다음과 같다.
– 품의서, 주간업무보고서, 인수인계서, 예산집행내역서, 위촉장, 출장보고서(계획서), 휴가신청서, 노조협의사항 보고서

15   다음 중 위의 위임전결규정을 잘못 설명한 것은 어느 것인가?

① 전결권자 공석 시의 최종결재자는 차상위자가 된다.

② 전결권자 업무 복귀 시, 부재 중 결재 사항에 대하여 반드시 사후 결재를 받아두어야 한다.

③ 팀장이 새로 부임하면 부사장 전결의 인수인계서를 작성하게 된다.

④ 전결권자가 해외 출장으로 자리를 비웠을 경우에는 차상위자가 직무 권한을 위임 받는다.

⑤ 거래처에 식사 제공을 한 비용 처리는 본부장 전결로 결재를 득한다.

> ✔해설 전결권자가 자리를 비웠을 경우, '직무 권한'은 차상위자가 아닌 직상급직책자가 수행하게 되며, 차상위자가 전결권자가 되는 경우에도 '직무 권한' 자체의 위임이 되는 것은 아니다.
> ① 차상위자가 필요한 경우, 최종결재자(전결권자)가 될 수 있다.
> ② 부재 중 결재사항은 전결권자 업무 복귀 시 사후 결재를 받는 것으로 규정하고 있다.
> ③ 팀장의 업무 인수인계는 부사장의 전결 사항이다.
> ⑤ 식비를 접대비로 지출하는 경우에는 본부장의 전결로 이루어질 수 있다.

Answer   15.④

16 영업팀 김 대리는 부산으로 교육을 받으러 가기 위해 교육비용 신청을 위한 문서를 작성하고자 한다. 김 대리가 작성한 결재 양식으로 올바른 것은 어느 것인가?

①

결재	출장내역서				
	담당	팀장	본부장	부사장	사장

②

결재	교육비집행내역서				
	담당	팀장	본부장	부사장	사장
					부사장

③

결재	교육비집행내역서				
	담당	팀장	본부장	부사장	사장

④

결재	업무활동비집행내역서				
	담당	팀장	본부장	부사장	전결
					부사장

⑤

결재	교육비집행내역서				
	담당	팀장	본부장	부사장	전결

✔해설 교육비용을 신청하고자 하므로 교육비를 지출해야 한다. 따라서 김 대리가 작성해야 할 결재 문서는 교육비집행내역서이다. 예산집행내역서는 부사장 전결 사항이므로 부사장의 결재란이 맨 오른쪽 '전결'란에 위치하도록 하며, 원래의 부사장 란은 대각선 표시를 한다.

17 다음과 같은 '갑'사의 위임전결규칙을 참고할 때, 다음 중 적절한 행위로 볼 수 없는 것은 어느 것인가?

업무내용(소요예산 기준)	전결권자				이사장
	팀원	팀장	국(실)장	이사	
가. 공사 도급					
3억 원 이상					○
1억 원 이상				○	
1억 원 미만			○		
1,000만 원 이하		○			
나. 물품(비품, 사무용품 등) 제조/구매 및 용역					
3억 원 이상					○
1억 원 이상				○	
1억 원 미만			○		
1,000만 원 이하		○			
다. 자산의 임(대)차 계약					
1억 원 이상					○
1억 원 미만				○	
5,000만 원 미만			○		
라. 물품수리					
500만 원 이상			○		
500만 원 미만		○			
마. 기타 사업비 예산집행 기본품의					
1,000만 원 이상			○		
1,000만 원 미만		○			

① 국장이 부재 중일 경우, 소요예산 5,000만 원인 공사 도급 계약은 팀장이 전결권자가 된다.

② 소요예산이 800만 원인 인쇄물의 구매 건은 팀장의 전결 사항이다.

③ 이사장이 부재 중일 경우, 소요예산이 2억 원인 자산 임대차 계약 건은 국장이 전결권자가 된다.

④ 소요예산이 600만 원인 물품수리 건은 이사의 결재가 필요하지 않다.

⑤ 기타 사업비 관련 품의서는 금액에 관계없이 국장이 전결권자가 된다.

> ✔해설 차상위자가 전결권자가 되어야 하므로 이사장의 차상위자인 이사가 전결권자가 되어야 한다.
> ① 차상위자가 전결권을 갖게 되므로 팀장이 전결권자가 되며, 국장이 업무 복귀 시 반드시 사후 결재를 득하여야 한다.

18 다음과 같은 문서 결재 양식을 보고 알 수 있는 사항이 아닌 것은 어느 것인가?

출장보고서					
결 재	담당	팀장	본부장	부사장	사장
	박 사원 서명	강 팀장 서명	전결		본부장

① 박 사원 출장을 다녀왔으며, 전체 출장 인원수는 알 수 없다.

② 출장자에 강 팀장은 포함되어 있지 않다.

③ 팀장 이하 출장자의 출장보고서 전결권자는 본부장이다.

④ 부사장은 결재할 필요가 없는 문서이다.

⑤ 본부장은 가장 오른쪽 결재란에 서명을 하게 된다.

> ✓해설 일반적인 경우, 팀장과 팀원의 동반 출장 시의 출장보고서는 팀원이 작성하여 담당→팀장의 결재 절차를 거치게 된다. 따라서 제시된 출장보고서는 박 사원 단독 출장의 경우로 볼 수도 있고 박 사원과 강 팀장의 동반 출장의 경우로 볼 수도 있으므로 반드시 출장자에 강 팀장이 포함되어 있지 않다고 말할 수는 없다.

19 조직체제 안에는 조직을 이루는 여러 집단이 있다. 다음 중 '집단'의 특징을 적절하게 설명하지 못한 것은 어느 것인가?

① 비공식적으로 구성된 집단은 조직구성원들의 요구에 따라 자발적으로 형성되었으며, 봉사활동 동아리, 친목 동호회 등이 있다.

② 조직 내에서는 한정된 자원을 가지고 상반된 목표를 추구하기 때문에 경쟁이 발생하기도 한다.

③ 조직 내 집단은 일반적으로 이익 집단과 감독 집단으로 나뉜다.

④ 집단 간의 적절한 갈등은 응집성이 강화되고 집단의 활동이 더욱 조직화되는 장점이 있다.

⑤ 직업인들은 자신이 속한 집단에서 소속감을 느끼며, 필요한 정보를 획득하고, 인간관계를 확장하는 등의 요구를 충족할 수 있게 된다.

> ✓해설 조직 내 집단은 공식적인 집단과 비공식적인 집단으로 구분할 수 있다. 공식적인 집단은 조직의 공식적인 목표를 추구하기 위해 조직에서 의도적으로 만든 집단이다. 반면에, 비공식적인 집단은 조직구성원들의 요구에 따라 자발적으로 형성된 집단이다. 이는 공식적인 업무수행 이외에 다양한 요구들에 의해 이루어진다.

20 어느 조직이나 일정한 인원이 함께 근무하는 경우 '조직문화'가 생기게 된다. 다음 중 조직문화의 기능과 구성요소에 대하여 적절하게 설명한 것이 아닌 것은 어느 것인가?

① 조직문화의 구성요소로는 공유가치, 리더십 스타일, 예산, 관리 기술, 전략, 제도 및 절차, 구성원이 있다.

② 조직문화는 조직 구성원에게 일체감과 정체성을 부여하지만 타 조직과의 융합에 걸림돌로 작용하기도 한다.

③ 조직의 통합과 안정성을 중시하고 서열화된 조직 구조를 추구하는 관리적 조직문화, 실적을 중시하고 직무에 몰입하며 미래를 위한 계획 수립을 강조하는 과업지향적 조직문화 등이 있다.

④ 조직문화의 기능으로 구성원의 사회화 도모 및 일탈 행동을 통제하는 측면도 기대할 수 있다.

⑤ 조직의 목표는 조직문화에 반영될 수 있으며, 조직원들에게 동기 부여와 수행 평가의 기준이 되기도 한다.

> ✔해설 조직문화의 7가지 구성요소는 공유가치, 리더십 스타일, 구조, 관리 기술, 전략, 제도 및 절차, 구성원이며 예산은 조직문화 구성요소에 포함되지 않는다.
> ② 이 밖에도 조직문화는 구성원의 몰입도를 향상시키고 조직의 안정성을 유지시켜 주는 기능도 포함한다.
> ③ 관리적 조직문화, 과업지향적 조직문화 등과 함께 관계지향적 조직문화, 유연한 조직문화 등이 있다.

Answer 18.② 19.③ 20.①

21 '경영전략은 많은 기업들이 경영활동에 참고하는 지침이 되고 있다. 마이클 포터의 경영전략을 설명하는 다음 글에서 빈 칸 (A), (B), (C)에 들어갈 적절한 말을 찾아 순서대로 나열한 것은 어느 것인가?

조직의 경영전략은 경영자의 경영이념이나 조직의 특성에 따라 다양하다. 이 중 대표적인 경영전략으로 마이클 포터(Michael E. Porter)의 본원적 경쟁전략이 있다. 본원적 경쟁전략은 해당 사업에서 경쟁우위를 확보하기 위한 전략이며 다음과 같다.

((A)) 전략은 조직의 생산품이나 서비스를 고객에게 가치가 있고 독특한 것으로 인식되도록 하는 전략이다. 이러한 전략을 활용하기 위해서는 연구개발이나 광고를 통하여 기술, 품질, 서비스, 브랜드 이미지를 개선할 필요가 있다. ((B)) 전략을 위해서는 대량생산을 하거나 새로운 생산기술을 개발할 필요가 있다. 여기에는 70년대 우리나라의 섬유업체나 신발업체, 가발업체 등이 미국시장에 진출할 때 취한 전략이 해당한다.

((C)) 전략은 특정 시장이나 고객에게 한정된 전략으로, 다른 전략이 산업 전체를 대상으로 하는 것에 비해 특정 산업을 대상으로 한다는 특징이 있다. 즉, 경쟁조직들이 소홀히 하고 있는 한정된 시장을 차별화된 전략을 써서 집중적으로 공략하는 방법이다.

---

① 차별화, 집중화, 원가우위
② 집중화, 차별화, 원가우위
③ 집중화, 원가우위, 차별화
④ 차별화, 원가우위, 집중화
⑤ 원가우위, 차별화, 집중화

> ✔**해설** 차별화 전략, 원가우위 전략, 집중화 전략은 다음과 같은 특징이 있다.
> - **차별화 전략** : 소비자들이 널리 인정해주는 독특한 기업 특성을 내세워 경쟁하는 경쟁전략을 말하며, 고품질, 탁월한 서비스, 혁신적 디자인, 기술력, 브랜드 이미지 등 무엇으로든 해당 산업에서 다른 경쟁기업들과 차별화할 수 있는 특성을 위주로 전략을 펴게 된다.
> - **원가우위 전략** : 낮은 비용은 경쟁우위의 중요한 원천의 하나이며 비용우위 전략에서는 비용 면에서 '경쟁회사보다도 낮은 비용을 실현한다.'는 것이 기본 테마가 된다. 물론 낮은 비용이라고 해서 품질이나 서비스와는 상관이 없다는 것이 아니지만 기본적으로 비용을 중심으로 경쟁우위를 확립한다.
> - **집중화 전략** : 기업이 사업을 전개하는 과정에서 산업 전반에 걸쳐 경쟁하지 않고 고객이나 제품, 서비스 등의 측면에서 독자적 특성이 있는 특정 세분시장만을 상대로 원가우위나 차별화를 꾀하는 사업 수준의 경쟁전략이다. 비록 전체 시장에서 차별화나 원가우위를 누릴 능력을 갖지 못한 기업일지라도 세분시장을 집중 공략한다면 수익을 낼 수 있다고 판단하고 구사하는 경쟁전략의 하나다.

22 다음 그림과 같은 두 개의 조직도 ⑺, ⑼의 특징을 적절하게 설명하지 못한 것은 어느 것인가? (전체 인원수는 같다고 가정함)

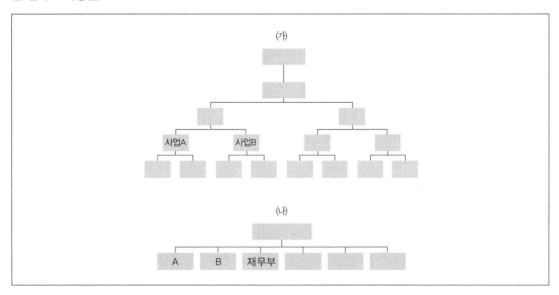

① ⑺는 결재 단계가 많아 신속한 의사결정이 ⑼보다 어렵다.

② ⑼는 중간 관리자층이 얇아 다양한 검증을 거친 의견 수렴이 ⑺보다 어렵다.

③ 동일한 방식으로 여러 종류의 아이템을 생산하는 조직은 ⑼와 같은 구조를 많이 활용한다.

④ ⑺는 소집단만의 조직문화가 형성될 수 있어 조직 간 경쟁체제를 유지할 수 있다.

⑤ ⑼는 회사가 안정적이거나 일상적인 기술을 사용할 때 혹은 조직의 내부 효율성을 중요시하며 기업의 규모가 작을 때 주로 볼 수 있는 기능적인 구조이다.

✔해설 환경이 안정적이거나 일상적인 기술, 조직의 내부 효율성을 중요시하며 기업의 규모가 작을 때에는 업무의 내용이 유사하고 관련성이 있는 것들을 결합해서 ⑼와 같이 기능적 조직구조 형태를 이룬다. 반면, 급변하는 환경변화에 효과적으로 대응하고 제품, 지역, 고객별 차이에 신속하게 적응하기 위해서는 ⑺와 같이 분권화된 의사결정이 가능한 사업별 조직구조 형태를 이룰 필요가 있다. 사업별 조직구조는 개별 제품, 서비스, 제품그룹, 주요 프로젝트나 프로그램 등에 따라 조직화된다. 즉, 그림과 같이 제품에 따라 조직이 구성되고 각 사업별 구조 아래 생산, 판매, 회계 등의 역할이 이루어진다.

23 다음에서 설명하고 있는 마케팅 기법을 일컫는 말로 적절한 것은 어느 것인가?

> • 앨빈 토플러 등 미래학자들이 예견한 상품 개발 주체에 관한 개념
> • 소비자의 아이디어가 신제품 개발에 직접 관여
> • 기업이 소비자의 아이디어를 수용해 고객만족을 최대화시키는 전략
> • 국내에서도 컴퓨터, 가구, 의류회사 등에서 공모 작품을 통해 적극적 수용

① 코즈 마케팅
② 니치 마케팅
③ 플래그십 마케팅
④ 노이즈 마케팅
⑤ 프로슈머 마케팅

✔해설 프로슈머 마케팅은 단순히 제품이나 서비스를 구매하는 입장에 그치지 않고, 직접 제품 개발을 요구하거나 아이디어를 제공하는 등 생산에 영향을 미치는 적극적인 소비자를 의미한다.
• 코즈 마케팅 : 상호 이익을 위하여 기업이나 브랜드를 사회적 명분이나 이슈에 전략적으로 연계시키는 것.
• 니치 마케팅 : 이미 시장에 마니아들이 형성되어 있지만 대중적으로 사람들에게 널리 알려지지 않은 틈새를 이용하는 마케팅
• 플래그십 마케팅 : 시장에서 성공을 거둔 특정 상품 브랜드를 중심으로 마케팅 활동을 집중하는 것
• 노이즈 마케팅 : 각종 이슈를 요란스럽게 치장해 구설수에 오르도록 하거나, 화젯거리를 만들어 소비자들의 이목을 현혹시켜 인지도를 늘리는 마케팅 기법

24 다음 ㈀~㈅ 중 조직 경영에 필요한 요소에 대한 설명을 모두 고른 것은 어느 것인가?

> ㈀ 조직의 목적 달성을 위해 경영자가 수립하는 것으로 보다 구체적인 방법과 과정이 담겨있다.
> ㈁ 조직에서 일하는 구성원으로, 경영은 이들의 직무수행에 기초하여 이루어지기 때문에 이들의 배치 및 활용이 중요하다.
> ㈂ 생산자가 상품 또는 서비스를 소비자에게 유통시키는 데 관련된 모든 체계적 경영활동이다.
> ㈃ 특정의 경제적 실체에 관해 이해관계에 있는 사람들에게 합리적이고 경제적인 의사결정을 하는 데 있어 유용한 재무적 정보를 제공하기 위한 것으로, 이러한 일련의 과정 또는 체계를 뜻한다.
> ㈄ 경영을 하는 데 사용할 수 있는 돈으로 이것이 충분히 확보되는 정도에 따라 경영의 방향과 범위가 정해지게 된다.
> ㈅ 조직이 변화하는 환경에 적응하기 위하여 경영활동을 체계화하는 것으로 목표달성을 위한 수단이다.

① ㈀, ㈂, ㈄

② ㈁, ㈂, ㈃

③ ㈀, ㈂, ㈃, ㈅

④ ㈀, ㈁, ㈂, ㈃

⑤ ㈀, ㈁, ㈄, ㈅

✔해설 조직 경영에 필요한 4대 요소는 경영목적, 인적자원, 자금, 경영전략이다.
㈀ 경영목적, ㈁ 인적자원, ㈄ 자금, ㈅ 경영전략
㈂은 마케팅에 관한 설명이며, ㈃은 회계 관리를 설명하고 있다.

25 경영참가는 경영자의 권한인 의사결정 과정에 근로자 또는 노동조합이 참여하는 것을 말한다. 다음 중 경영참가 제도의 특징으로 보기 어려운 것은 어느 것인가?

① 근로자들의 참여권한이 점차 확대되면 노사 간 서로 의견을 교환하여 토론하며 협의하는 단계를 거친다. 이 단계에서 이루어진 협의결과에 대한 시행은 경영자들에게 달려있다.

② 근로자와 경영자가 공동으로 결정하고 결과에 대하여 공동의 책임을 지는 결정참가 단계에서는 경영자의 일방적인 경영권은 인정되지 않는다.

③ 경영참가는 본래 경영자와 근로자의 공동 권한인 의사결정과정에 근로자 또는 노동조합이 참여하는 것이다.

④ 제대로 운영되지 못할 경우 경영자의 고유한 권리인 경영권을 약화시키고, 오히려 경영참가제도를 통해 분배문제를 해결함으로써 노동조합의 단체교섭 기능이 약화될 수 있다.

⑤ 경영능력이 부족한 근로자가 경영에 참여할 경우 의사결정이 늦어지고 합리적인 의사결정이 일어날 수 없다.

> **해설** 경영참가는 경영자의 고유 권한(경영자와 근로자의 공동 권한이 아닌)인 의사결정과정에 근로자 또는 노동조합이 참여하는 것이다.
>
> 경영참가의 초기단계에서는 경영자 층이 경영 관련 정보를 근로자에게 제공하고 근로자들은 의견만을 제출하는 정보 참가 단계를 가진다. 정보참가 단계보다 근로자들의 참여권한이 확대되면 노사 간 서로 의견을 교환하여 토론하며 협의하는 협의 참가 단계를 거친다. 다만 이 단계에서 이루어진 협의결과에 대한 시행은 경영자들에게 달려있다. 마지막은 근로자와 경영자가 공동으로 결정하고 결과에 대하여 공동의 책임을 지는 결정참가 단계이다. 이 단계에서는 경영자의 일방적인 경영권은 인정되지 않는다.
>
> 경영능력이 부족한 근로자가 경영에 참여할 경우 의사결정이 늦어지고 합리적으로 일어날 수 없으며, 대표로 참여하는 근로자가 조합원들의 권익을 지속적으로 보장할 수 있는가도 문제가 된다. 또한 경영자의 고유한 권리인 경영권을 약화시키고, 오히려 경영참가제도를 통해 분배문제를 해결함으로써 노동조합의 단체교섭 기능이 약화될 수 있다.

26 국제 감각을 끌어올리기 위한 방법을 찾기 위해 고민 중에 있는 L씨에게 조언해 줄 수 있는 적절한 방안으로 보기 어려운 것은 어느 것인가?

① 매일 받아보는 해외 기사들의 단순 번역에 만족하지 말고, 분석과 진행 과정 등도 검토해 본다.

② 관련 분야 해외사이트를 방문하여 최신 이슈를 확인한다.

③ 영어에만 만족하지 말고 일본어, 중국어 등 추가 외국어 공부를 시작해 본다.

④ 노동부, 한국산업인력공단, 산업자원부, 중소기업청, 상공회의소 등 국내의 유용한 사이트들을 방문해 국제동향을 확인한다.

⑤ 주말이나 업무 외의 시간을 이용해 외국인 친구를 사귀고 대화를 자주 나누어 본다.

> ✔ 해설 '국제 감각을 향상시키기 위한 방안으로 가장 쉽게 생각할 수 있는 것이 외국어 능력을 키우거나 해외 체류 경험을 통해 다양한 외국 문화를 습득하는 일이다. 그러나 국제 감각은 단순히 외국어 능력을 키운다고 생기는 것이 아니며, 외국 문화의 이해뿐 아니라, 관련 업무의 국제적인 동향을 이해하고 이를 업무에 적용하는 능력이다. 구체적으로는 각종매체(신문, 잡지, 인터넷 등)를 활용하여 국제적인 동향을 파악하는 능력, 조직의 업무와 관련된 국제적인 법규나 규정을 숙지하기, 특정 국가의 관련업무 동향 점검하기, 국제적인 상황변화에 능동적으로 대처하는 능력 등이 요구된다.

〈수당 지급〉

◆ 자녀학비보조수당
- 지급 대상 : 초등학교·중학교 또는 고등학교에 취학하는 자녀가 있는 직원(부부가 함께 근무하는 경우 한 쪽에 만 지급)
- 지급범위 및 지급액
  (범위) 수업료와 학교운영지원비(입학금은 제외)
  (지급액) 상한액 범위 내에서 공납금 납입영수증 또는 공납금 납입고지서에 기재된 학비 전액 지급하며 상한액은 자녀 1명당 월 60만 원

◆ 육아휴직수당
- 지급 대상 : 만 8세 이하의 자녀를 양육하기 위하여 필요하거나 여직원이 임신 또는 출산하게 된 때로 30일 이상 휴직한 남·녀 직원
- 지급액 : 휴직 개시일 현재 호봉 기준 월 봉급액의 40퍼센트
  (휴직 중) 총 지급액에서 15퍼센트에 해당하는 금액을 뺀 나머지 금액
  ※ 월 봉급액의 40퍼센트에 해당하는 금액이 100만 원을 초과하는 경우에는 100만 원을, 50만 원 미만일 경우에는 50만 원을 지급
  (복직 후) 총 지급액의 15퍼센트에 해당하는 금액
  ※ 복직하여 6개월 이상 계속하여 근무한 경우 7개월째 보수지급일에 지급함. 다만, 복직 후 6개월 경과 이전에 퇴직하는 경우에는 지급하지 않음
- 지급기간 : 휴직일로부터 최초 1년 이내

◆ 위험근무수당
- 지급 대상 : 위험한 직무에 상시 종사하는 직원
- 지급 기준
  1) 직무의 위험성은 각 부문과 등급별에서 정한 내용에 따름.
  2) 상시 종사란 공무원이 위험한 직무를 일정기간 또는 계속 수행하는 것을 의미. 따라서 일시적·간헐적으로 위험한 직무에 종사하는 경우는 지급대상에 포함될 수 없음.
  3) 직접 종사란 해당 부서 내에서도 업무 분장 상에 있는 위험한 작업 환경과 장소에 직접 노출되어 위험한 업무를 직접 수행하는 것을 의미.
- 지급방법 : 실제 위험한 직무에 종사한 기간에 대하여 일할 계산하여 지급함.

27 다음 중 위의 수당 관련 설명을 잘못 이해한 내용은 어느 것인가?

① 위험한 직무에 3일간 근무한 것은 위험근무수당 지급 대상이 되지 않는다.

② 자녀학비보조수당은 수업료와 입학금 등 정상적인 학업에 관한 일체의 비용이 포함된다.

③ 육아휴직수당은 휴직일로부터 최초 1년이 경과하면 지급받을 수 없다.

④ 부부가 함께 근무해도 자녀학비보조수당은 부부 중 한 쪽에게만 지급된다.

⑤ 초등학교 고학년에 재학 중인 자녀가 있는 부모에게는 육아휴직수당이 지급되지 않는다.

> **✔해설** 자녀학비보조수당은 수업료와 학교운영지원비를 포함하며 입학금은 제외된다고 명시되어 있다.
> ① 위험근무수당은 위험한 직무에 상시 종사한 직원에게 지급된다.
> ③ 육아휴직수당은 휴직일로부터 최초 1년 이내에만 지급된다.
> ⑤ 육아휴직수당은 만 8세 이하의 자녀를 양육하기 위하여 필요한 경우 지급된다.

28 월 급여액 200만 원인 C대리가 육아휴직을 받게 되었다. 이에 대한 다음의 설명 중 올바른 것은 어느 것인가?

① 3월 1일부로 복직을 하였다면, 8월에 육아휴직수당 잔여분을 지급받게 된다.

② 육아휴직수당의 총 지급액은 100만 원이다.

③ 복직 후 3개월째에 퇴직을 할 경우, 휴가 중 지급받은 육아휴직수당을 회사에 반환해야 한다.

④ 복직 후에 육아휴직수당 총 지급액 중 12만 원을 지급받을 수 있다.

⑤ 육아휴직일수가 한 달이 되지 않는 경우는 일할 계산하여 지급한다.

> **✔해설** 월 급여액이 200만 원이므로 총 지급액은 200만 원의 40퍼센트인 80만 원이며, 이는 50~100만 원 사이의 금액이므로 80만 원의 15퍼센트에 해당하는 금액인 12만 원이 복직 후에 지급된다.
> ① 3월 1일부로 복직을 하였다면, 6개월을 근무하고 7개월째인 9월에 육아휴직수당 잔여분을 지급받게 된다.
> ② 육아휴직수당의 총 지급액은 80만 원이다.
> ③ 복직 후 3개월째에 퇴직을 할 경우, 복직 후 지급받을 15퍼센트가 지급되지 않으며 휴가 중 지급받은 육아휴직수당을 회사에 반환할 의무 규정은 없다.
> ⑤ 육아휴직수당의 지급대상은 30일 이상 휴직한 남·녀 직원이다.

29 조직문화는 흔히 관계지향 문화, 혁신지향 문화, 위계지향 문화, 과업지향 문화의 네 가지로 분류된다. 다음 글에서 제시된 ㉠~㉤과 같은 특징 중 과업지향 문화에 해당하는 것은 어느 것인가?

> ㉠ A팀은 무엇보다 엄격한 통제를 통한 결속과 안정성을 추구하는 분위기이다. 분명한 명령계통으로 조직의 통합을 이루는 일을 제일의 가치로 삼는다.
> ㉡ B팀은 업무 수행의 효율성을 강조하며 목표 달성과 생산성 향상을 위해 전 조직원이 산출물 극대화를 위해 노력하는 문화가 조성되어 있다.
> ㉢ C팀은 자율성과 개인의 책임을 강조한다. 고유 업무뿐 아니라 근태, 잔업, 퇴근 후 시간활용 등에 있어서도 정해진 흐름을 배제하고 개인의 자율과 그에 따른 책임을 강조한다.
> ㉣ D팀은 직원들 간의 응집력과 사기 진작을 위한 방안을 모색 중이다. 인적자원의 가치를 개발하기 위해 직원들 간의 관계에 초점을 둔 조직문화가 D팀의 특징이다.
> ㉤ E팀은 직원들에게 창의성과 기업가 정신을 강조한다. 또한, 조직의 유연성을 통해 외부 환경에의 적응력에 비중을 둔 조직문화를 가지고 있다.

① ㉠   ② ㉡
③ ㉢   ④ ㉣
⑤ ㉤

✔해설 조직 문화의 분류와 그 특징은 다음과 같은 표로 정리될 수 있다. ㉢과 같이 개인의 자율성을 추구하는 경우는 조직문화의 고유 기능과 거리가 멀다고 보아야 한다.

관계지향 문화	- 조직 내 가족적인 분위기의 창출과 유지에 가장 큰 역점을 둠. - 조직 구성원들의 소속감, 상호 신뢰, 인화/단결 및 팀워크, 참여 등이 이 문화유형의 핵심가치로 자리 잡음.
혁신지향 문화	- 조직의 유연성을 강조하는 동시에 외부 환경에의 적응성에 초점을 둠. - 따라서 이러한 적응과 조직성장을 뒷받침할 수 있는 적절한 자원획득이 중요하고, 구성원들의 창의성 및 기업가정신이 핵심 가치로 강조됨.
위계지향 문화	- 조직 내부의 안정적이고 지속적인 통합/조정을 바탕으로 조직효율성을 추구함. - 이를 위해 분명한 위계질서와 명령계통, 그리고 공식적인 절차와 규칙을 중시하는 문화임.
과업지향 문화	- 조직의 성과 달성과 과업 수행에 있어서의 효율성을 강조함. - 따라서 명확한 조직목표의 설정을 강조하며, 합리적 목표 달성을 위한 수단으로서 구성원들의 전문능력을 중시하며, 구성원들 간의 경쟁을 주요 자극제로 활용함.

30 업무를 수행할 때는 업무지침과 활용자원을 확인하여 구체적인 업무수행 계획을 수립하게 된다. 이러한 업무수행을 계획하는 다음과 같은 형식의 자료를 지칭하는 이름은 어느 것인가?

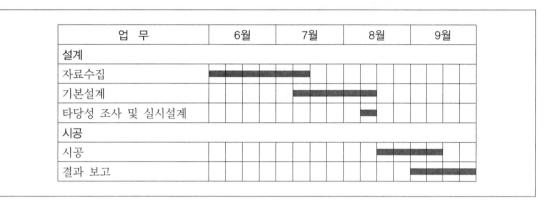

업무	6월		7월		8월		9월	
설계								
자료수집	▬▬▬▬							
기본설계			▬▬					
타당성 조사 및 실시설계					▬			
시공								
시공					▬▬▬			
결과 보고							▬▬▬	

① 워크 플로 시트(work flow sheet)

② 간트 차트(Gantt chart)

③ 체크리스트(check list)

④ 대차대조표

⑤ 타당성 조사표

> ✔해설 간트 차트는 미국의 간트(Henry Laurence Gantt)가 1919년에 창안한 작업진도 도표로, 단계별로 업무를 시작해서 끝나는 데 걸리는 시간을 바(bar) 형식으로 표시할한 것이다. 이는 전체 일정을 한눈에 볼 수 있고, 단계별로 소요되는 시간과 각 업무활동 사이의 관계를 보여줄 수 있다.
> 워크 플로 시트는 일의 흐름을 동적으로 보여주는 데 효과적이다. 특히 워크 플로 시트에 사용하는 도형을 다르게 표현함으로써 주된 작업과 부차적인 작업, 혼자 처리할 수 있는 일과 다른 사람의 협조를 필요로 하는 일, 주의해야 할 일, 컴퓨터와 같은 도구를 사용해서 할 일 등을 구분해서 표현할 수 있다.

정보능력(ICT)

---

01 **정보화사회와 정보능력**

(1) 정보와 정보화사회

① 자료 · 정보 · 지식

구분	특징
자료 (Data)	객관적 실제의 반영이며, 그것을 전달할 수 있도록 기호화한 것
정보 (Information)	자료를 특정한 목적과 문제해결에 도움이 되도록 가공한 것
지식 (Knowledge)	정보를 집적하고 체계화하여 장래의 일반적인 사항에 대비해 보편성을 갖도록 한 것

② **정보화사회** … 필요로 하는 정보가 사회의 중심이 되는 사회

(2) 업무수행과 정보능력

① 컴퓨터의 활용 분야

ⓐ **기업 경영 분야에서의 활용** : 판매, 회계, 재무, 인사 및 조직관리, 금융 업무 등

ⓑ **행정 분야에서의 활용** : 민원처리, 각종 행정 통계 등

ⓒ **산업 분야에서의 활용** : 공장 자동화, 산업용 로봇, 판매시점관리시스템(POS) 등

ⓓ **기타 분야에서의 활용** : 교육, 연구소, 출판, 가정, 도서관, 예술 분야 등

② 정보처리과정

ⓐ **정보 활용 절차** : 기획 → 수집 → 관리 → 활용

ⓑ **5W2H** : 정보 활용의 전략적 기획

- WHAT(무엇을?) : 정보의 입수대상을 명확히 한다.
- WHERE(어디에서?) : 정보의 소스(정보원)를 파악한다.
- WHEN(언제까지) : 정보의 요구(수집)시점을 고려한다.

- WHY(왜?) : 정보의 필요목적을 염두에 둔다.
- WHO(누가?) : 정보활동의 주체를 확정한다.
- HOW(어떻게) : 정보의 수집방법을 검토한다.
- HOW MUCH(얼마나?) : 정보수집의 비용성(효용성)을 중시한다.

예제 1

5W2H는 정보를 전략적으로 수집·활용할 때 주로 사용하는 방법이다. 5W2H에 대한 설명으로 옳지 않은 것은?

① WHAT : 정보의 수집방법을 검토한다.
② WHERE : 정보의 소스(정보원)를 파악한다.
③ WHEN : 정보의 요구(수집)시점을 고려한다.
④ HOW : 정보의 수집방법을 검토한다.

출제의도

방대한 정보들 중 꼭 필요한 정보와 수집방법 등을 전략적으로 기획하고 정보수집이 이루어질 때 효과적인 정보 수집이 가능해진다. 5W2H는 이러한 전략적 정보 활용 기획의 방법으로 그 개념을 이해하고 있는지를 묻는 질문이다.

해 설

5W2H의 'WHAT'은 정보의 입수대상을 명확히 하는 것이다. 정보의 수집방법을 검토하는 것은 HOW(어떻게)에 해당되는 내용이다.

답 ①

---

(3) 사이버공간에서 지켜야 할 예절

① 인터넷의 역기능
　㉠ 불건전 정보의 유통
　㉡ 개인 정보 유출
　㉢ 사이버 성폭력
　㉣ 사이버 언어폭력
　㉤ 언어 훼손
　㉥ 인터넷 중독
　㉦ 불건전한 교제
　㉧ 저작권 침해

② 네티켓(netiquette) … 네트워크(network) + 에티켓(etiquette)

(4) 정보의 유출에 따른 피해사례

① 개인정보의 종류

  ㉠ **일반 정보** : 이름, 주민등록번호, 운전면허정보, 주소, 전화번호, 생년월일, 출생지, 본적지, 성별, 국적 등

  ㉡ **가족 정보** : 가족의 이름, 직업, 생년월일, 주민등록번호, 출생지 등

  ㉢ **교육 및 훈련 정보** : 최종학력, 성적, 기술자격증/전문면허증, 이수훈련 프로그램, 서클 활동, 상벌사항, 성격/행태보고 등

  ㉣ **병역 정보** : 군번 및 계급, 제대유형, 주특기, 근무부대 등

  ㉤ **부동산 및 동산 정보** : 소유주택 및 토지, 자동차, 저축현황, 현금카드, 주식 및 채권, 수집품, 고가의 예술품 등

  ㉥ **소득 정보** : 연봉, 소득의 원천, 소득세 지불 현황 등

  ㉦ **기타 수익 정보** : 보험가입현황, 수익자, 회사의 판공비 등

  ㉧ **신용 정보** : 대부상황, 저당, 신용카드, 담보설정 여부 등

  ㉨ **고용 정보** : 고용주, 회사주소, 상관의 이름, 직무수행 평가 기록, 훈련기록, 상벌기록 등

  ㉩ **법적 정보** : 전과기록, 구속기록, 이혼기록 등

  ㉪ **의료 정보** : 가족병력기록, 과거 의료기록, 신체장애, 혈액형 등

  ㉫ **조직 정보** : 노조가입, 정당가입, 클럽회원, 종교단체 활동 등

  ㉬ **습관 및 취미 정보** : 흡연/음주량, 여가활동, 도박성향, 비디오 대여기록 등

② 개인정보 유출방지 방법

  ㉠ 회원 가입 시 이용 약관을 읽는다.

  ㉡ 이용 목적에 부합하는 정보를 요구하는지 확인한다.

  ㉢ 비밀번호는 정기적으로 교체한다.

  ㉣ 정체불명의 사이트는 멀리한다.

  ㉤ 가입 해지 시 정보 파기 여부를 확인한다.

  ㉥ 남들이 쉽게 유추할 수 있는 비밀번호는 자제한다.

02 **정보능력을 구성하는 하위능력**

(1) 컴퓨터활용능력

① 인터넷 서비스 활용

    ㉠ 전자우편(E-mail) 서비스 : 정보 통신망을 이용하여 다른 사용자들과 편지나 여러 정보를 주고받는 통신 방법

    ㉡ 인터넷 디스크/웹 하드 : 웹 서버에 대용량의 저장 기능을 갖추고 사용자가 개인용 컴퓨터의 하드디스크와 같은 기능을 인터넷을 통하여 이용할 수 있게 하는 서비스

    ㉢ 메신저 : 인터넷에서 실시간으로 메시지와 데이터를 주고받을 수 있는 소프트웨어

    ㉣ 전자상거래 : 인터넷을 통해 상품을 사고팔거나 재화나 용역을 거래하는 사이버 비즈니스

② 정보검색 … 여러 곳에 분산되어 있는 수많은 정보 중에서 특정 목적에 적합한 정보만을 신속하고 정확하게 찾아내어 수집, 분류, 축적하는 과정

    ㉠ 검색엔진의 유형

      • 키워드 검색 방식 : 찾고자 하는 정보와 관련된 핵심적인 언어인 키워드를 직접 입력하여 이를 검색 엔진에 보내어 검색 엔진이 키워드와 관련된 정보를 찾는 방식

      • 주제별 검색 방식 : 인터넷상에 존재하는 웹 문서들을 주제별, 계층별로 정리하여 데이터베이스를 구축한 후 이용하는 방식

      • 통합형 검색방식 : 사용자가 입력하는 검색어들이 연계된 다른 검색 엔진에게 보내고 이를 통하여 얻어진 검색 결과를 사용자에게 보여주는 방식

    ㉡ 정보 검색 연산자

기호	연산자	검색조건
*, &	AND	두 단어가 모두 포함된 문서를 검색
|	OR	두 단어가 모두 포함되거나 두 단어 중에서 하나만 포함된 문서를 검색
-, !	NOT	'-' 기호나 '!' 기호 다음에 오는 단어는 포함하지 않는 문서를 검색
~, near	인접검색	앞/뒤의 단어가 가깝게 있는 문서를 검색

③ 소프트웨어의 활용

    ㉠ 워드프로세서

      • 특징 : 문서의 내용을 화면으로 확인하면서 쉽게 수정 가능, 문서 작성 후 인쇄 및 저장 가능, 글이나 그림의 입력 및 편집 가능

      • 기능 : 입력기능, 표시기능, 저장기능, 편집기능, 인쇄기능 등

ⓛ 스프레드시트
  - 특징 : 쉽게 계산 수행, 계산 결과를 차트로 표시, 문서를 작성하고 편집 가능
  - 기능 : 계산, 수식, 차트, 저장, 편집, 인쇄기능 등

예제 2

귀하는 커피 전문점을 운영하고 있다. 아래와 같이 엑셀 워크시트로 4개 지점의 원두 구매 수량과 단가를 이용하여 금액을 산출하고 있다. 귀하가 다음 중 D3셀에서 사용하고 있는 함수식으로 옳은 것은? (단, 금액 = 수량 × 단가)

	A	B	C	D	E
1	지점	원두	수량(100g)	금액	
2	A	케냐	15	150000	
3	B	콜롬비아	25	175000	
4	C	케냐	30	300000	
5	D	브라질	35	210000	
6					
7		원두	100g당 단가		
8		케냐	10,000		
9		콜롬비아	7,000		
10		브라질	6,000		
11					

① =C3*VLOOKUP(B3, $B$8:$C$10, 1, 1)

② =B3*HLOOKUP(C3, $B$8:$C$10, 2, 0)

③ =C3*VLOOKUP(B3, $B$8:$C$10, 2, 0)

④ =C3*HLOOKUP($B$8:$C$10, 2, B3)

출제의도

본 문항은 엑셀 워크시트 함수의 활용도를 확인하는 문제이다.

해 설

"VLOOKUP(B3,$B$8:$C$10, 2, 0)"의 함수를 해설해보면 B3의 값(콜롬비아)을 B8:C10에서 찾은 후 그 영역의 2번째 열(C열, 100g당 단가)에 있는 값을 나타내는 함수이다. 금액은 "수량 × 단가"으로 나타내므로 D3셀에 사용되는 함수식은 "=C3*VLOOKUP(B3, $B$8: $C$10, 2, 0)"이다.

※ HLOOKUP과 VLOOKUP

　ⓐ HLOOKUP : 배열의 첫 행에서 값을 검색하여, 지정한 행의 같은 열에서 데이터를 추출

　ⓑ VLOOKUP : 배열의 첫 열에서 값을 검색하여, 지정한 열의 같은 행에서 데이터를 추출

답 ③

ⓒ 프레젠테이션
  - 특징 : 각종 정보를 사용자 또는 대상자에게 쉽게 전달
  - 기능 : 저장, 편집, 인쇄, 슬라이드 쇼 기능 등
ⓓ 유틸리티 프로그램 : 파일 압축 유틸리티, 바이러스 백신 프로그램

④ 데이터베이스의 필요성
  ⓐ 데이터의 중복을 줄인다.
  ⓑ 데이터의 무결성을 높인다.
  ⓒ 검색을 쉽게 해준다.
  ⓓ 데이터의 안정성을 높인다.
  ⓔ 개발기간을 단축한다.

(2) 정보처리능력

① **정보원** … 1차 자료는 원래의 연구성과가 기록된 자료이며, 2차 자료는 1차 자료를 효과적으로 찾아보기 위한 자료 또는 1차 자료에 포함되어 있는 정보를 압축 · 정리한 형태로 제공하는 자료이다.

　㉠ **1차 자료** : 단행본, 학술지와 논문, 학술회의자료, 연구보고서, 학위논문, 특허정보, 표준 및 규격자료, 레터, 출판 전 배포자료, 신문, 잡지, 웹 정보자원 등

　㉡ **2차 자료** : 사전, 백과사전, 편람, 연감, 서지데이터베이스 등

② **정보분석 및 가공**

　㉠ **정보분석의 절차** : 분석과제의 발생 → 과제(요구)의 분석 → 조사항목의 선정 → 관련정보의 수집(기존자료 조사/신규자료 조사) → 수집정보의 분류 → 항목별 분석 → 종합 · 결론 → 활용 · 정리

　㉡ **가공** : 서열화 및 구조화

③ **정보관리**

　㉠ 목록을 이용한 정보관리

　㉡ 색인을 이용한 정보관리

　㉢ 분류를 이용한 정보관리

예제 2

인사팀에서 근무하는 J씨는 회사가 성장함에 따라 직원 수가 급증하기 시작하면서 직원들의 정보관리 방법을 모색하던 중 다음과 같은 A사의 직원 정보관리 방법을 보게 되었다. J씨는 A사가 하고 있는 이 방법을 회사에도 도입하고자 한다. 이 방법은 무엇인가?

> A사의 인사부서에 근무하는 H씨는 직원들의 개인정보를 관리하는 업무를 담당하고 있다. A사에서 근무하는 직원은 수천 명에 달하기 때문에 H씨는 주요 키워드나 주제어를 가지고 직원들의 정보를 구분하여 관리하여, 찾을 때도 쉽고 내용을 수정할 때도 이전보다 훨씬 간편할 수 있도록 했다.

① 목록을 활용한 정보관리
② 색인을 활용한 정보관리
③ 분류를 활용한 정보관리
④ 1 : 1 매칭을 활용한 정보관리

출제의도

본 문항은 정보관리 방법의 개념을 이해하고 있는가를 묻는 문제이다.

해 설

주어진 자료의 A사에서 사용하는 정보관리는 주요 키워드나 주제어를 가지고 정보를 관리하는 방식인 색인을 활용한 정보관리이다. 디지털 파일에 색인을 저장할 경우 추가, 삭제, 변경 등이 쉽다는 점에서 정보관리에 효율적이다.

답 ②

출제예상문제

1 다음 중 아래와 같은 자료를 '기록(초)' 필드를 이용하여 최길동의 순위를 계산하고자 할 때 C3에 들어갈 함수식으로 올바른 것은?

	A	B	C
1	이름	기록(초)	순위
2	김길동	53	3
3	최길동	59	4
4	박길동	51	1
5	이길동	52	2
6			

① =RANK(B3,$B$2:$B$5,1)

② =RANK(B3,$B$2:$B$5,0)

③ =RANK(B3,$B$2:B5,1)

④ =RANK(B3,B2:$B$5,0)

⑤ =RANK(B3,B2:B5,0)

> ✔**해설** RANK 함수는 지정 범위에서 인수의 순위를 구할 때 사용하는 함수이다. 결정 방법은 수식의 맨 뒤에 0 또는 생략할 경우 내림차순, 0 이외의 값은 오름차순으로 표시하게 되며, 결과값에 해당하는 필드의 범위를 지정할 때에는 셀 번호에 '$'를 앞뒤로 붙인다.

2 다음에 제시된 네트워크 관련 명령어들 중, 그 의미가 올바르게 설명되어 있지 않은 것은?

⊙ netstat	활성 TCP 연결 상태, 컴퓨터 수신 포트, 이더넷 통계 등을 표시한다.
ⓒ nslookup	DNS가 가지고 있는 특정 도메인의 IP Address를 검색해 준다.
ⓒ finger	원격 컴퓨터의 사용자 정보를 알아보기 위해 사용되는 서비스이다.
ⓔ ipconfig	현재 컴퓨터의 IP 주소, 서브넷 마스크, 기본 게이트웨이 등을 확인할 수 있다.
⑩ ping	인터넷 서버까지의 경로 추적으로 IP 주소, 목적지까지 거치는 경로의 수 등을 파악할 수 있도록 한다.

① ㉠   ② ㉡

③ ㉢   ④ ㉣

⑤ ㉤

✔해설 'ping'은 원격 컴퓨터가 현재 네트워크에 연결되어 정상적으로 작동하고 있는지 확인할 수 있는 명령어이다. 해당 컴퓨터의 이름, IP 주소, 전송 신호의 손실률, 전송 신호의 응답 시간 등이 표시된다.
㉤ 'tracert'에 대한 설명으로, tracert는 특정 사이트가 열리지 않을 때 해당 서버가 문제인지 인터넷 망이 문제인지 확인할 수 있는 기능, 인터넷 속도가 느릴 때 어느 구간에서 정체를 일으키는지 확인할 수 있는 기능 등을 제공한다.

3 다음 시트에서 1행의 데이터에 따라 2행처럼 표시하려고 할 때, 다음 중 A2 셀에 입력된 함수식으로 적절한 것은?

	A	B
1	3	-2
2	양	음

① =IF(A1〈=0,"양","음")   ② =IF(A1 IS=0,"양" OR "음")

③ =IF(A1〉=0,"양","음")   ④ =IF(A1〉=0,"양" OR "음")

⑤ =IF(A1 IS=0,"양","음")

✔해설 IF(조건, 인수1, 인수2) 함수는 해당 조건이 참이면 인수1을, 거짓이면 인수2를 실행하게 하는 함수이다. 따라서 A1 셀이 0 이상(크거나 같음)이면 "양"을, 그렇지 않으면 "음"을 표시하게 되는 것이다.

Answer 1.① 2.⑤ 3.③

4 최근에는 정보화 시대를 맞아 직장 생활뿐 아니라 가정생활에 있어서도 컴퓨터와 인터넷을 활용할 줄 아는 능력이 점점 많이 요구되고 있다. 다음에 제시된 정보통신망과 관련된 용어 중 그 의미가 잘못 설명된 것은?

① LAN	근거리의 한정된 지역 또는 건물 내에서 데이터 전송을 목적으로 연결되는 통신망으로 단일기관의 소유이면서 수 km 범위 이내의 지역에 한정되어 있는 통신 네트워크를 말한다.
② MAN	LAN과 WAN의 중간 형태의 통신망으로 특정 도시 내에 구성된 각각의 LAN들을 상호 연결하여 자원을 공유한다.
③ WAN	ISDN보다 더 광범위한 서비스로, 음성 통신 및 고속 데이터 통신, 정지화상 및 고해상도의 동영상 등의 다양한 서비스를 제공한다.
④ VAN	통신 회선을 빌려 단순한 전송기능 이상의 정보 축적이나 가공, 변환 처리 등의 부가가치를 부여한 정보를 제공하는 통신망
⑤ ISDN	음성이나 문자, 화상 데이터를 종합적으로 제공하는 디지털 통신망

✔해설 WAN(광대역 통신망)은 한 국가, 한 대륙 또는 전 세계에 걸친 넓은 지역의 수많은 컴퓨터를 서로 연결하여 정보를 송·수신할 수 있도록 하는 통신망이다.
③에 제시된 설명은 B-ISDN(광대역 종합정보 통신망)에 해당한다.

5 아래 그림을 참고할 때, 할인율을 변경하여 '판매가격'의 목표값을 150,000으로 변경하려고 한다면 [목표값 찾기] 대화 상자의 '수식 셀'에 입력할 값으로 적절한 것은?

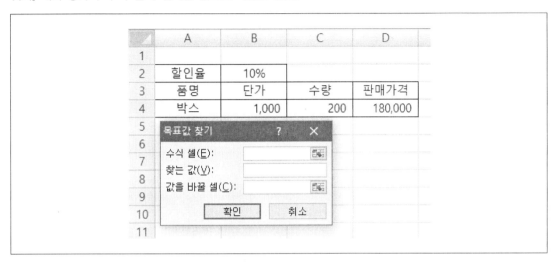

① B4

② C4

③ B2

④ B2*C2

⑤ D4

✔️해설 목표값 찾기는 수식으로 구하려는 결과 값은 알지만 해당 결과를 구하는 데 필요한 수식 입력 값을 모르는 경우 사용하는 기능이다. 제시된 대화 상자의 빈 칸에는 다음과 같은 내용이 입력된다.
• 수식 셀 : 결과 값이 출력되는 셀 주소를 입력 → 반드시 수식이어야 함
• 찾는 값 : 목표값으로 찾고자 하는 값 입력
• 값을 바꿀 셀 : 목표 결과값을 계산하기 위해 변경되는 값이 입력되어 있는 셀 주소 입력

6 G사 홍보팀에서는 다음과 같이 직원들의 수당을 지급하고자 한다. C12셀부터 D15셀까지 기재된 사항을 참고로 D열에 수식을 넣어 직책별 수당을 작성하였다. D2셀에 수식을 넣어 D10까지 드래그하여 다음과 같은 자료를 작성하였다면, D2셀에 들어가야 할 적절한 수식은?

	A	B	C	D
1	사번	직책	기본급	수당
2	9610114	대리	1,720,000	450,000
3	9610070	대리	1,800,000	450,000
4	9410065	과장	2,300,000	550,000
5	9810112	사원	1,500,000	400,000
6	9410105	과장	2,450,000	550,000
7	9010043	부장	3,850,000	650,000
8	9510036	대리	1,750,000	450,000
9	9410068	과장	2,380,000	550,000
10	9810020	사원	1,500,000	400,000
11				
12			부장	650,000
13			과장	550,000
14			대리	450,000
15			사원	400,000

① =VLOOKUP(C12,$C$12:$D$15,2,1)

② =VLOOKUP(C12,$C$12:$D$15,2,0)

③ =VLOOKUP(B2,$C$12:$D$15,2,0)

④ =VLOOKUP(B2,$C$12:$D$15,2,1)

⑤ =VLOOKUP(C12,$C$12:$D$15,1,0)

✔ 해설 D2셀에 기재되어야 할 수식은 =VLOOKUP(B2,$C$12:$D$15,2,0) 이다. B2는 직책이 대리이므로 대리가 있는 셀을 입력하여야 하며, 데이터 범위인 C12:D15가 변하지 않도록 절대 주소로 지정을 해 주게 된다. 또한 대리 직책에 대한 수당이 있는 열의 위치인 2를 입력하게 되며, 마지막에 직책이 정확히 일치하는 값을 찾아야 하므로 0을 기재하게 된다.

7 인사팀에서는 다음과 같이 직급별 신체조건을 파악해 운동지수를 알아보았다. 다음 자료를 참고할 때, 수식 '=DAVERAGE(A4:E10,"체중",A1:C2)'의 결과값으로 알맞은 것은?

	A	B	C	D	E
1	직급	키	키		
2	대리	>170	<180		
3					
4	직급	키	나이	체중	운동지수
5	대리	174	30	72	132
6	대리	178	29	64	149
7	과장	168	33	75	138
8	사원	180	25	80	125
9	대리	168	39	82	127
10	사원	182	27	74	139

① 176

② 29.5

③ 140.5

④ 74.5

⑤ 68

✔해설 DAVERAGE 함수는 지정된 범위에서 조건에 맞는 자료를 대상으로 지정된 열의 평균을 계산하는 함수이다. =DAVERAGE(A4:E10,"체중",A1:C2)는 A4:E10 영역에서 직급이 대리이고 키가 170 초과 180 미만인 데이터의 체중 평균을 구하는 함수식으로, 직급이 대리이고 키가 170 초과 180 미만인 체중은 D5, D6셀이므로 이에 해당하는 72와 64의 평균인 68이 결과값이 된다.

8   다음과 같은 자료를 참고할 때, F3 셀에 들어갈 수식으로 알맞은 것은?

	A	B	C	D	E	F
1	이름	소속	수당(원)		구분	인원 수
2	김xx	C팀	160,000		총 인원	12
3	이xx	A팀	200,000		평균 미만	6
4	홍xx	D팀	175,000		평균 이상	6
5	남xx	B팀	155,000			
6	서xx	D팀	170,000			
7	조xx	B팀	195,000			
8	염xx	A팀	190,000			
9	권xx	B팀	145,000			
10	신xx	C팀	200,000			
11	강xx	D팀	190,000			
12	노xx	A팀	160,000			
13	방xx	D팀	220,000			

① =COUNTIF(C2:C13,"〈"&AVERAGE(C2:C13))

② =COUNT(C2:C13,"〈"&AVERAGE(C2:C13))

③ =COUNTIF(C2:C13,"〈","&"AVERAGE(C2:C13))

④ =COUNT(C2:C13,"〉"&AVERAGE(C2:C13))

⑤ =COUNTIF(C2:C13,"〉"AVERAGE&(C2:C13))

✔**해설**   COUNTIF 함수는 통계함수로서 범위에서 조건에 맞는 셀의 개수를 구할 때 사용된다.
=COUNTIF(C2:C13,"〈"&AVERAGE(C2:C13))의 수식은 AVERAGE 함수로 평균 금액을 구한 후, 그 금액
보다 적은 개수를 세게 된다. 반면, =COUNTIF(C2:C13,"〉="&AVERAGE(C2:C13))의 결과값은
AVERAGE 함수로 평균 금액을 구한 후, 그 금액과 같거나 큰 개수를 세게 된다.

9 다음 자료를 참고할 때, B7 셀에 '=SUM(B2 : CHOOSE(2, B3, B4, B5))'의 수식을 입력했을 때 표시되는 결과값으로 올바른 것은?

	A	B
1	성명	성과점수
2	오 과장	85
3	민 대리	90
4	백 사원	92
5	최 대리	88
6		
7	부분합계	

① 175   ② 355

③ 267   ④ 177

⑤ 265

✔해설 CHOOSE 함수는 'CHOOSE(인수, 값1, 값2, …)'과 같이 표시하며, 인수의 번호에 해당하는 값을 구하게 된다. 다시 말해, 인수가 1이면 값1을, 인수가 2이면 값2를 선택하게 된다. 따라서 두 번째 인수인 B4가 해당되어 B2 : B4의 합계를 구하게 되므로 정답은 267이 된다.

10 다음 스프레드시트 서식 코드 사용 설명 중 올바르지 않은 것은 어느 것인가?

입력 데이터	지정 서식	결과 데이터
㉠ 13−03−12	dd−mmm	12−Mar
㉡ 13−03−12	mmm−yy	Mar−13
㉢ 02:45	hh:mm:ss AM/PM	02:45:00 AM
㉣ 신재생	+@에너지	신재생에너지
㉤ 02:45	h:mm:ss	2:45:00

① ㉠
② ㉡
③ ㉢
④ ㉣
⑤ ㉤

✔해설 표시 위치를 지정하여 특정 문자열을 연결하여 함께 표시할 경우에는 @를 사용한다. 따라서 '신재생'을 입력하여 '신재생에너지'라는 결과값을 얻으려면 '@에너지'가 올바른 서식이다.

11 귀하는 중견기업 영업관리팀 사원으로 매출분석업무를 담당하고 있다. 아래와 같이 엑셀 워크시트로 서울에 있는 강북, 강남, 강서, 강동 등 4개 매장의 '수량'과 '상품코드'별 단가를 이용하여 금액을 산출하고 있다. 귀하가 다음 중 [D2] 셀에서 사용하고 있는 함수식으로 옳은 것은 무엇인가? (금액 = 수량 × 단가)

자료

	A	B	C	D
1	지역	상품코드	수량	금액
2	강북	AA-10	15	45,000
3	강남	BB-20	25	125,000
4	강서	AA-10	30	90,000
5	강동	CC-30	35	245,000
6				
7		상품코드	단가	
8		AA-10	3,000	
9		BB-20	7,000	
10		CC-30	5,000	
11				

① =C2*VLOOKUP(B2,$B$8:$C$10, 1, 1)

② =B2*HLOOKUP(C2,$B$8:$C$10, 2, 0)

③ =C2*VLOOKUP(B2,$B$8:$C$10, 2, 0)

④ =C2*HLOOKUP($B$8:$C$10, 2, B2)

⑤ =C2*HLOOKUP($B$8:$C$10, 2, 1)

> **해설** C2*VLOOKUP(B2,$B$8:$C$10, 2, 0) 상품코드 별 단가가 수직(열)형태로 되어 있으므로, 그 단가를 가져오기 위해서는 VLOOKUP함수를 이용해야 되며, 상품코드 별 단가에 수량(C2)를 곱한다. $B$8:$C$10에서 단가는 2열이고 반드시 같은 상품코드 (B2)를 가져와야 되므로, 0 (False)를 사용하여 VLOOKUP (B2,$B$8:$C$10, 2, 0)처럼 수식을 작성해야 한다.

│12 ~ 14│ 다음은 시스템 모니터링 중에 나타난 화면이다. 다음 화면에 나타나는 정보를 이해하고 시스템 상태를 파악하여 적절한 input code를 고르시오.

〈시스템 화면〉

System is checking........

Run.....

Error Found!
Index GTEMSHFCBA of file WODRTSUEAI

input code : _____

항목	세부사항
index '__' of file '__'	• 오류 문자 : Index 뒤에 나타나는 10개의 문자 • 오류 발생 위치 : file 뒤에 나타나는 10개의 문자
Error Value	오류 문자와 오류 발생 위치를 의미하는 문자에 사용된 알파벳을 비교하여 일치하는 알파벳의 개수를 확인(단, 알파벳의 위치와 순서는 고려하지 않으며 동일한 알파벳이 속해 있는지만 확인한다.)
input code	Error Value를 통하여 시스템 상태를 판단

판단 기준	시스템 상태	input code
일치하는 알파벳의 개수가 0개인 경우	안전	safe
일치하는 알파벳의 개수가 1 ~ 3개인 경우	경계	alert
일치하는 알파벳의 개수가 4 ~ 6개인 경우		vigilant
일치하는 알파벳의 개수가 7 ~ 9개인 경우	위험	danger
일치하는 알파벳의 개수가 10개인 경우	복구 불능	unrecoverable

12

〈시스템 화면〉

System is checking........
Run.....

Error Found!
Index DRHIZGJUMY of file OPAULMBCEX

input code : _____

① safe   ② alert
③ vigilant   ④ danger
⑤ unrecoverable

✔해설 알파벳 중 U, M 2개가 일치하기 때문에 시스템 상태는 경계 수준이며, input code는 alert이다.

13

〈시스템 화면〉

System is checking........
Run.....

Error Found!
Index QWERTYUIOP of file POQWIUERTY

input code : _____

① safe   ② alert
③ vigilant   ④ danger
⑤ unrecoverable

✔해설 10개의 알파벳이 모두 일치하기 때문에 시스템 상태는 복구 불능 수준이며, input code는 unrecoverable
이다.

Answer 12.② 13.⑤

14

① safe
② alert
③ vigilant
④ danger
⑤ unrecoverable

✔해설 알파벳 중 W, S, X, E, D, C 6개가 일치하기 때문에 시스템 상태는 경계 수준이며, input code는 vigilant이다.

15 다음 워크시트에서 부서명[E2:E4]을 번호[A2:A11] 순서대로 반복하여 발령부서[C2:C11]에 배정하고자 한다. 다음 중 [C2] 셀에 입력할 수식으로 옳은 것은?

	A	B	C	D	E
1	번호	이름	발령부서		부서명
2	1	황현아	기획팀		기획팀
3	2	김지민	재무팀		재무팀
4	3	정미주	총무팀		총무팀
5	4	오민아	기획팀		
6	5	김혜린	재무팀		
7	6	김윤중	총무팀		
8	7	박유미	기획팀		
9	8	김영주	재무팀		
10	9	한상미	총무팀		
11	10	서은정	기획팀		
12					

① =INDEX($E$2:$E$4, MOD(A2, 3))

② =INDEX($E$2:$E$4, MOD(A2, 3)+1)

③ =INDEX($E$2:$E$4, MOD(A2-1, 3)+1)

④ =INDEX($E$2:$E$4, MOD(A2-1, 3))

⑤ =INDEX($E$2:$E$4, MOD(A2-1, 3)-1)

✔️**해설** INDEX(범위, 행, 열)이고 MOD 함수는 나누어 나머지를 구해서 행 값을 구한다.
INDEX 함수=INDEX($E$2:$E$4, MOD(A2-1, 3)+1)
범위 : $E$2:$E$4
행 : MOD(A2-1, 3)+1
MOD 함수는 나머지를 구해주는 함수=MOD(숫자, 나누는 수), MOD(A2-1, 3)+1의 형태로 된다.
A2의 값이 1이므로 1-1=0, 0을 3으로 나누면 나머지 값이 0이 되는데
0+1을 해줌으로써 INDEX($E$2:$E$4,1)이 된다.
번호 6의 김윤중의 경우
INDEX($E$2:$E$4, MOD(A7-1, 3)+1)
6(A7의 값)-1=5, 5를 3으로 나누면 나머지가 2
2+1=3이므로 3번째 행의 총무팀 값이 들어감을 알 수 있다.

Answer 14.③ 15.③

16 다음과 같은 시트에서 이름에 '철'이라는 글자가 포함된 셀의 서식을 채우기 색 '노랑', 글꼴 스타일 '굵은 기울임꼴'로 변경하고자 한다. 이를 위해 [A2 : A7] 영역에 설정한 조건부 서식의 수식 규칙으로 옳은 것은?

	A	B	C	D
1	이름	편집부	영업부	관리부
2	박초롱	89	65	92
3	강원철	69	75	85
4	김수현	75	86	35
5	민수진	87	82	80
6	신해철	55	89	45
7	안진철	98	65	95

① =COUNT(A2, "*철*")

② =COUNT(A2:A7, "*철*")

③ =COUNTIF(A2, "*철*")

④ =COUNTIF(A2:A7, "*철*")

⑤ =COUNTIF(A7, "*철*")

✔해설 =COUNTIF를 입력 후 범위를 지정하면 지정한 범위 내에서 중복값을 찾는다.
　　ⓐ COUNT함수 : 숫자가 입력된 셀의 개수를 구하는 함수
　　ⓑ COUNTIF함수 : 조건에 맞는 셀의 개수를 구하는 함수
'철'을 포함한 셀을 구해야 하므로 조건을 구하는 COUNTIF함수를 사용하여야 한다.
A2행으로부터 한 칸씩 내려가며 '철'을 포함한 셀을 찾아야 하므로 A2만 사용한다.

17 다음 중 아래 워크시트에서 참고표를 참고하여 55,000원에 해당하는 할인율을 [C6]셀에 구하고자 할 때의 적절한 함수식은?

	A	B	C	D	E	F
1		<참고표>				
2		금액	30,000	50,000	80,000	150,000
3		할인율	3%	7%	10%	15%
4						
5		금액	55,000			
6		할인율	7%			
7						

① =LOOKUP(C5,C2:F2,C3:F3)
② =HLOOKUP(C5,B2:F3,1)
③ =VLOOKUP(C5,C2:F3,1)
④ =VLOOKUP(C5,B2:F3,2)
⑤ =HLOOKUP(C5,B2:F2,2)

✔해설 LOOKUP은 LOOKUP(찾는 값, 범위 1, 범위 2)로 작성하여 구한다.
VLOOKUP은 범위에서 찾을 값에 해당하는 열을 찾은 후 열 번호에 해당하는 셀의 값을 구하며, HLOOKUP은 범위에서 찾을 값에 해당하는 행을 찾은 후 행 번호에 해당하는 셀의 값을 구한다.

18 다음 중 아래 워크시트의 [A1] 셀에 사용자 지정 표시 형식 '#,###,'을 적용했을 때 표시되는 값은?

	A
1	2451648.81
2	

① 2,451
② 2,452
③ 2
④ 2.4
⑤ 2.5

✔해설 '#,###,'이 서식은 천 단위 구분 기호 서식 맨 뒤에 쉼표가 붙은 형태로 소수점 이하는 없애고 정수 부분은 천 단위로 나타내면서 동시에 뒤에 있는 3자리를 없애준다. 반올림 대상이 있을 경우 반올림을 한다. 2451648.81 여기에서 소수점 이하를 없애주면 2451648이 되고, 그 다음 정수 부분에서 뒤에 있는 3자리를 없애주는데, 맨 뒤에서부터 3번째 자리인 6이 5 이상이므로 반올림이 된다. 그러므로 결과는 2,452가 된다.

Answer 16.③ 17.① 18.②

19 다음 중 아래 워크시트에서 수식 '=SUM($B$2:C2)'이 입력된 [D2]셀을 [D4]셀에 복사하여 붙여 넣었을 때의 결과 값은?

	A	B	C	D	E
				D2 ▼ f_x =SUM($B$2:C2)	
1					
2		5	10	15	
3		7	14		
4		9	18		
5					
6					

① 15

② 27

③ 42

④ 63

⑤ 72

> **✔해설** =SUM($B$2:C2) 이렇게 수식을 입력을 하고 아래로 채우기 핸들을 하게 되면 셀 주소가 다음과 같이 변하게 된다.
> =SUM($B$2:C2) → D2셀
> =SUM($B$2:C3) → D3셀
> =SUM($B$2:C4) → D4셀
> B2셀은 절대참조로 고정하였으므로 셀 주소가 변하지 않고, 상대참조로 잡은 셀은 열이 C열로 고정되었고 행 주소가 바뀌게 된다.
> 그러면 각각 셀에 계산된 결과가 다음과 같이 나온다.
> D2셀에 나오는 값 결과 : 15 (5+10=15)
> D3셀에 나오는 값 결과 : 36 (5+7+10+14=36)
> D4셀에 나오는 값 결과 : 63 (5+7+9+10+14+18=63)

20 다음 [조건]에 따라 작성한 [함수식]에 대한 설명으로 옳은 것을 〈보기〉에서 고른 것은?

[조건]

품목과 수량에 대한 위치는 행과 열로 표현한다.

행＼열	A	B
1	품목	수량
2	설탕	5
3	식초	6
4	소금	7

예) 열← ┌→행
B2

[함수 정의]

• IF(조건식, ㉠, ㉡) : 조건식이 참이면 ㉠ 내용을 출력하고, 거짓이면 ㉡ 내용을 출력한다.
• MIN(B2, B3, B4) : B2, B3, B4 중 가장 작은 값을 반환한다.

[함수식]

= IF(MIN(B2, B3, B4) > 3, "이상 없음", "부족")

〈보기〉

㉠ 반복문이 사용되고 있다.
㉡ 조건문이 사용되고 있다.
㉢ 출력되는 결과는 '부족'이다.
㉣ 식초의 수량(B3) 6을 1로 수정할 때 출력되는 결과는 달라진다.

① ㉠㉡ ② ㉠㉢
③ ㉡㉢ ④ ㉡㉣
⑤ ㉢㉣

✔해설 MIN 함수에서 최솟값을 반환한 후, IF 함수에서 "이상 없음" 문자열이 출력된다. B3의 내용이 1로 바뀌면 출력은 "부족"이 된다.
㉠ 반복문은 사용되고 있지 않다.
㉢ 현재 입력으로 출력되는 결과물은 "이상 없음"이다.

Answer 19.④ 20.④

|21 ～ 23| 글로벌 기업 N사는 한국, 일본, 중국, 베트남에 지점을 두고 있으며, 주요 품목인 외장하드를 생산하여 판매하고 있다. 다음 코드 부여 규정을 보고 물음에 답하시오.

가. 국가 코드

한국	일본	중국	베트남
1	2	3	4

나. 공장라인 코드

국가	공장	
한국	A	제1공장
	B	제2공장
	C	제3공장
	D	제4공장
일본	A	제1공장
	B	제2공장
	C	제3공장
	D	제4공장
중국	A	제1공장
	B	제2공장
	C	제3공장
	D	제4공장
베트남	A	제1공장
	B	제2공장
	C	제3공장
	D	제4공장

다. 제품코드

분류코드		용량번호	
01	xs1	001	500GB
		002	1TB
		003	2TB
02	xs2	001	500GB
		002	1TB
		003	2TB
03	oz	001	500GB
		002	1TB
		003	2TB
04	스마트S	001	500GB
		002	1TB
		003	2TB
05	HS	001	500GB
		002	1TB
		003	2TB

마. 제조 연월
• 2020년 11월 11일 제조→201111
• 2021년 1월 7일 제조→210107

바. 완성 순서
• 00001부터 시작하여 완성된 순서대로 번호가 매겨짐
• 1511번째 품목일 시→01511

사. 코드 부여
• 2020년 3월 23일에 한국 제1공장에서 제조된 xs1 1TB 326번째 품목
　　→200323 - 1A - 01002 - 00326

21 2020년 6월 19일에 베트남 제3공장에서 제조된 스마트S 모델로 용량이 500GB인 1112번째 품목코드로 알맞은 것은?

① 20200619C00101112

② 2000619C404001012

③ 2006194C0020011102

④ 2006194C0040011012

⑤ 2006194C0400101112

> **✔해설** 코드 부여 안내에 따르면 적절한 코드는 다음과 같다.
> 제조 연월 200619 – 국가와 공장라인 코드 4C – 제품 코드 04 – 상세코드 001 – 1112번째 품목 01112
> 따라서 2006194C0400101112가 된다.

22 상품코드 1912132B03002205201에 대한 설명으로 옳지 않은 것은?

① 2019년 12월 13일에 제조되었다.

② 완성된 품목 중 5201번째 품목이다.

③ 일본 제2공장에서 제조되었다.

④ xs2에 해당한다.

⑤ 용량은 1TB이다.

> **✔해설** 03002이므로 oz 1TB이다.

23 담당자의 실수로 코드번호가 다음과 같이 부여되었을 경우 올바르게 수정한 것은?

> 2019년 12월 23일 한국 제4공장에서 제조된 xs2 2TB 13698번째 품목
> → 1912231D0200213698

① 제조연월일 : 191223 → 20191223

② 생산라인 : 1D → 2D

③ 제품종류 : 02002 → 02003

④ 완성된 순서 : 13698 → 13699

⑤ 수정할 부분 없음

> **✔해설** 2018년 9월 7일 제조 : 180907
> 한국 제4공장 : 1D
> xs2 2TB : 02003
> 13698번째 품목 : 13698

24 다음 자료는 '발전량' 필드를 기준으로 발전량과 발전량이 많은 순위를 엑셀로 나타낸 표이다. 태양광의 발전량 순위를 구하기 위한 함수식으로 'C3'셀에 들어가야 할 알맞은 것은 어느 것인가?

	A	B	C
1	<에너지원별 발전량(단위: Mwh)>		
2	에너지원	발전량	순위
3	태양광	88	2
4	풍력	100	1
5	수력	70	4
6	바이오	75	3
7	양수	65	5

① =ROUND(B3,$B$3:$B$7,0)

② =ROUND(B3,$B$3:$B$7,1)

③ =RANK(B3,$B$3:$B$7,1)

④ =RANK(B3,$B$2:$B$7,0)

⑤ =RANK(B3,$B$3:$B$7,0)

> **해설** 지정 범위에서 인수의 순위를 구하는 경우 'RANK' 함수를 사용한다. 이 경우, 수식은 '=RANK(인수, 범위, 결정 방법)'이 된다. 결정 방법은 0 또는 생략하면 내림차순, 0 이외의 값은 오름차순으로 표시하게 된다.

25 다음은 엑셀 프로그램의 논리 함수에 대한 설명이다. 옳지 않은 것은?

① AND : 인수가 모두 TRUE이면 TRUE를 반환한다.

② OR : 인수가 하나라도 TRUE이면 TRUE를 반환한다.

③ NOT : 인수의 논리 역을 반환한다.

④ XOR : 모든 인수의 논리 배타적 AND를 반환한다.

⑤ IF : 조건식이 참이면 '참일 때 값', 거짓이면 '거짓일 때 값'을 출력한다.

> **해설** XOR 또는 Exclusive OR이라고도 하며, 모든 인수의 논리 배타적 OR을 반환한다.

Answer 21.⑤ 22.④ 23.③ 24.⑤ 25.④

26 다음에서 설명하고 있는 것은 무엇인가?

> 1945년 폰노이만(Von Neumann, J)에 의해 개발되었다. 프로그램 데이터를 기억장치 안에 기억시켜 놓은 후 기억된 프로그램에 명령을 순서대로 해독하면서 실행하는 방식으로, 오늘날의 컴퓨터 모두에 적용되고 있는 방식이다.

① IC칩 내장방식
② 송팩 방식
③ 적외선 방식
④ 프로그램 내장방식
⑤ 네트워크 방식

✔해설 제시된 내용은 폰 노이만에 의해 소개된 '프로그램 내장방식'이다. 이 개념은 데이터뿐만 아니라 컴퓨터의 명령을 컴퓨터의 내부 기억 장치 내에 기억하는 것으로, 이 명령은 더 빠르게 접근되고, 더 쉽게 변경된다.

27 구글 검색에서 검색 결과에 pdf만 나오도록 설정하는 고급검색 항목은?

① language
② region
③ last update
④ SafeSearch
⑤ file type

✔해설 고급검색 기능을 사용하면 언어, 지역, 최종 업데이트, 파일 형식, 사용 권한 등을 기준으로 검색결과를 좁힐 수 있다. 검색 결과에 pdf만 나오기를 원한다면, file type을 Adobe Acrobat PDF(.pdf)로 설정하면 된다.

28 다음 중 아래 시트에서 야근일수를 구하기 위해 [B9] 셀에 입력할 함수로 옳은 것은?

	A	B	C	D	E
1	4월 야근 현황				
2	날짜	도준영	전아홍	이진주	강석현
3	4월15일		V		V
4	4월16일	V		V	
5	4월17일	V	V	V	
6	4월18일		V	V	V
7	4월19일	V		V	
8	4월20일	V			
9	야근일수				

① =COUNTBLANK(B3:B8)

② =COUNT(B3:B8)

③ =COUNTA(B3:B8)

④ =SUM(B3:B8)

⑤ =SUMIF(B3:B8)

✔해설 COUNTBLANK 함수는 비어 있는 셀의 개수를 세어 준다. COUNT 함수는 숫자가 입력된 셀의 개수를 세어 주는 반면 COUNTA 함수는 숫자는 물론 문자가 입력된 셀의 개수를 세어 준다. 즉, 비어있지 않은 셀의 개수를 세어주기 때문에 이 문제에서는 COUNTA 함수를 사용하여야 한다.

29 다음 인터넷 옵션에 대한 설명 중 옳은 것을 모두 고른 것은?

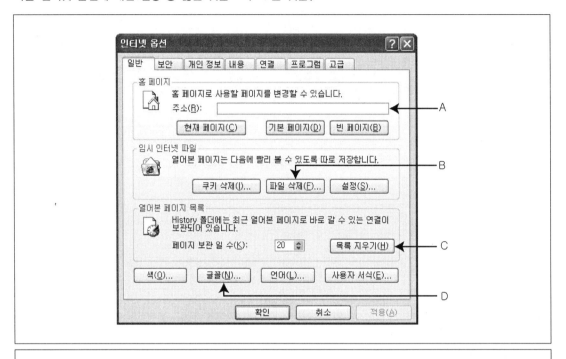

ⓐ A는 브라우저를 실행하면 처음으로 연결되는 홈페이지 주소를 설정한다.
ⓑ B를 선택하면 임시 인터넷 파일이 삭제된다.
ⓒ C는 즐겨찾기 목록을 삭제한다.
ⓓ D는 브라우저에서 사용되는 언어를 설정한다.

① ㉠㉡   ② ㉠㉢
③ ㉡㉢   ④ ㉡㉣
⑤ ㉢㉣

✔해설 인터넷 옵션의 일반 설정 중 목록 지우기를 선택하면 최근 열어본 페이지의 목록이 지워지며 글꼴에서는 브라우저에서 사용되는 글꼴에 대한 설정을 할 수 있다.

30 다음은 스프레드시트(엑셀)를 이용하여 진급 대상자 명단을 작성한 것이다. 옳은 설명만을 모두 고른 것은?
(단, 순위[E4:E8]은 '자동채우기' 기능을 사용한다)

⊙ 차트는 '가로 막대형'으로 나타냈다.
ⓒ 부서명을 기준으로 '오름차순' 정렬을 하였다.
ⓒ 순위 [E4]셀의 함수식은 '=RANK(D4,$D$4:$D$8,0)'이다.

① ⊙
② ⓒ
③ ⊙ⓒ
④ ⓒⓒ
⑤ ⊙ⓒⓒ

✔해설 차트는 '가로 막대형'이며, 부서명은 '오름차순', 순위 [E4]셀 함수식은 '=RANK(D4,$D$4:$D$8,0)'이므로 ⊙ⓒⓒ 모두 맞다.

기술능력(그 외 기술)

01 기술과 기술능력

(1) 기술과 과학

① 노하우(know-how)와 노와이(know-why)

  ㉠ 노하우 : 특허권을 수반하지 않는 과학자, 엔지니어 등이 가지고 있는 체화된 기술로 경험적이고 반복적인 행위에 의해 얻어진다.

  ㉡ 노와이 : 기술이 성립하고 작용하는가에 관한 원리적 측면에 중심을 둔 개념으로 이론적인 지식으로서 과학적인 탐구에 의해 얻어진다.

② 기술의 특징

  ㉠ 하드웨어나 인간에 의해 만들어진 비자연적인 대상, 혹은 그 이상을 의미한다.

  ㉡ 기술은 노하우(know-how)를 포함한다.

  ㉢ 기술은 하드웨어를 생산하는 과정이다.

  ㉣ 기술은 인간의 능력을 확장시키기 위한 하드웨어와 그것의 활용을 뜻한다.

  ㉤ 기술은 정의 가능한 문제를 해결하기 위해 순서화되고 이해 가능한 노력이다.

③ 기술과 과학 : 기술은 과학과 같이 추상적 이론보다는 실용성, 효용, 디자인을 강조하고 과학은 그 반대로 추상적 이론, 지식을 위한 지식, 본질에 대한 이해를 강조한다.

(2) 기술능력

① 기술능력과 기술교양 : 기술능력은 기술교양의 개념을 보다 구체화시킨 개념으로, 기술교양은 모든 사람들이 광범위한 관점에서 기술의 특성, 기술적 행동, 기술의 힘, 기술의 결과에 대해 어느 정도의 지식을 가지는 것을 의미한다.

② 기술능력이 뛰어난 사람의 특징

  ㉠ 실질적 해결을 필요로 하는 문제를 인식한다.

  ㉡ 인식된 문제를 위한 다양한 해결책을 개발하고 평가한다.

  ㉢ 실제적 문제를 해결하기 위해 지식이나 기타 자원을 선택·최적화시키며 적용한다.

ⓔ 주어진 한계 속에서 제한된 자원을 가지고 일한다.

ⓜ 기술적 해결에 대한 효용성을 평가한다.

ⓗ 여러 상황 속에서 기술의 체계와 도구를 사용하고 배울 수 있다.

예제 1

Y그룹 기술연구소에 근무하는 정호는 연구 역량 강화를 위한 업계 워크숍에 참석해 기술 능력이 뛰어난 사람의 특징에 대해 기조 발표를 하려고 한다. 다음 중 정호가 발표에 포함시킬 내용으로 옳지 않은 것은?

① 기술의 체계와 같은 무형의 기술에 대한 능력과는 무관하다.
② 주어진 한계 속에서 제한된 자원을 가지고 일한다.
③ 기술적 해결에 대한 효용성을 평가한다.
④ 실질적 해결을 필요로 하는 문제를 인식한다.

출제의도

기술능력이 뛰어난 사람의 특징에 대해 묻는 문제로 문제의 길이가 길 경우 그 속에 포함된 핵심 어구를 찾는다면 쉽게 풀 수 있는 문제다.

해 설

① 여러 상황 속에서 기술의 체계와 도구를 사용하고 배울 수 있다.

답 ①

---

③ 새로운 기술능력 습득방법

　ⓖ 전문 연수원을 통한 기술과정 연수

　ⓛ E-learning을 활용한 기술교육

　ⓒ 상급학교 진학을 통한 기술교육

　ⓔ OJT를 활용한 기술교육

(3) 분야별 유망 기술 전망

① **전기전자정보공학분야** : 지능형 로봇 분야

② **기계공학분야** : 하이브리드 자동차 기술

③ **건설환경공학분야** : 지속가능한 건축 시스템 기술

④ **화학생명공학분야** : 재생에너지 기술

(4) 지속가능한 기술

① **지속가능한 발전** : 지금 우리의 현재 욕구를 충족시키면서 동시에 후속 세대의 욕구 충족을 침해하지 않는 발전

② **지속가능한 기술**

　ⓖ 이용 가능한 자원과 에너지를 고려하는 기술

　ⓛ 자원이 사용되고 그것이 재생산되는 비율의 조화를 추구하는 기술

ⓒ 자원의 질을 생각하는 기술

ⓔ 자원이 생산적인 방식으로 사용되는가에 주의를 기울이는 기술

(5) 산업재해

① 산업재해란 산업 활동 중의 사고로 인해 사망하거나 부상을 당하고, 또는 유해 물질에 의한 중독 등으로 직업성 질환에 걸리거나 신체적 장애를 가져오는 것을 말한다.

② 산업 재해의 기본적 원인

ⓐ **교육적 원인** : 안전 지식의 불충분, 안전 수칙의 오해, 경험이나 훈련의 불충분과 작업관리자의 작업 방법의 교육 불충분, 유해 위험 작업 교육 불충분 등

ⓑ **기술적 원인** : 건물·기계 장치의 설계 불량, 구조물의 불안정, 재료의 부적합, 생산 공정의 부적당, 점검·정비·보존의 불량 등

ⓒ **작업 관리상 원인** : 안전 관리 조직의 결함, 안전 수칙 미제정, 작업 준비 불충분, 인원 배치 및 작업 지시 부적당 등

예제 2

다음은 철재가 알아낸 산업재해 원인과 관련된 자료이다. 다음 자료에 해당하는 산업재해의 기본적인 원인은 무엇인가?

20△△년 산업재해 현황분석 자료에 따른 사망자의 수

(단위 : 명)

사망원인	사망자 수
안전 지식의 불충분	120
안전 수칙의 오해	56
경험이나 훈련이 불충분	73
작업관리자의 작업방법 교육 불충분	28
유해 위험 작업 교육 불충분	91
기타	4

출처 : 고용노동부 20△△ 산업재해 현황분석

① 정책적 원인   ② 작업 관리상 원인

③ 기술적 원인   ④ 교육적 원인

출제의도

산업재해의 원인은 크게 기본적 원인과 직접적 원인으로 나눌 수 있고 이들 원인은 다시 여러 개의 세부 원인들로 나뉜다. 표에 나와 있는 각각의 원인들이 어디에 속하는지 잘 구분할 수 있어야 한다.

해 설

④ 안전 지식의 불충분, 안전 수칙의 오해, 경험이나 훈련의 불충분, 작업관리자의 작업방법 교육 불충분, 유해 위험 작업 교육 불충분 등은 산업재해의 기본적 원인 중 교육적 원인에 해당한다.

답 ④

③ 산업 재해의 직접적 원인

    ⊙ 불안전한 행동 : 위험 장소 접근, 안전장치 기능 제거, 보호 장비의 미착용 및 잘못 사용, 운전 중인 기계의 속도 조작, 기계·기구의 잘못된 사용, 위험물 취급 부주의, 불안전한 상태 방치, 불안전한 자세와 동장, 감독 및 연락 잘못 등

    ⓛ 불안전한 상태 : 시설물 자체 결함, 전기 기설물의 누전, 구조물의 불안정, 소방기구의 미확보, 안전 보호 장치 결함, 복장·보호구의 결함, 시설물의 배치 및 장소 불량, 작업 환경 결함, 생산 공정의 결함, 경계 표시 설비의 결함 등

④ 산업 재해의 예방 대책

    ⊙ 안전 관리 조직 : 경영자는 사업장의 안전 목표를 설정하고, 안전 관리 책임자를 선정해야 하며, 안전 관리 책임자는 안전 계획을 수립하고, 이를 시행·후원·감독해야 한다.

    ⓛ 사실의 발견 : 사고 조사, 안전 점검, 현장 분석, 작업자의 제안 및 여론 조사, 관찰 및 보고서 연구, 면담 등을 통하여 사실을 발견한다.

    ⓒ 원인 분석 : 재해의 발생 장소, 재해 형태, 재해 정도, 관련 인원, 직원 감독의 적절성, 공구 및 장비의 상태 등을 정확히 분석한다.

    ⓔ 시정책의 선정 : 원인 분석을 토대로 적절한 시정책, 즉 기술적 개선, 인사 조정 및 교체, 교육, 설득, 호소, 공학적 조치 등을 선정한다.

    ⓜ 시정책 적용 및 뒤처리 : 안전에 대한 교육 및 훈련 실시, 안전시설과 장비의 결함 개선, 안전 감독 실시 등의 선정된 시정책을 적용한다.

02 기술능력을 구성하는 하위능력

(1) 기술이해능력

① 기술시스템

    ⊙ 개념 : 기술시스템은 인공물의 집합체만이 아니라 회사, 투자회사, 법적 제도, 정치, 과학, 자연자원을 모두 포함하는 것이기 때문에, 기술적인 것(the technical)과 사회적인 것(the social)이 결합해서 공존한다.

    ⓛ 기술시스템의 발전 단계 : 발명·개발·혁신의 단계 → 기술 이전의 단계 → 기술 경쟁의 단계 → 기술 공고화 단계

② 기술혁신

　　㉠ 기술혁신의 특성

- 기술혁신은 그 과정 자체가 매우 불확실하고 장기간의 시간을 필요로 한다.
- 기술혁신은 지식 집약적인 활동이다.
- 혁신 과정의 불확실성과 모호함은 기업 내에서 많은 논쟁과 갈등을 유발할 수 있다.
- 기술혁신은 조직의 경계를 넘나드는 특성을 갖고 있다.

　　㉡ 기술혁신의 과정과 역할

기술혁신 과정	혁신 활동	필요한 자질과 능력
아이디어 창안	• 아이디어를 창출하고 가능성을 검증 • 일을 수행하는 새로운 방법 고안 • 혁신적인 진보를 위한 탐색	• 각 분야의 전문지식 • 추상화와 개념화 능력 • 새로운 분야의 일을 즐김
챔피언	• 아이디어의 전파 • 혁신을 위한 자원 확보 • 아이디어 실현을 위한 헌신	• 정력적이고 위험을 감수함 • 아이디어의 응용에 관심
프로젝트 관리	• 리더십 발휘 • 프로젝트의 기획 및 조직 • 프로젝트의 효과적인 진행 감독	• 의사결정 능력 • 업무 수행 방법에 대한 지식
정보 수문장	• 조직외부의 정보를 내부 구성원들에게 전달 • 조직 내 정보원 기능	• 높은 수준의 기술적 역량 • 원만한 대인 관계 능력
후원	• 혁신에 대한 격려와 안내 • 불필요한 제약에서 프로젝트 보호 • 혁신에 대한 자원 획득을 지원	• 조직의 주요 의사결정에 대한 영향력

(2) 기술선택능력

① 기술선택 : 기업이 어떤 기술을 외부로부터 도입하거나 자체 개발하여 활용할 것인가를 결정하는 것이다.

　　㉠ 기술선택을 위한 의사결정

- 상향식 기술선택 : 기업 전체 차원에서 필요한 기술에 대한 체계적인 분석이나 검토 없이 연구자나 엔지니어들이 자율적으로 기술을 선택하는 것
- 하향식 기술선택 : 기술경영진과 기술기획담당자들에 의한 체계적인 분석을 통해 기업이 획득해야 하는 대상기술과 목표기술수준을 결정하는 것

ⓛ 기술선택을 위한 절차

```
                    외부환경분석
                         ↓
    중장기 사업목표 설정 → 사업 전략 수립 → 요구기술 분석 → 기술전략 수립 → 핵심기술 선택
                         ↓
                    내부 역량 분석
```

- 외부환경분석 : 수요변화 및 경쟁자 변화, 기술 변화 등 분석
- 중장기 사업목표 설정 : 기업의 장기비전, 중장기 매출목표 및 이익목표 설정
- 내부 역량 분석 : 기술능력, 생산능력, 마케팅/영업능력, 재무능력 등 분석
- 사업 전략 수립 : 사업 영역결정, 경쟁 우위 확보 방안 수립
- 요구기술 분석 : 제품 설계/디자인 기술, 제품 생산공정, 원재료/부품 제조기술 분석
- 기술전략 수립 : 기술획득 방법 결정

ⓒ 기술선택을 위한 우선순위 결정

- 제품의 성능이나 원가에 미치는 영향력이 큰 기술
- 기술을 활용한 제품의 매출과 이익 창출 잠재력이 큰 기술
- 쉽게 구할 수 없는 기술
- 기업 간에 모방이 어려운 기술
- 기업이 생산하는 제품 및 서비스에 보다 광범위하게 활용할 수 있는 기술
- 최신 기술로 진부화될 가능성이 적은 기술

예제 3

주현은 건설회사에 근무하면서 프로젝트 관리를 한다. 얼마 전 대규모 프로젝트에 참가한 한 하청업체가 중간 보고회를 열고 다음과 같이 자신들이 이번 프로젝트의 성공적 마무리를 위해 노력하고 있음을 설명하고 있다. 다음 중 총괄 책임자로서 주현이 하청업체의 올바른 추진 방향으로 인정해줘야 하는 부분으로 바르게 묶인 것은?

> ㉠ 정부 및 환경단체가 요구하는 성과평가의 실천 방안을 연구하여 반영하고 있습니다.
> ㉡ 이번 프로젝트 성공을 위해 기술적 효용과 함께 환경적 효용도 추구하고 있습니다.
> ㉢ 오염 예방을 위한 청정 생산기술을 진단하고 컨설팅하면서 협력회사와 연대하고 있습니다.
> ㉣ 환경영향평가에 대해서는 철저한 사후평가 방식으로 진행하고 있습니다.

① ㉠㉡㉢　　　　　　　　　　② ㉠㉡㉣
③ ㉠㉢㉣　　　　　　　　　　④ ㉡㉢㉣

출제의도

실제 현장에서 사용하는 기술들에 대해 바람직한 평가요소는 무엇인지 묻는 문제다.

해 설

㉣ 환경영향평가에 대해서는 철저한 사전 평가 방식으로 진행해야 한다.

답 ①

② 벤치마킹

㉠ 벤치마킹의 종류

기준	종류
비교대상에 따른 분류	• 내부 벤치마킹 : 같은 기업 내의 다른 지역, 타 부서, 국가 간의 유사한 활동을 비교 대상으로 함 • 경쟁적 벤치마킹 : 동일 업종에서 고객을 직접적으로 공유하는 경쟁기업을 대상으로 함 • 비경쟁적 벤치마킹 : 제품, 서비스 및 프로세스의 단위 분야에 있어 가장 우수한 실무를 보이는 비경쟁적 기업 내의 유사 분야를 대상으로 함 • 글로벌 벤치마킹 : 프로세스에 있어 최고로 우수한 성과를 보유한 동일업종의 비경쟁적 기업을 대상으로 함
수행방식에 따른 분류	• 직접적 벤치마킹 : 벤치마킹 대상을 직접 방문하여 수행하는 방법 • 간접적 벤치마킹 : 인터넷 및 문서형태의 자료를 통해서 수행하는 방법

㉡ 벤치마킹의 주요 단계

• 범위결정 : 벤치마킹이 필요한 상세 분야를 정의하고 목표와 범위를 결정하며 벤치마킹을 수행할 인력들을 결정

• 측정범위 결정 : 상세분야에 대한 측정항목을 결정하고, 측정항목이 벤치마킹의 목표를 달성하는 데 적정한가를 검토

• 대상 결정 : 비교분석의 대상이 되는 기업/기관들을 결정하고, 대상 후보별 벤치마킹 수행의 타당성을 검토하여 최종적인 대상 및 대상별 수행방식을 결정

• 벤치마킹 : 직접 또는 간접적인 벤치마킹을 진행

• 성과차이 분석 : 벤치마킹 결과를 바탕으로 성과차이를 측정항목별로 분석

• 개선계획 수립 : 성과차이에 대한 원인 분석을 진행하고 개선을 위한 성과목표를 결정하며, 성과목표를 달성하기 위한 개선계획을 수립

• 변화 관리 : 개선목표 달성을 위한 변화사항을 지속적으로 관리하고, 개선 후 변화사항과 예상했던 변화 사항을 비교

③ 매뉴얼 : 매뉴얼의 사전적 의미는 어떤 기계의 조작 방법을 설명해 놓은 사용 지침서이다.

㉠ 매뉴얼의 종류

• 제품 매뉴얼 : 사용자를 위해 제품의 특징이나 기능 설명, 사용방법과 고장 조치방법, 유지 보수 및 A/S, 폐기까지 제품에 관련된 모든 서비스에 대해 소비자가 알아야 할 모든 정보를 제공하는 것

• 업무 매뉴얼 : 어떤 일의 진행 방식, 지켜야할 규칙, 관리상의 절차 등을 일관성 있게 여러 사람이 보고 따라할 수 있도록 표준화하여 설명하는 지침서

ⓒ 매뉴얼 작성을 위한 Tip

- 내용이 정확해야 한다.
- 사용자가 알기 쉽게 쉬운 문장으로 쓰여야 한다.
- 사용자의 심리적 배려가 있어야 한다.
- 사용자가 찾고자 하는 정보를 쉽게 찾을 수 있어야 한다.
- 사용하기 쉬어야 한다.

(3) 기술적용능력

① 기술적용

ⓐ 기술적용 형태

- 선택한 기술을 그대로 적용한다.
- 선택한 기술을 그대로 적용하되, 불필요한 기술은 과감히 버리고 적용한다.
- 선택한 기술을 분석하고 가공하여 활용한다.

ⓑ 기술적용 시 고려 사항

- 기술적용에 따른 비용이 많이 드는가?
- 기술의 수명 주기는 어떻게 되는가?
- 기술의 전략적 중요도는 어떻게 되는가?
- 잠재적으로 응용 가능성이 있는가?

② 기술경영자와 기술관리자

ⓐ 기술경영자에게 필요한 능력

- 기술을 기업의 전반적인 전략 목표에 통합시키는 능력
- 빠르고 효과적으로 새로운 기술을 습득하고 기존의 기술에서 탈피하는 능력
- 기술을 효과적으로 평가할 수 있는 능력
- 기술 이전을 효과적으로 할 수 있는 능력
- 새로운 제품개발 시간을 단축할 수 있는 능력
- 크고 복잡하고 서로 다른 분야에 걸쳐 있는 프로젝트를 수행할 수 있는 능력
- 조직 내의 기술 이용을 수행할 수 있는 능력
- 기술 전문 인력을 운용할 수 있는 능력

예제 4

다음은 기술경영자의 어떤 부분을 이야기하고 있는가?

어떤 일을 마무리하는 데 있어서 6개월의 시간이 걸린다면 그는 그 일을 한 달 안으로 끝낼 것을 원한다. 그에게 강한 밀어붙임을 경험한 사람들은 그에 대해 비판적인 입장을 취하기도 한다. 그의 직원 중 일부는 그 무게를 이겨내지 못하고, 다른 일부의 직원들은 그것을 스스로 더욱 열심히 할 수 있는 자극제로 사용한다고 말한다.

① 빠르고 효과적으로 새로운 기술을 습득하는 능력
② 기술 이전을 효과적으로 할 수 있는 능력
③ 기술 전문 인력을 운용할 수 있는 능력
④ 조직 내의 기술 이용을 수행할 수 있는 능력

출제의도

해당 사례가 기술경영자에게 필요한 능력 중 무엇에 해당하는 내용인지 묻는 문제로 각 능력에 대해 확실하게 이해하고 있어야 한다.

해 설

③ 기술경영자는 기술 전문 인력을 운용함에 있어 강한 리더십을 발휘하고 직원 스스로 움직일 수 있게 이끌 수 있어야 한다.

답 ③

ⓛ 기술관리자에게 필요한 능력
  • 기술을 운용하거나 문제 해결을 할 수 있는 능력
  • 기술직과 의사소통을 할 수 있는 능력
  • 혁신적인 환경을 조성할 수 있는 능력
  • 기술적, 사업적, 인간적인 능력을 통합할 수 있는 능력
  • 시스템적인 관점
  • 공학적 도구나 지원방식에 대한 이해 능력
  • 기술이나 추세에 대한 이해 능력
  • 기술팀을 통합할 수 있는 능력

③ 네트워크 혁명
  ㉠ 네트워크 혁명의 3가지 법칙
  • 무어의 법칙 : 컴퓨터의 파워가 18개월마다 2배씩 증가한다는 법칙
  • 메트칼피의 법칙 : 네트워크의 가치는 사용자 수의 제곱에 비례한다는 법칙
  • 카오의 법칙 : 창조성은 네트워크에 접속되어 있는 다양한 지수함수로 비례한다는 법칙
  ㉡ 네트워크 혁명의 역기능 : 디지털 격차(digital divide), 정보화에 따른 실업의 문제, 인터넷 게임과 채팅 중독, 범죄 및 반사회적인 사이트의 활성화, 정보기술을 이용한 감시 등

직표는 J그룹의 기술연구팀에서 근무하고 있는데 하루는 공정 개선 워크숍이 열려 최근 사내에서 이슈로 떠오른 신 제조공법의 도입과 관련해 토론을 벌이고 있다. 신 제조공법 도입으로 인한 이해득실에 대해 의견이 분분한 가운데 직표가 할 수 있는 발언으로 옳지 않은 것은?

① "기술의 수명 주기뿐만 아니라 기술의 전략적 중요성과 잠재적 응용 가능성 등도 따져봐야 합니다."
② "다른 것은 그냥 넘어가도 되지만 기계 교체로 인한 막대한 비용만큼은 철저히 고려해야 합니다."
③ "신 제조공법 도입이 우리 회사의 어떤 시장 전략과 연관되어 있는지 궁금합니다."
④ "신 제조공법의 수명을 어떻게 예상하고 있는지 알고 싶군요."

출제의도

기술적용능력에 대해 포괄적으로 묻는 문제로 신기술 적용 시 중요하게 생각해야 할 요소로는 무엇이 있는지 파악하고 있어야 한다.

해 설

② 기계 교체로 인한 막대한 비용뿐만 아니라 신 기술도입과 관련된 모든 사항에 대해 사전에 철저히 고려해야 한다.

답 ②

출제예상문제

1 다음 중 기술 혁신의 특징을 올바르게 파악하지 못한 것은 어느 것인가?

① 개발자에게 응분의 보상을 함으로써 그들의 개발의욕을 북돋아주어야 투입된 자금과 인력의 최대 효과를 기대할 수 있다.

② 기술 혁신은 노동 집약적인 활동이다.

③ 기술 혁신은 그 과정 자체가 매우 불확실하고 장기간의 시간을 필요로 한다.

④ 혁신 과정의 불확실성과 모호함은 기업 내에서 많은 논쟁과 갈등을 유발할 수 있다.

⑤ 기술 혁신은 조직의 경계를 넘나드는 특성을 갖고 있다.

> ✔해설 인간의 개별적인 지능과 창의성, 상호학습을 통해 새로운 지식과 경험은 빠른 속도로 축적되고 학습되지만, 기술개발에 참가한 엔지니어의 지식은 문서화되기 어렵기 때문에 다른 사람들에게 쉽게 전파될 수 없다. 따라서 연구개발에 참가한 연구원과 엔지니어들이 그 기업을 떠나는 경우 기술과 지식의 손실이 크게 발생하여 기술 개발을 지속할 수 없는 경우가 종종 발생하기 때문에 기술 혁신은 지식 집약적인 활동으로 보아야 한다.

2 기술이란 물리적인 것뿐만 아니라 사회적인 것으로서, 지적인 도구를 특정한 목적에 사용하는 지식체계를 의미한다. 다음 중 이러한 기술에 대한 설명으로 올바르지 않은 것은 어느 것인가?

① 기술 중 know-how는 특허권을 얻은 과학자, 엔지니어 등이 가지고 있는 체화된 기술로 어떻게 기술이 성립하고 작용하는가에 관한 원리적 측면에 중심을 두었다.

② 기술은 원래 know-how 개념이 강했으나 점차 know-why가 결합하게 되었다.

③ 현대적 기술은 주로 과학을 기반으로 하는 기술로 이루어져 있다.

④ 제품이나 용역을 생산하는 원료, 생산공정, 생산방법, 자본재 등에 관한 지식의 종합을 기술이라 한다.

⑤ know-how는 경험적이고 반복적인 행위에 의해 얻어진다.

> ✔해설 know-how는 특허권을 수반하지 않는 과학자, 엔지니어 등이 가지고 있는 체화된 기술을 말한다. know-why는 어떻게 기술이 성립하고 작용하는가에 관한 원리적 측면에 중심을 둔 개념이다.

3 사내 기술관리자로서 기술이나 추세에 대한 이해능력과 기술팀을 통합할 수 있는 능력을 겸비하고 있는 A씨가 기술경영자로 한 단계 도약을 하기 위하여 요구되는 능력을 다음에서 모두 고른 것은 어느 것인가?

> ㉠ 기술을 기업의 전략 목표에 통합시키는 능력
> ㉡ 기술을 효과적으로 평가할 수 있는 능력
> ㉢ 시스템적인 관점에서 인식하는 능력
> ㉣ 신제품 개발 시간을 단축할 수 있는 능력
> ㉤ 기술 전문 인력을 운용할 수 있는 능력

① ㉠, ㉡, ㉣
② ㉠, ㉡, ㉤
③ ㉡, ㉣, ㉤
④ ㉠, ㉣, ㉤
⑤ ㉠, ㉡, ㉣, ㉤

✔해설 ㉢의 내용은 기술관리자에게 요구되는 능력이며, 기술경영자에게는 시스템에만 의존하기보다 기술의 성격 및 이와 관련된 동향, 사업 환경 등을 이해하여 그에 따른 통합적인 문제해결과 함께 기술혁신을 달성할 수 있는 능력이 요구된다.

|4~5| 다음은 어느 디지털 캠코더의 사용설명서이다. 이를 읽고 물음에 답하시오.

고장신고 전 확인사항

캠코더에 문제가 있다고 판단될 시 다음 사항들을 먼저 확인해 보시고 그래도 문제해결이 되지 않을 경우 가까운 A/S센터를 방문해 주세요.

1. 배터리 관련

화면표시	원인	조치 및 확인사항
배터리 용량이 부족합니다.	배터리가 거의 소모되었습니다.	충전된 배터리로 교체하거나 전원공급기를 연결하세요.
정품 배터리가 아닙니다.	배터리의 정품여부를 확인할 수 없습니다.	배터리가 정품인지 확인 후 새 배터리로 교체하세요.

2. 동영상 편집

화면표시	원인	조치 및 확인사항
다른 해상도는 선택할 수 없습니다.	서로 다른 해상도의 동영상은 합쳐지지 않습니다.	서로 다른 해상도의 동영상은 합치기 기능을 사용할 수 없습니다.
메모리 카드 공간이 충분하지 않습니다.	편집 시 사용할 메모리 카드의 공간이 부족합니다.	불필요한 파일을 삭제한 후 편집기능을 실행하세요.
합치기를 위해 2개의 파일만 선택해 주세요.	합치기 기능은 2개의 파일만 가능합니다.	먼저 2개의 파일을 합친 후 나머지 파일을 합쳐주세요. 단, 총 용량이 1.8GB 이상일 경우 합치기는 불가능합니다.
파일의 크기가 1.8GB가 넘습니다.	총 용량이 1.8GB 이상인 파일은 합치기가 불가능합니다.	파일 나누기 기능을 실행하여 불필요한 부분을 제거한 후 합치기를 실행하세요.

3. 촬영관련

화면표시	원인	조치 및 확인사항
쓰기 실패하였습니다.	저장매체에 문제가 있습니다.	• 데이터 복구를 위해 기기를 껐다가 다시 켜세요. • 중요한 파일은 컴퓨터에 복사한 후 저장매체를 포맷하세요.
스마트 오토 기능을 해제해 주세요.	스마트 오토 기능이 실행 중일 때는 일부 기능을 수동으로 설정할 수 없습니다.	스마트 오토 모드를 해제하세요.

4 캠코더를 사용하다가 갑자기 화면에 '메모리 카드 공간이 충분하지 않습니다.'라는 문구가 떴다. 이를 해결하는 방법으로 가장 적절한 것은?

① 스마트 오토 모드를 해제한다.

② 불필요한 파일을 삭제한 후 편집기능을 실행한다.

③ 충전된 배터리로 교체하거나 전원공급기를 연결한다.

④ 중요한 파일은 컴퓨터에 복사한 후 저장매체를 포맷한다.

⑤ 파일 나누기 기능을 실행한다.

> ✔해설 ② 화면에 '메모리 카드 공간이 충분하지 않습니다.'라는 문구가 떴을 때 취해야 할 방법은 불필요한 파일을 삭제한 후 편집기능을 실행하는 것이다.

5 캠코더 화면에 '쓰기 실패하였습니다.'라는 문구가 뜨면 어떻게 대처해야 하는가?

① 파일 나누기 기능을 실행하여 불필요한 부분을 제거한 후 합치기를 실행한다.

② 서로 다른 해상도의 동영상은 합치기 기능을 사용할 수 없다.

③ 배터리가 정품인지 확인 후 새 배터리로 교체한다.

④ 데이터 복구를 위해 기기를 껐다가 다시 켠다.

⑤ 스마트 오토 모드를 해제한다.

> ✔해설 캠코더 화면에 '쓰기 실패하였습니다.'라는 문구가 뜰 경우 대처 방법
> • 데이터 복구를 위해 기기를 껐다가 다시 켠다.
> • 중요한 파일은 컴퓨터에 복사한 후 저장매체를 포맷한다.

6 기술무역(Technology Trade)은 기술지식과 기술서비스 등과 관련된 국제적·상업적 비용의 지출 및 수입이 있는 거래를 지칭하는 것으로 특허 판매 및 사용료, 발명, 노하우의 전수, 기술지도, 엔지니어링 컨설팅, 연구개발 서비스 등이 여기에 포함된다. 다음 중 이러한 기술무역에 대한 올바른 설명이 아닌 것은 어느 것인가?

① 국가 간 기술 흐름과 해당 국가의 기술 및 산업구조 변화를 측정하는 중요한 지표로 활용될 수 있다.

② 기술무역을 통해 개발도상국의 경우 선진기술을 도입하고 흡수하여 자체개발 능력을 확충하고 산업구조를 고도화시켜 나갈 수 있다.

③ 기술개발의 결과물은 곧바로 상품수출로 이어질 수 있어 빠른 이익 창출을 기대할 수 있는 효과적인 무역 방법이다.

④ 우리나라는 외국의 선진기술을 빠르게 도입하여 상품을 제조·수출하여 발전해 왔으므로 기술무역수지 적자가 상품무역 흑자에 기여하는 측면이 있다.

⑤ 글로벌 기업의 경우 해외 생산 및 판매 거점을 만들면서 본국으로부터의 기술과 노하우의 이전 과정을 통해 부가가치를 창출할 수 있다.

> ✔해설 기술개발의 결과물은 상품 개발로 이어져 완성된 물품을 통한 기술수출이 이루어지까지는 상당한 기간이 지나야 하기 때문에 장기간의 시차가 발생하게 된다.
> 따라서 우리나라의 경우, 기술무역의 적자를 그대로 보기보다는 상품무역의 흑자와 연계하여 판단하는 것이 실질적인 기술무역 현황을 파악할 수 있는 방법이 되고 있다.

7 창조성은 네트워크에 접속되어 있는 다양한 지수함수로 비례한다는 네트워크 혁명의 법칙은?

① 무어의 법칙 ② 메트칼피의 법칙
③ 세이의 법칙 ④ 카오의 법칙
⑤ 메러비안의 법칙

> ✔해설 네트워크 혁명의 3가지 법칙
> • 무어의 법칙 : 컴퓨터의 파워가 18개월마다 2배씩 증가한다는 법칙
> • 메트칼피의 법칙 : 네트워크의 가치는 사용자 수의 제곱에 비례한다는 법칙
> • 카오의 법칙 : 창조성은 네트워크에 접속되어 있는 다양한 지수함수로 비례한다는 법칙

8 급속히 발전하고 있는 기술변화의 모습에 적응하고자 많은 사람들이 기술 습득의 다양한 방법을 선택하고 있다. 다음 〈보기〉 중, 'OJT를 통한 기술교육'에 대한 설명을 모두 고른 것은 어느 것인가?

〈보기〉
㉠ 관련 산업체와의 프로젝트 활동이 가능하기 때문에 실무 중심의 기술교육이 가능하다.
㉡ 피교육자인 종업원이 업무수행의 중단되는 일이 없이 업무수행에 필요한 지식·기술·능력·태도를 교육훈련 받을 수 있다.
㉢ 원하는 시간과 장소에 교육받을 수 있어 시간, 공간적 측면에서 독립적이다.
㉣ 다년간에 걸친 연수 분야의 노하우에 의해 체계적이면서도 현장과 밀착된 교육이 가능하다.
㉤ 시간의 낭비가 적고 조직의 필요에 합치되는 교육훈련을 할 수 있다.

① ㉠, ㉢
② ㉡, ㉣
③ ㉠, ㉤
④ ㉡, ㉤
⑤ ㉢, ㉣

✔ 해설 OJT는 On the Job Training(직장 내 교육훈련)의 줄임말이며, 제시된 각 내용은 다음과 같은 교육 방법의 특징이다.
㉠ 실무 중심의 기술교육 가능→상급학교 진학을 통한 기술교육
㉡ 업무수행의 중단되는 일이 없이 교육훈련 가능→OJT를 통한 기술교육
㉢ 원하는 시간과 장소에서 교육이 가능→e-learning을 활용한 기술교육
㉣ 체계적이고 현장과 밀착된 교육이 가능→전문 연수원을 통한 기술과정 연수
㉤ 조직의 필요에 합치되는 교육이 가능→OJT를 통한 기술교육

9 다음은 벤치마킹 프로세스를 도식화한 자료이다. 빈 칸 ㉠, ㉡에 들어갈 말이 순서대로 올바르게 짝지어진 것은 어느 것인가?

1단계 : 계획 단계	(㉠)
2단계 : 자료 수집 단계	벤치마킹 프로세스의 자료수집 단계에서는 내부 데이터 수집, 자료 및 문헌조사, 외부 데이터 수집이 포함된다.
3단계 : (㉡) 단계	데이터 분석, 근본 원인 분석, 결과 예측, 동인(enabler) 판단 등의 업무를 수행하여야 한다. 이 단계의 목적은 벤치마킹 수행을 위해 개선 가능한 프로세스 동인들을 확인하기 위한 것이다.
4단계 : 개선 단계	개선 단계의 궁극적인 목표는 자사의 핵심 프로세스를 개선함으로써 벤치마킹 결과를 현실화하는 것이다. 이 단계에서는 벤치마킹 연구를 통해 얻은 정보를 활용함으로써 향상된 프로세스를 조직에 적응시켜 지속적인 향상을 유도하여야 한다.

	㉠	㉡
①	벤치마킹의 방식 선정	정보화 단계
②	실행 가능 여부의 면밀한 검토	원인도출 단계
③	벤치마킹 파트너 선정에 필요한 요구조건 작성	분석 단계
④	벤치마킹의 필요성 재확인	비교 단계
⑤	벤치마킹 대상에 대한 적격성 심사	자료이용 단계

✔해설 벤치마킹의 4단계 절차는 1단계 계획 단계, 2단계 자료수집 단계, 3단계 분석 단계, 4단계 개선 단계로 이루어진다.
계획 단계에서 기업은 반드시 자사의 핵심 성공요인, 핵심 프로세스, 핵심 역량 등을 파악해야 하고, 벤치마킹 되어야 할 프로세스는 문서화되어야 하고 그 특성이 기술되어야 한다. 그리고 벤치마킹 파트너 선정에 필요한 요구조건도 작성되어야 한다.

10 개발팀의 팀장 B씨는 요즘 신입사원 D씨 때문에 고민이 많다. 입사 시에 높은 성적으로 입사한 D씨가 실제 업무를 담당하자마자 이곳저곳에서 불평이 들려오기 시작했다. 머리는 좋지만 실무경험이 없고 인간관계가 미숙하여 여러 가지 문제가 생겼던 것이다. 업무에 대한 기본적이고 일반적인 내용만을 교육하는 신입사원 집합교육은 부족하다 판단한 B씨는 D씨에게 추가적으로 기술교육을 시키기로 결심했다. 하지만 현재 개발팀은 고양이 손이라도 빌려야 할 정도로 바빠서 B씨는 고민 끝에 업무숙달도가 뛰어나고 사교성이 좋은 입사 5년차 대리 J씨에게 D씨의 교육을 일임하였다. 다음 중 J씨가 D씨를 교육하기 위해 선택할 방법으로 가장 적절한 것은?

① 전문 연수원을 통한 기술교육

② E-learning을 활용한 기술교육

③ 상급학교 진학을 통한 기술교육

④ OJT를 활용한 기술교육

⑤ 오리엔테이션을 통한 기술교육

> ✅ **해설** OJT란 조직 안에서 피교육자인 종업원이 직무에 종사하면서 받게 되는 교육 훈련방법으로 집합교육으로는 기본적·일반적 사항 밖에 훈련시킬 수 없어 피교육자인 종업원에게 '업무수행의 중단되는 일이 없이 업무수행에 필요한 지식·기술·능력·태도를 가르치는 것'을 말한다. 다른 말로 직장훈련·직장지도·직무상 지도 등이라고도 한다. OJT는 모든 관리자·감독자가 업무수행상의 지휘감독자이자 업무수행 과정에서 부하직원의 능력향상을 책임지는 교육자이어야 한다는 생각을 기반으로 직장 상사나 선배가 지도·조언을 해주는 형태로 훈련이 행하여지기 때문에, 교육자와 피교육자 사이에 친밀감을 조성하며 시간의 낭비가 적고 조직의 필요에 합치되는 교육훈련을 할 수 있다는 장점이 있다.

11 다음은 어느 해의 산업재해로 인한 사망사고 건수이다. 다음 중 산업재해 사망건수에 가장 큰 영향을 끼치는 산업재해의 기본적 원인은?

〈표〉20XX년도 산업재해 사망사고 원인별 분석

산업재해 발생원인	건수
작업준비 불충분	162
유해 · 위험작업 교육 불충분	76
건물 · 기계 · 장치의 설계 불량	61
안전 지식의 불충분	46
안전관리 조직의 결함	45
생산 공정의 부적당	43

① 기술적 원인
② 교육적 원인
③ 작업 관리상 원인
④ 불안전한 상태
⑤ 불안전한 행동

✔해설 주어진 발생원인 중 가장 많은 수를 차지한 기본적 원인은 작업 관리상 원인[안전관리 조직의 결함(45), 작업준비 불충분(162)]이다.
※ 산업재해의 기본적 원인
　㉠ 교육적 원인 : 안전 지식의 불충분, 안전 수칙의 오해, 경험이나 훈련의 불충분, 작업관리자의 작업 방법의 교육 불충분, 유해 · 위험 작업 교육 불충분 등
　㉡ 기술적 원인 : 건물 · 기계 장치의 설계 불량, 구조물의 불안정, 재료의 부적합, 생산 공정의 부적당, 점검 · 정비 · 보존의 불량 등
　㉢ 작업 관리상 원인 : 안전 관리 조직의 결함, 안전 수칙 미제정, 작업준비 불충분, 인원 배치 및 작업 지시 부적당 등
※ 산업재해의 직접적 원인
　㉠ 불안전한 행동 : 위험 장소 접근, 안전장치 기능 제거, 보호 장비의 미착용 및 잘못된 사용, 운전 중인 기계의 속도 조작, 기계 · 기구의 잘못된 사용, 위험물 취급 부주의, 불안전한 상태 방치, 불안전한 자세와 동작, 감독 및 연락 잘못
　㉡ 불안전한 상태 : 시설물 자체 결함, 전기 시설물의 누전, 구조물의 불안정, 소방기구의 미확보, 안전 보호 장치 결함, 복장 · 보호구의 결함, 시설물의 배치 및 장소 불량, 작업 환경 결함, 생산 공정의 결함, 경계 표시 설비의 결함 등

12 기술집약적인 사업을 영위하고 있는 L사는 다양한 분야의 기술 개발을 필요로 한다. 다음에 제시된 L사의 기술개발 사례들 중, 기술선택을 위한 의사결정의 방식에서 그 성격이 나머지와 다른 하나는 어느 것인가?

> ⓐ 새로운 생태계를 만들어 나가고자 하는 사장의 중점 추진사항을 수행하기 위해 과감한 투자를 실행하여 중소기업과의 동반성장 생태계 조성에 필요한 기술 인력을 지원하였으며, 개발된 기술을 바탕으로 산업 생태계의 중심에 위치하게 되었다.
> ⓑ 영업본부에서는 매번 해외영업 시 아쉬웠던 부분을 보완하기 위해 영업직원들의 경험에서 도출된 아이디어를 종합하여 생산 설비와 관련된 기술 개발을 국내 우수 업체들과 논의하게 되었고 그 결과 해외영업 성과의 현저한 개선이 이루어졌다.
> ⓒ 지금은 4차 산업혁명 시대를 맞이한 매우 중요한 시점에 놓여 있다는 경영진의 경영철학을 현장의 업무에서 구현하기 위해 신성장 기술본부에서는 신재생에너지 사업의 가시적인 효과를 위해 관련 분야의 전문 인력 100여 명을 추가로 채용하였고, 친환경적인 비전을 제시함으로써 정부로부터의 추가 지원 유치에 성공하였다.
> ⓓ 경영개선처에서는 회사의 경영슬로건 중 하나인 글로벌 리더로서의 위상을 세계시장에 구현하자는 목표를 가지고, 경영혁신에 필요한 선진기업의 노하우를 벤치마킹하고 그에 따른 선진경영기술을 도입하기 위하여 많은 인재들에게 현지 출장의 기회를 부여해왔고 현지의 전문가들을 본사로 초청해 강연회를 통한 경영기술 공유의 장을 마련하였다.
> ⓔ 회사 조직구성의 모토인 '수익성과 고용창출 중심의 해외사업'이라는 가치를 감안하여 해외전략금융처에서는 내년 하반기 본격 시행을 앞둔 획기적인 전략금융기법을 철저한 보안 속에 개발하고 있으며 해외 현지의 고용창출과 수익성 극대화라는 두 마리 토끼를 동시에 잡을 수 있을 것으로 기대하고 있다.

① ⓐ   ② ⓑ
③ ⓒ   ④ ⓓ
⑤ ⓔ

 해설 기술선택이란 기업이 어떤 기술을 외부로부터 도입하거나 자체 개발하여 활용할 것인가를 결정하는 것으로, 의사결정은 크게 다음과 같은 두 가지 방법이 있을 수 있다.
• 상향식 기술선택(bottom up approach): 기업 전체 차원에서 필요한 기술에 대한 체계적인 분석이나 검토 없이 연구자나 엔지니어들이 자율적으로 기술을 선택하는 것이다.
• 하향식 기술선택(top down approach): 기술경영진과 기술기획담당자들에 의한 체계적인 분석을 통해 기업이 획득해야 하는 대상기술과 목표기술수준을 결정하는 것이다.
제시된 보기의 ⓑ은 상향식 기술선택, 나머지 네 개의 제시문은 모두 하향식 기술선택의 모습으로 볼수 있다. 해외금융기법 개발도 금융기술로 볼 수 있다.

Answer 11.③ 12.②

13 다음은 정부의 '식품사고' 위기에 대한 대응 매뉴얼 내용의 일부이다. 이에 대한 설명으로 올바르지 않은 것은 어느 것인가?

위기경보	수준
관심	• 해외에서 유해물질에 의한 식품사고가 발생하거나 발생할 우려가 있는 제품이 국내에 유통되고 있다는 정보 입수 • 수입, 통관, 유통단계에서 유해물질이 검출되거나 검출될 우려가 있는 제품이 국내에 유통되고 있다는 정보 입수 • 농 · 수 · 축산물 생산단계에서 유해물질이 검출되거나 검출될 우려가 있는 제품이 유통되고 있다는 정보 입수(풍수해, 유해화학물질 유출 등 재난 발생 정보 입수 포함) • 유해물질이 검출되거나 검출될 우려가 있는 제품이 제조, 가공, 유통된 경우(정보 입수 포함) • 50인 미만의 식중독 환자가 발생한 경우 • 국회, 소비자단체, 경찰 등 수사기관, 지자체 등에서 이슈가 제기된 경우(정보 입수 포함)
주의	• 관심 단계에서 입수된 정보가 실제로 발생한 경우 • 1개 지역에서 50인 이상 집단식중독 환자가 발생한 경우 • 제기된 이슈에 대해 2개 이상 언론사에서 부정적 언론을 보도한 경우
경계	• 주의 단계에서 발생한 사고 식품이 대량 유통되거나 관련 언론보도가 확산된 경우 • 2개 이상 지역에서 동일 원인으로 추정되는 100인 이상 집단식중독 환자가 발생한 경우 • 이슈 사항에 대하여 부정적인 언론보도가 지속적으로 반복되어 위기가 확산되는 경우
심각	• 주의 단계에서 발생한 사고 식품으로 인해 사망자 발생 등 심각하게 국민 불안감이 야기된 경우 • 원인불명에 의해 전국적으로 대규모 집단식중독 환자가 발생한 경우 • 이슈제기 사항에 대한 부정적 언론보도 확산으로 심각하게 국민 불안감이 야기된 경우

① A시와 B시에서 동일 원인에 의한 식중독 환자가 각각 40명과 70명 발생한 경우는 '경계' 단계에 해당된다.

② 사고 식품에 의한 사망자가 한 지역에서 3명 발생하였을 경우 '심각' 단계에 해당된다.

③ 환자나 사망자 없이 언론보도로 인한 불안감 증폭 시에도 위기경보 수준이 단계별로 변동될 수 있다.

④ 풍수해로 인한 농산물의 오염 시에는 최소 위기경보 수준이 '경계' 단계이다.

⑤ 언론을 통한 불안감 증폭이 없는 상황에서 실제로 환자가 발생하지 않을 경우, 위기경보 수준은 '관심' 단계를 유지하게 된다.

✅ 해설 풍수해로 인한 재난발생 정보를 입수했을 때 '관심' 단계이며, 관심 단계에서 입수된 정보가 실제로 발생한 경우에 '주의' 단계가 된다. 따라서 풍수해로 이한 농산물 오염 시 최소 위기경보 수준은 '주의' 단계이다.

① 2개 지역에서 총 100명 이상의 식중독 환자가 발생하였으므로 '경계' 단계에 해당된다.

② 사망자의 수는 제한을 두지 않고 있으므로 발생과 동시에 '심각' 단계가 된다.

③ 위기경보의 단계별 수준 내역에는 언론보도로 인한 불안감 증폭 수준의 변화도 기준으로 명시되어 있다.

⑤ 언론에 의한 불안감 증폭과 환자 발생 여부는 위기경보 단계 상향 조정의 원인이 되므로 언급된 원인이 없는 상황은 '관심' 단계에 해당된다.

14 다음에서 설명하고 있는 미래의 활용 기술을 일컫는 말은 어느 것인가?

• 재난 안전 관리 기관과 지하시설물 관리 기관, 지반정보 활용 기관에서 공유함으로써 안전 관리, 시설물 관리, 지하개발 등에 유용하게 활용한다.

• 국민의 실생활과 밀접한 건축, 토지, 부동산, 주택 거래, 아파트 관리 등 민원 행정업무 처리와 지하시설물 등 복잡하고 다양한 정보를 효과적으로 제공하기 위해 건축, 토지, 부동산, 주택, 도시계획 등의 업무 시스템을 구축, 운영할 수 있게 해 준다.

• 최근 다양한 산업과 융·복합해 새로운 부가가치를 창출하고 있는 핵심 정보로, 자율주행차 등 4차 산업혁명의 기반으로 수요가 계속 증가하고 있다.

---

① 딥러닝 알고리즘　　　　　　　② 도시개발 정보

③ 빅 데이터　　　　　　　　　　④ 공간정보

⑤ ICT 융복합 정보

✅ 해설　'공간정보'에 대한 설명이다. 최근 정보화 패러다임 변화를 반영하고 국가정보화 기본 방향에 부합하도록 2015년 12월 수립된 '제2차 국토교통 정보화 기본계획 (2016~2020년)'에 따라 국토교통부는 공간정보 융·복합 제공, 안전관리 강화, 지능형 교통체계 구축 등을 목표로 정보화 사업을 추진하고 있다. 공간정보는 재난 시에 국가와 국민을 보호할 수 있는 매우 중요한 정보로 향후에도 그 수요가 꾸준히 증가할 것으로 예상된다.

|15~17| 다음은 어느 회사 로봇청소기의 〈고장신고 전 확인사항〉이다. 이를 보고 물음에 답하시오.

확인사항	조치방법
주행이 이상합니다.	• 센서를 부드러운 천으로 깨끗이 닦아주세요. • 초극세사 걸레를 장착한 경우라면 장착 상태를 확인해 주세요. • 주전원 스위치를 끈 후, 다시 켜주세요.
흡입력이 약해졌습니다.	• 흡입구에 이물질이 있는지 확인하세요. • 먼지통을 비워주세요. • 먼지통 필터를 청소해 주세요.
소음이 심해졌습니다.	• 먼지통이 제대로 장착되었는지 확인하세요. • 먼지통 필터가 제대로 장착되었는지 확인하세요. • 회전솔에 이물질이 끼어있는지 확인하세요. • Wheel에 테이프, 껌 등 이물이 묻었는지 확인하세요.
리모컨으로 작동시킬 수 없습니다.	• 배터리를 교환해 주세요. • 본체와의 거리가 3m 이하인지 확인하세요. • 본체 밑면의 주전원 스위치가 켜져 있는지 확인하세요.
회전솔이 회전하지 않습니다.	• 회전솔을 청소해 주세요. • 회전솔이 제대로 장착이 되었는지 확인하세요.
충전이 되지 않습니다.	• 충전대 주변의 장애물을 치워주세요. • 충전대에 전원이 연결되어 있는지 확인하세요. • 충전 단자를 마른 걸레로 닦아 주세요. • 본체를 충전대에 붙인 상태에서 충전대 뒷면에 있는 리셋버튼을 3초간 눌러 주세요.
자동으로 충전대 탐색을 시작합니다. 자동으로 전원이 꺼집니다.	로봇청소기가 충전 중이지 않은 상태로 아무 동작 없이 10분이 경과되면 자동으로 충전대 탐색을 시작합니다. 충전대 탐색에 성공하면 충전을 시작하고 충전대를 찾지 못하면 처음위치로 복귀하여 10분 후에 자동으로 전원이 꺼집니다.

15 로봇청소기 서비스센터에서 근무하고 있는 L씨는 고객으로부터 소음이 심해졌다는 문의전화를 받았다. 이에 대한 조치방법으로 L씨가 잘못 답변한 것은?

① 먼지통 필터가 제대로 장착되었는지 확인하세요.

② 회전솔에 이물질이 끼어있는지 확인하세요.

③ Wheel에 테이프, 껌 등 이물이 묻었는지 확인하세요.

④ 흡입구에 이물질이 있는지 확인하세요.

⑤ 먼지통이 제대로 장착되었는지 확인하세요.

> ✔해설 ④는 흡입력이 약해졌을 때의 조치방법이다.

16 로봇청소기가 충전 중이지 않은 상태로 아무 동작 없이 10분이 경과되면 자동으로 충전대 탐색을 시작하는데 충전대를 찾지 못하면 어떻게 되는가?

① 아무 동작 없이 그 자리에 멈춰 선다.

② 처음위치로 복귀하여 10분 후에 자동으로 전원이 꺼진다.

③ 계속 청소를 한다.

④ 계속 충전대를 찾아 돌아다닌다.

⑤ 그 자리에서 바로 전원이 꺼진다.

> ✔해설 로봇청소기가 충전 중이지 않은 상태로 아무 동작 없이 10분이 경과되면 자동으로 충전대 탐색을 시작한다. 충전대 탐색에 성공하면 충전을 시작하고 충전대를 찾지 못하면 처음위치로 복귀하여 10분 후에 자동으로 전원이 꺼진다.

17 로봇청소기가 갑자기 주행이 이상해졌다. 고객이 시도해보아야 하는 조치방법으로 옳은 것은?

① 충전 단자를 마른 걸레로 닦는다. ② 회전솔을 청소한다.

③ 센서를 부드러운 천으로 깨끗이 닦는다. ④ 먼지통을 비운다.

⑤ 본체 밑면의 주전원 스위치를 켠다.

> ✔해설 ① 충전이 되지 않을 때의 조치방법이다.
> ② 회전솔이 회전하지 않을 때의 조치방법이다.
> ④ 흡입력이 약해졌을 때의 조치방법이다.
> ⑤ 리모컨으로 작동시킬 수 없을 때의 조치방법이다.

Answer 15.④ 16.② 17.③

▌18~19▐ 효율적인 업무를 위해 새롭게 문서 세단기를 구입한 총무팀에서는 제품을 설치하여 사용 중이다. 문서 세단기 옆 벽면에는 다음과 같은 사용설명서가 게시되어 있다. 이어지는 물음에 답하시오.

〈사용 방법〉

1. 전원 코드를 콘센트에 연결해 주세요.
2. 기기의 프런트 도어를 연 후 전원 스위치를 켜 주세요.
3. 프런트 도어를 닫은 후 'OLED 표시부'에 '세단대기'가 표시되면 세단할 문서를 문서투입구에 넣어주세요.(CD 및 카드는 CD 투입구에 넣어주세요)
4. 절전모드 실행 중에는 전원버튼을 눌러 켠 후 문서를 넣어주세요.
5. 'OLED 표시부'에 부하량이 표시되면서 완료되면 '세단완료'가 표시됩니다.

〈사용 시 주의사항〉

1. 투입부에 종이 이외는 투입하지 마세요.
2. 부품에 물기가 묻지 않도록 주의하세요.
3. 넥타이 및 옷소매 등이 투입부에 말려들어가지 않도록 주의하세요.
4. 가스나 기타 인화물질 근처에서는 사용하지 마세요.
5. '파지비움' 표시의 경우 파지함을 비워주세요.
6. 세단량이 많을 경우 고장의 원인이 되므로 적정량을 투입하세요.
7. 세단량이 많아 '모터과열' 표시의 경우 모터 보호를 위해 정상적으로 멈추는 것이니 30분 정도 중지 후 다시 사용하세요.

〈고장신고 전 OLED 표시부 확인사항〉

증상	조치
1. 전원버튼을 눌러도 제품이 동작하지 않을 때 2. 전원스위치를 ON시켜도 동작하지 않을 때	◆ 전원코드가 꽂혀 있는지 확인합니다. ◆ 프런트 도어를 열고 전원스위치가 ON 되어 있는지 확인합니다.
3. 자동 역회전 후 '세단포기'가 표시되면서 제품이 정지했을 때	◆ 투입구에서 문서를 꺼낸 후 적정량만 투입합니다.
4. '모터과열'이 표시되면서 제품이 정지했을 때	◆ 과도한 투입 및 장시간 연속동작 시 모터가 과열되어 제품이 멈춘 상태이니 전원을 끄고 30분 후 사용합니다.

5. '파지비움'이 표시되면서 제품이 정지했을 때	◈ '프런트 도어'가 표시되면 프런트 도어를 열고 파지함을 비워줍니다. ◈ 파지함을 비워도 '파지비움' 표시가 없어지지 않으면 (파지 감지 스위치에 이물질이 쌓여있을 수 있습니다.) 파지 감지판을 흔들어 이물질을 제거합니다.
6. 문서를 투입하지 않았는데 자동으로 제품이 동작될 경우	◈ 투입구 안쪽으로 문서가 걸려있는 경우 종이 2~3장을 여러 번 접어 안쪽에 걸려있는 문서를 밀어 넣습니다.
7. 전원을 켰을 때 '세단대기'가 표시되지 않고 세팅화면이 표시될 때	◈ 전원버튼을 길게 눌러 세팅모드에서 빠져 나옵니다.

18 다음 중 문세 세단기가 정상 작동하지 않는 원인이 아닌 것은 어느 것인가?

① 파지를 비우지 않아 파지함이 꽉 찼을 경우

② 투입구 안쪽에 문서가 걸려있을 경우

③ 절전모드에서 전원버튼을 눌렀을 경우

④ 문서투입구에 CD가 투입될 경우

⑤ 파지 감지스위치에 이물질이 쌓여있을 경우

> ✅해설 절전모드 실행 중에는 전원버튼을 눌러 켠 후 문서를 넣어 사용할 수 있으므로 정상 작동하지 않는 원인이라고 볼 수 없다.

19 다음의 OLED 표시부 표시 내용 중 성격이 나머지와 다른 것은 어느 것인가?

① 세단포기 ② 파지비움

③ 모터과열 ④ 프런트 도어

⑤ 세단대기

> ✅해설 '세단대기'는 세단할 문서를 문서투입구에 넣을 준비가 되어 있는 상태를 나타낸다.
> ① 문서가 과도하게 투입된 경우이다.
> ② 파지함에 파지가 꽉 찼거나 파지 감지스위치에 이물질이 쌓여있는 경우이다.
> ③ 과도한 투입 및 장시간 연속동작의 경우이다.
> ④ 프런트 도어를 열고 파지함을 비워야 하는 경우이다.

Answer 18.③ 19.⑤

20 다음 C그룹의 사례는 무엇에 대한 설명인가?

> 올 하반기에 출시한 C그룹의 스마트폰에 대한 매출 증대는 전 세계 스마트폰 시장에 새로운 계기를 마련할 것으로 기대된다. 앞서 C그룹의 올해 상반기 매출은 전년 대비 약 23% 줄어든 것으로 밝혀진 반면 같은 경쟁사인 B그룹의 올 상반기 매출은 전년 대비 약 35% 늘어 같은 업종에서도 기업별 실적 차이가 뚜렷이 나타난 것을 볼 수 있었다. 이는 C그룹이 최근 치열해진 스마트폰 경쟁에서 새로운 기술을 개발하지 못한 반면 B그룹은 작년 말 인수한 외국의 소프트웨어 회사를 토대로 새로운 기술을 선보인 결과라 할 수 있다. 뒤늦게 이러한 사실을 깨달은 C그룹은 B그룹의 신기술 개발을 응용해 자사만의 독특한 제품을 올 하반기에 선보여 스마트폰 경쟁에서 재도약을 꾀할 목표를 세웠고 이를 위해 기존에 있던 다수의 계열사들 중 실적이 저조한 일부 계열사를 매각하는 대신 외국의 경쟁력을 갖춘 소프트웨어 회사들을 잇달아 인수하여 새로운 신기술 개발에 박차를 가했다. 그 결과 C그룹은 세계 최초로 스마트폰을 이용한 결제시스템인 ○○페이와 더불어 홍채인식 보안프로그램을 탑재한 스마트폰을 출시하게 된 것이다.

① 글로벌 벤치마킹   ② 내부 벤치마킹
③ 비경쟁적 벤치마킹   ④ 경쟁적 벤치마킹
⑤ 간접적 벤치마킹

✔ 해설 ④ 경쟁적 벤치마킹 : 동일 업종에서 고객을 직접적으로 공유하는 경쟁기업을 대상으로 함
① 글로벌 벤치마킹 : 프로세스에 있어 최고로 우수한 성과를 보유한 동일업종의 비경쟁적 기업을 대상으로 함
② 내부 벤치마킹 : 같은 기업 내의 다른 지역, 타 부서, 국가 간의 유사한 활용을 비교 대상으로 함
③ 비경쟁적 벤치마킹 : 제품, 서비스 및 프로세스의 단위 분야에 있어 가장 우수한 실무를 보이는 비경쟁적 기업 내의 유사 분야를 대상으로 하는 방법임
⑤ 간접적 벤치마킹 : 인터넷 및 문서형태의 자료를 통해서 수행하는 방법임

21 다음과 같은 스위치의 기능을 참고할 때, 〈보기〉와 같은 모양의 변화가 일어나기 위해서 세 번의 스위치를 눌렀다면, 순서대로 누른 스위치가 올바르게 짝지어진 것은 어느 것인가? (〈보기〉: 위에서부터 순서대로 1~4번 도형임)

스위치	기능
★	1번, 3번 도형을 시계 방향으로 90도 회전 후 1번만 색깔 변경
☆	2번, 4번 도형을 시계 방향으로 90도 회전 후 4번만 색깔 변경
▲	1번, 2번 도형을 시계 반대 방향으로 90도 회전 후 짝수만 색깔 변경
△	3번, 4번 도형을 시계 반대 방향으로 90도 회전 후 홀수만 색깔 변경

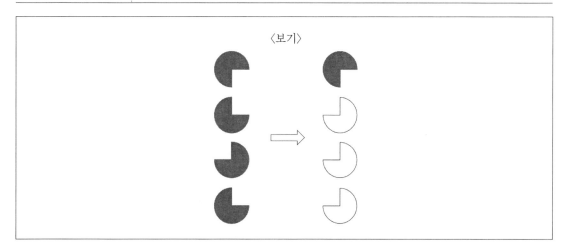

① ☆, ☆, ▲

② ★, ▲, △

③ ▲, △, ★

④ ▲, ▲, ★

⑤ ▲, ☆, △

✔해설 ★, ▲, △ 스위치를 눌러서 다음과 같은 순서로 변화된 것이다.

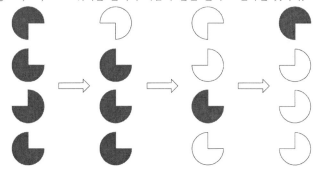

Answer 20.④ 21.②

▋22~23 ▋ 다음 표를 참고하여 이어지는 물음에 답하시오.

스위치		기 능
방향 조작	★	1번째, 3번째 기계를 시계 방향으로 90도 회전함
	☆	2번째, 4번째 기계를 시계 방향으로 90도 회전함
	▲	1번째, 2번째 기계를 시계 반대 방향으로 90도 회전함
	△	3번째, 4번째 기계를 시계 반대 방향으로 90도 회전함
운전 조작	■	1번째와 3번째 기계 작동 / 정지
	◈	2번째와 3번째 기계 작동 / 정지
	◉	2번째와 4번째 기계 작동 / 정지
※ ◗ : 작동, ◖ : 정지		※ 작동 중인 기계에 운전 조작 스위치를 한 번 더 누르면 해당 기계는 정지된다.

22 왼쪽과 같은 상태에서 다음과 같이 스위치를 누르면, 어떤 상태로 변하겠는가?

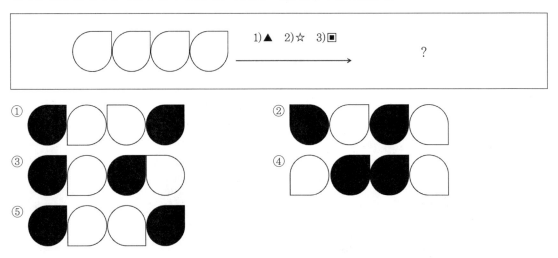

☑해설 ② 세 번째에 누른 스위치(■)를 먼저 고려하면 ②와 ③이 정답이 될 수 있다. 이 중 첫 번째 스위치 (▲)와 두 번째 스위치(☆)에 의해 2번째 기계는 원래 모양대로 있게 되므로 ②가 정답이 된다.

23 시작 상태(⬭⬭⬭⬭)에서 1번 기계와 2번 기계는 원래 방향을 가리키고, 3번 기계와 4번 기계의 방향만 바꾸려고 한다. 그리고 그 상태에서 1번 기계와 4번 기계만 작동시키려고 할 때, 다음 중 누르지 않아도 되는 스위치는?

① ☆

② ▲

③ △

④ ▣

⑤ ◉

> ✔해설 ③ 3, 4번 기계의 방향만 바꾸기 위해서는 ★, ☆, ▲를 누르면 된다(1, 2번 기계는 원위치로 돌아감). 또, 운전 조작 스위치 중 ▣, ◉를 누르면 모든 기계가 작동되는데, 이후 ◆를 누르면 작동되던 2, 3번 기계는 한 번 더 조작되었으므로 정지된다.

24 다음 글을 통해 알 수 있는 '사회기술 시스템의 발전'의 가장 큰 시사점은 어느 것인가?

> - 기술 시스템은 인공물의 집합체만이 아니라 회사, 투자 회사, 법적 제도, 정치, 과학, 자연자원을 모두 포함하는 것이기 때문에, 기술 시스템에는 기술적인 것(the technical)과 사회적인 것(the social)이 결합해서 공존하고 있다. 이러한 의미에서 기술 시스템은 사회기술 시스템(sociotechnical system)이라고 불리기도 한다.
> - 기술 시스템은 경쟁 단계에서 기업가들의 역할이 더 중요시되며, 시스템이 공고해지면 자문 엔지니어와 금융전문가의 역할이 중요해진다.
> - 기술 시스템의 사회기술적 접근의 일례로, 경비원 대신 폐쇄회로 시스템을 설치하여 관리를 용이하게 한 어느 박물관의 경우, 수천 건에 달하는 침입 중 단지 5%만을 적발한 사례가 있는데 이는 경비원 간 상호작용을 무시한 설계로 소외와 단조로움을 유발한 것이 원인이라는 연구 결과가 있다.

① 사회기술 시스템은 기술만으로 완성되는 것이 아니다.

② 사회기술 시스템은 단계적인 발전을 거친다.

③ 사회기술 시스템은 기술과 사람의 혼합과 조정이 중요하다.

④ 기업가와 자금력은 사회기술 시스템의 핵심 요소이다.

⑤ 사회기술 시스템이 발전해도 과거의 모습은 유지해야 한다.

> ✔해설 인간의 욕구와 창의성을 무시한 기술은 오히려 조직의 유효성과 성과를 떨어뜨리는 결과를 초래할 수 있으며, 기술의 진보는 조직과 근로자를 관심과 몰입으로 유도할 때 효과적인 것이다. 따라서 주어진 글의 가장 큰 시사점은 바로 '기술과 사람의 혼합, 조정을 통한 사회기술 시스템의 발전이 유의미하다는 것'이라고 볼 수 있다.

Answer 22.② 23.③ 24.③

▮25~26▮ 다음은 그래프 구성 명령어 실행의 두 가지 예시이다. 이를 참고하여 이어지는 물음에 답하시오.

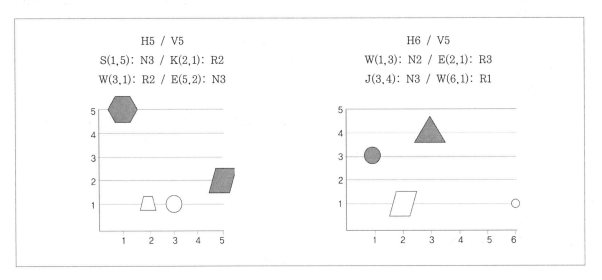

25 위의 그래프 구성 명령어 실행 예시를 통하여 알 수 있는 사항으로 올바르지 않은 것은 어느 것인가?

① S는 육각형을 의미하며, 항상 가장 큰 크기로 표시된다.

② 가로축과 세로축이 네 칸씩 있는 그래프는 H4 / V4로 표시된다.

③ N과 R은 도형의 내부 채색 여부를 의미한다.

④ 도형의 크기는 명령어의 가장 마지막에 표시된다.

⑤ 삼각형과 평행사변형은 각각 J와 E로 표시된다.

> ✅해설 S는 육각형을 의미하지만, 항상 가장 큰 크기로 표시되는 것이 아니며, 1, 2, 3 숫자에 의해 어떤 크기로도 표시될 수 있다.
> ② H는 Horizontal의 약자로 가로축을, V는 Vertical의 약자로 세로축을 의미하므로 네 칸씩 있는 그래프는 H4 / V4로 표시된다.
> ③ N은 내부 채색을, R은 내부 무채색을 의미한다.
> ④ 가장 마지막 N 또는 R 다음에 표시된 숫자가 도형의 크기를 의미한다.
> ⑤ 삼각형은 J, 평생사변형은 E, 마름모는 K, 타원은 W로 표시되는 것을 알 수 있다.

26 다음과 같은 그래프에 해당하는 그래프 구성 명령어로 올바른 것은 어느 것인가?

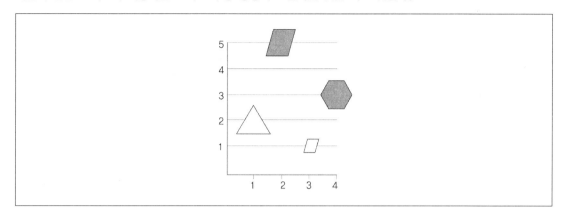

① H5 / V4   J(1,2): N3 / E(2,5): R3 / E(3,1): N2 / S(4,3): R3

② H4 / V5   J(1,2): R3 / E(2,5): W3 / E(3,1): R2 / S(4,3): W3

③ H5 / V4   J(1,2): W3 / E(2,5): N3 / E(3,1): W2 / S(4,3): N3

④ H4 / V5   J(1,2): N3 / E(2,5): R3 / E(3,1): N2 / S(4,3): R3

⑤ H4 / V5   J(1,2): R3 / E(2,5): N3 / E(3,1): R2 / S(4,3): N3

✅해설 가로축이 네 칸, 세로축이 다섯 칸이므로 그래프는 H4 / V5의 형태가 된다.
삼각형, 평행사변형, 평행사변형, 육각형이 차례로 표시되어 있으므로 J, E, E, S가 도형의 모양을 나타내는 기호가 되며, 각 좌표를 괄호 안에 표시한다. 첫 번째와 세 번째 도형은 내부 무채색이므로 R, 두 번째와 네 번째 도형은 내부 채색이므로 N이 표시되며, 세 번째 도형은 2의 크기, 나머지 도형은 모두 3의 크기가 된다.
따라서 선택지 ⑤와 같은 명령어가 정답인 것을 알 수 있다.

27 다음은 차세대 유망 기술로 각광받는 블록체인에 대한 글이다. 다음 글의 밑줄 친 ⊙~⑩ 중, 블록체인의 특징을 올바르게 설명하지 못한 것은 어느 것인가?

> 블록체인은 네트워크 내의 모든 참여자가 공동으로 거래 정보를 검증하고 기록·보관함으로써 ⊙공인된 제3자 없이도 거래 기록의 무결성 및 신뢰성을 확보하는 기술로서 해시(Hash), 전자서명(Digital Signature), 암호화(Cryptography) 등의 보안 기술을 활용한 ⓒ분산형 네트워크 인프라를 기반으로 다양한 응용서비스를 구현할 수 있는 구조를 가지고 있다. 해시는 임의의 길이의 입력 메시지를 ⓒ고정된 길이의 출력 값으로 압축시키는 기술로 데이터의 무결성 검증 및 메시지 인증에 사용된다.
>
> 블록체인의 가장 큰 특징은, 분산형 구조이기 때문에 P2P(Peer to Peer) 거래가 가능하다. ②이전에 비해 수수료가 다소 비싸긴 하지만, 신뢰성을 담보할 중앙집중적 조직이나 공인된 제3자가 필요 없다는 것은 큰 장점이다. 중앙집중적 조직이 필요 없기 때문에 현재의 중앙집중형 시스템의 운영과 유지보수, 보안, 금융 거래 등의 관리가 효율적으로 이루어질 수 있다. 또한 ⑩모든 사용자(노드)가 거래 장부를 가지고 있기 때문에 네트워크 일부에 문제가 생겨도 전체 블록체인에는 영향이 없다.

① ⊙

② ⓒ

③ ⓒ

④ ②

⑤ ⑩

✔해설 블록체인은 중앙집중적 조직이 필요 없고, 공인된 제3자가 필요 없는 분산형 네트워크 인프라에 기반을 둔 기술이므로 수수료 또한 절감되는 효과를 거둘 수 있다.

블록체인이란 데이터를 거래할 때 중앙집중형 서버에 기록을 보관하는 기존 방식과 달리 거래 참가자 모두에게 내용을 공개하는 분산원장 기술이다. 분산원장은 인터넷에서 서로 알지 못하는 다수의 상대방과 거래를 할 때 공인된 제3자 기관의 개입 없이 서로 신뢰할 수 있도록 만들어주는 탈중앙화된 정보공유 저장 기술이다.

28 기술능력이라 함은 통상적으로 직업에 종사하기 위해 모든 사람들이 필요로 하는 능력을 의미하는데 다음의 내용은 기술능력의 중요성에 대해 설명하는 어느 기술명장에 관한 것이다. 이를 기초로 하여 기술능력이 뛰어난 사람이 갖추는 요소를 잘못 설명하고 있는 항목을 고르면?

> △△중공업 ○○○ 명장은 고졸의 학력에도 불구하고 끊임없는 노력과 열정으로 국내 최다 국가기술자격증 보유, 5개 국어 구사, 업계 최초의 기술명장으로 인정을 받고 있다. 김규환 명장은 고졸이라는 학력 때문에 정식사원으로 입사를 하지 못하고 사환으로 입사를 시작하였으나, 새벽 5시에 출근하여 기계의 워밍업을 하는 등 남다른 성실함으로 정식기능공, 반장 등으로 승진을 하여 현재의 위치에 오르게 되었다.
>
> 하루는 무서운 선배 한명이 세제로 기계를 모두 닦아 놓으라는 말에 2612개나 되는 모든 기계를 다 분리하여 밤새 닦아서 놓았다. 그 후에도 남다른 실력으로 서로 다른 기계를 봐 달라고 하는 사람들이 점점 늘어났다. 또한 정밀기계 가공 시 1℃변할 때 쇠가 얼마나 변하는지 알기 위해 국내외 많은 자료를 찾아보았지만 구할 수 없어 공장 바닥에 모포를 깔고 2년 6개월간 연구를 한 끝에 재질, 모형, 종류, 기종별로 X-bar값을 구해 1℃ 변할 때 얼마나 변하는지 온도 치수가공조견표를 만들었다. 이를 산업인력공단의 〈기술시대〉에 기고하였으며 이 자료는 기계가공 분야의 대혁명을 가져올 수 있는 자료로 인정을 받았다.

① 기술적인 해결에 대한 효용성을 평가한다.
② 인식된 문제를 위한 다양한 해결책을 개발하고 평가한다.
③ 여러 가지 상황 속에서 기술의 체계 및 도구 등을 사용하고 배울 수 있다.
④ 주어진 한계 속에서, 그리고 무한한 자원을 가지고 일한다.
⑤ 실제적인 문제해결을 위해 지식이나 기타 자원 등을 선택, 최적화시키며, 이를 적용한다.

✔ **해설** 기술능력이 뛰어난 사람은 주어진 한계 속에서, 그리고 제한된 자원을 가지고 일한다.

29 기술은 새로운 발명 및 혁신 등을 통해서 인간의 삶을 윤택하게 바꾸어 준다. 이를 기반으로 하였을 때 아래에 제시된 사례를 통해 글쓴이가 말하고자 하는 것은?

> 성수대교는 길이 1,161m, 너비 19.4m(4차선)로 1977년 4월에 착공해서 1979년 10월에 준공한, 한강에 11번째로 건설된 다리였다. 성수대교는 15년 동안 별 문제없이 사용되다가 1994년 10월 21일 오전 7시 40분경 다리의 북단 5번째와 6번째 교각 사이 상판 50여 미터가 내려앉는 사고가 발생하였으며, 당시 학교와 직장에 출근하던 시민 32명이 사망하고 17명이 부상을 입었다. 이 사고는 오랫동안 별 문제없이 서 있던 다리가 갑자기 붕괴했고, 이후 삼풍백화점 붕괴사고, 지하철 공사장 붕괴사고 등 일련의 대형 참사의 서곡을 알린 사건으로 국민들에게 충격을 안겨주었다.
> 이후 전문가 조사단은 오랜 조사를 통해 성수대교의 붕괴의 원인을 크게 두 가지로 밝혔다. 첫 번째는 부실시공이었고, 두 번째는 서울시의 관리 소홀이었다. 부실시공에 관리 불량이 겹쳐서 발생한 성수대교 붕괴사고는 일단 짓고 보자는 식의 급속한 성장만을 추구하던 우리나라의 단면을 상징적으로 잘 보여준 것이다.

① 정부의 안일한 대처를 말하고 있다.
② 많은 비용을 들여 외국으로부터의 빠른 기술도입을 말하고 있다.
③ 기술적 실패 또는 실패한 기술이 우리 사회에 미치는 영향을 말하고 있다.
④ 기술적 발전은 천천히 이루어져야 함을 역설하고 있다.
⑤ 부실시공으로 인한 많은 예산의 투입이 이루어지고 있음을 말하고 있다.

> ✔해설 새로운 기술은 전에는 없던 규모로 사람을 살상하고, 환경을 오염시키고, 새로운 위험과 불확실성을 만들어내고, 기타 각종 범죄의 도구로 사용되기도 한다는 것을 인식하도록 하여 새로운 기술의 문제점에 경각심을 가지도록 하고 있다.

30 아래의 내용을 통해 구체적으로 알 수 있는 사실은?

P화학 약품 생산 공장에 근무하고 있는 M대리. 퇴근 후 가족과 뉴스를 보다가 자신이 근무하고 있는 화학 약품 생산 공장에서 발생한 대형화재에 대한 뉴스를 보게 되었다. 수십 명의 사상자를 발생시킨 이 화재의 원인은 노후된 전기 설비로 인한 누전 때문으로 추정된다고 하였다. 불과 몇 시간 전까지 같이 근무했던 사람들의 사망소식에 M대리는 어찌할 바를 모른다. 그렇지 않아도 공장장에게 노후한 전기설비를 교체하지 않으면 큰 일이 날지도 모른다고 늘 강조해왔는데 결국에는 돌이킬 수 없는 대형사고를 터트리고 만 것이다.

"사전에 조금만 주의를 기울였다면 이러한 대형 사고는 충분히 막을 수 있었을 텐데...." "내가 더 적극적으로 공장장을 설득하여 전기설비를 교체했더라면 오늘과 같이 소중한 동료들을 잃는 일은 없었을 텐데...."라며 자책하고 있는 M대리.

이와 같은 대형 사고는 사전에 위험 요소에 대한 조그만 관심만 있었더라면 충분히 예방할 수 있는 경우가 매우 많다. 그럼에도 불구하고 끊임없이 반복하여 발생하는 이유는 무엇일까?

① 산업재해는 무조건 예방이 가능하다.

② 산업재해는 어느 정도의 예측이 가능하며 이로 인한 예방이 가능하다.

③ 산업재해는 어떠한 경우라도 예방이 불가능하다.

④ 산업재해는 전문가만이 예방할 수 있다.

⑤ 산업재해는 근무자가 아닌 의사결정자들이 항상 예의주시해야 한다.

> ✔ **해설** 문제에 제시된 사례는 예측이 가능했던 사고임에도 불구하고 적절하게 대처를 하지 못해 많은 피해를 입히게 된 내용이다. 이러한 사례를 통해 산업재해는 어느 정도 예측이 가능하며, 그에 따라 예방이 가능함을 알 수 있다.

PART

03

상식

기출복원

※ 실제 수험생의 후기를 바탕으로 복원한 문제로, 실제 기출된 문제와 다를 수 있습니다.

1 다음의 코로나19 백신을 mRNA형과 벡터형으로 바르게 구분한 것은?

㉠ 얀센	㉡ 모더나
㉢ 화이자	㉣ 아스트라제네카

	mRNA형	벡터형
①	㉠㉡	㉢㉣
②	㉠㉢	㉡㉣
③	㉠㉣	㉡㉢
④	㉡㉢	㉠㉣

✔해설 우리나라에서 접종한 백신 중 얀센과 아스트라제네카는 바이러스벡터형, 모더나와 화이자는 mRNA형에 해당한다.

2 '이것'은 조깅을 하며 쓰레기를 줍는 행동을 가리키는 말로, 건강과 환경을 동시에 지키기 위한 행위를 뜻한다. '이것'은 무엇인가?

① 플로깅   ② 비치코밍

③ 크루얼티프리   ④ 프리사이클링

✔해설 스웨덴어 '플로카 업(plocka upp : 줍다)'과 '조가(jogga : 조깅하다)'가 합쳐져 생긴 말로, 조깅하는 동안 보이는 쓰레기를 줍는 일을 함으로써 운동을 통해 건강을 챙기고 환경을 지키는 것을 말한다. 국립국어 원에서는 '플로깅'을 대체할 우리말로 '쓰담달리기'를 선정하였다.
② '해변(beach)＋빗질(combing)'로, 바다의 표류물이나 조개 껍데기 등을 주워 모으는 행위를 말한다.
③ 동물실험이나 동물성 원료없이 만들어진 제품, 서비스를 가리키는 표현으로, 주로 화장품 업계나 패션 업계에서 사용된다.
④ '미리(Pre)＋리사이클링(recycling)', 말 그대로 사전 재활용이라는 뜻으로, 물건 구매 전부터 환경을 생각하여 폐기물을 최대한 줄이는 소비를 하는 것을 말한다.

3 아래의 내용이 설명하는 것은 무엇인가?

> 신재생에너지, 에너지 효율, 생물 다양성 보전 등 자금 사용의 목적이 친환경적 프로젝트 투자로 한정된 채권

① 소셜 본드
② 그린 본드
③ 코코 본드
④ 커버드 본드

> **✔ 해설** ① 중소기업 지원, 취약 계층 지원 등의 사회적 문제를 해결하기 위해 발행하는 채권
> ③ 유사 시 투자 원금이 주식으로 강제 전환되거나 상각된다는 조건이 붙은 회사채
> ④ 은행 등 금융회사가 주택담보대출 등 우량자산을 담보로 발행하는 담보부채권의 일종

4 다음 중 한국수력원자력에서 진행 중인 해외사업이 아닌 것은?

① 미국 풍력 발전사업
② 조지아 렌테키 수력사업
③ 칠레 태양광 발전사업
④ 파키스탄 로어스팟가 원자력사업

> **✔ 해설** 한국수력원자력의 해외사업
> ㉠ 수력사업 : 조지아 렌테키 수력사업, 파키스탄 로어스팟가 수력사업, 파키스탄 아트무쾀 수력사업, 인도네시아 뜨리빠−1 수력사업, 니카라과 뚜마린 수력사업
> ㉡ 신재생사업 : 미국 풍력 발전사업, 칠레 태양광 발전사업

Answer 1.④ 2.① 3.② 4.④

5 한국수력원자력은 '모두가 안전하고 행복한 세상'이라는 비전 아래, 여러 사회공헌 사업을 추진하고 있다. 다음 중 한수원에서 진행 중인 사회공헌 사업은?

① 에너지다이어트

② 안심귀가 서비스

③ 아인슈타인 클래스

④ 사랑의 울타리

> ✔️**해설** 한국수력원자력의 사회공헌사업
> ㉠ 안전 · 행복 : 행복더함 희망나래, 안심가로등, 행복나래 집수리 사업(종료), 실명예방사업(종료)
> ㉡ 지역사랑 : 지역사회 투자, 지역사회공헌,
> ㉢ 인재육성 : 아인슈타인 클래스, 아톰공학교실
> ㉣ 글로벌 : 글로벌 봉사활동

6 한국수력원자력에 대한 다음의 설명 중 옳지 않은 것은?

> ㉠ 1993년 5월 중국 광동원전 운영정비 기술지원을 수행하면서 해외사업이 처음 시작되었다.
> ㉡ 2009년, 한수원의 최신 한국원전인 APR1400은 UAE 바라카 원전을 수주함으로써 국내 최초로 원전을 수출함과 동시에 세계 최초로 원전 4호기를 수출하게 되었다.
> ㉢ 유럽 및 남아공 등의 국가에 원전수출이 가능해지는 등 시장 진출 기반을 다각화하기 위해, APR1400노형은 현재 유럽 사업자요건(EUR) 인증심사 중에 있다.
> ㉣ 2021년 5월을 기준으로, 한국 최초의 수출원전인 UAE Barakah 1호기는 건설 완료 후 상업운전을 시작하였으며, 2호기는 출력상승시험을 진행 중이다.

① ㉠

② ㉡

③ ㉢

④ ㉣

> ✔️**해설** APR1400 노형은 2017년 10월에 유럽 사업자요건(EUR) 인증심사 최종 통과, 2019년 8월에 미국 NRC-DC 인증심사 통과하였다. 또한 현재는 수출 노형 경쟁력 강화를 위해 1,000MWe급인 APR1000 노형을 개발하여 EUR 인증 심사 중에 있다.

7 한국수력원자력에서 시행 중인 신·재생 에너지 사업에서 그 종류가 나머지와 다른 하나는?

① 바이오 에너지

② 석탄 가스화·액화 에너지

③ 연료전지

④ 수소 에너지

> ✔️해설 ① 재생에너지 ②③④ 신에너지
>
> | 신·재생
에너지 | 신에너지 | 수소에너지, 연료전지, 석탄을 액화·가스화한 에너지 및 중질 잔사유를 가스화한
에너지 등 |
> |---|---|---|
> | | 재생에너지 | 태양에너지, 풍력, 수력, 해양에너지, 지열에너지, 바이오 에너지 등 |

8 ㈎와 ㈐ 사이에 발생한 사건으로 가장 적절한 것은?

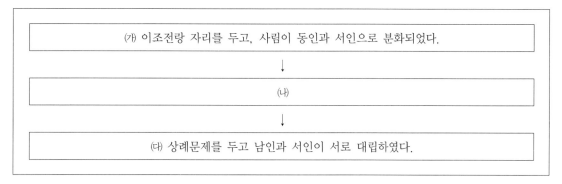

㈎ 이조전랑 자리를 두고, 사림이 동인과 서인으로 분화되었다.
↓
㈏
↓
㈐ 상례문제를 두고 남인과 서인이 서로 대립하였다.

① 훈구파와 사림파의 권력 다툼으로 「조의제문」을 실록에 실으려던 사림파가 크게 화를 입었다.

② 사림의 조광조가 소격서를 혁파하고, 현량과를 실시하는 등의 개혁을 주도하였다.

③ 남인을 몰아내고 권력을 독점한 서인이 노론과 소론으로 분화되었다.

④ 서인이 주도하여 일으킨 정변을 통해 왕이 능양군으로 교체되었다.

> ✔️해설 ㈎ 붕당정치의 시작(선조 1567~1608), ㈐ 예송논쟁(현종 1659~1674)
>
> ④ 인조반정 : 1623, 서인이 광해군을 몰아내고 인조(능양군)를 즉위시킨 정변
>
> ① 무오사화(1498, 연산군 4)
>
> ② 중종(1506~1544)
>
> ③ 경신환국(1680, 숙종 6)

Answer 5.③ 6.③ 7.① 8.④

9 중앙 군사 제도를 2군 6위로 운영한 시기의 지방 행정 체계는?

① 9주 5소경

② 5도 양계

③ 8도

④ 5경 15부 62주

> ✅해설 2군 6위는 고려 시대의 중앙 군사 제도이다.
> ① 통일신라
> ③ 조선
> ④ 발해

10 다음의 일들이 발생한 시기에 대한 설명으로 옳은 것은?

> • 붕당의 대립을 완화하고, 정치세력에 균형을 잡기 위해 인재를 골고루 등용하였다.
> • 1년에 군포 2필씩 징수하던 것을 1필로 감하였다.
> • 문신 김재로 등이 대명률에서 벗어나 우리 실정에 맞는 새로운 법전을 편찬하였다.

① 대동법 실시

② 금난전권 폐지

③ 신문고 부활

④ 초계문신제 실시

> ✅해설 순서대로 탕평책, 균역법, 속대전에 대한 설명이고, 이를 통해 영조(1724~1776) 시기임을 알 수 있다.
> ① 광해군
> ②④ 정조

11 논공행상에 대한 불만과 반란을 일으킨다는 무고를 받아 일으킨 내란으로, 한양 점령에 성공하여 왕을 도성에서 피란시킨 이 사건은?

① 이인좌의 난

② 홍경래의 난

③ 이시애의 난

④ 이괄의 난

✔해설 ④ 1624년(인조 2), 이괄이 논공행상에 불만을 품고 일으킨 난
① 1728년(영조 4), 이인좌 등 소론이 주도한 반란
② 1811년(순조 11), 홍경래·우군칙 등의 주도로 평안도에서 일어난 농민항쟁
③ 1467년(세조 13), 세조의 집권 정책에 반대한 호족 이시애가 일으킨 반란

한국수력원자력 상식

1 다음 중 한국수력원자력이 추구하는 핵심가치가 아닌 것은?

① Reliable Safety   ② Utmost Excellence

③ Tolerance   ④ Shared Respect

> ✔ **해설** 한국수력원자력의 5대 핵심가치는 정도 추구(True Integrity), 안전 최우선(Reliable Safety), 최고 지향(Utmost Excellence), 상호 존중(Shared Respect), 사회적 가치 창출(Tangible Social Value)이다.

2 다음 중 한수원의 미션으로 옳은 것은?

① 에너지로 여는 미래, 에너지로 나누는 행복

② 친환경 에너지로 삶을 풍요롭게

③ 안정적인 에너지 공급으로 국민경제 발전에 이바지

④ 좋은 에너지 더 좋은 세상

> ✔ **해설** 한수원의 미션은 '친환경 에너지로 삶을 풍요롭게'이다.

3 다음 중 한수원의 사회공헌에 대한 설명으로 옳지 않은 것은?

① 사회공헌 사업의 핵심가치는 안전한 사회, 따뜻한 나눔, 행복한 내일이다.

② 사회공헌 사업은 2006년 사회공헌 공감대 형성을 형성하는 것으로부터 시작하여 2025년에는 국민에게 존경받는 기업으로 발돋움 하고자 한다.

③ 행복더함 희망나래 사업은 전국의 모든 아동, 청소년을 위한 사업이다.

④ 한수원사회봉사단 엠블럼의 '민들레 홀씨'는 이웃과 사회로 퍼져 나가는 사랑과 희망을 상징한다.

> ✔ **해설** ③ 행복더함 희망나래 사업은 전국 지역아동센터 아동 · 청소년에게 쾌적하고 안전한 학습공간을 제공하는 사업이다.

4 한수원의 경영목표 중 '신뢰받는 원전운영'의 전략과제에 해당하지 않는 것은?

① 반부패 · 청렴 문화 재정립

② 중대사고 및 재난 대응 역량 강화

③ 안전 최우선 문화 정립

④ 한수원型 디지털뉴딜 전사적 추진

> ✔**해설** 한수원 경영목표
>
> | 전략목표 | 전략과제 |
> |---|---|
> | 성장 사업 확대 | 신재생 에너지 확대, 원전해체사업 기반 구축, 해외사업 수익 창출, 신규 양수발전소 적기 건설 |
> | 신뢰받는 원전운영 | 한수원型 디지털뉴딜 전사적 추진, 중대사고 및 재난 대응 역량 강화, 안전 최우선 문화 정립, Mobile 기반 국민소통확대 |
> | 사회적 가치 실현 | 양질의 일자리 창출, 원전 생태계 건전성 유지, 지역경제 활성화, 협력사 포함 종사자 안전 강화, 반부패 · 청렴 문화 재정립 |
> | 지속적 개선과 혁신 추구 | 사업지원 인프라 강화, 기업문화 체질 개선, 그린뉴딜을 통한 성장 동력 확보 |

5 다음 중 신 · 재생에너지에 대한 설명으로 옳지 않은 것은?

① 신 · 재생에너지는 기존의 화석연료를 변화시켜 이용하거나 햇빛 · 물 · 지열 · 강수 · 생물유기체 등을 포함하는 재생가능한 에너지를 변환시켜 이용하는 에너지를 말한다.

② 재생에너지에는 태양에너지, 수소에너지, 지열에너지, 바이오 에너지 등이 해당된다.

③ 해양에너지는 조력발전과 조류발전, 파력발전, 온도차 발전이 있다.

④ 연료전지는 수소, 메탄 및 메탄올 등의 연료를 산화(酸化)시켜서 생기는 화학에너지를 직접 전기에너지로 변환시키는 기술이다.

> ✔**해설** 신 · 재생에너지
> • 신에너지 : 수소에너지, 연료전지, 석탄을 액화 가스화한 에너지 및 중질 잔사유를 가스화한 에너지 등
> • 재생에너지 : 태양에너지, 풍력, 수력, 해양에너지, 지열에너지, 바이오 에너지 등

Answer 1.③ 2.② 3.③ 4.① 5.②

6 다음 중 고리1호기 해체준비 전 안전관리단계에서 수행되는 주요 업무가 아닌 것은?

① 영구정지 후 안전관리

② 해체계획서 작성

③ 제염, 해체공사 사업기본계획 수립

④ 원자로 및 내부구조물 절단작업

> ✔해설 원자로 및 내부구조물 절단작업은 제염, 철거 및 부지복원 단계에서의 업무이다. 해체준비 전 안전관리 단계에서는 다음과 같은 업무를 수행한다.
> • 사용 후 핵연료 관리단계
> - 사용 후 핵연료 냉각운전, 임시저장시설 건설
> - 영구정지 후 안전관리(정지 후 최소 5년 필요)
> - 해체사업 조직구성, 계통제염, 계통 분류 및 차단
> • 해체계획서 승인 신청
> - 해체계획서 작성(근거 : 원자력안전법 시행규칙 제22조 별지 13호)
> - 해체계획서 초안 의견수렴(공람, 공청회 등)(근거 : 원자력안전법 제103조 2항, 시행령 제145조)
> - 제염, 해체공사 사업기본계획 수립
> • 해체사업 계약체결

7 다음 중 원전의 해체과정의 순서로 옳은 것은?

① 영구정지 전 준비→안전관리 및 사용후 핵연료 반출→제염/철거→복원/종료

② 안전관리 및 사용후 핵연료 반출→영구정지 전 준비→제염/철거→복원/종료

③ 안전관리 및 사용후 핵연료 반출→제염/철거→영구정지 전 준비→복원/종료

④ 제염/철거→안전관리 및 사용후 핵연료 반출→영구정지 전 준비→복원/종료

> ✔해설 원전해체과정 … 영구정지 전 준비 2년→안전관리 및 사용후 핵연료 반출 최소 5년 이상(연료인출/안전 관리/연료반출)→제염/철거 6년 이상→복원/종료 2년 이상

8 국가환경방사선 자동감시망의 경보설정에 대한 기준 중 주의준위에 해당하는 설정값은? (단, 평균값은 최근 3년의 평균값을 말한다)

① 평균값+0.0973μSv/h 미만

② 평균값+0.0973μSv/h 이상

③ 평균값+0.973μSv/h 이상

④ 평균값+9.73μSv/h 이상

> **해설** 국가환경방사선자동감시망의 경보설정에 대한 기준에 따르면 정상준위는 평균값+0.0973μSv/h(10μRv/h) 미만, 주의준위는 평균값+0.0973μSv/h(10μRv/h) 이상, 경고준위는 0.973μSv/h(100μRv/h) 이상, 비상준위는 973μSv/h(100,000μRv/h) 이상이다.

9 우리나라 원자력 발전소의 방벽 중 제2방벽은?

① 연료 펠렛

② 연료 피복관

③ 원자로 용기

④ 원자로 건물 내부 철판

> **해설** 우리나라 원자력 발전소의 5중방벽
> ㉠ 제1방벽 연료 펠렛 : 핵분열에 의해 발생된 방사성 물질의 대부분은 펠렛에 그대로 갇히게 된다.
> ㉡ 제2방벽 연료 피복관 : 펠렛을 빠져나온 미소량의 가스 성분이 지르코늄 합금의 금속관인 피복관 안에 밀폐된다.
> ㉢ 제3방벽 원자로 용기 : 만의 하나 피복관에 결함이 생겨 방사성물질이 새오나온다 해도, 두꺼운 강철로 된 원자로 용기가 외부 유출을 막는다.
> ㉣ 제4방벽 원자로 건물 내부 철판 : 6mm두께의 강철판으로 이루어진 원자로 건물 내벽으로 만일의 사태가 발생해도 방사성 물질을 원자로 건물 내에 밀폐시킨다.
> ㉤ 제5방벽 원자로 건물 외벽 : 120cm두께의 철근 콘크리트 원자로 건물 외벽입니다. 두꺼운 외벽은 외부의 충격이나 자연재해에서도 발전소의 안전을 지킨다.

Answer 6.④ 7.① 8.② 9.②

10 다음 중 방사성폐기물 처리방법에 대한 설명으로 옳은 것은?

① 고준위방사성폐기물은 폐기물로 간주된다.

② 고준위방사성폐기물은 원자력발전소에서 사용한 장갑, 작업복, 각종 교체부품, 관련 산업체, 병원, 연구기관에서 나오는 폐기물이다.

③ 방사능 준위에 따라 고준위, 중준위, 저준위 방사성폐기물로 구분할 수 있다.

④ 저준위 방사성폐기물 중에서 원자력발전소에서 발생하는 폐기물을 원전수거물이라고 하며 기체, 액체, 고체로 구분하는데 저장방법에는 차이가 없다.

> ✔️해설 ① 고준위방사성폐기물은 핵연료로 사용하고 난 후의 핵연료와 이것의 재처리과정에서 나오는 폐기물로 95% 이상을 재활용할 수 있기 때문에 폐기물로 간주하지 않는다.
> ② 저준위방사성폐기물에 대한 설명이다.
> ④ 기체, 액체, 고체 등 그 형태에 따라 저장방법에 차이가 있다.

11 IAEA에 대한 설명 중 옳지 않은 것은?

① 원자력에 대한 정보교환을 촉진한다.

② 원자력의 평화적 이용을 추진한다.

③ 핵분열 물질이 군사목적에 사용되지 않도록 보장조치를 강구한다.

④ 1957년 발족되어 미국 워싱턴에 본부가 있다.

> ✔️해설 ④ IAEA(International Atomic Energy Agency)의 본부는 오스트리아의 빈에 있다.

12 에너지자원의 사용예상시간으로 옳지 않은 것은?

① 석유 – 40년

② 천연가스 – 60년

③ 우라늄 – 100년

④ 석탄 – 230년

> ✔️해설 우라늄은 세계 전역에 고루 분포되어있어 세계에너지 정세에 크게 영향을 받지 않는다. 60년간 사용이 예상되고 재처리시 최대 2,300년까지 사용할 수 있다. 따라서 연료를 수입에 의존하더라도 다른 에너지원보다 안정적인 공급을 기대할 수 있다.

13 연안의 수자원을 오염의 위험으로부터 보호하기 위해 설정한 것을 청정 수역(블루벨트)이라고 한다. 우리나라의 블루벨트는 어디인가?

① 해운대

② 경상북도 영덕

③ 한려수도

④ 경포대

✔해설 블루벨트(blue belt)는 연안의 수자원을 오염의 위협으로부터 지킴으로써 수자원을 보호하려고 설정한 오염제한구역으로, 우리나라는 남해의 한려해상공원, 통영 앞 바다 일대, 서해의 천수만 일대를 청정 수역으로 설정하였다.

14 원전의 성능이나 운영기술에 대해 평가하는 지표로 가장 우선으로 고려되는 것은?

① 무고장 운전 기간

② 고장정지 건수

③ 사고율

④ 이용률

✔해설 원전 이용률이란 일정기간 동안 발전소가 정지없이 최대 출력으로 발전했을 때를 100%로 보고 이에 대한 실제 운전 실적을 비교한 것으로, 원전의 성능과 운영기술의 평가에서 가장 먼저 고려되는 지표이다.

15 우리나라의 원자력 발전에 대한 설명과 가장 거리가 먼 것은?

① 원자력 발전은 오늘날의 주력 발전원으로, 우리나라 총 발전량의 절반 이상을 차지하고 있다.

② 우라늄의 핵분열 반응을 통해 얻은 열에너지로 전기에너지를 만드는 방식으로 가동된다.

③ 우리나라의 원자력 발전소는 가압경수로형(월성 1~4호기)과 가압중수로형(고리, 한빛, 한울, 새울 원전), 두 종류를 사용하고 있다.

④ 우리나라 원자력 발전소는 연료 펠렛-연료 피복관-원자로 용기-원자로 건물 내부 철판-원자로 건물 외벽, 총 다섯 겹의 5중 방벽으로 안전을 확보하였다.

✔해설 우리나라의 원자력 발전소 유형
㉠ 가압경수로형 : 고리, 한빛, 한울, 새울 원전
㉡ 가압중수로형 : 월성 1~4호기

16 다음 중 방사선에 대한 설명으로 옳지 않은 것은?

① 방사선은 쌀에서도, 채소에서도, 우리의 몸에서도 나오는데 이를 자연방사선이라 한다.

② 우리는 연간 평균 4.2mSv 정도의 자연방사선을 받으며 살고 있다.

③ 텔레비전이나 전자레인지, 냉장고 등의 가전제품, 병원에서 쓰는 엑스선 촬영기나 암치료 장치 등에서 나오는 것은 인공방사선으로 분류된다.

④ 원자력 발전소 주변 방사선량의 목표치는 0.05mSv이며, 실제 측정 수치는 0.01mSv 미만이다.

✔해설 ② 우리는 연간 평균 3mSv 정도의 자연방사선을 받으며 살고 있다.

17 한국수력원자력에 대한 설명으로 옳지 않은 것은?

① 2012년 12월 국내 최초로 댐 사면을 활용하여 태양광발전소를 기장에 건설하였다.

② 영광과 울진 소재의 원자력발전소의 명칭에서 지역명을 제거하였다.

③ 한국수력원자력발전소는 현재 태양광 분야의 신재생에너지 사업을 추진하고 있다.

④ 부산에서 연료전지 사업을 진행하고 있다.

✔해설 ① 한국수력원자력은 2012년 국내 최초로 댐 사면의 공간을 활용한 예천 태양광발전소 공사를 마무리하였다.

18 방사선 비상은 사고의 심각성에 따라 3종류로 구분하는데 다음 중 방사선 비상의 분류에 대한 설명으로 옳지 않은 것은?

① 황색비상은 백색비상에서 안전 상태로의 복구기능의 저하로 원자력시설의 주요 안전 기능에 손상이 발생하거나 발생할 우려가 있는 등의 사고를 말한다.

② 방사성물질의 밀봉상태의 손상 또는 원자력시설의 안전상태 유지를 위한 전원공급기능에 손상이 발생하거나 발생할 우려가 있는 등의 사고는 백색비상이다.

③ 백색비상은 방사성 물질의 누출로 인한 방사성영향이 원자력시설의 건물 내에 국한될 것으로 예상되는 비상사태로 가장 경미한 비상상황이다.

④ 적색비상은 노심의 손상 또는 용융 등으로 원자력시설의 최후방벽에 손상이 발생하거나 발생할 우려가 있는 사고를 말한다.

✔해설 ①은 청색비상에 대한 설명이다. 청색비상은 방사성물질의 누출로 인한 방사선영향이 원자력시설 부지 내에 국한될 것으로 예상되는 비상사태를 말한다.

19 방사선 비상시 행동방법으로 옳지 않은 것은?

① 가축이나 애완동물들은 사람들의 대피로 주거지를 떠난 뒤 후 기상재해의 피해를 입거나 아사의 우려가 있으므로 우리의 문을 열어 풀어준다.

② 실내 대피 통보를 받았는데 야외에서 신속한 귀가가 어려운 경우라면, 가까운 곳에 있는 콘크리트 건물을 찾아 들어간다.

③ 모든 준비를 마치면 창문과 출입문을 잠근 후 대피완료 표시로 흰 수건을 출입문에 걸어 둔다.

④ 구호소에 도착해서 신체의 오염을 발견한 경우에는 오염부위의 제염을 받은 후 병원으로 이송하여 후속검사를 받게 된다.

✔️해설 ① 가축이나 동물들은 우리에 가둔 뒤 충분한 먹이를 준다.

20 원자력발전소나 공장에서 냉각수로 사용한 더운물의 유출로 인하여 해양이 오염되는데, 이러한 열오염이 문제시되는 원인은?

① DO의 급격한 감소
② 유기염류의 대량 유입
③ 일시적인 수온 상승
④ CO^2의 감소

✔️해설 더운 물일수록 산소를 적게 흡수하여 용존산소량(DO)이 부족하게 되는데, 이로 인해 수중생물이 사멸하게 되고 잔류하여 물이 부패된다.

21 연안 해역에 생기는 적조현상에 대한 다음 설명 중 옳지 않은 것은?

① 적조현상이란 식물성 플랑크톤의 이상증식으로 해수가 변색되는 것을 말한다.

② 적조를 일으키는 요소로서는 영양염도 중요하지만 유독성 중금속도 중요하다.

③ 적조는 정체해역에서 잘 일어나는 현상이다.

④ 적조현상 때문에 용존산소가 결핍하게 되어 어패류가 폐사하게 된다.

✔️해설 적조현상은 식물성 플랑크톤이 과다하게 번식하여 해수가 적색을 띠는 현상이다. 이 현상은 표층수의 온도가 상승한 경우, 영양염이 증가한 경우, 무풍상태가 계속되어 해수의 혼합이 저하한 경우에 발생하며 유독성 중금속 성분과는 관계없다.

Answer 16.② 17.① 18.① 19.① 20.① 21.②

22 한국수력원자력이 운영하고 있는 수력발전소 중 최초의 유역변경식 발전소는?

① 칠보수력

② 강릉수력

③ 의암수력

④ 팔당수력

✔**해설** ② 유역변경 댐수로식 발전소로, 국내 수력발전소 가운데 길이가 가장 길며, 낙차도 국내 최고이다.
③ 수도권 전력공급의 일부를 담당하며, 그 외에 용수공급, 홍수조절 역할을 한다.
④ 전력생산 뿐 아니라 하류의 하천유지를 위해 초당 $124m^3/S$의 물을 방류하고 있다.

23 다음 중 우리나라 양수발전소로 옳지 않은 것은?

① 청평양수발전소

② 삼랑진양수발전소

③ 청송양수발전소

④ 중랑진양수발전소

✔**해설** 현재 우리나라 양수발전소로 청평양수발전소, 삼랑진양수발전소, 청송양수발전소, 산청양수발전소, 양양
양수발전소, 무주양수발전소, 예천양수발전소가 있다.

24 다음 중 우라늄의 핵분열에서 에너지가 나오는 원리는 어떤 이론을 기초로 한 것인가?

① 에너지-질량 등가법칙

② 키르히호프의 법칙

③ 옴의 법칙

④ 쿨롱의 법칙

✔**해설** 우라늄의 핵분열에서 에너지가 나오는 원리는 아인슈타인의 에너지-질량 등가법칙에 기초를 두고 있다.
즉 핵분열 전후에 발생한 핵 무게 차이(질량결손)만큼 에너지가 발생한다는 원리이다.

25 다음 중 원자력 발전의 설계 개념으로 옳지 않은 것은?

① 같은 기능을 가진 설비를 두 개 이상 중복 설치한다.

② 한 가지 기능을 달성하기 위하여 구성(구동력 등)이 다른 계통 또는 기기를 두 가지 이상 설치한다.

③ 충분한 여유도를 갖는 지진설계로 강진(규모 5.5 정도)이 발생되어도 안전하게 설치한다.

④ 둘 이상의 계통 또는 기기가 한 가지 원인에 의해 기능이 상실되지 않도록 물리적, 전기적으로 상호 분리하여 독립설치를 한다.

> **✓해설** 원자력 발전 설계의 설비 원칙은 다중성, 다양성, 독립성이 있다.
> ③ 충분한 여유도를 갖는 지진설계로 강진(규모 6.5 정도)이 발생되어도 안전하게 설치한다.
> ① 다중성 ② 다양성 ④ 독립성

26 다음 중 발전원별 이산화탄소(CO_2) 배출량이 가장 높은 것은?

① 바이오매스

② 석탄

③ 천연가스

④ 석유

> **✓해설** 발전원별 이산화탄소(CO_2) 배출량은 석탄〉석유〉천연가스〉바이오매스 순이다.

27 다음에 설명하고 있는 방사선비상의 종류는?

> 노심의 손상 또는 용융 등으로 원자력시설의 최후방벽에 손상이 발생하거나 발생할 우려가 있는 사고로서 방사성물질의 누출로 인한 방사선영향이 원자력시설 부지 밖으로 미칠 것으로 예상되는 비상사태

① 백색비상　　　　　　　　　　　② 청색비상
③ 적색비상　　　　　　　　　　　④ 흑색비상

> **✔해설** 방사선비상의 종류
> ㉠ 백색비상 : 방사성물질의 밀봉상태의 손상 또는 원자력시설의 안전 상태 유지를 위한 전원공급기능에 손상이 발생하거나 발생할 우려가 있는 등의 사고로서 방사성 물질의 누출로 인한 방사성영향이 원자력시설의 건물 내에 국한될 것으로 예상되는 비상사태
> ㉡ 청색비상 : 백색비상에서 안전상태로의 복구기능의 저하로 원자력시설의 주요 안전 기능에 손상이 발생하거나 발생할 우려가 있는 등의 사고로서 방사성물질의 누출로 인한 방사선영향이 원자력시설 부지 내에 국한 될 것으로 예상되는 비상사태
> ㉢ 적색비상 : 노심의 손상 또는 용융 등으로 원자력시설의 최후방벽에 손상이 발생하거나 발생할 우려가 있는 사고로서 방사성물질의 누출로 인한 방사선영향이 원자력시설 부지 밖으로 미칠 것으로 예상되는 비상사태

28 원자력 발전소 주변 방사선량의 규제범위는?

① 0.05mSv 이하　　　　　　　　② 0.06mSv 이하
③ 0.07mSv 이하　　　　　　　　④ 0.08mSv 이하

> **✔해설** 원자력 발전소 주변의 방사선량은 0.05mSv 이하로 엄격히 규제하고 있으며 실제로는 0.01mSv 미만이다.

29 현재 우리나라 원자력 발전소 중 실제 가동되고 있는 발전소의 개수는?

① 21기　　　　　　　　　　　　② 22기
③ 23기　　　　　　　　　　　　④ 24기

> **✔해설** 현재 우리나라에서 가동되고 있는 원자력발전소는 총 24기이며, 고리 1호기와 월성 2호기는 영구정지 상태이다.

30 다음은 원자력 발전소 사고 등급과 기준을 짝지은 것이다. 옳지 않은 것은?

① 2등급-안전 계통의 주요 고장/사고 확대 가능 없음, 안전성 영향 없음
② 5등급-소량의 방사성물질 방출로 음식물의 섭취 제한 요구
③ 3등급-사고확대가능/안전계통의 심각한 고장 등
④ 6등급-상당량의 방사성물질 외부 방출

✔ 해설 국제 원자력 사건 등급(INES : International Nuclear Event Scale)

등급	사고	7등급	• 한 국가 이외의 광범위한 지역으로 방사능 피해를 주는 대량의 방사성물질 방출 사고 • 구소련 체르노빌 원전사고(1986), 일본 후쿠시마 원전사고(2011)
		6등급	• 방사선 비상 계획의 전면적인 시행이 요구되는 정도의 방사능 피해를 주는 다량의 방사성물질 방출 사고 • 구소련 카이슈테임(1957)
		5등급	• 방사선 비상 계획의 부분적인 시행이 요구되는 정도의 방사선 피해를 주는 제한된 양의 방사성물질 방출 사고 • 영국 윈드스케일 원자로 사고(1957), 미국 드리마일 아일랜드 원전노심용융 사고
		4등급	• 연간 허용 제한치 정도로 일반인이 피폭 받을 수 있는 비교적 소량의 방사성물질 방출 사고로서 음식물의 섭취 제한이 요구되는 사고 • 일본 JCO 핵임계 사고(1999), 프랑스 생로랑 원전사고(1980)
	고장	3등급	• 사고를 일으키거나 확대시킬 가능성이 있는 안전 계통의 심각한 기능 상실 • 영국 셀라필드(2005), 스페인 반델로스 원전 화재(1989)
		2등급	• 사고를 일으키거나 확대시킬 가능성은 없지만 안전계통의 재평가가 요구되는 고장 • 아르헨티나 아두차(2005), 프랑스 까다하쉬(1993), 스웨덴 포스마크 원전 정전(2006)
		1등급	• 기기고장, 종사자의 실수, 절차의 결함으로 인하여 운전 요건을 벗어난 비정상적인 상태
등급 이하	경미한 고장	0등급	• 정상 운전의 일부로 간주되며 안전성에 영향이 없는 고장

1 밑줄 친 내용에 해당하는 것으로 옳은 것은?

이 토기는 바깥 면에 무늬가 없기 때문에 원시무문토기(原始無文土器)라고도 한다. 토기의 표면은 강석이나 석영이 섞여 있는 흙을 사용하여 거칠고, 밑바닥은 평평하거나 뾰족한 모양을 띠고 있다. 우리나라에서는 가장 이른 시기에 제작된 토기로 추정된다. 부산 동삼동 유적, 함경북도 굴포리 유적 등에서 발견되었고, 해당 토기를 통해 당시의 생활상을 살펴볼 수 있다.

① 일부 저습지에서는 논농사가 시작되었다.
② 계급이 출현하였고 고인돌이 제작되었다.
③ 정착 생활과 농경이 시작되었다.
④ 주먹도끼와 슴베찌르개와 같은 도구가 사용되었다.

✔해설 해당 유물은 신석기 시대에 제작된 이른 민무늬토기이다. 이 토기는 빗살무늬 토기보다 이른 시기에 제작되었으며 음식을 조리하거나 저장하기 위한 용도로 제작되었을 것이라 추정한다.
①② 청동기 시대이다.
④ 구석기 시대이다.

2 삼한(마한·진한·변한)에 관한 사항으로 가장 옳지 않은 것은?

① 정치적으로는 군장이 다스리는 체제이다.
② 삼한의 제천행사는 계절제(5월, 10월)이다.
③ 밭농사를 중심으로 하고 철을 화폐처럼 활용하였다.
④ 삼한은 제정분리 사회이다.

✔해설 삼한에서는 벼농사를 중심으로 한 농업이 발달하였으며, 저수지가 풍부하였다.

3 다음 유적지 중 시대가 다른 하나는 무엇인가?

① 충남 공주 석장리
② 전남 순천 대곡리
③ 평북 의주 미송리
④ 충남 부여 송국리

> ✔해설 충남 공주 석장리는 구석기 시대의 대표 유적지이다.
> ② 전남 순천 대곡리 : 도롱마을에 있는 청동기 시대에서 원삼국 시대에 걸친 유적이다.
> ③ 평북 의주 미송리 : 신석기 및 청동기 시대 유적이다.
> ④ 충남 부여 송국리 : 민무늬토기 시대 움집터이다.

4 다음 자료와 관련된 내용으로 가장 적절하지 않은 것은?

> 사해점촌(沙害漸村)은 11호인데, 중하 4호, 하상 2호, 하하 5호이다. 인구는 147명인데, 남자는 정(丁)이 29명(노비 1명 포함), 조자 7명(노비 1명 포함), 추자 12명, 소자 10명, 3년간 태어난 소자가 5명, 제공 1명이다. 여자는 정녀 42명(노비 5명 포함), 조여자 11명, 추여자 9명, 소여자 8명, 3년간 태어난 소여자 8명(노비 1명 포함), 제모 2명, 노모 1명, 다른 마을에서 이사 온 추자 1명, 소자 1명 등이다. 논은 102결 정도인데, 관모답 4결, 촌민이 받은 것은 94결이며, 그 가운데 19결은 촌주가 받았다. 밭은 62결, 마전은 1결 정도이다. 뽕나무는 914그루가 있었고, 3년간 90그루를 새로 심었다. 잣나무는 86그루가 있었고, 3년간 34그루를 새로 심었다.

① 이 문서에는 토지 면적, 호수, 인구수, 나무 종류와 수까지 기록하고 있다.
② 정부가 조세와 요역부과의 자료로 파악하였다.
③ 촌민들은 자기의 연수유답을 경작하여 수확을 거둬들이는 대가로 관모답, 내시령답 등을 공동경작하였다.
④ 민정문서는 3년마다 각 호의 정남에 의해 작성되었다.

> ✔해설 민정문서 … 통일 신라는 촌락의 토지 크기, 인구 수, 소와 말의 수, 토산물 등을 파악하는 문서를 만들고, 조세 · 공물 · 부역 등을 거두었으며, 변동사항을 조사하여 3년마다 문서를 다시 작성하였다. 한 촌주가 여러 촌락의 노동력과 생산자원을 조사하여 통계를 내어 국가에서는 이를 통해 노동력과 재정을 충실하게 파악할 수 있었다.

Answer 1.③ 2.③ 3.① 4.④

5 다음 글은 최치원의 '난랑비 서문'에서 인용한 것이다. 이 글에 포함되어 있는 사상과 관련이 있는 비문을 보기에서 고르면?

> 나라에 현묘(玄妙)한 도가 있으니 풍류(風流)라 한다. 실로 이는 삼교(三敎)를 포함하고 뭇 백성들을 교화한다. 이를테면 들어와서는 집안에서 효를 행하고, 나가서는 나라에 충성함은 노나라 사구(司寇)의 가르침이고, 하였다고 자랑함이 없는 일을 하고 말없는 가르침을 행함은 주나라 주사(柱史)의 뜻이며, 모든 악을 짓지 말고 모든 선을 받들어 행하라 함은 축건태자(竺乾太子)의 교화이다.

> ㉠ 사택지적비   ㉡ 울진봉평비
> ㉢ 임신서기석   ㉣ 중원고구려비

① ㉠㉡   ② ㉠㉢
③ ㉡㉣   ④ ㉢㉣

✔해설 제시된 난랑비 서문을 통해 유교, 불교, 도교 사상을 포함한 풍류를 엿볼 수 있다.
 ㉠ 사택지적비 : 백제 의자왕 때 활약했던 사택지적이 남긴 비로 날이 쉽게 가고 돌아오기 어려움을 슬프게 여겨 금으로 법당을, 옥으로 탑을 세운 후 기념으로 세운 것이다.
 ㉡ 울진봉평비 : 524년(법흥왕 11)에 세워진 신라의 비석으로 율령을 반포한 내용이 실려 있다.
 ㉢ 임신서기석 : 신라 화랑도가 3년 이내에 시(詩)·상서(尙書)·예기(禮記) 등을 습득한 후 국가에 충성하겠다는 내용을 담고 있다.
 ㉣ 중원고구려비 : 장수왕 때 고구려 세력이 남하하여 남한강 상류까지 진출했다는 기록이 있다.

6 다음은 고려 시대에 일어난 역사적 사건을 시대순으로 나열한 것이다. ㈎ 시기에 발생한 역사적 사실에 대한 설명으로 옳은 것을 모두 고르면?

> 이자겸의 난 – ㈎ – 무신정변 – 몽고의 침입 – 위화도 회군

> ㉠ 풍수지리설을 배경으로 서경천도운동이 일어났다.
> ㉡ 최고 집정부인 교정도감이 설치되었다.
> ㉢ 금국정벌론과 칭제건원이 제기되었다.
> ㉣ 고구려계승이념에 대한 이견과 갈등이 일어났다.
> ㉤ 과거제도와 노비안검법이 시행되었다.

① ㉠㉡㉤   ② ㉠㉢㉣
③ ㉡㉢㉤   ④ ㉢㉣㉤

묘청의 서경천도운동 … 이자겸의 난과 무신 정변사이에 일어난 역사적 사건이다. 묘청의 서경천도운동은 서경길지설을 바탕으로 일어났다. 서경천도운동으로 당시 금(여진)의 침입에 대해 금국정벌론과 칭제건원을 주장하였으며 당시 서경파는 고구려 계승이념에 따라 북진정책을, 개경파의 김부식은 신라계승의식을 표방하였다.

ⓛ 교정도감은 최충헌이 무신정변을 통해 권력을 잡은 후 인사 행정 및 기타 권력 유지를 위해 설치한 기관이다.

ⓜ 고려 전기 광종 때 실시된 정책들이다.

7 최승로의 시무 28조에서 강조하고 있는 내용으로 옳은 것은?

㉠ 중앙집권화	㉡ 유불융합
㉢ 연등회, 팔관회개최	㉣ 유교정치이념
㉤ 북진정책추구	

① ㉠㉢ ② ㉠㉣

③ ㉡㉢ ④ ㉡㉣

최승로는 고려 성종 때 '시무28조'를 통해 유교정치이념에 입각한 중앙집권화를 강조하였다. 특히 기존까지 정치·사상적 이념으로 강조되어 오던 불교를 배척하여 성종 때에는 일시적으로 연등회와 팔관회가 폐지되기도 하였다. 최승로의 건의로 지방에 대한 중앙집권화도 추구되었는바 12목의 설치에서 살펴볼 수 있다. 하지만 최승로는 5조 정적평을 통하여 역대 5명의 왕의 업적을 상소하였는바 광종과 같이 왕권의 전제화 추구만큼은 반대하였다.

ⓜ 북진정책은 고려 태조의 '훈요10조'에서 강조된 내용이다.

Answer 5.② 6.② 7.②

8 고려 시대의 토지제도의 변화를 순서대로 나열하면?

> ㉠ 대소공로와 인품을 고려하여 토지를 차등적으로 지급하였다.
> ㉡ 현직 관리를 대상으로 토지를 지급하였다.
> ㉢ 전·현직 관리를 대상으로 관품과 함께 인품을 반영하여 차등 있게 지급하였다.
> ㉣ 전·현직 관리를 대상으로 관직만을 고려하여 차등 있게 지급하였다.

① ㉠ – ㉡ – ㉢ – ㉣   ② ㉠ – ㉢ – ㉣ – ㉡

③ ㉢ – ㉠ – ㉡ – ㉣   ④ ㉢ – ㉠ – ㉣ – ㉡

✔ **해설** ㉠ 역분전(940) : 후삼국 통일 과정에서 공을 세운 사람들에게 지급한 논공행상적 성격을 지닌 토지제도이다.
㉢ 시정전시과(976) : 관직의 높고 낮음과 함께 인품을 반영하여 역분전의 성격을 벗어나지 못하고 전국적인 규모로 정비되었다.
㉣ 개정전시과(998) : 관직만을 고려하여 지급하는 기준안을 마련하였고 지급량이 재조정되었다.
㉡ 경정전시과(1076) : 현직관리에게만 지급하고, 무신에 대한 차별대우가 시정되었다.

9 밑줄 친 '왕'의 재위 기간에 있었던 사실로 옳은 것은?

> 주전도감에서 왕에게 아뢰기를 "백성들이 화폐를 사용하는 유익함을 이해하고 그것을 편리하게 생각하고 있으니 이 사실을 종묘에 알리십시오."라고 하였다. 이 해에 또 은병을 만들어 화폐로 사용하였는데, 은 한 근으로 우리나라의 지형을 본떠서 만들었고 민간에서는 활구라고 불렀다.

① 주요 지역에 12목을 설치하고 목사를 파견하였다.
② 여진 정벌을 위해 윤관이 건의한 별무반을 설치하였다.
③ 지방 호족을 견제하기 위해 사심관과 기인 제도를 도입하였다.
④ 왕권을 강화하기 위해 과거 제도를 시행하고 독자적인 연호를 사용하였다.

✔ **해설** 제시문은 고려 숙종의 재위 기간에 있었던 내용이다.
① 성종의 업적이다.
③ 태조의 업적이다.
④ 광종의 업적이다.

10 다음 건의를 받아들인 왕이 실시한 정책으로 옳은 것은?

> 임금이 백성을 다스릴 때 집집마다 가서 날마다 그들을 살펴보는 것이 아닙니다. 그래서 수령을 나누어 파견하여, (현지에) 가서 백성의 이해(利害)를 살피게 하는 것입니다. 우리 태조께서도 통일한 뒤에 외관(外官)을 두고자 하셨으나, 대개 (건국) 초창기였기 때문에 일이 번잡하여 미처 그럴 겨를이 없었습니다. 이제 제가 살펴보건대, 지방 토호들이 늘 공무를 빙자하여 백성들을 침해하며 포악하게 굴어, 백성들이 명령을 견뎌내지 못합니다. 외관을 두시기 바랍니다.

① 서경 천도를 추진하였다.
② 5도 양계의 지방 제도를 확립하였다.
③ 지방 교육을 위해 경학박사를 파견하였다.
④ 유교 이념과는 별도로 연등회, 팔관회 행사를 장려하였다.

> ✔해설 제시문은 최승로의 시무 28조로 이 건의를 받아들인 왕은 고려 성종이다. 지방 교육을 위해 12목에 경학박사를 파견한 것은 고려 성종이 실시한 정책이다.
> ① 정종의 정책이다.
> ② 현종의 정책이다.
> ④ 태조의 정책이다.

11 다음과 같이 주장한 붕당에 대한 설명으로 옳은 것은?

> 기해년의 일은 생각할수록 망극합니다. 그때 저들이 효종 대왕을 서자처럼 여겨 대왕대비의 상복을 기년복(1년 상복)으로 낮추어 입도록 하자고 청했으니, 지금이라도 잘못된 일은 바로잡아야 하지 않겠습니까?

① 인조반정으로 몰락하였다.
② 기사환국으로 다시 집권하였다.
③ 경신환국을 통해 정국을 주도하였다.
④ 정제두 등이 양명학을 본격적으로 수용하였다.

> ✔해설 제시문은 조선 현종 때 인선왕후 장씨가 사망하자 자의대비의 복제문제를 두고 일어난 논쟁, 갑인예송에서 남인들이 주장한 내용이다. 남인들은 기사환국으로 서인을 대거 숙청하고 다시 집권하였다.
> ① 북인의 주장이다.
> ③ 서인의 주장이다.
> ④ 소론의 주장이다.

12 다음 정책을 시행한 왕에 대한 설명으로 옳은 것은?

> • 「속대전(續大典)」을 편찬하여 법령을 정비하였다.
> • 사형수에 대한 삼복법(三覆法)을 엄격하게 시행하였다.
> • 신문고 제도를 부활시켜 백성들의 억울함을 풀어주고자 하였다.

① 신해통공을 단행해 상업 활동의 자유를 확대하였다.
② 삼정이정청을 설치해 농민의 불만을 해결하려 하였다.
③ 붕당의 폐단을 제거하기 위해 서원을 대폭 정리하였다.
④ 환곡제를 면민이 공동출자하여 운영하는 사창제로 전환하였다.

✔해설 속대전…1746년(영조 22)에 「경국대전」 시행 이후에 공포된 법령 중에서 시행할 법령만을 추려서 편찬한 통일 법전이다. 영조는 통치의 기틀을 마련하여 왕권을 강화하기 위해 「속대전」을 편찬하였다. 조선 전기 대명률에 따르던 것에서 벗어나 우리 실정에 맞는 새로운 형률을 증설하고 형량도 가볍게 하였다.
① 정조의 정책이다.
② 철종의 정책이다.
④ 흥선대원군의 정책이다.

13 다음 보기의 (가), (나)에 들어갈 말로 가장 옳게 연결한 것은?

> 조선 전기에 실시되던 (가) 체제는 많은 외적의 침입에 효과가 없었다. 이에 16세기 후반에 이르러 (나) 체제가 수립되었으나 임진왜란 중에 큰 효과를 거두지 못하자 (가) 체제를 복구하였다.

> ㉠ 유사시에 필요한 방어처에 각 지역의 병력을 동원하여 중앙에서 파견되는 장수가 지휘하는 방어 체제
> ㉡ 좌군, 우군, 초군으로 구성되어 진에 주둔하여 국경 수비를 전담하는 체제
> ㉢ 위로는 양반부터 아래로는 노비에 이르기까지 편제되어, 평상시에는 생업에 종사하면서 향촌사회를 지키다가 적이 침입해 오면 전투에 동원되는 체제
> ㉣ 지역단위의 방위체제로 각 도에 한 두 개의 병영을 두어 병사가 관할지역 군대를 장악하고, 병영 밑에 몇 개의 거진(巨鎭)을 설치하여 거진(巨鎭)의 수령이 그 지역 군대를 통제하는 체제

	(가)	(나)		(가)	(나)
①	㉠	㉡	②	㉠	㉣
③	㉢	㉠	④	㉣	㉠

✔해설 제시문은 조선 시대의 지역방어체제 변화에 대한 설명이다. (가)는 조선 세조 때 확립된 진관체제, (나)는 조선 중기에 개편된 제승방략체제이다.

ⓒ 제승방략체제에 대한 설명이다.

ⓒ 고려 시대의 변방인 양계에 배치된 주진군이다.

ⓒ 조선 시대에 조직된 예비군의 성격을 지닌 잡색군이다.

ⓒ 진관체제에 대한 설명이다.

14 다음은 17세기에 발생한 사건들이다. 시대순으로 옳게 나열한 것은?

ⓐ 병자호란   ⓑ 인조반정
ⓒ 정묘호란   ⓓ 이괄의 난
ⓔ 나선 정벌

---

① ⓑ - ⓒ - ⓐ - ⓓ - ⓔ

② ⓑ - ⓓ - ⓒ - ⓐ - ⓔ

③ ⓑ - ⓐ - ⓒ - ⓔ - ⓓ

④ ⓑ - ⓒ - ⓓ - ⓐ - ⓔ

✔해설 ⓑ 인조반정(1623) : 광해군의 중립외교와 폐모살제사건을 계기로 서인이 주도한 반정으로 인조가 즉위하였다.

ⓓ 이괄의 난(1624) : 이괄은 인조반정 이후 논공행상에 불만을 품고 평안도 북부에서 난을 일으켰으나 평정되었다.

ⓒ 정묘호란(1627) : 후금은 서인정권의 진명배금 정책과 이괄의 난 등을 구실로 황해도 황주까지 침입하였다.

ⓐ 병자호란(1637) : 군신관계를 요구하며 청의 태종은 10만 명의 군대를 동원하여 다시 쳐들어 왔다.

ⓔ 나선정벌(1654 · 1658) : 효종 때 청의 요청으로 두 차례에 걸쳐 조총부대를 투입하여 러시아 세력을 격퇴하였다.

15 다음 자료에서 언급하는 조선 중기의 정치세력에 대한 설명으로 옳은 것을 모두 고르면?

> • 현량과를 실시하여 인물 중심으로 관리를 등용하였다.
> • 불교나 도교와 관련된 종교행사를 폐지하고 공납의 폐단을 시정하고자 하였다.
> • 소학교육을 장려하고 향약을 전국적으로 시행하여 성리학적인 윤리와 향촌자치를 강화하고자 하였다.

> ㉠ 조선 초기 문물제도의 정비에 기여하였다.
> ㉡ 3사에서 언론과 문한직을 담당하였다.
> ㉢ 도덕과 의리를 바탕으로 한 왕도정치를 추구하였다.
> ㉣ 관학파의 학풍을 계승하고 중앙집권체제를 강조하였다.

① ㉠㉡   ② ㉠㉣
③ ㉡㉢   ④ ㉢㉣

✅**해설** 제시문은 조선 중종 때의 조광조가 시행한 정책이다. 그는 왕도주의 유교 정치 실현을 위해 유교 이외의 사상을 철저히 배격하고 당시 집권층이었던 훈구세력을 견제하기 위해 사림의 중앙 진출을 유도하였다. 그 일환으로 시행된 것이 현량과와 지방에서의 서원 및 향약의 보급이다. 하지만 급진적 정책으로 인하여 훈구 세력뿐만 아니라 왕에게도 의심을 사게 되어 기묘사화(己卯士禍)를 일으키는 장본인이 되기도 하였다.
㉠㉣ 조선 전기의 지배세력인 훈구파에 관련된 설명이다.

16 다음 자료가 설명하는 기구는?

> 굶주림에 시달린 이들은 인육을 먹기도 하고, 외방 곳곳에서는 도적들이 일어났다. 이때 주상께서 군사를 훈련시키라 명하시고, 나를 도제조(都提調)로 삼으셨다. "… 한 사람당 하루에 2되씩 준다 하여 모집하면 응하는 이가 모여 들 것입니다." … 얼마 안되어 수천명을 얻어 조총 쏘는 법과 창칼 쓰는 기술을 가르치고, … 당번을 정하여 궁중을 숙직하게 하고, 국왕 행차가 있을 때 이들로써 호위하게 하니 민심이 점점 안정되었다.
>
> – 유성룡 「서애집」 –

① 포도청   ② 훈련별대
③ 훈련도감   ④ 장용영

훈련도감 … 임진왜란 중에 왜군의 조총에 대항하고자 기존의 활과 창으로 무장한 부대 외에 조총으로 무장한 부대를 만들어 5,000여 명 규모의 포수·살수·사수의 삼수병으로 편제되었다.

① 포도청 : 조선 시대 한성부와 경기도의 방범·치안을 관장하였다.

② 훈련별대 : 헌종 때 군비 증강을 위해 창설하였다.

④ 장용영 : 정조 때 친위부대로 왕권강화를 위해 설치되어 한양과 화성에 각각 설치하였다.

17 다음 자료의 ㈎에 대한 설명으로 옳은 것은?

> 「미수기언」에 이르기를 "삼척에 매향안(埋香岸)이 있는데, '충선왕 2년(1310)에 향나무 2백 50그루를 묻었다.'고 하였다. … 여기에서 ㈎ 라는 이름이 시작되었는데, 후에 이들이 상여를 메었다."고 하였다. … 이들이 모일 때 승려와 속인이 마구 섞여 무리를 이루었다고 하니 ㈎ 의 시초는 불교로부터 이루어진 것이다.
>
> — 「성호사설」 —

> ㉠ 이들은 수선사 결사 운동을 전개하였다.
>
> ㉡ 향촌의 풍속 교화를 위해 향안을 작성하였다.
>
> ㉢ 불상·석탑 건립과 같은 불사(佛事)에 주도적으로 참여하였다.
>
> ㉣ 향음주례를 주관하여 결속을 강화하였다.
>
> ㉤ 이 조직에서 상여를 메는 사람인 상두꾼이 유래하였다.

① ㉠㉢   ② ㉡㉣

③ ㉢㉣   ④ ㉢㉤

제시문의 ㈎는 향도로 이들은 단순히 매향만을 하는 것이 아니라 대규모 인력이 동원되는 불상, 석탑을 만들거나 절을 지을 때에 주도적인 역할을 담당하였다. 후기에 이르러 점차 신앙적인 향도에서 자신들의 이익을 위하여 조직되는 향도로 변도되어 마을 노역, 혼례와 상·장례, 민속 신앙과 관련된 마을 제사 등 공동체 생활을 주도하는 농민조직으로 발전하였다.

㉠ 고려 후기 지눌이 주도한 선종 계통의 승려이다.

㉡㉣ 조선 시대 사림의 활동이다.

18 다음 비문(卑文)을 세운 조선 후기 왕(王)의 활동에 대한 설명 중 가장 적절하지 않은 것은?

> 두루 하면서 무리 짓지 않는 것이 곧 군자의 공심이고
> 무리 짓고 두루 하지 않는 것은 바로 소인의 사심이다.
> (周而不比 乃君子之公心   比而不周 寔小人之私心)

① 전국적인 지리지와 지도의 편찬을 활발하게 추진하여 여지도서, 동국여지도 등이 간행되었다.
② 당파의 옳고 그름을 명백히 가리는 적극적인 준론 탕평(峻論 蕩平)정책을 추진하였다.
③ 양역의 군포를 1필로 통일하는 균역법을 시행하였고, 수성윤음을 반포하여 수도방어체제를 개편하였다.
④ 국가의 문물제도를 시의에 맞게 재정비하려는 목적으로 속대전, 속오례의, 속병장도설 등 많은 편찬사업을 이룩하였다.

> ✔해설 제시문은 「예기」의 구절 일부로 탕평비에 인용되었다. 영조는 붕당 사이의 균형관계를 조성할 수 있는 힘은 왕권에 있다고 보고 탕평책을 추진하였다. 영조 때의 탕평은 왕실·외척과 결탁한 특권 세력의 존재를 용인하는 이른바 완론탕평을 실시하였다. 반면 정조 때의 탕평은 특권 정치 세력을 배척하고, 성리학적 질서의 기본 요소인 의리·공론·청요직 등을 활성화하여 실력을 중시하는 준론 탕평을 실시하였다.

19 다음에서 설명하는 직책으로 인하여 발생한 사실은?

> 무릇 내외의 관원을 선발하는 것은 3공에게 있지 않고 오로지 이조에 속하였다. 또한 이조의 권한이 무거워질 것을 염려하여 3사 관원의 선발은 판서에게 돌리지 않고 낭관에게 오로지 맡겼다. … 3공과 6경의 벼슬이 비록 높고 크나 조금이라도 마음에 차지 않는 일이 있으면 전랑이 3사의 신하들로 하여금 논박하게 하였다. … 이 때문에 전랑의 권한이 3공과 견줄만 하였다.
>
> — 택리지 —

① 사림세력을 동인과 서인으로 분화시키는 계기를 제공하였다.
② 이로 인하여 서인과 남인간의 예송논쟁이 활발히 전개되었다.
③ 서인세력이 노론과 소론 세력으로 나뉘는 계기가 되었다.
④ 서인과 남인에게 인조반정의 원인을 제공해주기도 하였다.

> ✔해설 이조전랑직 … 비록 품계는 낮지만 후임 관리를 추천할 수 있는 권리를 가지고 있다. 이후 중요한 요직에 가기 위한 필수직으로 인식되었기 때문에 이 직책을 차지하고자 기존의 사림 세력이 동인과 서인으로 분파되는 계기가 되었다.
> ② 서인과 남인의 예송논쟁은 효종과 효종비의 복식문제 때문에 발생한 것이다.
> ③ 서인이 노론과 소론으로 나뉘어진 것은 남인세력의 처벌 문제 때문이다.
> ④ 서인과 남인의 인조반정의 계기가 된 것은 광해군의 폐모살제와 북인정권 때문이다.

20 다음 중 조선 후기 조세제도에 대한 설명으로 가장 적절하지 않은 것은?

① 대동법은 집집마다 부과하여 토산물을 징수하던 공물 납부 방식을 토지의 결수에 따라 쌀, 삼베나 무명, 동전 등으로 납부하게 하는 제도였다.

② 대동법은 경기도에 시험적으로 시행되고 이어서 점차 전국으로 확대되었다.

③ 인조 때에 풍년이나 흉년에 따라 전세를 조절하는 영정법을 시행하였다.

④ 균역법의 시행으로 감소된 재정은 지주에게 결작이라 하여 토지 1결당 미곡 2두를 부담시켰다.

> **✔해설** 영정법은 풍흉에 관계없이 1결당 4두로 고정시켜 징수하는 것으로 인조(1635) 때에 시행되었다.

21 다음 글을 쓴 사람에 관한 설명 중 가장 옳은 것은?

> 산과 강을 지세 기준으로 구역을 획정하여 경계로 삼고, 그 경계선 안에 포괄되어 있는 지역을 1여로 한다. 여(閭) 셋을 합쳐서 이(里)라 하고 이 다섯을 합쳐서 방(坊)이라 하고 방 다섯을 합쳐서 읍(邑)이라 한다. 1여에는 여장(閭長)을 두며 무릇 1여의 토지는 1여의 인민이 공동으로 경작하도록 하고, 내 땅 네 땅의 구별을 없이 하며 오직 여장의 명령에만 따른다.

① 18년간 유배생활을 하면서 경세유표를 썼다.

② 농촌사회의 현실을 스스로 체험하면서 반계수록을 썼다.

③ 노동하지 않은 양반유학자를 비판하면서 열하일기를 썼다.

④ 토지소유의 상한선을 정하여 겸병 방지를 주장하고 곽우록을 썼다.

> **✔해설** 제시문은 정약용의 「여유당전서」에 나오는 여전론이다.
> ② 반계 유형원이 저술하였다.
> ③ 연암 박지원이 저술하였다.
> ④ 성호 이익이 저술하였다.

22 다음 설명의 밑줄 친 '그'가 집권하여 개혁을 펼치던 시기에 발생한 역사적 사실을 모두 고른 것은?

> 그는 "백성을 해치는 자는 공자가 다시 살아난다 해도 내가 용서하지 않을 것이다"는 단호한 결의로 47개소만 남기고 대부분의 서원을 철폐하였다.

㉠ 갑신정변	㉡ 신미양요
㉢ 임술 농민 봉기	㉣ 제너럴셔먼호 사건
㉤ 오페르트 도굴 사건	

① ㉠㉡㉤ ② ㉠㉢㉣

③ ㉡㉣㉤ ④ ㉢㉣㉤

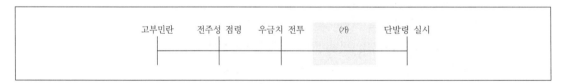 제시문은 서원 철폐를 단행한 흥선대원군의 개혁조치이다. 흥선대원군이 개혁을 펼치던 시기에 미국 상선 제너럴셔먼호가 평양에서 소각되는 사건을 계기로 신미양요(1871)가 벌어졌다. 또한 두 차례에 걸쳐 통상요구를 거부한 독일 상인 오페르트가 남연군의 묘를 도굴하려다 실패한 오페르트 도굴사건(1868)이 있었다.
㉠ 갑신정변(1884) : 우정국 개국 축하연을 이용하여 김옥균, 박영호, 서재필 등의 급진 개화파들이 거사를 일으킨 것으로 삼일 만에 실패로 끝나게 되었다.
㉢ 임술 농민 봉기(1862) : 경상도 단성에서 시작된 진주 민란(백건당의 난)을 계기로 북쪽의 함흥으로부터 남쪽의 제주까지 전국적으로 확대된 것이다.

23 다음 (가) 시기에 해당하는 내용으로 옳지 않은 것은?

고부민란	전주성 점령	우금치 전투	(가)	단발령 실시

① 지조법 개혁안이 제시되었다.

② 개혁기구로 군국기무처가 설치되었다.

③ 독립신문이 발행되고 독립문이 건립되었다.

④ 지방관 권한이 축소되고 재판소가 설치되었다.

✔ 해설 제시문은 고부민란(1894)으로부터 시작된 동학농민운동의 과정과 을미개혁(1895. 단발령 실시)까지의 과정이다. 고부민란은 고부군수 조병갑의 탐학에 대한 반발로 시작하여 이후 동학농민군은 황토현 전투 등을 거치며 전주성을 점령하였다. 당시 조정에서는 청나라에 군대를 요청했고 텐진조약에 근거하여 청일 양국 군이 공동 출병하였다. 하지만 전주화약(집강소 설치)이 체결되면서 조정은 청일 양국 군대의 철병을 요청했으나 일본이 이를 어기고 경복궁을 무단 점령하고 군국기무처를 설치하여 개혁을 단행하였다. 이에 동학농민군은 서울 진격을 하는 과정에서 일본군과의 우금치 전투에서 패배하게 된다. 이후 일본은 김홍집, 박영효 연립 내각을 구성해 2차 갑오개혁을 추진하고, 1895년에는 을미개혁을 단행하였다.
① 지조법 개혁은 급진개화파가 주도한 갑신정변 '14개조 개혁정강'중 하나이다.
② 군국기무처는 갑오 1차 개혁(1894. 6)을 주도한 기구이고, 우금치 전투(1894. 7)보다 앞서 설치되었다.
③ 독립신문 발행과 독립문 건립은 독립협회(1896)가 주도하였다.

24 다음은 어느 인물에 대한 설명이다. '그'와 관련이 있는 활동으로 가장 적절한 것은?

> 그는 경상도 밀양 출생으로 1919년 만주 길림에서 다른 12명의 동지와 함께 의열단을 결성하였다. 곧 의열단은 국내에 대규모로 폭탄을 들여와 일본 관공서를 폭파하려고 하였으며, 침략에 앞장선 일본 군인들에 대한 저격에 나섰다. 해방 후 남한 단독정부 수립에 반대하여 월북한 후 요직을 맡았다가 연안파로 몰려 숙청을 당하였다.

① 북만주의 쌍성보 전투 등에서 일본군을 격퇴하였다.
② 한인애국단을 조직하여 적극적인 의열 투쟁을 전개하였다.
③ 조선민족혁명당이 이끄는 조선의용대의 일부가 한국광복군에 합류하였다.
④ 삼균주의 이론을 주창, 대한민국 임시정부의 기본이념과 정책노선으로 채택되었다.

✔ 해설 제시문에서 설명하는 인물은 약산 김원봉이다.
① 지청천이 지휘하는 한국독립군은 북만주 쌍성보 전투에서 승리를 거두었다.
② 한인애국단은 김구가 침체된 대한민국임시정부에 활력을 불어넣기 위해 결성하였다.
④ 삼균주의 이론은 조소앙이 1930년대 초에 내세운 정치노선으로, 자본주의와 사회주의를 적절히 배합하되 평등에 보다 역점을 두었다.

Answer 22.③ 23.④ 24.③

25 다음 중 일제강점기에 활동한 역사가와 그 업적이 가장 적절하게 짝지어진 것은?

① 신채호 : 1915년 근대적 역사인식에 입각한 최초의 한국근대사로 평가되는 한국통사(韓國痛史)를 저술
② 박은식 : 조선상고사(朝鮮上古史)에서 역사는 "인류사회의 아(我)와 비아(非我)의 투쟁"이라고 주장
③ 백남운 : 한국사의 발전법칙성을 추구하는 사회경제사학을 통해 식민사학의 정체성론(停滯性論)을 비판
④ 정인보 : "국가는 멸할 수 있어도 역사는 멸할 수 없다."고 하면서 역사를 국혼(國魂)과 국백(國魄)의 기록이라 주장

> ✔ **해설** 백남운은 「조선사회경제사」, 「조선봉건사회경제사 상」 등을 저술하였으며 사회경제학자로서 식민사학을 비판하였다.
> ①④ 박은식에 해당되는 설명이다.
> ② 신채호에 해당되는 설명이다.

26 다음 설명 중 옳은 것은?

> (가) 일본을 상대로 무장 투쟁을 벌인다는 것은 공연한 힘의 낭비입니다. 우리는 일본을 압박 할 수 있는 강대국을 상대로 일제의 부당성과 우리의 독립열망을 전하여 독립을 얻어내야 합니다.
> (나) 강도 일본이 정치·경제의 양방면으로 억압해 올 때 무엇으로 실업을 발전시키고 교육을 진흥시킬 수 있습니까? 무장투쟁만이 독립을 쟁취할 수 있습니다.

① (가)는 독립청원운동으로 임시정부정책의 기본방향이 되었다.
② (가)는 임시정부 창조파의 주장이다.
③ (나)는 조선의 절대 독립을 주장하였다.
④ (나)는 민족개조와 실력양성을 주장하였다.

> ✔ **해설** (가)는 이승만을 중심으로 하는 외교독립론으로 열강에게 부탁하여 일본을 몰아내고자 한 독립청원운동이다. 외교독립론으로 인해 임시정부 내부에서 개조파와 창조파가 갈라지게 되었다. (나)는 이동휘를 중심으로 하는 독립전쟁론, 무장투쟁론으로 외교 독립론을 비판하고 무장투쟁을 통해 독립을 쟁취해야 한다고 주장하였다.
> ① 독립청원운동이외에도 무장투쟁론, 준비론 등의 주장으로 인하여 임시정부의 분열이 발생하였다.
> ② 임시정부가 분열되자 새로운 독립 추진기구를 만들자고 주장한 것이 창조파이다.
> ④ 타협적민족주의에 대한 설명이다.

27 다음은 한국의 광복 이후에 대한 회의 결정문이다. 이에 관한 내용으로 가장 적절한 것은?

> 1. 조선을 독립국가로 재건설하며 조선을 민주주의적 원칙하에 발전시키기 위한 조건을 조성하고 …
>   임시 조선 민주주의 정부를 수립할 것이다.
> 2. 조선 임시정부의 구성을 원조할 목적으로 … 남조선 미합중국 관구와 북조선 소연방국 관구의 대표
>   자들로 공동위원회가 설치될 것이다. 그 제안을 작성하는 데 있어 공동위원회는 조선의 민주주의
>   정당 및 사회단체와 협의해야 한다.
> 3. 공동위원회의 제안은 최고 5년 기한으로 4개국 신탁통치를 협약하기 위하여 미국 · 영국 · 중국 · 소
>   련 여러 나라 정부가 공동 참작할 수 있도록 조선 임시정부와 협의한 후 제출되어야 한다.
> 4. 남 · 북 조선에 관련된 긴급한 제문제를 고려하기 위하여 … 2주일 이내에 조선에 주둔하는 미국, 소
>   련 양군 사령부 대표로서 회의를 소집할 것이다.

① 미국의 트루먼 대통령, 영국의 처칠 수상, 소련의 스탈린 등 3개국 정상들이 참석하였다.
② 이 회의에서 미 · 소 양국은 2항을 결정하는 과정에서 협의의 대상인 정당 및 사회단체 선정 문제를 놓
   고 진통을 겪었다.
③ 이 소식을 접한 김구, 이승만 등의 우익 세력은 즉각적으로 대대적인 신탁반대운동에 나섰다.
④ 미국과 소련은 회의 결정 안을 실천하기 위하여 미 · 소 공동위원회를 3차례에 걸쳐 실시하였다.

> ✔**해설** 제시문은 모스크바 3상회의 내용이다. 모스크바 3국 외상회의 결정 이후 민족주의 진영은 반탁운동을
> 전개하였다.
> ① 미국, 영국, 소련의 외상(= 외무부 장관)들이 대표로 참석하였다.
> ② 모스크바 3국 외상회의 이전이 아닌, 결정 이후 남한 내에서 민족주의 진영은 반탁운동을, 공산주의 진
>   영은 찬탁운동을 전개함으로써 좌우대립이 치열해졌다.
> ④ 1946년 3월과 1947년 5월 두 차례에 걸쳐 서울의 덕수궁에서 미 · 소 공동회담이 개최되었다.

28 다음에서 설명하는 정부와 관련이 없는 것은?

> 이 정부는 '조국 근대화'의 실현을 가장 중요한 국정 목표로 삼아 경제성장에 모든 힘을 쏟는 경제제일주의 정책을 펼쳤다. 이로써 수출이 늘어나고 경제도 빠르게 성장함으로써 절대 빈곤의 상태에서 어느 정도 벗어날 수 있었다. 그러나 경제개발에 필요한 자본의 대부분은 외국에서 빌려온 것이었고, 개발을 효율적으로 추진한다는 구실로 국민의 자유를 억압하여 민주주의 발전을 저해하였다.

① 한·일 협정   ② 남북적십자회담
③ 한·중 수교   ④ 유신헌법제정

> ✔해설 제5공화국(1963 ~ 1979)에 해당하는 박정희 정권에 대한 설명이다. 중국과 국교가 수립된 것을 1992년 노태우 정권 때이다.
> ① 1961년부터 진행되었으며 1965년 6월에 한·일 기본조약 및 제협정이 조인되었으며 그 해 8월 국회에서 통과되었다.
> ② 1971년 대한적십자사에서 남북한 이산가족 찾기를 위한 남북적십자회담을 북한의 조선적십자회에 제의하였으며, 북한의 동의에 의해 회담이 진행되었다.
> ④ 유신헌법은 7차 개정된 헌법으로 1972년 10월에 개헌안이 공고되었으며 11월에 국민투표를 거쳐12월 27일에 공포·시행되었다.

29 다음은 통일을 위한 노력과 관련된 자료이다. 이와 같은 내용을 명문화한 문서로 옳은 것은?

> • 통일은 외세에 의존하거나 외세의 간섭을 받음이 없이 자주적으로 해결하여야 한다.
> • 통일은 서로 상대방을 반대하는 무력행사에 의거하지 않고 평화적인 방법으로 실현하여야 한다.
> • 사상과 이념, 제도의 차이를 초월하여 우선 하나의 민족으로서 민족적 대단결을 도모하여야 한다.

① 6·15 남북 공동 선언
② 7·4 남북 공동 성명
③ 한민족 공동체 통일 방안
④ 민족 화합 민주 통일 방안

> ✔해설 ① 6·15 남북 공동 선언 : 2000년 6월 15일 남북 정상이 회담을 갖고 채택한 공동성명으로 민족의 통일을 위한 원칙을 밝혔다.
> ③ 한민족 공동체 통일 방안 : 1989년 9월 11일 대통령 국회연설을 통해 발표된 노태우 정권의 통일방안이다.
> ④ 민족 화합 민주 통일 방안 : 1982년 1월 22일 대통령 전두환이 국정연설에서 발표한 통일방안이다.

30 다음에 제시된 사건을 연대순으로 바르게 배열한 것은?

㉠ 사사오입 개헌		㉡ 발췌개헌
㉢ 거창사건		㉣ 진보당 사건
㉤ 2·4파동		

① ㉡ － ㉠ － ㉣ － ㉤ － ㉢

② ㉡ － ㉣ － ㉢ － ㉤ － ㉠

③ ㉢ － ㉡ － ㉠ － ㉣ － ㉤

④ ㉣ － ㉠ － ㉡ － ㉢ － ㉤

✔해설 ㉢ 거창사건(1951, 2) : 6·25 전쟁 중이던 1951년 2월 경상남도 거창군 신원면 일대에서 일어난 양민 대량 학살사건이다.

㉡ 발췌개헌(1952, 7) : 이승만 대통령이 자유당 창당 후 재선을 위해 직선제로 헌법을 고쳐 강압적으로 통과시킨 개헌안이다.

㉠ 사사오입 개헌(1954, 11) : 이승만 정권 시절, 헌법 상 대통령이 3선을 할 수 없는 제한을 철폐하기 위해, 당시의 집권당인 자유당이 사사오입의 논리를 적용시켜 정족수 미달의 헌법개정안을 불법 통과한 것이다.

㉣ 진보당 사건(1958, 1) : 조봉암을 비롯한 진보당의 전간부가 북한의 간첩과 내통하고 북한의 통일방안을 주장했다는 혐의로 구속 기소된 사건이다.

㉤ 2·4파동(1958, 12) : 국회에서 경위권 발동 속에 여당 단독으로 신국가보안법을 통과시킨 사건이다.

1 출구조사에 있어, 여론조사 결과 우세한 것으로 나타난 후보나 정당의 지지도가 상승하는 것을 나타내는 말은?

① 언더독 효과

② 밴드왜건 효과

③ 데킬라 효과

④ 스티그마 효과

> ✔ 해설 밴드왜건 효과 ··· 정치학에서는 소위 말하는 대세론으로 후보자가 일정 수준 이상의 지지율을 얻으면 그 후보를 따라가게 되는데 이를 밴드왜건 효과라고 한다. 경제학에서는 대중적으로 유행하는 상품을 따라서 소비하는 성향을 일컫는다.
> ① 언더독 효과 : 여론조사 결과 열세에 있는 후보를 지지하는 현상을 말한다.
> ② 데킬라 효과 : 1995년에 발생한 멕시코의 금융위기가 다른 중남미 국가에 미친 파급효과를 지칭한다.
> ③ 스티그마 효과 : 부정적으로 낙인찍히면 점점 더 나쁜 행태를 보이고, 부정적인 인식이 지속되는 현상으로 낙인 효과라고도 한다.

2 미국 대통령이었던 리처드 닉슨은 소련이나 제3세계에 자신을 비이성적이고 예측 불가능한 인물로 인식시켰으며 언제든 핵전쟁을 일으킬 수도 있다는 공포감을 조성해 전쟁 도발을 억제했다는 이론은?

① 미치광이 이론

② 통찰 이론

③ 상황 이론

④ 엘리트 이론

> ✔ 해설 미치광이 이론 ··· 자신을 미치광이로 인식시켜 협상을 유리하게 이끄는 전략을 의미하며, 미국 대통령이었던 리처드 닉슨의 외교정책으로 유래되었다.
> ② 통찰 이론 : 학습은 문제에 대한 통찰에 의해 이루어진다는 형태심리학의 이론이다.
> ③ 상황 이론 : 구체적 상황에 따른 효과적인 조직구조나 관리방법을 찾는 연구방법을 말한다.
> ④ 엘리트 이론 : 국가뿐만 아니라 사회조직에서도 정책과정에 참여하는 세력은 소수로 국한되며 이들에 의해 정책이 좌우된다는 이론이다.

3 선거를 도와주고 그 대가를 받거나 이권을 얻는 행위를 일컫는 용어는?

① 매니페스토(Manifesto)

② 로그롤링(Logrolling)

③ 게리맨더링(Gerrymandering)

④ 플레비사이트(Plebiscite)

> ✔ 해설 **로그롤링(Logrolling)** … 서로 협력하여 통나무를 모으거나 강물에 굴려 넣는 놀이에서 비롯되었다.
> ① 매니페스토(Manifesto) : 선거 시에 목표와 이행 가능성, 예산확보의 근거를 구체적으로 제시한 유권자에 대한 공약을 말한다.
> ③ 게리맨더링(Gerrymandering) : 선거구를 특정 정당이나 후보자에게 유리하게 인위적으로 획정하는 것을 말한다.
> ④ 플레비사이트(Plebiscite) : 직접민주주의의 한 형태로 국민이 국가의 의사결정에 국민투표로 참여하는 제도이다.

4 주가지수선물, 주가지수옵션, 개별주식옵션의 만기가 동시에 겹치는 날로써 3개의 주식파생상품의 만기가 겹쳐 어떤 변화가 일어날지 아무도 예측할 수 없어 혼란스럽다는 의미로부터 파생된 것을 무엇이라고 하는가?

① 소비자 기대지수

② 트리플 위칭 데이

③ 사이드 카

④ 서킷 브레이커

> ✔ 해설 **트리플 위칭 데이** … 현물시장의 주가가 다른 날보다 출렁일 가능성이 상존하는데 이를 가리켜 만기일 효과라고도 한다. 결제일이 다가오면 현물과 연계된 선물거래에서 이익을 실현하기 위해 주식을 팔거나 사는 물량이 급변하거나 주가가 이상 폭등락하는 현상이 나타날 가능성이 크다.
> ① 소비자 기대지수 : 지금으로부터 6개월 후의 소비자 동향을 나타내는 지수이다.
> ③ 사이드 카 : 현물시장을 안정적으로 운용하기 위해 도입한 프로그램 매매호가 관리제도이다.
> ④ 서킷 브레이커 : 주가가 갑자기 큰 폭으로 변화할 경우 시장에 미치는 충격을 완화시키기 위해 주식매매를 일시 정지하는 제도이다.

Answer 1.② 2.① 3.② 4.②

5 하나의 물건을 갖게 되면 그것에 어울리는 다른 물건들을 계속 구매하게 되는 현상은?

① 디드로 효과

② 캘린더 효과

③ 채찍 효과

④ 쿠퍼 효과

> ✔**해설** ② 캘린더 효과 : 일정 시기에 증시가 등락하는 현상이다.
> ③ 채찍 효과 : 수요정보가 전달될 때마다 왜곡되는 현상이다.
> ④ 쿠퍼 효과 : 금융정책 효과의 시기가 다르게 나타나는 현상이다.

6 다음이 설명하는 것으로 옳은 것은?

> 발전소나 송전소, 변전소 등의 고장이나 전력 과부하로 특정 지역에서 대규모로 정전이 일어나는 현상

① 블랙아웃

② 토털 블랙아웃

③ 롤링 블랙아웃

④ 화이트아웃

> ✔**해설** ② 토털 블랙아웃 : 전국 규모로 완전히 정전이 되는 상태를 말한다.
> ③ 롤링 블랙아웃 : 토털 블랙아웃을 막기 위해 지역별로 돌아가며 전력을 차단시키는 것을 말한다.
> ④ 화이트아웃 : 극지방에 눈이 많이 내려 모든 것이 하얗게 보이면서 시야를 상실하고 원근감이 없어지는 상태를 말한다.

7 일상적으로 일어나는 고유한 사실이나 문제임에도 평소에 잘 느끼지 못하다가 미디어에 의해 순식간에 부각되는 현상은?

① 베르테르 효과

② 매스미디어 효과

③ 루핑 효과

④ 샤워 효과

> ✔**해설** 루핑 효과(Looping Effect) … 사람들이 평소 관심을 보이지 않던 특정 사실이 매스컴을 통해 보도되면서 관심이 집중되고 새로운 사실로 받아들이며 그에 대해 영향을 받고 확대되는 현상을 나타내는 용어이다.
> ① 베르테르 효과 : 유명인이 자살할 경우 그 여파로 사회의 자살률이 증가하는 현상을 말한다.
> ② 매스미디어 효과 : 매스커뮤니케이션이 끼치는 효과의 크기에 관한 이론을 말한다.
> ④ 샤워 효과 : 백화점 등 최고층에 소비자를 유인하여 아래층 매장까지 매출을 상승하게 하는 효과를 말한다.

8 벨기에에서 큰 효과를 거뒀던 혁신적 청년 실업 대책으로, 종업원 50명 이상인 기업에서는 고용인원의 3%에 해당하는 청년노동자를 의무적으로 채용하도록 하는 청년실업대책 제도는 무엇인가?

① 마셜 플랜 ② 로제타 플랜
③ 그랜드 바겐 ④ 몰로토프 플랜

✔해설 로제타 플랜 … 벨기에에서 큰 성공을 거뒀던 혁신적 청년 실업대책을 말한다. 1998년 벨기에 정부는 신규 졸업자의 50%에 이르는 심각한 청년실업사태가 발생하자, 종업원 25명 이상을 거느린 기업을 대상으로 1년 동안 1명 이상의 청년실업자를 의무적으로 고용하도록 하였다.
① 마셜 플랜 : 미국이 서유럽 16개국에 실시한 대외원조계획이다.
③ 그랜드 바겐 : 북한이 핵 폐기 조치에 나서면 그에 상응하는 지원을 하겠다는 일종의 빅딜 개념이다.
④ 몰로토프플랜 : 제2차 세계대전 이후 동유럽의 부흥계획을 말한다.

9 업무 시간에 주식, 게임 등 업무 이외의 용도로 인터넷을 이용하는 것을 무엇이라 하는가?

① 싱커즈족 ② 사이버슬래킹
③ 쿼터리즘 ④ 시피족

✔해설 사이버슬래킹 … 인터넷을 업무에 활용하는 것이 보편화되면서 업무 이외의 용도로 사용하는 사례가 증가하고 있다. 사이버슬래킹은 업무 시간에 인터넷과 E - 메일 등 업무를 위해 설치한 정보인프라를 개인적 용도로 이용하면서 업무를 등한시하는 행위를 말한다. 특히 최근에는 멀티미디어 콘텐츠가 크게 증가하는 등 대용량 정보가 많아지면서 단순히 개인 업무 공백이 아닌 조직 전체에 차질을 주는 사태로 이어져 문제가 되고 있다.
① 싱커즈족 : 결혼 후 맞벌이를 하며 아이를 낳지 않고 일찍 정년퇴직해 노후를 즐기는 신계층
③ 쿼터리즘 : 인내심을 잃어버린 요즘 청소년들의 사고 · 행동양식을 지칭한다.
④ 시피족 : 지적 개성을 강조하고 심플 라이프를 추구하는 신세대 젊은이를 지칭한다.

10 방사성원소가 아닌 것은?

① 헬륨 ② 라듐
③ 토륨 ④ 우라늄

✔해설 방사성원소 … 방사능을 가지고 있어 방사선을 방출 · 붕괴하여 새로운 안정된 원소로 되는 원소로, 우라늄 · 라듐 · 악티늄 · 토륨 등이 있다.

Answer 5.① 6.① 7.③ 8.② 9.② 10.①

11 다음 (   ) 안에 들어갈 것을 순서대로 적으면?

> 천연가스를 그 주성분인 메탄의 끓는점 이하로 냉각하여 액화시킨 것을 (   )라 하고, 프로판이
> 나 부탄 등 탄화수소를 주성분으로 하는 가스를 액화한 것을 (   )라 한다.

① LNG, SNG   ② LPG, LNG

③ LNG, LPG   ④ SNG, LPG

> ✔해설 LNG와 LPG
> ㉠ LNG : 천연가스를 대량수송 및 저장하기 위해 그 주성분인 메탄의 끓는점 이하로 냉각하여 액화시킨
> 것이다.
> ㉡ LPG : 일반적으로 프로판가스로 통칭되며, 프로판이나 부탄 등 탄화수소물질을 주성분으로 액화시킨
> 것이다.

12 가벼운 원자핵이 서로 충돌·융합하여 보다 무거운 원자핵을 만드는 과정에서 에너지를 만드는 핵융합 현상
을 일으키는 원소는?

① 토륨   ② 라듐

③ 우라늄 235   ④ 중수소

> ✔해설 중수소(D 또는 2H)와 삼중수소(T 또는 3H)의 가벼운 원소가 일으킨다.
> ① 토륨 : 토륨은 악티늄 계열의 방사성 금속 원소이다.
> ② 라듐 : 은백색의 고체 금속이다.
> ③ 우라늄 235 : 우라늄의 방사성 동위 원소 중의 하나이다.

13 바이오에너지(Bioenergy)에 대한 설명으로 옳지 않은 것은?

① 바이오가스와 알콜연료로 나눌 수 있다.

② 기존의 에너지를 합성하여 얻어낸 에너지이다.

③ 생체에너지 또는 녹색에너지라고도 불린다.

④ 바이오매스(Biomass), 즉 양(量)의 생물체라고도 한다.

> ✔해설 바이오에너지(Bioenergy) … 석유나 석탄 등의 유한한 화학연료가 아닌 농작물·목재·축분 등 생물·
> 생체자원을 이용하여 연료로 사용하는 대체에너지이다.

14 다음 중 페트병의 뚜껑을 열고 뜨거운 물에 담갔을 때 생기는 변화에 대하여 바르게 예측한 것은?

① 페트병 내부의 공기 분자의 부피가 커진다.
② 페트병이 가라앉는다.
③ 페트병 내 공기 분자의 운동이 위축된다.
④ 페트병 내 공기의 총 질량은 그대로이다.

> ✔해설 질량은 불변의 성질을 갖는다.
> ① 공기 분자의 부피는 일정하다.
> ② 페트병이 위로 뜬다.
> ③ 공기 분자의 운동은 활발해진다.

15 첨단 기기에 익숙해진 현대인의 뇌에서 회백질 크기가 감소하여 현실에 무감각해지는 현상을 무엇이라고 하는가?

① 팝콘 브레인
② 디지털 치매
③ 필터 버블
④ 뉴럴링크

> ✔해설 ② 디지털 치매(Digital Dementia) : 디지털 기기에 의존하여 기억력이 감소하는 상태를 말한다.
> ③ 필터 버블(Filter Bubble) : 사용자에게 맞춤형 정보만을 제공하는 현상을 말한다.
> ④ 뉴럴링크(Neuralink) : 일론 머스크가 설립한 스타트업으로 뇌 삽입형 전극 등을 개발을 목표로 하고 있다.

16 다음 중 세계 환경의 날은 언제인가?

① 3월 22일
② 5월 8일
③ 6월 5일
④ 5월 31일

> ✔해설 세계 환경의 날 … 환경 보전을 위한 국제적 기념일로, 1972년에 국제 연합 환경 회의에서 6월 5일을 세계 환경의 날로 제정하였다.
> ① UN에서 지정한 세계 물의 날이다.
> ② 세계 난소암 연합(WOCD)에서 지정한 세계 난소암의 날이다.
> ④ 세계보건기구(WHO)에서 지정한 세계 금연의 날이다.

Answer 11.③ 12.④ 13.② 14.④ 15.① 16.③

17 시민들의 자발적인 모금이나 기부, 증여를 통해 보존가치가 있는 자연자원 및 문화자산을 보전 관리하는 시민환경운동을 뜻하는 용어는?

① 넵튠계획

② 시빅트러스트

③ 브레인트러스트

④ 내셔널트러스트

> ✔해설 내셔널트러스트 … 시민들의 자발적인 모금이나 기부·증여를 통해 보존가치가 있는 자연자원과 문화자산을 확보하여 시민 주도로 영구히 보전·관리하는 시민환경운동이다. 우리나라에서는 1990년대부터 각 지역의 특정 자연환경과 문화유산 보전을 위한 시민 성금모금, 그린벨트 보존 운동을 거쳐 2000년 한국내셔널트러스트가 출범했다.
> ① 넵튠계획 : 영국 자연보호운동의 민간조직인 내셔널트러스트가 1965년부터 진행시키고 있는 해안선 매수운동(買收運動)이다.
> ② 시빅트러스트 : 환경 개선을 위해 지역주민이나 기업이 함께 출자하여 각종 사업을 벌이는 시민 환경 운동단체이다.
> ③ 브레인트러스트 : 선거의 입후보자나 현직 공직자의 고문단으로서 정책집단 또는 두뇌집단이다.

18 무럭무럭 나는 김에 악취까지 풍기며 흘러나오는 시커먼 공장폐수를 떠서 오염상태를 알아보려면 어떤 수질 항목을 측정하는 것이 적당한가?

① BOD

② COD

③ SS

④ DO

> ✔해설 COD(Chemical Oxygen Demand) … 화학적 산소요구량으로 하수, 특히 폐수 중의 오염원이 될 수 있는 유기물을 산화제를 이용하여 직접 산화시키기 위해 필요한 산소요구량이다. 미생물의 활동이 제지되어 BOD(Biochemical Oxygen Demand)의 값을 모르는 폐수(유기물, 기타 산·알칼리·페놀·크롬 등)의 경우에 채택된다.
> ① BOD(Biochemical Oxygen Demand) : 생화학적 산소요구량으로 미생물이 물속의 유기물을 분해할 때 쓰는 산소의 양이다.
> ③ SS(Suspended Solid) : 부유물질이라고도 하며 물속에 현탁되어 있는 모든 불용성물질 또는 입자를 가리킨다.
> ④ DO(Dissolved Oxygen) : 물 또는 용액 속에 녹아 있는 분자상태의 산소를 말한다.

19 다음 설명 중 (   ) 안에 들어갈 말로 옳은 것은?

> (   )은/는 대기 중으로 배출한 온실가스의 양을 상쇄할 수 있을 정도로 온실가스를 흡수하여 총량을 0으로 만든다는 정책이다. 이를 시행하는 대책으로 숲을 조성하여 산소를 공급하거나 재생에너지를 생산, 온실가스 배출량에 상응하는 탄소배출권을 통해 구매하는 방법 등이 있다.

① 넷 제로
② 마이크로바이옴
③ 테라센티아
④ 바이오차

> ✔해설 ② 마이크로바이옴(Microbiome) : 인체에 서식하는 각종 미생물로 미생물(Micro)과 생태계(Biome)의 합성어이다.
> ③ 테라센티아(TerraSentia) : 작물 수를 세는 농업용 로봇이다.
> ④ 바이오차(Biochar) : 유기물과 숯의 중간 성질을 지니도록 만든 물질이다.

20 빌딩증후군에 대한 설명으로 옳은 것은?

① 한 지역에 새 빌딩이 서면 잇따라 빌딩신축이 이루어지는 현상을 말한다.
② 높은 빌딩 사이에 자연 상태와는 다른 세기와 방향의 바람이 생기는 현상이다.
③ 빌딩이 들어섬으로써 교통체증이 빚어지는 현상을 가리킨다.
④ 밀폐된 공간에 오염된 공기로 인해 짜증과 피로가 심해지는 현상을 말한다.

> ✔해설 빌딩증후군(Building Syndrome) … 사무실에서는 두통이나 무력감을 느끼다가 퇴근 후에는 씻은 듯이 사라지는 증세를 일컫는 말이다. 컴퓨터나 복사기 등의 사무기기가 내뿜는 전자파, 벽지 및 카펫 등에서 나오는 극소량의 화학가스로 실내 공기가 오염되는 것이 그 원인이다.

Answer 17.④ 18.② 19.① 20.④

21 미국 대학에서 시행하는 소수 인종들을 배려한 인종 간 차등 합격기준으로, 우수한 아시아인들에게는 불리하게 작용하지만 평등이라는 관점에서 점점 확대되는 경향을 보이는 입시제도는?

① 디아스포라

② 어퍼머티브 액션

③ 홀로코스트

④ 블라인드 채용

> ✓ 해설 어퍼머티브 액션(Affirmative Action) … 대학 입학심사에서 소수 인종들을 우대하는 정책으로, 취업과 승진, 정부조달 시장 등 모든 사회활동분야에서 소수 인종, 여성, 장애인, 비기독교인, 성적소수자 등을 우대하는 포괄적인 의미로 사용되기도 한다.
> ① 디아스포라(Diaspora) : 이산(離散)이라는 뜻으로 로마제국으로부터 박해를 받던 유대인들이 일으킨 유대전쟁에서 패하여 세계 각지로 흩어진 것을 말한다.
> ③ 홀로코스트(Holocaust) : '완전히 타버리다'라는 뜻의 희랍어인 'Holokauston'에서 온 말로, 일반적으로 인간이나 동물을 대량으로 태워 죽이거나 학살하는 행위를 지칭하지만 고유명사로 쓸 때는 제2차 세계대전 중 나치스 독일에 의해 자행된 유대인 대학살을 가리킨다.
> ④ 블라인드 채용 : 출신지나 학력, 성별 등 선입견을 가질 수 있는 요인을 배제하고 직무능력으로만 평가하여 인재를 채용하는 방식을 말한다.

22 미국의 독립이 승인된 조약은?

① 베를린조약(1878)

② 파리조약(1783)

③ 워싱턴조약(1992)

④ 런던조약(1972)

> ✓ 해설 1783년 파리조약의 체결로 아메리카합중국의 독립이 인정되었다.
> ① 베를린조약 : 1878년 6월 13일 ~ 7월 13일 베를린에서 열린 유럽 국제회의를 말한다.
> ③ 워싱턴조약 : 집적회로에 대한 지적재산권 조약으로 1992년 5월 워싱턴에서 체결되었다.
> ④ 런던조약 : 1972년 핵폐기물 및 기타 물질의 투기에 의한 해양오염방지를 목적으로 채택한 국제협약이다.

23 조국의 이익을 위해서는 수단과 방법을 가리지 않으며, 국제 정의조차 부정하는 맹목적 애국주의를 뜻하는 말은?

① 쇼비니즘
② 페시미즘
③ 니힐리즘
④ 다다이즘

> ✔해설 쇼비니즘 … 자기 나라의 이익을 위해서는 수단과 방법을 가리지 않으며, 국제 정의조차도 부정하는 배타적 애국주의로 광신적 국수주의를 의미한다. 프랑스 나폴레옹 1세를 숭배하던 병사 쇼뱅(N. Chauvin)의 이름에서 비롯되었다.
> ② 페시미즘 : 세상에 실망하여 염세적이고 비관적인 주의를 말한다.
> ③ 니힐리즘 : 허무주의를 의미한다.
> ④ 다다이즘 : 전통적인 것을 부정하고 허무, 혼란, 무질서함을 그대로 표현하려는 과도기적 사상이다.

24 다음 상황과 관련된 사자성어는?

> 조개가 강변에 나와 입을 벌리고 햇볕을 쬐고 있는데, 도요새가 날아오더니 조갯살을 쪼아 먹으려 했다. 깜짝 놀란 조개가 입을 다물었고, 그 바람에 도요새 부리는 조개 속에 끼고 말았다. 당황한 도요새는 조개에게 이대로 계속 있으면 햇볕에 바짝 말라 죽을 것이라고 하였고, 조개는 도요새에게 내가 놓아주지 않으면 굶어 죽을 것이라고 말했다. 조개와 도요새가 서로 버티는 사이 어부가 이 광경을 보고 조개와 도요새를 한꺼번에 잡아갔다.

① 首丘初心
② 馬耳東風
③ 漁父之利
④ 刻舟求劍

> ✔해설 제시된 상황은 어부지리(漁父之利)에 대한 설명이다.
> ① 首丘初心(수구초심) : 여우가 죽을 때 제가 살던 굴이 있는 언덕 쪽으로 머리를 둔다는 뜻으로, 고향을 그리워하는 마음을 이르는 말이다.
> ② 馬耳東風(마이동풍) : 말의 귀에 동풍이 불어도 말은 아랑곳하지 않는다는 뜻으로, '남의 말에 귀 기울이지 않고 그냥 지나쳐 흘려 버림'을 이르는 말이다.
> ④ 刻舟求劍(각주구검) : 배의 밖으로 칼을 떨어뜨린 사람이 나중에 그 칼을 찾기 위해 배가 움직이는 것도 생각하지 아니하고 칼을 떨어뜨린 뱃전에다 표시를 하였다는 뜻에서, 시세의 변천도 모르고 낡은 것만 고집하는 미련하고 어리석음을 비유적으로 이르는 말이다.

Answer 21.② 22.② 23.① 24.③

25 북어 두 쾌, 마늘 두 접, 오징어 세 축의 합계는?

① 28

② 262

③ 325

④ 300

> ✅ 해설 쾌는 북어를 세는 단위로 한 쾌는 20마리를 이르며, 접은 채소나 과일 따위를 묶어서 세는 단위로 한 접은 100개이다. 축은 오징어를 묶어 세는 단위로 한 축은 20마리이다.
> 따라서 40 + 200 + 60 = 300

26 다음 글의 밑줄 친 부분의 한자어의 표기가 바르지 않은 것은?

> 위로부터의 조직화에 의한 ㉠여론(輿論) 형성은 여러 문제점을 ㉡내포(內包)하게 되는데, 그 하나가 여론 과정이 고전적 이론의 예정된 통합적 기능보다도 ㉢분열(分裂)과 대립의 기능을 보다 많이 수행하게 되는 위험성이다. 즉 그곳에서는 예리하게 대립하는 주도적 의견을 중심으로 하여 그 동조자가 결집하는 결과 상호 간의 대화와 매개가 더 한층 ㉣곤란(困亂)하게 되는 경향(傾向)이 나타난다는 점이다.

① ㉠

② ㉡

③ ㉢

④ ㉣

> ✅ 해설 곤란(困亂) → 곤란(곤할 곤, 어려울 난) : 사정이 몹시 딱하고 어렵다.

27 우리나라 최초의 순 한글신문은?

① 제국신문

② 한성순보

③ 황성신문

④ 독립신문

> ✅ 해설 독립신문 … 1896년 4월 7일 서재필이 창간한 우리나라 최초의 순 한글신문이자 민간신문이다. 1957년 언론계는 이 신문의 창간일인 4월 7일을 신문의 날로 정하였다.
> ① 제국신문 : 대한 제국 시대에 발행된 일간 신문으로, 1898년 8월 10일 이종일이 창간했다.
> ② 한성순보 : 1883년(고종 20)에 창간된 한국 최초의 근대 신문으로, 서울 관악구 봉천동 서울대학교 중앙도서관에 소장되어 있다.
> ③ 황성신문 : 1898년(광무 2) 9월 5일 남궁억 등이 창간한 일간 신문이다.

28 제도적 · 자의적 제한 및 안이한 취재 · 편집 경향으로 인해 취재방법이나 취재시간 등이 획일적이고 개성이 없는 저널리즘은 다음 중 어느 것인가?

① 팩저널리즘   ② 옐로저널리즘

③ 제록스저널리즘   ④ 포토저널리즘

> ✔해설 팩저널리즘(Pack Journalism) … 취재 방법, 시각 등이 획일적이고 독창성이 없어 개성이 없는 저널리즘
> ② 옐로저널리즘(Yellow Journalism) : 대중의 호기심에 호소하여 흥미 본위로 보도하는 센세이셔널리즘 경향을 띠는 저널리즘이다.
> ③ 제록스저널리즘(Xerox Journalism) : 극비문서를 제록스로 몰래 복사해서 발표하는 저널리즘이다.
> ④ 포토저널리즘(Photojournalism) : 사진기술로 대상이 되는 사실이나 시사적인 문제를 표현하고 보도하는 저널리즘이다.

29 이 '병'은 아프리카 지역의 풍토병으로, 천연두와 유사하지만 전염성과 중증도가 낮은 바이러스성 질환을 말한다. 최근 영국을 시작으로 유럽 · 북미 등 전세계로 확산되는 양상을 보이는 이 '병'은?

① 원숭이두창   ② 탄저병

③ 스페인독감   ④ 페스트

> ✔해설 ② 탄저균 감염에 의해 발생하는 급성 감염질환으로, 균의 유입경로에 따라 호흡기 탄저병, 피부 탄저병, 위장관 탄저병으로 구분한다.
> ③ 1918년 처음 발생하여 2년간 전 세계에서 수많은 사람의 목숨을 앗아 간 독감으로, 중기 페스트보다 더 많은 사망자가 발생하였다.
> ④ 페스트균의 감염에 의해 일어나는 급성 감염병으로, 사망률과 전염성이 높은 것이 특징이다.

30 최근 '합리적인 이유 없이 나이만을 기준으로 '<u>이것</u>'을 적용하는 것은 고령자고용법상 차별 금지 규정을 위반하는 것이기 때문에 효력이 없다'는 대법원의 판결이 나와 경영계와 노동계가 들썩이고 있다. 근로자의 고용을 보장하기 위해 일정 연령에 도달하면 임금을 삭감하는 제도를 의미하는 '<u>이것</u>'은?

① 퍼플잡   ② 임금피크제

③ 유연근무제   ④ 워크셰어링

> ✔해설 ① 일과 가정의 균형을 위해 근로시간과 장소를 탄력적으로 선택하여 일하는 근로 방식
> ③ 근로자의 개인 여건에 따라 근무 시간과 형태를 조절할 수 있는 제도
> ④ 하나의 기업 내에 있는 근로자의 근로시간을 줄이는 대신 더 많은 근로자들이 일자리를 갖도록 하는 제도

Answer 25.④ 26.④ 27.④ 28.① 29.① 30.②

PART

04

인성검사

인성검사의 개요

01 허구성 척도의 질문을 파악한다.

인성검사의 질문에는 허구성 척도를 측정하기 위한 질문이 숨어있음을 유념해야 한다. 예를 들어 '나는 지금까지 거짓말을 한 적이 없다.' '나는 한 번도 화를 낸 적이 없다.' '나는 남을 헐뜯거나 비난한 적이 한 번도 없다.' 이러한 질문이 있다고 가정해보자. 상식적으로 보통 누구나 태어나서 한번은 거짓말을 한 경험은 있을 것이며 화를 낸 경우도 있을 것이다. 또한 대부분의 구직자가 자신을 좋은 인상으로 포장하는 것도 자연스러운 일이다. 따라서 허구성을 측정하는 질문에 다소 거짓으로 '그렇다'라고 답하는 것은 전혀 문제가 되지 않는다. 하지만 지나치게 좋은 성격을 염두에 두고 허구성을 측정하는 질문에 전부 '그렇다'고 대답을 한다면 허구성 척도의 득점이 극단적으로 높아지며 이는 검사항목전체에서 구직자의 성격이나 특성이 반영되지 않았음을 나타내 불성실한 답변으로 신뢰성이 의심받게 되는 것이다. 다시한 번 인성검사의 문항은 각 개인의 특성을 알아보고자 하는 것으로 절대적으로 옳거나 틀린 답이 없으므로 결과를 지나치게 의식하여 솔직하게 응답하지 않으면 과장 반응으로 분류될 수 있음을 기억하자!

02 '대체로', '가끔' 등의 수식어를 확인한다.

'대체로', '종종', '가끔', '항상', '대개' 등의 수식어는 대부분의 인성검사에서 자주 등장한다. 이러한 수식어가 붙은 질문을 접했을 때 구직자들은 조금 고민하게 된다. 하지만 아직 답해야 할 질문들이 많음을 기억해야 한다. 다만, 앞에서 '가끔', '때때로'라는 수식어가 붙은 질문이 나온다면 뒤에는 '항상', '대체로'의 수식어가 붙은 내용은 똑같은 질문이 이어지는 경우가 많다. 따라서 자주 사용되는 수식어를 적절히 구분할 줄 알아야 한다.

03 **'솔직하게 있는 그대로 표현한다.**

인성검사는 평범한 일상생활 내용들을 다룬 짧은 문장과 어떤 대상이나 일에 대한 선호를 선택하는 문장으로 구성되어 있으므로 평소에 자신이 생각한 바를 너무 골똘히 생각하지 말고 문제를 보는 순간 떠오른 것을 표현한다. 또한 간혹 반복되는 문제들이 출제되기 때문에 일관성 있게 답하지 않으면 감점될 수 있으므로 유의한다.

04 **'모든 문제를 신속하게 대답한다.**

인성검사는 시간제한이 없는 것이 원칙이지만 기업체들은 일정한 시간제한을 두고 있다. 인성검사는 개인의 성격과 자질을 알아보기 위한 검사이기 때문에 정답이 없다. 다만, 기업체에서 바람직하게 생각하거나 기대되는 결과가 있을 뿐이다. 따라서 시간에 쫓겨서 대충 대답을 하는 것은 바람직하지 못하다.

05 **'자신의 성향과 사고방식을 미리 정리한다.**

기업의 인재상을 기초로 하여 일관성, 신뢰성, 진실성 있는 답변을 염두에 두고 꼼꼼히 풀다보면 분명 시간의 촉박함을 느낄 것이다. 따라서 각각의 질문을 너무 골똘히 생각하거나 고민하지 말자. 대신 시험 전에 여유 있게 자신의 성향이나 사고방식에 대해 정리해보는 것이 필요하다.

06 **'마지막까지 집중해서 검사에 임한다.**

장시간 진행되는 검사에 지칠 수 있으므로 마지막까지 집중해서 정확히 답할 수 있도록 해야 한다.

실전 인성검사

※ 인성검사는 응시자의 인성 및 성향을 파악하기 위한 도구이므로 정답이 존재하지 않습니다.

>> 예시 1

▎1~100▎ 다음 제시된 문항이 당신에게 해당한다면 YES, 그렇지 않다면 NO를 선택하시오.

	YES	NO
1. 조금이라도 나쁜 소식은 절망의 시작이라고 생각해버린다.	( )	( )
2. 언제나 실패가 걱정이 되어 어쩔 줄 모른다.	( )	( )
3. 다수결의 의견에 따르는 편이다.	( )	( )
4. 혼자서 커피숍에 들어가는 것은 전혀 두려운 일이 아니다.	( )	( )
5. 승부근성이 강하다.	( )	( )
6. 자주 흥분해서 침착하지 못하다.	( )	( )
7. 지금까지 살면서 타인에게 폐를 끼친 적이 없다.	( )	( )
8. 소곤소곤 이야기하는 것을 보면 자기에 대해 험담하고 있는 것으로 생각된다.	( )	( )
9. 무엇이든지 자기가 나쁘다고 생각하는 편이다.	( )	( )
10. 자신을 변덕스러운 사람이라고 생각한다.	( )	( )
11. 고독을 즐기는 편이다.	( )	( )
12. 자존심이 강하다고 생각한다.	( )	( )
13. 금방 흥분하는 성격이다.	( )	( )
14. 거짓말을 한 적이 없다.	( )	( )
15. 신경질적인 편이다.	( )	( )
16. 끙끙대며 고민하는 타입이다.	( )	( )
17. 감정적인 사람이라고 생각한다.	( )	( )
18. 자신만의 신념을 가지고 있다.	( )	( )
19. 다른 사람을 바보 같다고 생각한 적이 있다.	( )	( )
20. 금방 말해버리는 편이다.	( )	( )

21. 싫어하는 사람이 없다. ···( )( )

22. 대재앙이 오지 않을까 항상 걱정을 한다. ··( )( )

23. 쓸데없는 고생을 사서 하는 일이 많다. ··( )( )

24. 자주 생각이 바뀌는 편이다. ···( )( )

25. 문제점을 해결하기 위해 여러 사람과 상의한다. ·······························( )( )

26. 내 방식대로 일을 한다. ···( )( )

27. 영화를 보고 운 적이 많다. ···( )( )

28. 어떤 것에 대해서도 화낸 적이 없다. ···( )( )

29. 사소한 충고에도 걱정을 한다. ···( )( )

30. 자신은 도움이 안되는 사람이라고 생각한다. ····································( )( )

31. 금방 싫증을 내는 편이다. ···( )( )

32. 개성적인 사람이라고 생각한다. ···( )( )

33. 자기 주장이 강한 편이다. ···( )( )

34. 산만하다는 말을 들은 적이 있다. ··( )( )

35. 학교를 쉬고 싶다고 생각한 적이 한 번도 없다. ······························( )( )

36. 사람들과 관계맺는 것을 보면 잘하지 못한다. ···································( )( )

37. 사려깊은 편이다. ··( )( )

38. 몸을 움직이는 것을 좋아한다. ···( )( )

39. 끈기가 있는 편이다. ··( )( )

40. 신중한 편이라고 생각한다. ···( )( )

41. 인생의 목표는 큰 것이 좋다. ··( )( )

42. 어떤 일이라도 바로 시작하는 타입이다. ··( )( )

43. 낯가림을 하는 편이다. ···( )( )

44. 생각하고 나서 행동하는 편이다. ···( )( )

45. 쉬는 날은 밖으로 나가는 경우가 많다. ··( )( )

46. 시작한 일은 반드시 완성시킨다. ···( )( )

47. 면밀한 계획을 세운 여행을 좋아한다. ···( )( )

48. 야망이 있는 편이라고 생각한다. ···( )( )

49. 활동력이 있는 편이다. ··( )( )

50. 많은 사람들과 왁자지껄하게 식사하는 것을 좋아하지 않는다. ··( )( )

51. 돈을 허비한 적이 없다. ··( )( )

52. 운동회를 아주 좋아하고 기대했다. ··( )( )

53. 하나의 취미에 열중하는 타입이다. ··( )( )

54. 모임에서 회장에 어울린다고 생각한다. ···( )( )

55. 입신출세의 성공이야기를 좋아한다. ··( )( )

56. 어떠한 일도 의욕을 가지고 임하는 편이다. ··( )( )

57. 학급에서는 존재가 희미했다. ···( )( )

58. 항상 무언가를 생각하고 있다. ···( )( )

59. 스포츠는 보는 것보다 하는 게 좋다. ···( )( )

60. '참 잘했네요'라는 말을 듣는다. ···( )( )

61. 흐린 날은 반드시 우산을 가지고 간다. ···( )( )

62. 주연상을 받을 수 있는 배우를 좋아한다. ··( )( )

63. 공격하는 타입이라고 생각한다. ··( )( )

64. 리드를 받는 편이다. ···( )( )

65. 너무 신중해서 기회를 놓친 적이 있다. ···( )( )

66. 시원시원하게 움직이는 타입이다. ···( )( )

67. 야근을 해서라도 업무를 끝낸다. ··( )( )

68. 누군가를 방문할 때는 반드시 사전에 확인한다. ··( )( )

69. 노력해도 결과가 따르지 않으면 의미가 없다. ··( )( )

70. 무조건 행동해야 한다. ···( )( )

71. 유행에 둔감하다고 생각한다. ···( )( )

72. 정해진 대로 움직이는 것은 시시하다. ··( )( )

73. 꿈을 계속 가지고 있고 싶다. ··( )( )

74. 질서보다 자유를 중요시하는 편이다. ···( )( )

75. 혼자서 취미에 몰두하는 것을 좋아한다. ···( )( )

76. 직관적으로 판단하는 편이다. ···( )( )

77. 영화나 드라마를 보면 등장인물의 감정에 이입된다. ·····························(   )(   )

78. 시대의 흐름에 역행해서라도 자신을 관철하고 싶다. ·······················(   )(   )

79. 다른 사람의 소문에 관심이 없다. ···(   )(   )

80. 창조적인 편이다. ···(   )(   )

81. 비교적 눈물이 많은 편이다. ···(   )(   )

82. 융통성이 있다고 생각한다. ···(   )(   )

83. 친구의 휴대전화 번호를 잘 모른다. ···(   )(   )

84. 스스로 고안하는 것을 좋아한다. ···(   )(   )

85. 정이 두터운 사람으로 남고 싶다. ···(   )(   )

86. 조직의 일원으로 별로 안 어울린다. ···(   )(   )

87. 세상의 일에 별로 관심이 없다. ···(   )(   )

88. 변화를 추구하는 편이다. ···(   )(   )

89. 업무는 인간관계로 선택한다. ··(   )(   )

90. 환경이 변하는 것에 구애되지 않는다. ·······································(   )(   )

91. 불안감이 강한 편이다. ···(   )(   )

92. 인생은 살 가치가 없다고 생각한다. ···(   )(   )

93. 의지가 약한 편이다. ··(   )(   )

94. 다른 사람이 하는 일에 별로 관심이 없다. ·································(   )(   )

95. 사람을 설득시키는 것은 어렵지 않다. ·······································(   )(   )

96. 심심한 것을 못 참는다. ···(   )(   )

97. 다른 사람을 욕한 적이 한 번도 없다. ·······································(   )(   )

98. 다른 사람에게 어떻게 보일지 신경을 쓴다. ·······························(   )(   )

99. 금방 낙심하는 편이다. ···(   )(   )

100. 다른 사람에게 의존하는 경향이 있다. ·······································(   )(   )

>> 예시 2

┃1～15┃ 다음 주어진 보기 중에서 자신과 가장 가깝다고 생각하는 것은 'ㄱ'에 표시하고, 자신과 가장 멀다고 생각하는 것은 'ㅁ'에 표시하시오.

1
① 모임에서 리더에 어울리지 않는다고 생각한다.
② 착실한 노력으로 성공한 이야기를 좋아한다.
③ 어떠한 일에도 의욕이 없이 임하는 편이다.
④ 학급에서는 존재가 두드러졌다.

ㄱ	① ② ③ ④
ㅁ	① ② ③ ④

2
① 아무것도 생각하지 않을 때가 많다.
② 스포츠는 하는 것보다는 보는 게 좋다.
③ 성격이 급한 편이다.
④ 비가 오지 않으면 우산을 가지고 가지 않는다.

ㄱ	① ② ③ ④
ㅁ	① ② ③ ④

3
① 1인자보다는 조력자의 역할을 좋아한다.
② 의리를 지키는 타입이다.
③ 리드를 하는 편이다.
④ 남의 이야기를 잘 들어준다.

ㄱ	① ② ③ ④
ㅁ	① ② ③ ④

4
① 여유 있게 대비하는 타입이다.
② 업무가 진행 중이라도 야근을 하지 않는다.
③ 즉흥적으로 약속을 잡는다.
④ 노력하는 과정이 결과보다 중요하다.

ㄱ	① ② ③ ④
ㅁ	① ② ③ ④

5

① 무리해서 행동할 필요는 없다.

② 유행에 민감하다고 생각한다.

③ 정해진 대로 움직이는 편이 안심된다.

④ 현실을 직시하는 편이다.

ㄱ	① ② ③ ④
ㅁ	① ② ③ ④

6

① 자유보다 질서를 중요시하는 편이다.

② 사람들과 이야기하는 것을 좋아한다.

③ 경험에 비추어 판단하는 편이다.

④ 영화나 드라마는 각본의 완성도나 화면구성에 주목한다.

ㄱ	① ② ③ ④
ㅁ	① ② ③ ④

7

① 혼자 자유롭게 생활하는 것이 편하다.

② 다른 사람의 소문에 관심이 많다.

③ 실무적인 편이다.

④ 비교적 냉정한 편이다.

ㄱ	① ② ③ ④
ㅁ	① ② ③ ④

8

① 협조성이 있다고 생각한다.

② 친한 친구의 휴대폰 번호는 대부분 외운다.

③ 정해진 순서에 따르는 것을 좋아한다.

④ 이성적인 사람으로 남고 싶다.

ㄱ	① ② ③ ④
ㅁ	① ② ③ ④

9

① 단체 생활을 잘 한다.

② 세상의 일에 관심이 많다.

③ 안정을 추구하는 편이다.

④ 도전하는 것이 즐겁다.

ㄱ	① ② ③ ④
ㅁ	① ② ③ ④

10

① 되도록 환경은 변하지 않는 것이 좋다.

② 밝은 성격이다.

③ 지나간 일에 연연하지 않는다.

④ 활동범위가 좁은 편이다.

ㄱ	① ② ③ ④
ㅁ	① ② ③ ④

11

① 자신을 시원시원한 사람이라고 생각한다.

② 좋다고 생각하면 바로 행동한다.

③ 세상에 필요한 사람이 되고 싶다.

④ 한 번에 많은 일을 떠맡는 것은 골칫거리라고 생각한다.

ㄱ	① ② ③ ④
ㅁ	① ② ③ ④

12

① 사람과 만나는 것이 즐겁다.

② 질문을 받으면 그때의 느낌으로 대답하는 편이다.

③ 땀을 흘리는 것보다 머리를 쓰는 일이 좋다.

④ 이미 결정된 것이라도 그다지 구속받지 않는다.

ㄱ	① ② ③ ④
ㅁ	① ② ③ ④

13

① 외출시 문을 잠갔는지 잘 확인하지 않는다.

② 권력욕이 있다.

③ 안전책을 고르는 타입이다.

④ 자신이 사교적이라고 생각한다.

ㄱ	① ② ③ ④
ㅁ	① ② ③ ④

14

① 예절 · 규칙 · 법 따위에 민감하다.

② '참 착하네요'라는 말을 자주 듣는다.

③ 내가 즐거운 것이 최고다.

④ 누구도 예상하지 못한 일을 해보고 싶다.

ㄱ	① ② ③ ④
ㅁ	① ② ③ ④

15

① 평범하고 평온하게 행복한 인생을 살고 싶다.

② 모험하는 것이 좋다.

③ 특별히 소극적이라고 생각하지 않는다.

④ 이것저것 평하는 것이 싫다.

ㄱ	① ② ③ ④
ㅁ	① ② ③ ④

PART

05

면접

면접의 기본

01 면접 준비

(1) 면접의 기본 원칙

① **면접의 의미** … 면접이란 다양한 면접기법을 활용하여 지원한 직무에 필요한 능력을 지원자가 보유하고 있는지를 확인하는 절차라고 할 수 있다. 즉, 지원자의 입장에서는 채용 직무수행에 필요한 요건들과 관련하여 자신의 환경, 경험, 관심사, 성취 등에 대해 기업에 직접 어필할 수 있는 기회를 제공받는 것이며, 기업의 입장에서는 서류전형만으로 알 수 없는 지원자에 대한 정보를 직접적으로 수집하고 평가하는 것이다.

② **면접의 특징** … 면접은 기업의 입장에서 서류전형이나 필기전형에서 드러나지 않는 지원자의 능력이나 성향을 볼 수 있는 기회로, 면대면으로 이루어지며 즉흥적인 질문들이 포함될 수 있기 때문에 지원자가 완벽하게 준비하기 어려운 부분이 있다. 하지만 지원자 입장에서도 서류전형이나 필기전형에서 모두 보여주지 못한 자신의 능력 등을 기업의 인사담당자에게 어필할 수 있는 추가적인 기회가 될 수도 있다.

[서류 · 필기전형과 차별화되는 면접의 특징]

- 직무수행과 관련된 다양한 지원자 행동에 대한 관찰이 가능하다.
- 면접관이 알고자 하는 정보를 심층적으로 파악할 수 있다.
- 서류상의 미비한 사항과 의심스러운 부분을 확인할 수 있다.
- 커뮤니케이션 능력, 대인관계 능력 등 행동 · 언어적 정보도 얻을 수 있다.

③ **면접의 유형**

　㉠ **구조화 면접**: 구조화 면접은 사전에 계획을 세워 질문의 내용과 방법, 지원자의 답변 유형에 따른 추가 질문과 그에 대한 평가 역량이 정해져 있는 면접 방식으로 표준화 면접이라고도 한다.

　　· 표준화된 질문이나 평가요소가 면접 전 확정되며, 지원자는 편성된 조나 면접관에 영향을 받지 않고 동일한 질문과 시간을 부여받을 수 있다.

- 조직 또는 직무별로 주요하게 도출된 역량을 기반으로 평가요소가 구성되어, 조직 또는 직무에서 필요한 역량을 가진 지원자를 선발할 수 있다.
- 표준화된 형식을 사용하는 특성 때문에 비구조화 면접에 비해 신뢰성과 타당성, 객관성이 높다.

ⓛ 비구조화 면접 : 비구조화 면접은 면접 계획을 세울 때 면접 목적만을 명시하고 내용이나 방법은 면접관에게 전적으로 일임하는 방식으로 비표준화 면접이라고도 한다.
- 표준화된 질문이나 평가요소 없이 면접이 진행되며, 편성된 조나 면접관에 따라 지원자에게 주어지는 질문이나 시간이 다르다.
- 면접관의 주관적인 판단에 따라 평가가 이루어져 평가 오류가 빈번히 일어난다.
- 상황 대처나 언변이 뛰어난 지원자에게 유리한 면접이 될 수 있다.

④ 경쟁력 있는 면접 요령

㉠ 면접 전에 준비하고 유념할 사항
- 예상 질문과 답변을 미리 작성한다.
- 작성한 내용을 문장으로 외우지 않고 키워드로 기억한다.
- 지원한 회사의 최근 기사를 검색하여 기억한다.
- 지원한 회사가 속한 산업군의 최근 기사를 검색하여 기억한다.
- 면접 전 1주일간 이슈가 되는 뉴스를 기억하고 자신의 생각을 반영하여 정리한다.
- 찬반토론에 대비한 주제를 목록으로 정리하여 자신의 논리를 내세운 예상답변을 작성한다.

㉡ 면접장에서 유념할 사항
- 질문의 의도 파악 : 답변을 할 때에는 질문 의도를 파악하고 그에 충실한 답변이 될 수 있도록 질문사항을 유념해야 한다. 많은 지원자가 하는 실수 중 하나로 답변을 하는 도중 자기 말에 심취되어 질문의 의도와 다른 답변을 하거나 자신이 알고 있는 지식만을 나열하는 경우가 있는데, 이럴 경우 의사소통능력이 부족한 사람으로 인식될 수 있으므로 주의하도록 한다.
- 답변은 두괄식 : 답변을 할 때에는 두괄식으로 결론을 먼저 말하고 그 이유를 설명하는 것이 좋다. 미괄식으로 답변을 할 경우 용두사미의 답변이 될 가능성이 높으며, 결론을 이끌어 내는 과정에서 논리성이 결여될 우려가 있다. 또한 면접관이 결론을 듣기 전에 말을 끊고 다른 질문을 추가하는 예상치 못한 상황이 발생될 수 있으므로 답변은 자신이 전달하고자 하는 바를 먼저 밝히고 그에 대한 설명을 하는 것이 좋다.

- 지원한 회사의 기업정신과 인재상을 기억 : 답변을 할 때에는 회사가 원하는 인재라는 인상을 심어주기 위해 지원한 회사의 기업정신과 인재상 등을 염두에 두고 답변을 하는 것이 좋다. 모든 회사에 해당되는 두루뭉술한 답변보다는 지원한 회사에 맞는 맞춤형 답변을 하는 것이 좋다.
- 나보다는 회사와 사회적 관점에서 답변 : 답변을 할 때에는 자기중심적인 관점을 피하고 좀 더 넓은 시각으로 회사와 국가, 사회적 입장까지 고려하는 인재임을 어필하는 것이 좋다. 자기중심적 시각을 바탕으로 자신의 출세만을 위해 회사에 입사하려는 인상을 심어줄 경우 면접에서 불이익을 받을 가능성이 높다.
- 난처한 질문은 정직한 답변 : 난처한 질문에 답변을 해야 할 때에는 피하기보다는 정면 돌파로 정직하고 솔직하게 답변하는 것이 좋다. 난처한 부분을 감추고 드러내지 않으려 회피하려는 지원자의 모습은 인사담당자에게 입사 후에도 비슷한 상황에 처했을 때 회피할 수도 있다는 우려를 심어줄 수 있다. 따라서 직장생활에 있어 중요한 덕목 중 하나인 정직을 바탕으로 솔직하게 답변을 하도록 한다.

(2) 면접의 종류 및 준비 전략

① 인성면접

ⓐ 면접 방식 및 판단기준
- 면접 방식 : 인성면접은 면접관이 가지고 있는 개인적 면접 노하우나 관심사에 의해 질문을 실시한다. 주로 입사지원서나 자기소개서의 내용을 토대로 지원동기, 과거의 경험, 미래 포부 등을 이야기하도록 하는 방식이다.
- 판단기준 : 면접관의 개인적 가치관과 경험, 해당 역량의 수준, 경험의 구체성·진실성 등

ⓑ 특징 : 인성면접은 그 방식으로 인해 역량과 무관한 질문들이 많고 지원자에게 주어지는 면접질문, 시간 등이 다를 수 있다. 또한 입사지원서나 자기소개서의 내용을 토대로 하기 때문에 지원자별 질문이 달라질 수 있다.

ⓒ 예시 문항 및 준비전략

• 예시 문항

> • 3분 동안 자기소개를 해 보십시오.
> • 자신의 장점과 단점을 말해 보십시오.
> • 학점이 좋지 않은데 그 이유가 무엇입니까?
> • 최근에 인상 깊게 읽은 책은 무엇입니까?
> • 회사를 선택할 때 중요시하는 것은 무엇입니까?
> • 일과 개인생활 중 어느 쪽을 중시합니까?
> • 10년 후 자신은 어떤 모습일 것이라고 생각합니까?
> • 휴학 기간 동안에는 무엇을 했습니까?

• 준비전략 : 인성면접은 입사지원서나 자기소개서의 내용을 바탕으로 하는 경우가 많으므로 자신이 작성한 입사지원서와 자기소개서의 내용을 충분히 숙지하도록 한다. 또한 최근 사회적으로 이슈가 되고 있는 뉴스에 대한 견해를 묻거나 시사상식 등에 대한 질문을 받을 수 있으므로 이에 대한 대비도 필요하다. 자칫 부담스러워 보이지 않는 질문으로 가볍게 대답하지 않도록 주의하고 모든 질문에 입사 의지를 담아 성실하게 답변하는 것이 중요하다.

② 발표면접

㉠ 면접 방식 및 판단기준

• 면접 방식 : 지원자가 특정 주제와 관련된 자료를 검토하고 그에 대한 자신의 생각을 면접관 앞에서 주어진 시간 동안 발표하고 추가 질의를 받는 방식으로 진행된다.

• 판단기준 : 지원자의 사고력, 논리력, 문제해결력 등

㉡ 특징 : 발표면접은 지원자에게 과제를 부여한 후, 과제를 수행하는 과정과 결과를 관찰·평가한다. 따라서 과제수행 결과뿐 아니라 수행과정에서의 행동을 모두 평가할 수 있다.

ⓒ 예시 문항 및 준비전략

• 예시 문항

[신입사원 조기 이직 문제]

※ 지원자는 아래에 제시된 자료를 검토한 뒤, 신입사원 조기 이직의 원인을 크게 3가지로 정리하고 이에 대한 구체적인 개선안을 도출하여 발표해 주시기 바랍니다.

※ 본 과제에 정해진 정답은 없으나 논리적 근거를 들어 개선안을 작성해 주십시오.

• A기업은 동종업계 유사기업들과 비교해 볼 때, 비교적 높은 재무안정성을 유지하고 있으며 업무강도 가 그리 높지 않은 것으로 외부에 알려져 있음.

• 최근 조사결과, 동종업계 유사기업들과 연봉을 비교해 보았을 때 연봉 수준도 그리 나쁘지 않은 편 이라는 것이 확인되었음.

• 그러나 지난 3년간 1~2년차 직원들의 이직률이 계속해서 증가하고 있는 추세이며, 경영진 회의에서 최우선 해결과제 중 하나로 거론되었음.

• 이에 따라 인사팀에서 현재 1~2년차 사원들을 대상으로 개선되어야 하는 A기업의 조직문화에 대한 설문조사를 실시한 결과, '상명하복식의 의사소통'이 36.7%로 1위를 차지했음.

• 이러한 설문조사와 함께, 신입사원 조기 이직에 대한 원인을 분석한 결과 파랑새 증후군, 셀프홀릭 증후군, 피터팬 증후군 등 3가지로 분류할 수 있었음.

〈동종업계 유사기업들과의 연봉 비교〉

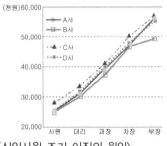

〈우리 회사 조직문화 중 개선되었으면 하는 것〉

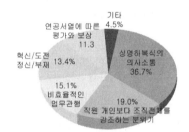

〈신입사원 조기 이직의 원인〉

• 파랑새 증후군
–현재의 직장보다 더 좋은 직장이 있을 것이라는 막연한 기대감으로 끊임없이 새로운 직장을 탐색함.
–학력 수준과 맞지 않는 '하향지원', 전공과 적성을 고려하지 않고 일단 취업하고 보자는 '묻지마 지원' 이 파랑새 증후군을 초래함.

• 셀프홀릭 증후군
–본인의 역량에 비해 가치가 낮은 일을 주로 하면서 갈등을 느낌.

• 피터팬 증후군
–기성세대의 문화를 무조건 수용하기보다는 자유로움과 변화를 추구함.
–상명하복, 엄격한 규율 등 기성세대가 당연시하는 관행에 거부감을 가지며 직장에 답답함을 느낌.

- 준비전략 : 발표면접의 시작은 과제 안내문과 과제 상황, 과제 자료 등을 정확하게 이해하는 것에서 출발한다. 과제 안내문을 침착하게 읽고 제시된 주제 및 문제와 관련된 상황의 맥락을 파악한 후 과제를 검토한다. 제시된 기사나 그래프 등을 충분히 활용하여 주어진 문제를 해결할 수 있는 해결책이나 대안을 제시하며, 발표를 할 때에는 명확하고 자신 있는 태도로 전달할 수 있도록 한다.

③ 토론면접

　㉠ 면접 방식 및 판단기준
- 면접 방식 : 상호갈등적 요소를 가진 과제 또는 공통의 과제를 해결하는 내용의 토론 과제를 제시하고, 그 과정에서 개인 간의 상호작용 행동을 관찰하는 방식으로 면접이 진행된다.
- 판단기준 : 팀워크, 적극성, 갈등 조정, 의사소통능력, 문제해결능력 등

　㉡ 특징 : 토론을 통해 도출해 낸 최종안의 타당성도 중요하지만, 결론을 도출해 내는 과정에서의 의사소통능력이나 갈등상황에서 의견을 조정하는 능력 등이 중요하게 평가되는 특징이 있다.

　㉢ 예시 문항 및 준비전략
- 예시 문항

> - 군 가산점제 부활에 대한 찬반토론
> - 담뱃값 인상에 대한 찬반토론
> - 비정규직 철폐에 대한 찬반토론
> - 대학의 영어 강의 확대 찬반토론
> - 워크숍 장소 선정을 위한 토론

- 준비전략 : 토론면접은 무엇보다 팀워크와 적극성이 강조된다. 따라서 토론과정에 적극적으로 참여하며 자신의 의사를 분명하게 전달하며, 갈등상황에서 자신의 의견만 내세울 것이 아니라 다른 지원자의 의견을 경청하고 배려하는 모습도 중요하다. 갈등상황을 일목요연하게 정리하여 조정하는 등의 의사소통능력을 발휘하는 것도 좋은 전략이 될 수 있다.

④ 상황면접

　㉠ 면접 방식 및 판단기준
- 면접 방식 : 상황면접은 직무 수행 시 접할 수 있는 상황들을 제시하고, 그러한 상황에서 어떻게 행동할 것인지를 이야기하는 방식으로 진행된다.
- 판단기준 : 해당 상황에 적절한 역량의 구현과 구체적 행동지표

ⓛ 특징 : 실제 직무 수행 시 접할 수 있는 상황들을 제시하므로 입사 이후 지원자의 업무수행능력을 평가하는 데 적절한 면접 방식이다. 또한 지원자의 가치관, 태도, 사고방식 등의 요소를 통합적으로 평가하는 데 용이하다.

ⓒ 예시 문항 및 준비전략

• 예시 문항

> 당신은 생산관리팀의 팀원으로, 생산팀이 기한에 맞춰 효율적으로 제품을 생산할 수 있도록 관리하는 역할을 맡고 있습니다. 3개월 뒤에 제품A를 정상적으로 출시하기 위해 생산팀의 생산 계획을 수립한 상황입니다. 그러나 원가가 곧 실적으로 이어지는 구매팀에서는 최대한 원가를 줄여 전반적 단가를 낮추려고 원가절감을 위한 제안을 하였으나, 연구개발팀에서는 구매팀이 제안한 방식으로 제품을 생산할 경우 대부분이 구매팀의 실적으로 산정될 것이므로 제대로 확인도 해보지 않은 채 적합하지 않은 방식이라고 판단하고 있습니다. 당신은 어떻게 하겠습니까?

• 준비전략 : 상황면접은 먼저 주어진 상황에서 핵심이 되는 문제가 무엇인지를 파악하는 것에서 시작한다. 주질문과 세부질문을 통하여 질문의 의도를 파악하였다면, 그에 대한 구체적인 행동이나 생각 등에 대해 응답할수록 높은 점수를 얻을 수 있다.

⑤ 역할면접

㉠ 면접 방식 및 판단기준

• 면접 방식 : 역할면접 또는 역할연기 면접은 기업 내 발생 가능한 상황에서 부딪히게 되는 문제와 역할을 가상적으로 설정하여 특정 역할을 맡은 사람과 상호작용하고 문제를 해결해 나가도록 하는 방식으로 진행된다. 역할연기 면접에서는 면접관이 직접 역할연기를 하면서 지원자를 관찰하기도 하지만, 역할연기 수행만 전문적으로 하는 사람을 투입할 수도 있다.

• 판단기준 : 대처능력, 대인관계능력, 의사소통능력 등

㉡ 특징 : 역할면접은 실제 상황과 유사한 가상 상황에서의 행동을 관찰함으로서 지원자의 성격이나 대처 행동 등을 관찰할 수 있다.

㉢ 예시 문항 및 준비전략

• 예시 문항

> [금융권 역할면접의 예]
> 당신은 ○○은행의 신입 텔러이다. 사람이 많은 월말 오전 한 할아버지(면접관 또는 역할담당자)께서 ○○은행을 사칭한 보이스피싱으로 500만 원을 피해 보았다며 소란을 일으키고 있다. 실제 업무상황이라고 생각하고 상황에 대처해 보시오.

- 준비전략 : 역할연기 면접에서 측정하는 역량은 주로 갈등의 원인이 되는 문제를 해결하고 제시된 해결방안을 상대방에게 설득하는 것이다. 따라서 갈등해결, 문제해결, 조정·통합, 설득력과 같은 역량이 중요시된다. 또한 갈등을 해결하기 위해서 상대방에 대한 이해도 필수적인 요소이므로 고객지향을 염두에 두고 상황에 맞게 대처해야 한다.

  역할면접에서는 변별력을 높이기 위해 면접관이 압박적인 분위기를 조성하는 경우가 많기 때문에 스트레스 상황에서 불안해하지 않고 유연하게 대처할 수 있도록 시간과 노력을 들여 충분히 연습하는 것이 좋다.

02 면접 이미지 메이킹

(1) 성공적인 이미지 메이킹 포인트

① 복장 및 스타일

ㄱ 남성

- 양복 : 양복은 단색으로 하며 넥타이나 셔츠로 포인트를 주는 것이 효과적이다. 짙은 회색이나 감청색이 가장 단정하고 품위 있는 인상을 준다.
- 셔츠 : 흰색이 가장 선호되나 자신의 피부색에 맞추는 것이 좋다. 푸른색이나 베이지색은 산뜻한 느낌을 줄 수 있다. 양복과의 배색도 고려하도록 한다.
- 넥타이 : 의상에 포인트를 줄 수 있는 아이템이지만 너무 화려한 것은 피한다. 지원자의 피부색은 물론, 정장과 셔츠의 색을 고려하며, 체격에 따라 넥타이 폭을 조절하는 것이 좋다.
- 구두 & 양말 : 구두는 검정색이나 짙은 갈색이 어느 양복에나 무난하게 어울리며 깔끔하게 닦아 준비한다. 양말은 정장과 동일한 색상이나 검정색을 착용한다.
- 헤어스타일 : 머리스타일은 단정한 느낌을 주는 짧은 헤어스타일이 좋으며 앞머리가 있다면 이마나 눈썹을 가리지 않는 선에서 정리하는 것이 좋다.

ⓛ 여성

- 의상 : 단정한 스커트 투피스 정장이나 슬랙스 슈트가 무난하다. 블랙이나 그레이, 네이비, 브라운 등 차분해 보이는 색상을 선택하는 것이 좋다.
- 소품 : 구두, 핸드백 등은 같은 계열로 코디하는 것이 좋으며 구두는 너무 화려한 디자인이나 굽이 높은 것을 피한다. 스타킹은 의상과 구두에 맞춰 단정한 것으로 선택한다.
- 액세서리 : 액세서리는 너무 크거나 화려한 것은 좋지 않으며 과하게 많이 하는 것도 좋은 인상을 주지 못한다. 착용하지 않거나 작고 깔끔한 디자인으로 포인트를 주는 정도가 적당하다.
- 메이크업 : 화장은 자연스럽고 밝은 이미지를 표현하는 것이 좋으며 진한 색조는 인상이 강해 보일 수 있으므로 피한다.
- 헤어스타일 : 커트나 단발처럼 짧은 머리는 활동적이면서도 단정한 이미지를 줄 수 있도록 정리한다. 긴 머리의 경우 하나로 묶거나 단정한 머리망으로 정리하는 것이 좋으며, 짙은 염색이나 화려한 웨이브는 피한다.

② 인사

ㄱ 인사의 의미 : 인사는 예의범절의 기본이며 상대방의 마음을 여는 기본적인 행동이라고 할 수 있다. 인사는 처음 만나는 면접관에게 호감을 살 수 있는 가장 쉬운 방법이 될 수 있기도 하지만 제대로 예의를 지키지 않으면 지원자의 인성 전반에 대한 평가로 이어질 수 있으므로 각별히 주의해야 한다.

ㄴ 인사의 핵심 포인트

- 인사말 : 인사말을 할 때에는 밝고 친근감 있는 목소리로 하며, 자신의 이름과 수험번호 등을 간략하게 소개한다.
- 시선 : 인사는 상대방의 눈을 보며 하는 것이 중요하며 너무 빤히 쳐다본다는 느낌이 들지 않도록 주의한다.
- 표정 : 인사는 마음에서 우러나오는 존경이나 반가움을 표현하고 예의를 차리는 것이므로 살짝 미소를 지으며 하는 것이 좋다.
- 자세 : 인사를 할 때에는 가볍게 목만 숙인다거나 흐트러진 상태에서 인사를 하지 않도록 주의하며 절도 있고 확실하게 하는 것이 좋다.

③ 시선처리와 표정, 목소리

　㉠ **시선처리와 표정** : 표정은 면접에서 지원자의 첫인상을 결정하는 중요한 요소이다. 얼굴표정은 사람의 감정을 가장 잘 표현할 수 있는 의사소통 도구로 표정 하나로 상대방에게 호감을 주거나, 비호감을 사기도 한다. 호감이 가는 인상의 특징은 부드러운 눈썹, 자연스러운 미간, 적당히 볼록한 광대, 올라간 입 꼬리 등으로 가볍게 미소를 지을 때의 표정과 일치한다. 따라서 면접 중에는 밝은 표정으로 미소를 지어 호감을 형성할 수 있도록 한다. 시선은 면접관과 고르게 맞추되 생기 있는 눈빛을 띄도록 하며, 너무 빤히 쳐다본다는 인상을 주지 않도록 한다.

　㉡ **목소리** : 면접은 주로 면접관과 지원자의 대화로 이루어지므로 목소리가 미치는 영향이 상당하다. 답변을 할 때에는 부드러우면서도 활기차고 생동감 있는 목소리로 하는 것이 면접관에게 호감을 줄 수 있으며 적당한 제스처가 더해진다면 상승효과를 얻을 수 있다. 그러나 적절한 답변을 하였음에도 불구하고 콧소리나 날카로운 목소리, 자신감 없는 작은 목소리는 답변의 신뢰성을 떨어뜨릴 수 있으므로 주의하도록 한다.

④ 자세

　㉠ 걷는 자세
- 면접장에 입실할 때에는 상체를 곧게 유지하고 발끝은 평행이 되게 하며 무릎을 스치듯 11자로 걷는다.
- 시선은 정면을 향하고 턱은 가볍게 당기며 어깨나 엉덩이가 흔들리지 않도록 주의한다.
- 발바닥 전체가 닿는 느낌으로 안정감 있게 걸으며 발소리가 나지 않도록 주의한다.
- 보폭은 어깨넓이만큼이 적당하지만, 스커트를 착용했을 경우 보폭을 줄인다.
- 걸을 때도 미소를 유지한다.

　㉡ 서있는 자세
- 몸 전체를 곧게 펴고 가슴을 자연스럽게 내민 후 등과 어깨에 힘을 주지 않는다.
- 정면을 바라본 상태에서 턱을 약간 당기고 아랫배에 힘을 주어 당기며 바르게 선다.
- 양 무릎과 발뒤꿈치는 붙이고 발끝은 11자 또는 V형을 취한다.
- 남성의 경우 팔을 자연스럽게 내리고 양손을 가볍게 쥐어 바지 옆선에 붙이고, 여성의 경우 공수 자세를 유지한다.

ⓒ 앉은 자세

- 남성

  - 의자 깊숙이 앉고 등받이와 등 사이에 주먹 1개 정도의 간격을 두며 기대듯 앉지 않도록 주의한다. (남녀 공통 사항)
  - 무릎 사이에 주먹 2개 정도의 간격을 유지하고 발끝은 11자를 취한다.
  - 시선은 정면을 바라보며 턱은 가볍게 당기고 미소를 짓는다. (남녀 공통 사항)
  - 양손은 가볍게 주먹을 쥐고 무릎 위에 올려놓는다.
  - 앉고 일어날 때에는 자세가 흐트러지지 않도록 주의한다. (남녀 공통 사항)

- 여성

  - 스커트를 입었을 경우 왼손으로 뒤쪽 스커트 자락을 누르고 오른손으로 앞쪽 자락을 누르며 의자에 앉는다.
  - 무릎은 붙이고 발끝을 가지런히 한다.
  - 양손을 모아 무릎 위에 모아 놓으며 스커트를 입었을 경우 스커트 위를 가볍게 누르듯이 올려놓는다.

(2) 면접 예절

① 행동 관련 예절

ⓐ 지각은 절대금물 : 시간을 지키는 것은 예절의 기본이다. 지각을 할 경우 면접에 응시할 수 없거나, 면접 기회가 주어지더라도 불이익을 받을 가능성이 높아진다. 따라서 면접장소가 결정되면 교통편과 소요시간을 확인하고 가능하다면 사전에 미리 방문해 보는 것도 좋다. 면접 당일에는 서둘러 출발하여 면접 시간 20~30분 전에 도착하여 회사를 둘러보고 환경에 익숙해지는 것도 성공적인 면접을 위한 요령이 될 수 있다.

ⓑ 면접 대기 시간 : 지원자들은 대부분 면접장에서의 행동과 답변 등으로만 평가를 받는다고 생각하지만 그렇지 않다. 면접관이 아닌 면접진행자 역시 대부분 인사실무자이며 면접관이 면접 후 지원자에 대한 평가에 있어 확신을 위해 면접진행자의 의견을 구한다면 면접진행자의 의견이 당락에 영향을 줄 수 있다. 따라서 면접 대기 시간에도 행동과 말을 조심해야 하며, 면접을 마치고 돌아가는 순간까지도 긴장을 늦춰서는 안 된다. 면접 중 압박적인 질문에 답변을 잘 했지만, 면접장을 나와 흐트러진 모습을 보이거나 욕설을 한다면 면접 탈락의 요인이 될 수 있으므로 주의해야 한다.

ⓒ 입실 후 태도 : 본인의 차례가 되어 호명되면 또렷하게 대답하고 들어간다. 만약 면접장 문이 닫혀 있다면 상대에게 소리가 들릴 수 있을 정도로 노크를 두세 번 한 후 대답을 듣고 나서 들어가야 한다. 문을 여닫을 때에는 소리가 나지 않게 조용히 하며 공손한 자세로 인사한 후 성명과 수험 번호를 말하고 면접관의 지시에 따라 자리에 앉는다. 이 경우 착석하라는 말이 없는데 먼저 의자에 앉으면 무례한 사람으로 보일 수 있으므로 주의한다. 의자에 앉을 때에는 끝에 앉지 말고 무릎 위에 양손을 가지런히 얹는 것이 예절이라고 할 수 있다.

ⓔ 옷매무새를 자주 고치지 마라. : 일부 지원자의 경우 옷매무새 또는 헤어스타일을 자주 고치거나 확인하기도 하는데 이러한 모습은 과도하게 긴장한 것 같아 보이거나 면접에 집중하지 못하는 것으로 보일 수 있다. 남성 지원자의 경우 넥타이를 자꾸 고쳐 맨다거나 정장 상의 끝을 너무 자주 만지작거리지 않는다. 여성 지원자는 머리를 계속 쓸어 올리지 않고, 특히 짧은 치마를 입고서 신경이 쓰여 치마를 끌어 내리는 행동은 좋지 않다.

ⓜ 다리를 떨거나 산만한 시선은 면접 탈락의 지름길 : 자신도 모르게 다리를 떨거나 손가락을 만지는 등의 행동을 하는 지원자가 있는데, 이는 면접관의 주의를 끌 뿐만 아니라 불안하고 산만한 사람이라는 느낌을 주게 된다. 따라서 가능한 한 바른 자세로 앉아 있는 것이 좋다. 또한 면접관과 시선을 맞추지 못하고 여기저기 둘러보는 듯한 산만한 시선은 지원자가 거짓말을 하고 있다고 여겨지거나 신뢰할 수 없는 사람이라고 생각될 수 있다.

② 답변 관련 예절

ⓐ 면접관이나 다른 지원자와 가치 논쟁을 하지 않는다. : 질문을 받고 답변하는 과정에서 면접관 또는 다른 지원자의 의견과 다른 의견이 있을 수 있다. 특히 평소 지원자가 관심이 많은 문제이거나 잘 알고 있는 문제인 경우 자신과 다른 의견에 대해 이의가 있을 수 있다. 하지만 주의할 것은 면접에서 면접관이나 다른 지원자와 가치 논쟁을 할 필요는 없다는 것이며 오히려 불이익을 당할 수도 있다. 정답이 정해져 있지 않은 경우에는 가치관이나 성장배경에 따라 문제를 받아들이는 태도에서 답변까지 충분히 차이가 있을 수 있으므로 군이 면접관이나 다른 지원자의 가치관을 지적하고 고치려 드는 것은 좋지 않다.

ⓑ 답변은 항상 정직해야 한다. : 면접이라는 것이 아무리 지원자의 장점을 부각시키고 단점을 축소시키는 것이라고 해도 절대로 거짓말을 해서는 안 된다. 거짓말을 하게 되면 지원자는 불안하거나 꺼림칙한 마음이 들게 되어 면접에 집중을 하지 못하게 되고 수많은 지원자를 상대하는 면접관은 그것을 놓치지 않는다. 거짓말은 그 지원자에 대한 신뢰성을 떨어뜨리며 이로 인해 다른 스펙이 아무리 훌륭하다고 해도 채용에서 탈락하게 될 수 있음을 명심하도록 한다.

ⓒ **경력직을 경우 전 직장에 대해 험담하지 않는다.** : 지원자가 전 직장에서 무슨 업무를 담당했고 어떤 성과를 올렸는지는 면접관이 관심을 둘 사항일 수 있지만, 이전 직장의 기업문화나 상사들이 어땠는지는 그다지 궁금해 하는 사항이 아니다. 전 직장에 대해 험담을 늘어놓는다든가, 동료와 상사에 대한 악담을 하게 된다면 오히려 지원자에 대한 부정적인 이미지만 심어줄 수 있다. 만약 전 직장에 대한 말을 해야 할 경우가 생긴다면 가능한 한 객관적으로 이야기하는 것이 좋다.

ⓔ **자기 자신이나 배경에 대해 자랑하지 않는다.** : 자신의 성취나 부모 형제 등 집안사람들이 사회·경제적으로 어떠한 위치에 있는지에 대한 자랑은 면접관으로 하여금 지원자에 대해 오만한 사람이거나 배경에 의존하려는 나약한 사람이라는 이미지를 갖게 할 수 있다. 따라서 자기 자신이나 배경에 대해 자랑하지 않도록 하고, 자신이 한 일에 대해서 너무 자세하게 얘기하지 않도록 주의해야 한다.

03 면접 질문 및 답변 포인트

(1) 가족 및 대인관계에 관한 질문

① **당신의 가정은 어떤 가정입니까?**

면접관들은 지원자의 가정환경과 성장과정을 통해 지원자의 성향을 알고 싶어 이와 같은 질문을 한다. 비록 가정 일과 사회의 일이 완전히 일치하는 것은 아니지만 '가화만사성'이라는 말이 있듯이 가정이 화목해야 사회에서도 화목하게 지낼 수 있기 때문이다. 그러므로 답변 시에는 가족사항을 정확하게 설명하고 집안의 분위기와 특징에 대해 이야기하는 것이 좋다.

② **친구 관계에 대해 말해 보십시오.**

지원자의 인간성을 판단하는 질문으로 교우관계를 통해 답변자의 성격과 대인관계능력을 파악할 수 있다. 새로운 환경에 적응을 잘하여 새로운 친구들이 많은 것도 좋지만, 깊고 오래 지속되어온 인간관계를 말하는 것이 더욱 바람직하다.

(2) 성격 및 가치관에 관한 질문

① 당신의 PR포인트를 말해 주십시오.

PR포인트를 말할 때에는 지나치게 겸손한 태도는 좋지 않으며 적극적으로 자기를 주장하는 것이 좋다. 앞으로 입사 후 하게 될 업무와 관련된 자기의 특성을 구체적인 일화를 더하여 이야기하도록 한다.

② 당신의 장·단점을 말해 보십시오.

지원자의 구체적인 장·단점을 알고자 하기 보다는 지원자가 자기 자신에 대해 얼마나 알고 있으며 어느 정도의 객관적인 분석을 하고 있나, 그리고 개선의 노력 등을 시도하는지를 파악하고자 하는 것이다. 따라서 장점을 말할 때는 업무와 관련된 장점을 뒷받침할 수 있는 근거와 함께 제시하며, 단점을 이야기할 때에는 극복을 위한 노력을 반드시 포함해야 한다.

③ 가장 존경하는 사람은 누구입니까?

존경하는 사람을 말하기 위해서는 우선 그 인물에 대해 알아야 한다. 잘 모르는 인물에 대해 존경한다고 말하는 것은 면접관에게 바로 지적당할 수 있으므로, 추상적이라도 좋으니 평소에 존경스럽다고 생각했던 사람에 대해 그 사람의 어떤 점이 좋고 존경스러운지 대답하도록 한다. 또한 자신에게 어떤 영향을 미쳤는지도 언급하면 좋다.

(3) 학교생활에 관한 질문

① 지금까지의 학교생활 중 가장 기억에 남는 일은 무엇입니까?

가급적 직장생활에 도움이 되는 경험을 이야기하는 것이 좋다. 또한 경험만을 간단하게 말하지 말고 그 경험을 통해서 얻을 수 있었던 교훈 등을 예시와 함께 이야기하는 것이 좋으나 너무 상투적인 답변이 되지 않도록 주의해야 한다.

② 성적은 좋은 편이었습니까?

면접관은 이미 서류심사를 통해 지원자의 성적을 알고 있다. 그럼에도 불구하고 이 질문을 하는 것은 지원자가 성적에 대해서 어떻게 인식하느냐를 알고자 하는 것이다. 성적이 나빴던 이유에 대해서 변명하려 하지 말고 담백하게 받아드리고 그것에 대한 개선노력을 했음을 밝히는 것이 적절하다.

③ 학창시절에 시위나 집회 등에 참여한 경험이 있습니까?

기업에서는 노사분규를 기업의 사활이 걸린 중대한 문제로 인식하고 거시적인 차원에서 접근한다. 이러한 기업문화를 제대로 인식하지 못하여 학창시절의 시위나 집회 참여 경험을 자랑스럽게 답변할 경우 감점요인이 되거나 심지어는 탈락할 수 있다는 사실에 주의한다. 시위나 집회에 참가한 경험을 말할 때에는 타당성과 정도에 유의하여 답변해야 한다.

(4) 지원동기 및 직업의식에 관한 질문

① 왜 우리 회사를 지원했습니까?

이 질문은 어느 회사나 가장 먼저 물어보고 싶은 것으로 지원자들은 기업의 이념, 대표의 경영능력, 재무구조, 복리후생 등 외적인 부분을 설명하는 경우가 많다. 이러한 답변도 적절하지만 지원 회사의 주력 상품에 관한 소비자의 인지도, 경쟁사 제품과의 시장점유율을 비교하면서 입사동기를 설명한다면 상당히 주목 받을 수 있을 것이다.

② 만약 이번 채용에 불합격하면 어떻게 하겠습니까?

불합격할 것을 가정하고 회사에 응시하는 지원자는 거의 없을 것이다. 이는 지원자를 궁지로 몰아넣고 어떻게 대응하는지를 살펴보며 입사 의지를 알아보려고 하는 것이다. 이 질문은 너무 깊이 들어가지 말고 침착하게 답변하는 것이 좋다.

③ 당신이 생각하는 바람직한 사원상은 무엇입니까?

직장인으로서 또는 조직의 일원으로서의 자세를 묻는 질문으로 지원하는 회사에서 어떤 인재상을 요구하는 가를 알아두는 것이 좋으며, 평소에 자신의 생각을 미리 정리해 두어 당황하지 않도록 한다.

④ 직무상의 적성과 보수의 많음 중 어느 것을 택하겠습니까?

이런 질문에서 회사 측에서 원하는 답변은 당연히 직무상의 적성에 비중을 둔다는 것이다. 그러나 적성만을 너무 강조하다 보면 오히려 솔직하지 못하다는 인상을 줄 수 있으므로 어느 한 쪽을 너무 강조하거나 경시하는 태도는 바람직하지 못하다.

⑤ 상사와 의견이 다를 때 어떻게 하겠습니까?

과거와 다르게 최근에는 상사의 명령에 무조건 따르겠다는 수동적인 자세는 바람직하지 않다. 회사에서는 때에 따라 자신이 판단하고 행동할 수 있는 직원을 원하기 때문이다. 그러나 지나치게 자신의 의견만을 고집한다면 이는 팀원 간의 불화를 야기할 수 있으며 팀 체제에 악영향을 미칠 수 있으므로 선호하지 않는다는 것에 유념하여 답해야 한다.

⑥ 근무지가 지방인데 근무가 가능합니까?

근무지가 지방 중에서도 특정 지역은 되고 다른 지역은 안 된다는 답변은 바람직하지 않다. 직장에서는 순환 근무라는 것이 있으므로 처음에 지방에서 근무를 시작했다고 해서 계속 지방에만 있는 것은 아님을 유의하고 답변하도록 한다.

(5) 여가 활용에 관한 질문 – 취미가 무엇입니까?

기초적인 질문이지만 특별한 취미가 없는 지원자의 경우 대답이 애매할 수밖에 없다. 그래서 가장 많이 대답하게 되는 것이 독서, 영화감상, 혹은 음악감상 등과 같은 흔한 취미를 말하게 되는데 이런 취미는 면접관의 주의를 끌기 어려우며 설사 정말 위와 같은 취미를 가지고 있다하더라도 제대로 답변하기는 힘든 것이 사실이다. 가능하면 독특한 취미를 말하는 것이 좋으며 이제 막 시작한 것이라도 열의를 가지고 있음을 설명할 수 있으면 그것을 취미로 답변하는 것도 좋다.

(6) 지원자를 당황하게 하는 질문

① 성적이 좋지 않은데 이 정도의 성적으로 우리 회사에 입사할 수 있다고 생각합니까?

비록 자신의 성적이 좋지 않더라도 이미 서류심사에 통과하여 면접에 참여하였다면 기업에서는 지원자의 성적보다 성적 이외의 요소, 즉 성격·열정 등을 높이 평가했다는 것이라고 할 수 있다. 그러나 이런 질문을 받게 되면 지원자는 당황할 수 있으나 주눅 들지 말고 침착하게 대처하는 면모를 보인다면 더 좋은 인상을 남길 수 있다.

② 우리 회사 회장님 함자를 알고 있습니까?

회장이나 사장의 이름을 조사하는 것은 면접일을 통고받았을 때 이미 사전 조사되었어야 하는 사항이다. 단답형으로 이름만 말하기보다는 그 기업에 입사를 희망하는 지원자의 입장에서 답변하는 것이 좋다.

③ 당신은 이 회사에 적합하지 않은 것 같군요.

이 질문은 지원자의 입장에서 상당히 곤혹스러울 수밖에 없다. 질문을 듣는 순간 그렇다면 면접은 왜 참가시킨 것인가 하는 생각이 들 수도 있다. 하지만 당황하거나 흥분하지 말고 침착하게 자신의 어떤 면이 회사에 적당하지 않은지 겸손하게 물어보고 지적당한 부분에 대해서 고치겠다는 의지를 보인다면 오히려 자신의 능력을 어필할 수 있는 기회로 사용할 수도 있다.

④ 다시 공부할 계획이 있습니까?

이 질문은 지원자가 합격하여 직장을 다니다가 공부를 더 하기 위해 회사를 그만 두거나 학습에 더 관심을 두어 일에 대한 능률이 저하될 것을 우려하여 묻는 것이다. 이때에는 당연히 학습보다는 일을 강조해야 하며, 업무 수행에 필요한 학습이라면 업무에 지장이 없는 범위에서 야간학교를 다니거나 회사에서 제공하는 연수 프로그램 등을 활용하겠다고 답변하는 것이 적당하다.

⑤ 지원한 분야가 전공한 분야와 다른데 여기 일을 할 수 있겠습니까?

수험생의 입장에서 본다면 지원한 분야와 전공이 다르지만 서류전형과 필기전형에 합격하여 면접을 보게 된 경우라고 할 수 있다. 이는 결국 해당 회사의 채용 방침상 전공에 크게 영향을 받지 않는다는 것이므로 무엇보다 자신이 전공하지는 않았지만 어떤 업무도 적극적으로 임할 수 있다는 자신감과 능동적인 자세를 보여주도록 노력하는 것이 좋다.

CHAPTER 02 면접기출

01 직업기초능력면접(개별면접)

① 한국수력원자력의 장점과 미래 전망에 대해 말해보시오.

② 가족들과 해외여행을 갔는데 회사에서 급하게 부른다면 어떻게 할 것인가?

③ 본인의 업무방식, 규정 등과 선배들의 업무 처리 방식이 다르다면 어떻게 할 것인가?

④ 직장 내 상사와 갈등상황 시 어떻게 해결할 것인가?

⑤ 지원분야의 업무를 수행하기 위해 노력했던 것들에 대해 말해보시오.

⑥ 자신이 했던 행동 중 가장 개혁적이라고 생각되는 것에 대해 말해보시오.

⑦ 한국수력원자력이 벤치마킹 할 수 있는 회사와 그 이유를 말해보시오.

⑧ '취직을 하면 이런 사람은 되지 않겠다.'를 말하고 자신은 어떤 직원이 되고 싶은가?

⑨ 직장 상사가 나보다 어리면 어떻게 할 것인가?

⑩ 상사에게 부당한 지시를 받으면 어떻게 할 것인가?

⑪ 자신의 취미와 특기에 대해 말해보시오.

⑫ 최근 주의 깊게 본 시사 이슈는 무엇인가?

⑬ 지방이나 오지 근무에 대해 어떻게 생각하는가?

⑭ 자신만의 스트레스 해소법은 무엇인가?

⑮ 자신이 좋아하는 인간상과 싫어하는 인간상에 대해 말해보시오.

⑯ 10년 후 자신의 모습에 대해 말해보시오.

⑰ 프로의식이 무엇이라고 생각하는가?

⑱ 전공과 성격 외에 한수원에 기여할 수 있는 것은?

⑲ 소통과 관련된 에피소드를 말해보시오.

⑳ 왜 한수원에 지원했는가?

㉑ 언제부터 한수원 입사를 꿈꾸게 되었는가?

㉒ 원전에 반대하는 사람들에 대해 어떻게 생각하는가?

㉓ 고소득전문직인데 월 100만원 받고 다닐 수 있는가?

02 직무수행능력면접(집단면접, 토론)

① 기업가 정신은 어떤 것인지에 대해 토론해보시오.

② 전자 건강보험증의 도입에 대한 찬·반 토론을 하시오.

③ 공기업의 수익성과 공익성 중 어느 하나를 선택하고 토론하시오.

④ 한국수력원자력이 지역주민과 친해질 수 있는 방안에 대해 토론하시오.

⑤ 원자력발전의 장점과 단점을 말하고 최근 사회적 이슈가 되고 있는 원자력발전 중지에 대해 찬·반 토론을 하시오.

⑥ 비용과 효율성 측면에서 신재생에너지 개발에 대한 찬·반 토론을 하시오.

⑦ 원자력발전의 필요성과 안전성에 대해 지역주민들을 설득해 보시오.

⑧ 원자력발전소 사고가 났을 경우 선 조치 후 보고에 대한 찬·반 토론을 하시오.

⑨ 방사능 유출에 대한 획기적인 대책을 제시하시오.

03 관찰면접(집단면접)

① 체육대회 개최를 위한 창의적 아이디어를 제시하고 시행방안을 구상하시오.

② 지역주민과의 원활한 소통을 위한 창의적인 아이디어를 제시하고 시행방안을 구상하시오.

③ 안전한 원자력발전소 건설을 위한 창의적인 아이디어를 제시하고 시행방안을 구상하시오.

④ 신재생에너지 개발에 대한 창의적인 아이디어를 제시하고 시행방안을 구상하시오.

⑤ 방사성폐기물 처리에 대한 창의적인 아이디어를 제시하고 시행방안을 구상하시오.

⑥ 서울 다산콜센터 직원이 하루에 민원을 몇 건을 받겠는가?

CHAPTER 03

영어면접

01 최근 영어면접 경향

(1) 왜 영어면접을 하는가?

우선 가장 먼저 영어면접을 왜 해야 하는가에 대한 근본취지에 대한 이해가 필요하고 이에 따라 준비 방향을 잡는 것이 중요하다. 많은 사람들이 실제 영어를 사용할 일이 그다지 많지 않은데 왜 영어 면접까지 해야 하는 지 의문을 가지고 있다. 그럼 영어 인터뷰를 하는 이유를 살펴보도록 하자.

① 실용적인 이유

경영학에서 MOT(Moment Of Truth), 즉 진실의 순간이라는 것이 있다. 이는 고객과의 접점 순간을 나타내는 말인데 스페인의 투우사가 소의 심장을 찌르는 순간에서 유래된 말이다. 우리나라와 같이 수출에 많이 의존하는 나라는 이 MOT라는 것이 영어라는 언어를 통해 해외 고객들과 이루어진다.

기업마다 그리고 직무마다 해외교류의 필요성 정도가 틀리지만 우리나라 사람들의 영어교육이 암기식 필기 위주로 교육이 되다보니 실제 현장에서는 말 한마디 못하는 경우가 비일비재하다. 말을 하더라도 발음이나 문법이 지나치게 어색해서 의사소통이 제대로 안 되는 경우도 많다. 최근 중국시장이 커지고 있다고 하나 정작 중국 사람들은 어순이 비슷한 영어로 외국인과 의사소통하는 것을 어중간한 중국어로 의사소통하는 것보다 편하게 생각하는 경우가 많다. 이는 영어가 국제무역에서 표준 언어로 자리 잡고 있기 때문에 통상을 위해서는 불가피하게 갖추어야 할 언어 소통 능력이다.

② 변별력 측정의 수단

기업 채용에서는 여러 대학 출신들이 경쟁하기 때문에 표준화된 변별력 측정 수단을 채용하는 입장에서는 찾을 수밖에 없다. 학점의 경우 대학들마다 기준이 틀리기 때문에 표준화된 변별력 측정 수단이 되기에는 부족하다. 즉, A에 재학하는 대학생이 B대학에서는 더 높은 학점을 받을 수도 있고 반대의 경우도 가능하기 때문이다. 학점은 변별력 측정 수단이라기보다는 성실성을 측정하는 수단으로 보는 경우가 많고 어느 정도 수준만 넘으면 서류전형 통과기준으로 활용된다. 토익 또한 영어라는 객관적인 변별력 측정수단이 되기는 하지만 필기시험 위주다 보니 수험생들이 계속 치다보면 요령을 터득 하게 되어 토익점수 인플레 현상이 나타나고 있는 상황이다.

그러다보니 학점과 마찬가지로 일정 수준을 넘으면 서류전형 합격기준으로 활용되고 있는 상황이다. 이러한 이유들 때문에 서류전형에서 측정되는 항목들로는 진정으로 자신들이 원하는 인재를 선별하기에는 한계점이 있다고 느끼게 되어 점차 면접이 강화되는 추세이다. 일단 서류전형을 통과하면 서류전형에서 검토되었던 기준들은 면접을 위한 참고자료 정도로만 활용된다. 이러한 추세에 맞춰 취업준비생들은 면접을 준비하는데 상당한 노력을 기울이고 있는 상황이다. 이러한 상황에서 면접 대상자들 대부분은 상당한 준비가 되어 있을 테고 이에 따른 변별력 측정 수단이 필요하게 된다. 영어면접의 경우 일반면접에 비해 단시일 내에 준비하기 어렵기 때문에 보다 더 정확한 변별력 측정 수단으로 활용될 수 있기 때문이다.

③ 면접자를 더 파악하기 위한 수단

위에서 언급했듯이 대다수의 취업 준비생들은 면접 준비에 상당한 노력을 기울인다. 그러다보니 계산된 답변들이 나오게 되고 면접관 입장에서는 면접자의 진정한 모습을 찾기가 그만큼 어려워진다. 따라서 면접관들은 압박면접이나 영어면접을 통하여 면접자들을 흔들어 당황하게 만들고 머릿속을 공백 상태로 만들기를 좋아하는 경우가 많다. 그러한 상태가 되면 면접자가 어떠한 사람인지를 더 정확하게 파악할 수 있게 되어 인성, 태도, 스트레스에 대한 내성, 논리성 등 다양한 면을 더 정확하게 볼 수 있게 된다.

④ 창의력 측정의 수단

우리나라 영어교육은 주로 암기식 위주로 되었기 때문에 실제 현장에서 영어를 구사할 때 상황에 맞지 않게 천편일률적으로 대응하는 경우가 많다. 예전에 유행했던 유머 중 이런 내용이 있다. 한국 사람이 미국에 가서 관광도중 큰 교통사고를 당했다. 그러자 근처에 있던 경찰이 급하게 뛰어와 "Are you OK?"라고 물으니 그 관광객은 "Fine thank you and you?"라고 답했다 한다. 영어면접은 그 면접자의 응용력 측정 수단으로서도 활용되기 때문에 흔히 얘기하듯이 교과서식 답변은 그다지 좋은 인상을 주지 못한다. 인터뷰 질문에 대한 답변 중 사실 정답은 없다. 다만 면접자의 답변하는 방식이 어떠한가를 보고 기업에 맞는 인재인가를 판단하는 것이다.

(2) 영어면접의 질문 유형

영어면접의 질문 유형을 미리 파악해 사전에 준비하면 문장을 어떻게 구성해야 하는지 즉시 떠올릴 수 있기 때문에 큰 도움이 된다. 영어면접의 유형은 크게 아래와 같이 4개 유형으로 나누어진다.

① **과거경험형** … 과거 자신의 경험에 대한 질문으로서 자신의 역사를 소개할 수 있는 기회로 삼을 수 있다. 평범한 답변 보다는 자기성찰을 담은 경험담을 흥미롭게 전달할 수 있어야 한다. 이와 같은 질문은 평상시에 자기 자신에 대해서 생각하지 않으면 제3자에게 자신을 알리기 어렵기 때문에 우선 스스로에 대해서 질문을 던져보는 것이 좋다.

Q What was your most impressive experience during college days?

당신의 대학생활 중 가장 인상 깊었던 경험은 무엇입니까?

> A My voluntary work at Cambodia was the most impressive experience. Because I felt that efficient home building method is needed in undeveloped area which led me to get interested in construction industry.
>
> 캄보디아에서 봉사 활동한 경험이 가장 인상 깊었습니다. 왜냐하면 저개발 지역에 효과적으로 집을 짓는 방법이 필요하다고 느꼈고 그로 인하여 건설 산업에 흥미를 가지게 되었습니다.

위 면접자는 가장 인상 깊었던 일을 흔히 접하기 어려운 흥미로운 주제로 삼았고 봉사활동이 인상이 깊었던 이유를 설명함으로서 논리적이라는 인상을 준다. 또한 만약 위 면접자가 건설 산업에 종사하는 기업에 면접을 한 경우라면 자연스럽게 관심을 가지게 된 이유와 지원 동기를 설명하는 기회가 된다. 많은 면접자들이 문법공부를 많이 했음에도 불구하고 실제 영어로 얘기할 때 틀리는 부분이 시제와 관련된 부분인데 시제가 틀리면 의미전달 자체가 제대로 되지 않는 경우가 많다. 틀리는 방법도 대부분 유사한데 현재형으로 문장을 만들어 얘기하는 경향이 있다. 이렇게 되면 과거에 경험을 했다는 것인지 지금 현재 그렇다는 것인지 의미가 헷갈리게 된다.

Q When did you go to US for study?

미국에 공부하러 간 게 언제인가요?

> A I went to US in 2009 to study ∼. (○)
> I go to US in 2009 to studying ∼. (×)

Q Could you tell me why you selected your major?

당신의 전공을 선택한 이유는 무엇이죠?

> A I selected my major because I was interested in ∼, and thought that majoring in ∼ would fit my interest as well as my future career. (○)
> I selected my major because I am interested in ∼, and think ∼ (×)

② **상황제시형** … 어떠한 가정의 상황을 제시하고 이러한 경우 어떻게 대응할 것인가를 질문하는 것이다. 이러한 질문의 경우 가정문으로 문장을 만들어 답변하면 된다.

Q If you were a CEO of our company what would you do first of all?

당신이 우리 회사의 CEO라면 가장 먼저 무엇을 하겠습니까?

> **A** If I were a CEO of our company, I would first of all ～.
>
> 제가 우리 회사의 CEO라면 가장 먼저 ～을 하겠습니다.

Q What would you do if customers kept complaining on your work?

고객들이 당신의 업무에 대해 계속 불평을 하면 어떻게 하겠는가?

> **A** If I were at that situation, I would ～
>
> 제가 그러한 상황이라면 먼저 ～ 하겠습니다.

위와 같이 ～ 상황이라면 어떻게 하겠느냐의 질문 유형 외에도 ～ 한 상황이었던 예를 들어보게 하는 질문 유형이 있다.

Q Give an example of an occasion when you used logic to solve a problem.

당신이 문제를 해결하기 위하여 논리적인 사고를 한 경우를 제시하십시오.

Q Describe a decision you made that was unpopular and how you handled implementing it.

당신이 결정한 것 중 주변으로부터 인기가 없었던 경우를 설명하고 당신이 결정한 사항을 실행하기 위하여 어떻게 상황을 다루었는지 설명해 보십시오.

이와 같이 예를 들어보게 하는 질문 유형은 아래와 같은 흐름으로 답변에 담으면 된다.

• 구체적인 상황

⇩

• 해야 했던 일 또는 해결해야 했던 사항

⇩

• 어떠한 행동을 하였는가

⇩

• 그래서 어떠한 결과가 나타났는가

③ **돌발질문** ⋯ 인터뷰를 진행하다가 상황에 따라서 면접관이 돌발적으로 하는 질문 유형이다. 압박질문도 이러한 유형에 속하는데 돌발질문과 관련하여 다음의 사항들을 주의해야 한다.

㉠ 기본적으로 자기소개 정도는 영어로 할 수 있도록 반드시 준비하라

- 가족이나 출신 등의 기본적인 사항보다는 사회인에 맞게 자신의 특징을 잘 나타낼 수 있는 자기소개를 하도록 하라.
- 면접관들의 관심을 끌 수 있도록 흥미 있도록 포장해서 소개하라.
- 자기성찰과 자신의 생각 등을 표현하여 성숙된 느낌을 주어라.
- 당황하지 않고 자신의 인생을 특징적으로 압축하여 명확하게 표현하라.

㉡ 많은 질문은 그만큼 당신에게 관심 있다는 뜻이니 절대 당황하지 마라

㉢ 자신의 답변에 대해서는 책임을 져라

- 질문에 대해 모르겠는데요. 기사에 나왔는데요 등 무책임한 발언은 하지마라. 정말 모르면 정중한 표현을 사용하여 사실대로 말하라.
- 잘 생각이 안 나도 성의 있게 당황하지 말고 또박또박 말하라.

㉣ 면접관들이 질문할 때 중간에 말을 끊지 마라

- 질문이 끝날 때까지 기다리고 어떻게 이야기할지 잠시 생각하고 말하라.

㉤ 지원한 곳과 관련된 최근 동향을 기사 검색을 통해서 알아두라

㉥ 지나치게 비판적이거나 오만한 태도로 압박면접의 대상이 되지 마라

- 자신감과 오만함은 틀리 다는 것을 명심하라.

④ **대화형 질문** … 이 유형은 주로 외국계 회사나 경력자들을 채용할 때 하는 질문 유형으로 비교적 편안한 분위기에서 대화식으로 질문과 답변을 주고받는 것이다. 이러한 경우 면접자와 함께 일할 수 있는가를 보기 때문에 주로 전문지식과 경력위주의 질문이 이루어지고 지원한 곳에 면접자가 채용되면 적응을 잘할 수 있는가 등의 적합도를 주로 평가한다.

다음의 예시와 같이 장래 회사에 어떻게 기여할 수 있는지 설명하는 것이 중요하다. 또한 지원하는 특정 Job position에 자신이 적합하다는 것을 설득해야 한다.

Q Please tell us how you can contribute to our company?

우리 회사에 당신이 어떻게 기여할 수 있는지 말씀해주시겠습니까?

A I have in-depth knowledge in software development as well as sales experience which I believe will contribute to the company's sales growth.

나는 소프트웨어 개발에 대한 깊은 지식이 있고 세일즈 경험도 있어 회사의 매출 증대에 기여할 수 있다고 믿습니다.

면접관이 위와 같은 설명이 부족하다 싶으면 대화식으로 더 구체적인 사항을 물어본다.

Q Could you tell me more specifically about your knowledge in software development and sales background?

당신의 소프트웨어 지식과 세일즈 경험에 대해서 더 구체적으로 설명해주시겠습니까?

A I have knowledge in developing software in Java and Oracle language which is approved by certification. And I have tender software sales experience for 3 years.

저는 자바와 오라클 언어로 소프트웨어를 개발하는 지식을 가지고 있으며 이를 증명하는 자격증을 가지고 있습니다. 그리고 저는 3년의 소프트웨어 입찰 세일즈 경험을 가지고 있습니다.

아래 예문에서와 같이 연봉은 얼마를 받기를 원하는지 조건을 물어보는 질문을 자주한다. 이럴 때 얼버무리지 말고 합리적인 조건을 의사 표시해야 한다.

Q How much compensation do you expect when you are employed?

당신이 고용되면 어느 정도의 보상을 원하십니까?

A I would like to get paid annually ~.

나는 연봉~을 지급받기를 원합니다.

(3) 평범한 답변으로는 부족하다

영어면접은 단순한 영어회화 테스트가 아니라 면접자의 창의성과 논리성, 의사전달력을 평가하여 직무를 수행할 수 있는 능력을 갖추었는지 보는 것이다. 따라서 아래와 같이 기본적인 원칙을 지켜야 한다.

① 자신의 의견을 뒷받침할 구체적인 예를 들어 의미를 확실히 전달할 것. 예를 들 때 자신의 창의력을 보여줄 것

A City of Seoul should build more cultural infrastructure.

서울시는 문화적인 인프라를 더 지어야 한다.

㉠ 구체적인 예를 들어준다.

A City of Seoul should build more cultural infrastructure such as museum, park, and theater.

서울시는 박물관, 파크, 극장과 같은 문화적인 인프라를 더 지어야 한다.

㉡ 여기에서 더 나아가 창의력을 첨가한다.

A City of Seoul should build more unique cultural infrastructure such as green theme park, IT museum.

서울시는 그린 테마 파크, IT 박물관과 같은 독특한 문화 인프라를 더 지어야 한다.

㉢ 또는 For example로 시작하는 새로운 문장을 만들어 구체적인 예를 들어준다.

② 답변의 논리성을 지키고 인과관계에 주의할 것

> **A** Cultural asset of the city is becoming more important in enhancing quality of life and competitiveness of city.
>
> 도시의 문화적인 자산은 삶의 질 향상과 도시의 경쟁력에 점점 더 중요해지고 있다.
>
> **A** Therefore, City of Seoul should build more cultural infrastructure such as museum, park, and theater.
>
> 따라서, 서울시는 박물관, 공원, 극장과 같은 문화적인 인프라를 더 지어야 한다.
>
> **A** For example, City of Seoul should build unique cultural infrastructure such as green theme park, IT museum, and traditional performance theater which can show characteristics of our city.
>
> 예를 들어, 서울시는 그린 테마 파크, IT 박물관, 전통 공연 극장 등 도시의 성격을 잘 나타낼 수 있는 독특한 문화적인 인프라를 지어야 한다.

논리적인 흐름을 지킨다. A(명제) ⇨ B(방안) ⇨ C(예를 통한 의사전달)

〈면접관의 생각 흐름〉

A : 문화적인 인프라가 중요해지는데 뭐 어쩌라고?

B : 박물관, 공원 그런 것 다 있지 않나?

C : 아, 그런 것 하면 좋겠네.

③ 답변의 leveling에 주의할 것

자신의 의견을 답하면서 예를 여러 개 들 때 중구난방으로 답하는 것을 피하고 첫째와 둘째, 셋째의 예를 수준이 맞게 하고 중복을 피해야 한다. 예를 들어 방안들을 나열할 때 첫째는 문화 인프라를 더 구축해야 한다, 둘째는 서울시에 볼거리가 더 있어야 한다. 이런 식으로 하면 첫째방안에 비해 둘째는 너무 지엽적이어서 레벨이 맞지 않고 둘째 방안이 첫째 방안에 속하게 되어 중복 문제가 생긴다.

(4) 영어실력만 보는 것일까?

앞에서 언급했듯이 영어면접은 영어 실력뿐만 아니라 영어라는 도구를 활용하여 면접자에 대해서 더 알고자 하는 목적으로 활용된다. 면접관들이 여러 명으로 구성되어 있는데 영어로 물어보는 면접관만 영어면접을 평가한다고 생각해서는 안 된다. 영어면접을 할 때 면접자의 태도, 열정, 논리성 등은 함께 배석한 다른 면접자들도 동시에 관찰하고 평가한다. 많은 면접자들이 영어로 문장을 내느라 신경을 쓰다 보니 정작 태도는 신경을 못 쓴다. 영어문장을 만드는데 골몰하다보면 자연스레 눈동자가 올라가고 시선이 불안정해진다. 또한 아래와 같이 공식자리에서 사용되는 공손한 영어를 구사해야 한다.

A Thank you for the interview opportunity. (×)

It's a great honor to have my presentation opportunity. (○)

인터뷰 기회를 주셔서 감사합니다.

A Nice to meet you. (×)

It's a great pleasure to meet you, I'm very honored to meet you, 또는 I'm pleased to meet you. (○)

만나 뵙게 되어 반갑습니다.

A I like to (×)

I would like to ~ 등이 좋다. (○)

나는 ~ 하고 싶다.

영어구사능력을 보는 주된 이유 중 하나는 면접자의 자기계발에 대한 열정을 보고 발전가능성을 보는데 있다. 답변을 할 때 자신의 열정을 보여줄 수 있는 요소들을 포함시키면 좋다. 또한 면접자가 어떤 확실한 목표가 있는가를 보는 것도 열정을 평가하는 방법 중 하나이다. 목표를 얘기할 때 두리뭉실하고 불명확한 것보다 구체적인 것이 좋고 지나치게 비현실적인 목표는 삼가야 한다.

Q What is your hobby?

당신의 취미는 무엇입니까?

A My hobby is reading articles on recent trend in IT and I also participate in club as administrator which deals with the subject.

제 취미는 최신 IT 트렌드와 관련된 기사를 읽는 것이고 그 주제와 관련하여 운영자로서 클럽에도 참가하고 있습니다.

02 사전에 알아두어야 할 지식

(1) 영어 면접 시 주의사항

영어면접을 치루기 전에 알아두어야 할 주의사항들은 아래와 같다.

① 질문의도를 정확히 파악하라

면접자 자신의 가정으로 질문 의도를 어림짐작하지 말고 제대로 질문을 알아듣지 못하였으면 Pardon, please 등 양해를 구하고 다시 질문을 들어야한다.

② 곧바로 대답하지 말고 생각할 시간을 갖고 답하라

　　즉흥적으로 대답하기 보다는 생각을 가다듬고 문장을 어느 정도 구성한 다음 답변해야 말을 더듬지 않고 실수를 하지 않는다.

③ 의미전달을 명확히 하라

　　답변을 너무 장황하게 하여 스스로 무덤을 파지 말고 핵심을 전달하고 문장을 끝마쳐야 한다.

④ 간단한 단답형 답변이 아니라 문장을 만들어서 답하라

　　질문이 간단하더라도 달랑 Yes, No로 답하지 말고 짧더라도 문장을 만들어서 답하라.

⑤ 자기소개를 할 때 군더더기가 많아 지나치게 시간을 허비하지 마라

　　흔히들 자기소개하면 몇 년도에 태어나 가족은 어떻게 되는 등 호구조사용 답변을 많이 하지만 이러한 것들은 될 수 있으면 삼가야 한다. 그보다는 자신의 뜻 깊은 경험이나 관심과 생각 등 자기성찰적인 내용을 넣어야 한다.

⑥ 사례나 더 구체적인 사항을 얘기할 때 비교적 최신사례나 외국사례를 들어 면접관도 모르는 좋은 사례를 얘기하도록 하라

　　면접자의 답변에서 새로운 정보를 얻으면 그만큼 좋은 인상을 받는다.

⑦ 지나치게 어려운 단어나 생소한 단어는 피하라

　　면접관이 면접자와 전공이 다를 수도 있는데 자신이 아는 단어라고해서 모두 다 안다고 생각해서는 안 된다. 발음이 좋지 않은 상황에서 생소한 단어를 사용하는 것은 더욱 안 좋다. 따라서 의미전달을 명확히 하기 위해서는 지나치게 생소한 단어가 들어간 답변은 피하는 것이 좋다.

⑧ 최근 이슈가 되는 키워드를 답변에 적절히 배치시켜라

　　최신 토픽들이 어떠한 것들이 있는지 파악하고 중심 키워드를 답변에 배치하여 내용의 질을 올리면 좋은 인상을 받을 수 있다.

⑨ 주장을 할 때는 이유를 들어라

　　주장을 할 때는 문장에 because 등을 넣어 논리적인 근거를 제시해야 한다. 또한 according to 등을 활용하여 근거자료를 제시하면 좋다.

⑩ I think 등 불확실한 답변은 피해라

　　자신의 생각이더라도 확실한 주관을 가지고 얘기하도록 하고 I think와 같이 자신감이 결여된 표현은 피하도록 해야 한다.

⑪ 인상을 밝게 하라

　밝은 인상은 그만큼 자신감이 있다는 것을 외부에 보이는 것이기 때문에 중요하다. 많은 면접자들이 영어면접에 들어가면 인상이 어두워지는데 내적인 자신감 부족이 외부에 드러나기 때문이다.

⑫ 종교, 인종, 성을 구분한 답변은 피하라

　기업들의 인사정책상 종교, 인종, 성차별은 금기 사항임을 명심해야 한다.

⑬ 영어를 구사할 때는 발음만큼이나 억양이 중요하며 무미건조하지 않게 리듬을 타면서 중요한 부분은 강조하라

　많은 면접자들을 대하다보면 면접관들도 집중력이 흐트러지기 마련인데 집중을 시키기 위해서라도 억양은 중요하다.

⑭ 성량, 속도, 발음은 사전에 연습을 통하여 강화시켜라

　억양과 함께 적절한 성향, 속도, 발음은 능숙하게 영어를 구사할 수 있다는 인상을 준다.

⑮ 한국말로 질문하는 것을 영어로 답변할 수 있도록 준비하라

　영어면접을 경계선을 그어 구분 짓지 않고 한국말로 진행하다가 갑자기 영어로 답해보라고 하는 경우도 많기 때문에 불시에 영어로 답해야하는 경우를 대비해야 한다.

⑯ 인터뷰를 끝마치면 Thank you for listening 등 인사를 하라

　긴장한 나머지 시작과 끝이 말끔하지 못하면 덤벙된다는 인상을 줄 수 있다.

(2) 지원한 곳에 대한 사전조사

　면접자는 자신이 지원한곳이 어떠한 곳인지를 사전에 파악하고 적극적으로 회사에 대한 정보를 구해야 한다. 회사에서 개최하는 채용 오리엔테이션에 참가하고 필요하다면 인사담당자에게 직접 연락하여 정보를 얻는 등 적극적인 사전 조사 방법도 괜찮다. 이러한 적극적인 자세는 그만큼 해당 기업에 대한 관심을 나타내기 때문에 영어 면접 시 답변에서도 사전지식을 갖추어야 한다.

　사전조사가 중요한 이유는 채용 방식의 변화 때문인데 과거 그룹사별로 공채하던 관행에서 벗어나 계열사별로 채용을 하면서 면접관들이 실무진 위주로 구성되기 때문이다. 실무진 위주로 면접관들이 구성되다보니 현장에 더 가까운 실용적인 질문들이 나오는 경향이 있다. 채용자 입장에서는 새로운 피를 수혈해서 당장 부닥친 문제를 푸는 데 도움을 줄 수 있는 인재를 뽑고자 하는 경우가 많기 때문에 사전지식 없이는 영어를 잘해도 답조차 못하는 질문이 나올 수 있다. 따라서 지원한 기업의 현재 사업전략과 당면문제 등을 미리 파악해 두어야 질문에 제대로 대응할 수 있다.

다음의 질문들은 해당 기업의 사업전략과 기업문화를 미리 파악하지 않고서는 답하기 어려운 질문 유형들이다.

Q How can we gain competitiveness of our newly launched product against our competitor?

우리의 신제품을 경쟁사에 대응하여 어떻게 하면 경쟁력을 확보할 수 있겠습니까?

A Our company has strong IT infrastructure such as ERP and SCM. These infrastructures support supply chain ability that can adapt in market environment with great flexibility. In addition, we have great distribution partners that enables us to move promptly to the market behavior. With these capabilities, we should be able to launch our new product fast with low cost due to big market volume as well as low inventory. Strategy motto for the newly launched product should be 'fast, big, and light".

우리 회사는 ERP와 SCM 같은 강한 IT 인프라를 갖추고 있습니다. 이러한 인프라들은 시장 환경에 탄력적으로 대응할 수 있도록 하는 공급망 능력을 지원해줍니다. 더 나아가, 우리는 훌륭한 유통 파트너들을 가지고 있으며 우리로 하여금 시장 반응에 신속하게 대응할 수 있도록 해줍니다. 이러한 능력들로 우리는 새로운 제품을 큰 시장 볼륨과 낮은 재고 때문에 시장에 재빨리 적은 비용으로 출시할 수 있습니다. 새로운 제품을 위한 전략 모토는 "빠르게, 크게, 그리고 가볍게"가 되어야 합니다.

Point 》 전략을 자신이 조사한 회사에 대한 지식을 바탕으로 최대한 구체적으로 제시해야 한다. 회사에 대한 깊이 있는 지식으로 함께 일하고자 하는 열정을 가지고 있다는 것을 보여주어야 한다.

- ERP(Enterprise Resource planning) : 전사적 자원관리
- SCM(Supply Chain Management) : 공급망 관리
- Flexibility : 탄력성
- In addition : 더 나아가
- Promptly : 신속히
- Big market volume : 큰 시장 물량 → Economy of scale : 규모의 경제
- Inventory : 재고

Q Could you tell us about our product line?

우리 제품라인에 대해서 설명해 주시겠습니까?

A We have two categories which are consumer electronics and Electronic components. Consumer electronics category consist of refrigerator, vacuum cleaner, and MP3 player. Electronic components category consist of microchip and battery.

우리는 소비자 가전과 전자부품 등 두 개의 부문이 있습니다. 소비자 가전 부문은 냉장고, 진공청소기, 그리고 MP3 플레이어로 구성되어 있습니다. 전자부품 부문은 반도체와 배터리로 구성되어 있습니다.

Point 》 제품들을 생각나는 대로 죽 나열하지 말고 위 예문에서와 같이 계층화하여 설명하도록 한다. 이는 조직을 파악하면 쉽게 파악할 수 있는데 제품들이 어떻게 구성되어 있는지 가능하면 체계적으로 설명하도록 한다. 이러한 답변을 통하여 조직과 제품, 그리고 사업영역에 대한 이해를 하고 있다는 점을 표현하도록 한다.

- Category : 범주, 카테고리, 부문
- Consist of ~ : ~ 으로 구성되다

Q Could you tell us who we are? and what do you think about our corporate culture?

우리가 누구인지 설명해 주시겠습니까? 그리고 우리기업 문화에 대해서 어떻게 생각하십니까?

A This company is a world leader in business service and IT solution field. Corporate culture is very creative and flexible which enables growth with innovation. In addition, company's corporate culture emphasize greatly on human resources. I recently read an article which was dedicated to the company's 20th anniversary and the contents about corporate culture impressed me so much that I decided to join the company.

이 회사는 비즈니스 서비스와 IT 솔루션 분야의 세계적인 선두주자입니다. 기업 문화는 매우 창의적이고 탄력적이어서 혁신을 통한 성장을 가능하게 합니다. 더 나아가 이 회사의 기업 문화는 인적자원을 매우 중요시합니다. 저는 최근에 이 회사의 창업 20주년을 기념한 기사를 읽었는데 기업문화에 대한 내용이 너무 인상적이어서 회사에 입사하기로 마음먹었습니다.

Point ≫ 회사에 대해서 어떻게 생각하는지를 표현하는데 중요한 것은 그렇게 생각하게 된 동기를 개인의 과거 경험 등을 들어 이야기한다.

- Creative : 창의적인
- Flexible : 탄력적인
- Emphasize on ~ : ~을 강조하다
- Human resource : 인적자원
- Dedicate to ~ : ~에 전념하다, ~에 헌납하다
- Impress someone : 누군가를 감동시키다

(3) 최근 이슈가 되는 시사 상식

시사상식은 신문기사와 사설을 매일 읽어 업데이트하는 것이 좋다. 시사와 관련된 문제는 시대흐름에 따라 바뀌는데 큰 흐름을 카테고리 화하여 예상 질문과 답변을 준비할 필요가 있다. 상식을 아는지 물어보는 게 아니라 대부분 의견을 물어보기 때문에 자신의 생각을 일목요연하게 정리하여 둘 필요가 있다.

최근에는 다음의 이슈들이 질문이나 답변에 직간접적으로 연관이 되는 경우가 많은데 이들은 경제위기, 녹색성장, 사회적 책임, 노동시장, 중국시장, 신종플루와 관련된 테마이다. 이들 테마와 관련된 자신의 의견이 어떠한지 미리 생각해두어야 한다.

Q How does low interest rate influence to our economy?

우리경제에 저금리는 어떠한 영향을 미치는가?

A Low interest rate increase money supply in the market. This provides better accessibility to the money for the people and give less burden to the people who already have debt. With this environment, people can spend more money and foster economic growth. However, excessive money supply can cause inflation which makes commodity price increase and giving burden to the people.

낮은 금리는 시장에 돈의 공급을 증가시킵니다. 이것은 사람들에게 돈에 대한 접근성을 높이고 이미 부채를 지고 있는 사람들에게는 부담을 경감시켜줍니다. 이러한 환경에서 사람들은 돈을 더 지출하고 경제성장을 촉진시킵니다. 그러나 과도한 돈의 공급은 인플레이션을 유발하여 물가를 상승시키고 사람들에게 부담이 될 수 있습니다.

Point ≫ 이러한 질문은 최근 경제위기에 따른 경기침작과 관련된 질문이고 주로 금융권에서 질문된다.

- Accessibility : 접근성
- Debt : 부채
- Foster : 촉진하다
- Economic growth : 경제성장
- Commodity price : 상품 가격
- Burden : 짐, 부담

Q ≫ Why do you think large corporations have negative image?

대기업들이 왜 부정적인 이미지를 가지고 있다고 생각하십니까?

A Not only large companies but Korea society as a whole had little interest in donation and social contribution. We emphasized mainly on economic growth and achieved developed country status from the ashes. Because of this historical background, people perceive large corporations as representative of our modernization and great success. However, people also perceive as rich entity which has few interest in social contribution. I believe that as large corporations increase their interest in social contribution as time goes by, people will change their perception.

대기업들뿐만 아니라 한국 사회 전체적으로 기부와 사회 기여에 대해서 관심이 적었다. 우리는 경제 성장에 주로 집중하였고 재로부터 선진국이라는 지위를 달성하였다. 이러한 역사적 배경 때문에 사람들은 대기업들을 현대화와 큰 성공의 대표로 인식을 하고 있다. 그러나 사람들은 또한 사회적 기여에 관심이 적은 부를 가진 주체로도 인식하고 있다. 대기업들이 점차 사회적 기여에 대해서 관심을 높이면서 사람들의 인식도 바뀔 것이라고 생각합니다)

Point ≫ 이러한 질문은 대기업들의 사회적 책임(Corporate Social Responsibility)을 통한 이미지 개선과 관련된 질문이고 대표적인 재벌 이미지를 가진 그룹의 계열사들에서 자주 질문된다. 자신이 생각하는 바를 얘기하되 지나치게 비판적인 표현은 삼가도록 한다.

- Not only A but B : A 뿐만 아니라 B 또한
- As a whole : 전체적으로
- Donation : 기부
- Social contribution : 사회 기여
- Representative : 대표
- Entity : 주체, 존재
- As time goes by : 시간이 지남에 따라
- Perception : 인식

Q ≫ What do you think about job sharing?

잡 세어링에 대해서 어떻게 생각하십니까?

A If the policy is implemented in a right way, it should be beneficial to both the company and employee. For example, If the market demand is volatile and currently there are less demand but expected to rebound soon, company can keep skilled manufacturing workers for future resource when the business is at peak. Also, employees will feel more secure at their job and company loyalty as well as team work will improve.

정책이 적절히 잘 도입된다면 회사와 고용인들 둘 다 이익이 될 것입니다. 예를 들어, 만약 시장 수요가 불안정하고 현재는 적은 수요가 있지만 곧 회복될 것으로 예상된다면, 회사는 미래에 사업이 최고조일 때를 위한 미래 자원으로서 숙련된 생산 노동자들을 유지할 수 있습니다. 또한, 고용자들은 일자리에 대해서 안정감을 갖고 회사 충성도와 팀웍이 개선될 것입니다.

Point ≫ 이러한 질문은 노동시장과 관련된 질문으로 노조에 대한 의견을 물어보기도 한다. 이러한 유형의 질문은 균형 감각을 가지고 답변을 하는 게 좋고 회사 입장에서도 어떠한 이익이 있을지를 자신의 생각과 함께 표현한다. 자신의 주장을 뒷받침하는 사례 등을 들도록 한다.

- Implement : 도입하다
- Beneficial to ~ : ~에 유익하다
- For example : 예를 들어
- Expect : 기대, 예상
- Rebound : 다시 일어서다
- Peak : 최고 정점, 절정
- Feel secure : 안전하게 느끼다
- Loyalty : 충성

Q What strategy do you suggest for us to succeed in China market?

우리가 중국 시장에서 성공하려면 어떠한 전략을 세시하겠습니까?

A China economy is still growing fast and there are huge population of potential customers with great purchasing power. We shouldn't focus on cheap products anymore but rather good quality products which target new population that benefited from rapid economic growth. Also, we should pay attention to localization and figure out what kind of demands there are in the market.

중국 경제는 아직 빠르게 성장하고 있으며 큰 구매력을 가진 잠재고객들이 많이 있다. 우리는 더 이상 저가 상품에 초점을 맞춰서는 안 되고 오히려 품질 좋은 상품으로 경제성장의 혜택을 받은 새로운 인구를 겨냥해야 한다. 또한, 우리는 현지화에 신경을 써서 시장에서 어떠한 요구들이 있는지를 파악해야 한다.

Point ≫ 중국 내수시장의 성장과 관련된 질문으로 주로 제조업에 종사하는 기업들에서 자주 질문된다.

- Population : 인구
- Customer : 고객
- Purchasing power : 구매력(물건을 살 수 있는 능력)
- Focus on ~ : ~에 초점을 맞추다
- Benefit : 혜택
- Pay attention to ~ : ~에 신경을 쓰다
- Localization : 현지화
- Figure out ~ : ~을 파악하다
- Demand : 요구

상식
용어사전
시리즈

합격GO!

1 **금융상식 2주 만에 완성하기**

금융은행권, 단기간 공략으로 끝장낸다! 필기 걱정은 이제 NO! <금융상식 2주 만에 완성하기> 한 권으로 시간은 아끼고 학습효율은 높이자!

2 **중요한 용어만 한눈에 보는 시사용어사전 1130**

매일 접하는 각종 기사와 정보 속에서 현대인이 놓치기 쉬운, 그러나 꼭 알아야 할 최신 시사상식을 쏙쏙 뽑아 이해하기 쉽도록 정리했다!

3 **중요한 용어만 한눈에 보는 경제용어사전 961**

주요 경제용어는 거의 다 실었다! 경제가 쉬워지는 책, 경제용어사전!

4 **중요한 용어만 한눈에 보는 부동산용어사전 1273**

부동산에 대한 이해를 높이고 부동산의 개발과 활용, 투자 및 부동산 용어 학습에도 적극적으로 이용할 수 있는 부동산용어사전!

자격증 기출문제 총집합!

자격증 별로 정리된
기출문제로 깔끔하게 합격하자!

기출문제로 자격증 시험 준비하자!

건강운동관리사, 스포츠지도사, 손해사정사, 손해평가사,
농산물품질관리사, 수산물품질관리사, 관광통역안내사, 국내여행안내사, 보세사, 사회조사분석사